KB068725

서울법대
법학총서
7

상속법
개정론

윤진수 김형석 이동진 최준규

박영사

머 리 말

　1960년 민법이 제정된 후 제5편 상속은 부분적으로 개정되기는 하였으나, 큰 골격에서는 그다지 바뀌지 않았다. 이 점은 제4편 친족이 크게 바뀐 것과 대조를 이룬다. 그러나 한국 사회는 그동안 큰 변화를 겪었고, 경제의 발전에 따라 상속에 관한 분쟁도 폭발적으로 늘어나고 있는데, 현재의 상속법은 그러한 상황에 대하여 적절하게 규율하고 있지 못하다. 그리하여 상속법의 개정이 필요하다는 주장이 힘을 얻고 있다. 가령 배우자의 상속법상 지위를 개선하여야 한다든지, 유류분 제도를 고쳐야 한다는 논의는 언론에서도 많이 다루고 있다. 외국에서도 2000년대 들어 상속법이 크게 바뀐 예들이 많다. 이러한 상황에서 이 책의 공저자들은 서울대학교 법학연구소가 지원한 "상속법의 개정"이라는 공동연구 프로그램에서 우리 상속법은 어떻게 개정되어야 하는가를 연구할 기회를 가졌고, 그 결과로서 나온 글들을 묶어 이 책으로 발간하였다.

　이 책의 내용을 간단히 소개하면 다음과 같다. 먼저 윤진수가 쓴 "배우자의 상속법상 지위 개선 방안에 관한 연구"는 배우자의 상속법상 지위를 어떻게 강화할 것인가를 다루었다. 배우자의 상속법상 지위는 친족법상 부부재산제도와 밀접한 관련이 있으므로, 이 글에서는 부부재산제도와 연관시켜 각국의 입법례를 검토하고, 개선책으로서 상속재산 중 일정 부분은 공동상속인의 수와 관계없이 생존배우자가 확보하는 방법을 제시하였고, 이혼의 경우와 같은 부부재산의 청산에는 반대하였으며, 배우자의 상속분 강화에 대한 보완책으로 상속 또는 유류분의 사전 포기 제도 도입을 제안하였다.

　　김형석이 쓴 "유언방식의 개성방향"은 현행 유언의 방식에 관한 규정을 비판적으로 검토하고, 몇 가지 개선책을 제안하였다. 즉 자필증서 유언에 관하여는 연월일의 자서와 성명의 자서에 관하여는 그것들이 빠지더라도 효력을 인정할 수 있는 예외를 인정하고, 주소의 자서와 날인 요건은 폐지하며, 공정증서 유언에 관하여는 구수 요건을 수정 내지 완화할 필요가 있고, 녹음 유언은 특별방식으로 전환하여야 하며, 장애인의 유언에 관하여는 입법적으로 고려하여야 한다는 것이다.

　　이동진이 쓴 "유류분법의 개정방향"은 유류분법은 피상속인의 추정적 의사로 정당화될 수 없는, 상대적으로 덜 자명한 제도라는 문제의식에서 출발하여, 일반·추상적 규율을 유지하되 개별·구체적 예외를 허용하는 등으로 그 부작용을 완화하여야 한다고 보고 있다. 구체적으로는 배우자와 자녀만을 유류분권자로 인정하고, 유류분비율을 조정하며, 특별수익 및 기여분과의 관계도 조정하여야 하고, 반환방법도 원물반환 아닌 가액반환으로 전환하여야 한다고 주장한다.

　　마지막으로 최준규가 쓴 "한정승인, 재산분리, 상속재산의 파산에 관한 입법론"은 한정승인, 재산분리, 상속재산 파산 제도를 연계하여 고찰한다. 그리하여 한정승인 제도를 상속재산목록 작성 제도로 바꾸고, 상속재산이 채무초과인 경우 상속재산 청산은 상속재산 파산절차로 일원화되어야 하며, 상속재산 파산원인이 존재하지 않는 경우에도 상속재산을 청산할 수 있는 제도를 마련하여야 한다고 제안한다.

　　이 책이 상속법의 개정에 관한 관심을 높이는 계기가 되고, 개정 논의에도 중요한 참고가 될 수 있기를 희망한다.

　　이 책이 나오기까지 여러 분의 도움을 받았다. 먼저 공동연구를 지원해 주신 김도균 전 법학연구소장님과 서울법대 법학연구총

서 제7권으로 이 책을 발간해 주신 정긍식 현 법학연구소장님께
감사를 드린다. 그리고 출판을 맡아 주신 박영사의 안종만, 안상준
대표님과, 제반 연락 업무를 맡아 주신 조성호 이사님, 편집과 교
정을 위해 수고해 주신 김선민 이사님께도 고마움의 인사를 드리
고자 한다.

2020. 5.

집필자 대표 윤진수

차　례

제 1 장　배우자의 상속법상 지위 개선 방안에 관한 연구

제 2 장   유언방식의 개정방향

[논문의 출전]

"배우자의 상속법상 지위 개선 방안에 관한 연구": 가족법연구 제33권 1호(2019)

"유언방식의 개정방향": 가족법연구 제33권 1호(2019)

"유류분법의 개정방향": 가족법연구 제33권 1호(2019)

"한정승인, 재산분리, 상속재산의 파산에 관한 입법론": 서울대학교 법학 제60권
  2호(2019)

제 1 장

배우자의 상속법상 지위 개선 방안에 관한 연구* **

The Revision Proposal of Inheritance Law: From the Perspective of Improving the Spouse's Status

윤 진 수

I. 서   론

근래 여러 나라에서는 배우자, 그 중에서도 처의 상속법상 지위가 강화되는 경향을 보이고 있다.[1] 과거에는 배우자의 상속권은 인정

---

* 이 글은 2019. 2. 15. "상속법의 개정"을 주제로 하여 개최된 서울대학교 법학연구소 공동연구 학술대회에서 발표하였던 것을 보완한 것이다. 이 글을 쓰는 데 자료를 제공하여 주신 한양대학교 이준형 교수님, 싱가포르 경영대학교(현재 서울대학교 법학전문대학원)의 오영걸 교수님과 원고를 검토해 주신 조선대학교 정구태 교수님, 학술대회의 지정토론자였던 김상훈 변호사님, 그리고 가족법연구의 논문 심사과정에서 원고를 심사하여 주신 익명의 심사위원 3분께 감사의 뜻을 표한다.

** 이 글에서 인용한 인터넷 자료는 모두 2019. 2. 18. 최종 확인하였다.

1) Sjef van Erp, "New Developments in Succession Law", Electronic Journal of Comparative Law, vol. 11.3 (December 2007), pp. 1 ff., (https://www.ejcl.org//113/article113－5.pdf); Kenneth G C Reid, Marius J de Waal, and Reinhard Zimmermann, "Intestate Succession in Historical and Comparative Perspec－tivie", in Kenneth G C Reid, Marius J de Waal, and Reinhard Zimmermann ed., Intestate Succession, Oxford University Press, 2015, pp. 489 f.; R. Zimmermann, "Das Ehegattenerbrecht in historisch－vergleichender Perspektive", Rabels Zeitschrift für ausländisches und internationales Privatrecht, Vol. 80,

뇌지 않았거나, 인정되더라도 사용권만이 인정되었지만, 근래에는 오히려 다른 공동상속인보다 더 우대받는 경우가 많다. 우리나라에서도 이러한 상황은 마찬가지이다. 1960년에 시행된 제정민법과 현행 민법을 비교하면 이 점은 확연하다. 제정민법에서는 피상속인의 처의 상속분은 직계비속과 공동으로 상속하는 때에는 남자의 상속분의 2분의 1로 하고 직계존속과 공동으로 상속하는 때에는 남자의 상속분과 균분으로 하였으나, 현행 민법은 부와 처를 막론하고 모두 공동상속인인 직계비속 또는 직계존속의 상속분의 5할을 가산하는 것으로 하고 있다(제1009조 제2항).

그러나 우리나라의 배우자의 상속법상 지위 강화는 다른 나라들과 비교할 때 아직도 충분하다고 할 수 없다. 그리하여 입법적으로 이를 개선하여야 한다는 논의가 많고, 이를 위한 개정안도 국회에 몇 차례 제출된 바 있으나, 실현되지 못하였다. 이처럼 개선이 이루어지지 못한 것은 변화 자체에 반대하는 주장이 있었던 것뿐만 아니라, 어떻게 개선하여야 하는가에 대하여도 의견이 모아지지 않았기 때문으로 여겨진다.

이 글에서는 어떤 방법으로 배우자의 상속법상 지위를 개선할 것인가를 다루고자 한다. 그리하여 Ⅱ.에서는 현재까지의 경과와 개선의 필요성을 살펴보고, Ⅲ.에서는 이제까지 우리나라에서 논의되었던 개선방안을 소개한다. Ⅳ.에서는 다른 나라의 입법례를 살펴보고, Ⅴ.에서는 필자가 생각하는 방안을 서술한다.

Nr.1, 2016, S. 39 ff.

Ⅱ. 현재까지의 경과와 개선의 필요성

1. 현재까지의 경과

조선시대에는 생존배우자는 제1순위의 상속인인 피상속인의 자녀가 없는 경우에 한하여 피상속인의 재산을 상속받을 수 있었지만, 처가 개가하면 남편의 본족에게로 상속재산이 귀속되게 되었다. 그리고 처의 상속재산 처분(區處)도 제한되었다.[2] 일제 강점기 이후 민법 시행 전까지 적용되는 것으로 법원이 인정하였던 관습법에 의하면 호주가 사망한 때에는 호주상속인이 재산도 상속하는데, 처는 원칙적으로 호주상속인이 될 수 없었고, 다만 호주를 상속할 남자가 없는 경우에 그 가에 조모, 모, 처가 모두 존재하는 때에는 남자의 상속인이 있게 될 때까지 조모, 모, 처의 순서로 호주권을 상속하였으며, 이 또한 사후양자가 선정될 때까지 일시적인 것이어서 사후양자가 선정되면 사후양자가 상속재산을 승계하였다.[3]

제정 민법은 처가 피상속인인 경우와 부(夫)가 피상속인인 경우를 다르게 규정하였다. 즉 처가 피상속인인 경우에 부는 1순위의 상속인인 직계비속과 동순위로 공동상속인이 되었고, 그 직계비속이 없는 때에는 단독상속인이 되었다(제1002조). 반면 부가 피상속인인 경우에는 처는 1순위의 상속인인 직계비속 또는 2순위의 상속인인 직계존속과 공동상속인이 되었고, 직계비속 또는 직계존속이 없는 경우에 비로소 단독상속인이 되었다(제1003조 제1항). 피상속인의 처의 상속분은 직계비속과 공동으로 상속하는 때에는 남자의 상속분의 2분의 1로 하고 직계존속과 공동으로 상속하는 때에는 남자의 상속분과 균분

---

2) 신영호, 공동상속론, 나남, 1987, 200-202면 참조.
3) 김은아, "재산상속상 배우자의 지위에 관한 고찰", 한양대학교 대학원 법학박사학위논문, 2005, 81-82면; 대법원 1991. 11. 26. 선고 91다32350 판결 등.

으로 하였으며, 피상속인의 부의 상속분은 다른 남자의 상속분과 같
았다(제1009조 제3항, 제1항). 1977년 개정민법은 피상속인의 처의 상
속분은 직계비속과 공동으로 상속하는 때에는 동일가적내에 있는 직
계비속의 상속분의 5할을 가산하고 직계존속과 공동으로 상속하는 때
에는 직계존속의 상속분의 5할을 가산하는 것으로 바꾸었다(제1009조
제3항). 그리고 1990년 개정된 제1003조는 부와 처를 동일하게 취급
하여, 부 또는 처는 1순위의 상속인인 직계비속 또는 2순위의 상속인
인 직계존속과 공동상속인이 되고, 직계비속 또는 직계존속이 없는
경우에는 단독상속인이 되는 것으로 바꾸었고, 상속분도 부와 처를
막론하고 모두 공동상속인인 직계비속 또는 직계존속의 상속분의 5할
을 가산하는 것으로 하여(제1009조 제2항), 현재에 이르렀다.

2. 개정의 필요성

그런데 이러한 현행법의 규정에 대하여는 개선의 필요성이 있다
는 주장이 많다. 그 이유는 크게 두 가지로 나누어 볼 수 있다. 그 하
나는, 현행법은 생존 배우자 외에 다른 공동상속인이 많을수록 배우
자의 상속분은 줄어들게 되어 배우자의 지위가 약화된다는 것이다.
다른 하나는 생존 배우자의 상속분이 쌍방 배우자의 생존 중에 이혼
등으로 혼인이 해소되는 경우에 인정되는 배우자의 재산분할과 차이
가 있게 되어 균형이 맞지 않는다는 것이다.[4]

이 중 첫 번째의 문제는 생존 배우자의 부양과 관련이 있다. 근래
에는 민법이 제정될 당시와 비교하면 평균수명이 대폭 증가하여, 상

---

4) 박종용, "배우자상속권의 강화에 관한 연구", 가족법연구 제16권 2호, 2002, 234
   면 이하; 윤진수, "民法改正案 중 夫婦財産制에 관한 연구", 민법논고 제4권, 박
   영사, 2009, 257면(처음 발표: 2007); 정구태, "2014년 법무부 민법개정위원회의
   상속법 개정시안에 대한 비판적 斷想", 강원법학 제41권, 2014, 989면; 김상용,
   "사망으로 혼인이 해소된 경우 생존 배우자의 재산권 보호", 중앙법학 제17권 2
   호, 2015, 223면 이하 등. 이 밖에도 많은 문헌이 이러한 점을 지적하고 있다.

속이 개시될 무렵 피상속인의 자녀는 대체로 이미 성년이 되어 독자
적으로 생활할 능력이 있는 반면, 피상속인의 배우자는 상속재산에
의존하여 생활할 필요가 있는데, 생존 배우자의 상속분이 작다면, 그
생계에 어려움이 있게 된다. 따라서 생존 배우자가 상속을 받을 수 있
는 크기를 늘릴 필요가 있다.[5]

　　다른 한편 부부 쌍방 생존 중에 이혼 등으로 혼인이 해소되는 경
우에도 재산분할이 이루어지는데, 상속과 재산분할 사이에 불균형이
있으면 문제가 생기게 된다. 가령 이혼으로 인한 재산분할이 상속보
다 유리하다면, 당사자는 상속을 기다리기보다는 이혼을 요구하기 쉬
울 수 있다.

　　이 문제를 배우자 상속의 근거라는 관점에서 살펴본다. 배우자
상속의 근거는, 혈족 상속에서도 인정되는 사후부양이라는 측면 외에
도, 부부관계에서 상속재산 형성과 자녀의 출산·양육 등에 협력한
대가라든지, 앞으로의 자녀 양육을 위한 배려로 설명할 수 있다.[6]
따라서 배우자의 상속분은 이러한 사후부양과 상속재산 형성의 청
산이라는 기능에 충실하여야 하는데, 현재의 규정은 이에 미치지 못
한다.

　　배우자의 상속법상 지위를 역사적 및 비교법적으로 고찰한 문헌
도, 이처럼 배우자의 상속법상 지위가 개선되는 이유는 피상속인의 추정
적 의사, 부양 의무 및 사회 질서 등의 무유언 상속(intestate succession)

---

5) 이를 강조하는 것으로 강형구·이창민, "각국 상속법 비교 연구 및 국내 상속법에
　　의 함의", 법경제학연구 제11권 1호, 2014, 특히 48면 이하. 이창민 외, "상속법
　　개정의 경제적 영향 분석", 법무부 용역보고서, 2013은 배우자 상속분을 증가시킬
　　경우의 경제적 영향을 추계하고 있다. 이 보고서는 행정안전부의 온-나라 정책연
　　구 프리즘(PRISM)에서 검색할 수 있다. http://www.prism.go.kr/homepage/ori
　　gin/retrieveOriginDetail.do?pageIndex=32&research_id=1270000-201300066&con
　　d_organ_id=1270000&leftMenuLevel=120&cond_research_name=&cond_resea
　　rch_start_date=&cond_research_end_date=&pageUnit=10&cond_order=3
6) 윤진수, 친족상속법강의, 제2판, 박영사, 2018, 299면.

의 전통적인 근거를 재해석하는 데에서 답변을 찾을 수 있다고 한다. 그리하여 배우자의 부양의 필요(Need), 과거의 기여에 대한 인정과 보상(Recognition and Reward) 그리고 배우자가 가장 자격이 있는 친족 (The spouse as the most eligible relative)이라는 근거를 들고 있다. 마지막 근거에 대하여는, 배우자가 더 많이 받게 되면 자녀와 그 후손은 덜 받게 되는데, 동등한 파트너 관계에서의 배우자의 역할은 혈족이 아니라는 데에서 오는 전통적인 불이익을 보완하였고, 또 기대 수명이 대폭 증가함으로 인하여 어리거나 갓 성년이 된 자녀가 상속재산에 생계를 의존하여야 하였던 과거와는 달리 현재에는 중년이 된 자녀는 통상 자신의 부모 중 먼저 죽는 사람이 있기 전에 이미 자신의 삶을 꾸리고 있을 것이므로, 생존한 부모가 상속재산에 대하여 더 강력한 권리가 있다고 한다. 그리고 상속재산의 성격도 변화하였는데, 상속재산이 토지와 건물로 이루어졌을 때에는 이것이 배우자에게 이전되어 잠재적으로는 가족 밖으로 빠져나가는 데 대한 주저가 있었지만, 현재에는 조상의 땅(ancestral land)은 해체되어 팔려버렸고, 그 대신 주택과 은행 예금, 투자가 이를 대체하게 되었다고 한다.[7]

Ⅲ. 개정에 관한 종래의 논의

1. 개정의 입법적 시도

종래 이 문제에 대하여는 국회에 개정안이 제출되기도 하였고, 또 법무부에서 개정 시안을 마련하기도 하였으나, 실제 개정에는 이르지 못하였다. 그리고 현재 국회에도 개정안이 계류되어 있다.

우선 2006. 11. 7. 정부가 제17대 국회에 제출한 민법개정안은 제1009조 제2항을 개정하여, 피상속인의 배우자의 상속분은 상속재산의

---

7) Reid, de Waal, and Zimmermann(주 1), pp. 490 ff.

5할로 하도록 규정하였다.[8] 그러나 이 개정안은 2008년 제17대 국회의 임기 만료로 폐기되었다.[9][10]

또한 법무부는 2013. 10. 민법(상속편) 개정특별위원회를 구성하였고, 위원회는 2014. 1. 개정안을 작성하였다. 그 골자는 피상속인의 배우자는 혼인기간 동안 증가한 피상속인의 재산 중 상속개시 당시 현존하는 재산에서 채무를 공제한 액수의 2분의 1을 다른 공동상속인에 우선하여 선취분으로 취득할 권리가 있고, 다만 그러한 선취분의 취득이 현저히 공정에 반하는 경우에는 공동상속인의 협의나 가정법원이 선취분을 감액할 수 있으며(제1008조의4), 나머지 재산을 공동상속인과 더불어 분배한다는 것이다. 그러나 이러한 방향으로 배우자의 상속분을 늘리는 개정안이 통과되면 이른바 '기업상속'에 방해가 될 것이라는 우려가 일부에서 제기되면서, 개정안은 입법예고절차에도 나아가지 못하였다.[11]

그리고 제20대 국회에는 2018. 7. 4. 정춘숙 의원이 대표발의한 민법 일부개정법률안이 계류되어 있다. 이 안은 부부 일방의 고유재산을 기반으로 발생한 재산 증가분과 혼인 중 취득한 재산 및 그 증

---

8) 대한민국 국회 홈페이지, http://likms.assembly.go.kr/bms_svc/bill/doc_10/17/pdf/175283_100.HWP.PDF 참조. 다만 여기서는 혼인 중 재산분할제도의 신설을 전제로 하여, 혼인중 재산분할을 받은 경우에는 동순위의 공동상속인과 균분하여 상속하는 것으로 하였다.

9) 상세한 것은 윤진수(주 4), 241면 이하 참조.

10) 또한 2005. 7. 19. 이계경 의원이 대표발의한 민법개정안 제1009조 제2항은 피상속인의 배우자는 상속재산에서 피상속인이 혼인중 취득한 재산에 대하여 균등한 비율로 기여분청구를 할 수 있도록 하였고, 2006. 2. 7. 최순영 의원이 대표발의한 민법개정안 제1009조 제2항은 피상속인의 배우자는 부부의 공유로 추정되는 재산의 선취분으로 청구할 수 있다고 규정하였으나, 이들 또한 제17대 국회의 임기 만료로 폐기되었다. 대한민국 국회 홈페이지, http://likms.assembly.go.kr/bms_svc/bill/doc_10/17/pdf/172 278_100.HWP.PDF; http://likms.assembly.go.kr/bms_svc/bill/doc_10/17/pdf/1738 63_100.HWP.PDF 참조.

11) 김상용(주 4), 229면 이하 참조.

가분은 부부의 공유로 추정하고(제830조 제2항), 피상속인의 배우자는 부부의 공유재산으로 추정되는 재산의 100분의 50을 선취분으로 청구할 수 있으며, 부부의 공유재산으로 추정되는 재산이 없는 경우 직계비속과 공동으로 상속하는 때에는 직계비속의 상속분의 5할을 가산하고, 직계비속과 공동으로 상속하는 때에는 직계존속의 상속분의 5할을 가산한다(제1009조 제2항)고 규정한다.[12]

2. 학설상의 논의

이에 관한 입법론적인 제안은 크게 두 가지로 나누어 볼 수 있다. 그 하나는 배우자 일방이 사망한 경우에 부부재산관계를 청산한 다음 나머지를 상속재산으로 한다는 것이고, 다른 하나는 부부재산의 청산은 하지 않고, 대신 배우자의 상속분을 공동상속인의 수와는 관계 없이 일정한 비율로 고정하자는 것이다. 이외에도 생존배우자 보호를 위한 다른 제안들이 있다.

가. 부부재산관계의 청산 후에 상속재산을 분배하는 방안

학설상으로는 일방 배우자의 사망으로 인하여 혼인이 해소된 경우에도 재산분할청구를 허용하여야 한다는 주장이 유력하게 주장되었다.[13] 예컨대 한 논자는 다음과 같은 개정안을 제안하였다. 즉 민법에

---

12) 국회 홈페이지, http://likms.assembly.go.kr/bill/billDetail.do?billId = PRC_S1B 8F0U7D0P4M1F4Z1N7G2M5V6B2J2. 다만 원문에는 "직계비속과 공동으로 상속하는 때에는 직계존속의 상속분의 5할을 가산한다"고 되어 있는데, 직계비속은 직계존속의 오기로 보인다.

13) 박종용(주 4), 249면 이하; 오시영, "배우자를 중심으로 한 상속분에 대한 재검토", 인권과 정의 2008.5, 37면 이하; 조은희, "배우자 법정상속의 강화에 대한 재검토", 가족법연구 제23권 3호, 2009, 155면 이하, 특히 158 - 159면; 김나래, "초고령사회에 대비한 노인부양제도에 관한 연구", 숙명여자대학교 법학박사학위논문, 2017, 280 - 282면; 정다영, "배우자 상속의 강화방안", 가족법연구 제31권 3호, 2017, 301면 이하; 최원호, "배우자의 상속지분권 확대에 관한 연구", 동의대학교 법학박사학위논문, 2018, 168면 이하 등. 강명구, "현행법상 배우자 재

사망으로 혼인이 해소되는 경우에는 생존배우자는 공동상속인 또는
포괄적 수증자에 대하여 재산분할을 청구할 수 있으며, 이 경우 다른
정함이 없는 경우 대통령령에 따른다고 규정하고, 대통령령에서는 피
상속인의 배우자는 피상속인 고유재산의 증가분과 혼인 중 취득한 재
산 및 그 증가분의 2분의 1에 대하여 재산분할을 청구할 수 있으며,
③ 상속개시 당시의 피상속인의 재산가액에서 제1항 및 제2항에 따른
재산분할청구의 가액을 공제한 것을 상속재산으로 보며, 생존배우자
나 다른 공동상속인이 생존배우자의 상속재산 형성에 대한 기여도가
위 재산분할청구의 범위와 다름을 입증한 경우에는 이 규정은 적용하
지 아니한다는 것이다.[14]

　　다른 한편 2014년 법무부 민법(상속편) 개정특별위원회의 위원장
이었던 김상용 교수는 위 위원회가 제시하였던 안을 옹호하였다. 즉
피상속인의 배우자는 혼인기간 동안 증가한 피상속인의 재산 중 상속
개시 당시 현존하는 재산에서 채무를 공제한 액수의 2분의 1을 다른
공동상속인에 우선하여 선취분으로 취득할 권리가 있고, 상속재산 중
이를 공제한 나머지 재산을 공동상속인과 더불어 분배한다는 것이
다.[15] 그런데 원래 재산분할 대상은 부부 雙方의 재산이므로, 피상속

　　산상속제도의 개선방안에 관하여", 가족법연구 제28권 3호, 2014, 333면 이하도
　　같은 취지로 이해되지만, 위 글 334면 이하에서는 위 개정특별위원회 개정시안에
　　대하여 선취분의 불명확성으로 인하여 공동상속인 간에 상속분쟁이 증가할 가능
　　성이 커지고 상속관계의 명확성 및 법적 안정성을 크게 해한다는 문제점이 드러
　　나게 된다는 등의 이유로, 배우자에게 허용되는 선취분을 인정하기보다는 배우자
　　의 상속분을 확정적으로 보장하는 방법이 보다 타당한 입법안이라고 보여진다고
　　한다.
14) 정다영(주 13), 305-306면. 박종용(주 4), 249면 이하는 협의이혼의 경우에 부부
　　일방이 다른 일방에 대하여 혼인 중 취득한 잉여재산에 대하여 동등한 비율로 분
　　할을 청구할 수 있도록 하고, 상속의 경우에는 피상속인의 특유재산에 이혼의 경
　　우에 정하여진 잉여재산의 분할분을 가감한 것을 상속재산으로 보도록 규정하자
　　고 제안한다.
15) 김상용(주 4) 참조. 홍순기, "배우자상속권 강화에 관한 법무부 개정시안 검토",

인의 재산만을 대상으로 하는 위 안은 원래의 의미에서의 부부재산의 청산과는 거리가 있다.

그런데 논자 가운데에는 이처럼 부부재산의 청산이 필요하다고 하면서도, 그 청산의 대상은 혼인 후에 취득하거나 증가된 재산이 아니라 피상속인의 전재산이어야 한다고 주장하기도 하는데,[16] 이렇게 한다면 청산의 의미는 약화되고, 아래에서 볼 배우자의 상속분을 상속재산의 일정 비율로 하는 것과 차이가 별로 없게 된다.

나. 배우자의 상속분을 상속재산의 일정 비율로 하는 방안

그러나 다른 논자들은 이처럼 부부재산의 청산 후에 상속재산을 분배하는 방법에 대하여 반대한다. 그 이유는, 청산의 대상이 되는 혼인 중에 취득한 재산이 무엇인지가 명확하지 않아서, 공동상속인 사이에 다툼이 생기고 분쟁이 증가될 우려가 많다는 점이다. 이혼에 따르는 재산분할의 경우에는 쌍방이 모두 생존하고 있으므로, 분할대상 재산을 파악하기가 비교적 용이하지만, 피상속인인 배우자가 사망한 경우에는 상속인들 간에 이해가 대립하는 상황에서 실제로 이를 밝혀 내는 것은 쉽지 않다는 것이다.[17]

국민대 법학논총 제27권 2호, 2014, 58면 이하; 서종희, "상속에 의한 배우자 부양", 가족법연구 제30권 2호, 2016, 121면 이하는 위 법무부 민법(상속편) 개정특별위원회의 개정안을 지지하고 있다. 한편 김나래(주 13), 277-280면은 이러한 선취분을 인정하여야 하지만, 다만 선취분의 대상이 되는 재산을 생존배우자의 협력이 반영되지 않은 상속, 유증, 증여받은 재산을 제외하고 '혼인기간 동안 배우자의 협력으로 증가한 피상속인의 재산'이라고 명시하여야 하며, 혼인 기간에 따라 선취분의 비율을 달리하여야 한다고 주장한다. 그런데 이 필자는 상속의 경우에도 재산분할을 인정하여야 한다고도 주장하고 있어(위 주 13), 양자의 관계가 불분명하다.

16) 배인구, "고령화 사회와 배우자 상속분에 관한 단상", 가족법연구 제29권 1호, 2015, 194면 이하; 김상현, "배우자 상속분의 재고", 법이론실무연구 제5권 3호, 2017, 205면 등.

17) 윤진수(주 4), 126면; 정구태(주 4), 997-998면, 1004면 이하 등. 최성경, "배우자 상속분 입법론에 관한 소고", 단국대 법학논총 제38권 2호, 2014, 140-141면

그리하여 이 논자들은 생존 배우자의 상속분을 공동상속인의 수와 관계 없이 일정한 비율로 정하여야 한다고 주장한다. 다만 그 비율은 주장자에 따라 다르다. 상속재산의 1/2로 정하여야 한다는 것[18]과 상속재산의 2/3로 정하여야 한다는 것[19]이 있다.

다. 기   타

이 밖에도 생존 배우자의 보호를 위한 다른 제안들이 있다. 그 하나는 생존배우자로 하여금 상속재산 전부에 대한 상속을 하도록 하되, 상속재산에 대한 이용권만 부여한 후 생존배우자가 사망한 때에 다른 상속인이 남은 재산을 상속하게 하자는 주장이다. 다만 상속재산 전부를 상속받은 생존배우자가 재혼을 하는 경우에는 상속받은 재산에 대한 권리를 상실하게 할 필요가 있다고 한다.[20]

다른 주장은 생존 배우자에게 주택에 대한 권리를 인정하자는 것이다. 즉 일정기간 이상 혼인관계를 계속한 부부에 대해서는 혼인주택이 상속재산에 포함되었을 경우에는 그 분할을 일시적으로 유보하여 생존배우자의 생활을 보호해 줄 필요가 있다는 것이다.[21]

도 같은 취지로 보인다. 또한 배인구(주 16), 192면도, 상속과 이혼은 서로 다른 제도로서, 재산분할청구권과 관련해서는 배우자가 모두 생존한 상황이어서 서로 재산분할을 하는 과정에서 자신의 의사를 피력할 수 있고, 조정할 수 있지만, 상속 분쟁에서는 피상속인인 배우자가 사망하였기 때문에 피상속인은 자신의 입장을 명확히 밝힐 가능성이 거의 없고, 상속의 대상이 되는 재산인지 여부에 전혀 관여를 못하여 생존배우자 일방의 주장에 좌우될 가능성이 높다고 한다.

18) 윤진수(주 4), 124면 이하; 김성동, "生存配偶者의 相續權强化에 관한 硏究", 계명대학교 대학원 법학박사학위 논문, 2013, 212면 이하; 김상식·김상찬, "배우자상속분 확대에 관한 입법론적 연구", 일감법학 제28호, 2014, 165면 이하.

19) 정구태(주 4), 1007 – 1008면.

20) 전경근, "배우자상속분의 현황과 전망", 아주법학 제7권 3호, 2013, 213면 이하.

21) 정다영(주 13), 309 – 310면; 김은아, "配偶者의 財産相續上 地位와 그 强化", 민사법학 제30호, 2005, 173면.

Ⅳ. 다른 나라의 입법례

종래의 우리나라에서의 입법론 논의는 다른 나라의 입법례를 주로 참고하였고, 특히 일본, 미국, 독일, 프랑스 등의 입법례는 많이 소개되었다. 여기서는 다음과 같은 점을 중심으로 하여 다른 나라의 입법례를 살펴본다. 첫째, 각국의 부부재산제도는 어떻게 되어 있는가? 부부재산제도가 어떤 것인가에 따라 배우자의 상속권도 달라지는 나라들이 많이 있다. 둘째, 배우자의 상속권. 여기서는 생존 배우자가 주거와 혼인용 가재도구에 대하여 특별한 보호를 받는지도 아울러 살펴본다. 셋째, 이러한 배우자의 상속권은 얼마나 보호를 받는가? 다시 말하여 피상속인이 일방적으로 배우자의 상속권을 배제한 경우에, 배우자에게는 어떠한 구제수단, 구체적으로는 유류분이 인정되는가 하는 점이다. 넷째, 이러한 배우자의 상속권을 피상속인과 배우자가 사전에 합의에 의하여 배제 또는 제한하는 것이 가능한가? 이 중 셋째와 넷째는 이제까지 국내에서 별로 소개되지 않았다. 다루고자 하는 나라는 독일, 스위스, 오스트리아, 프랑스, 네덜란드, 영국, 미국, 일본 및 대만이다.

한 가지 언급할 것은 동성혼인 또는 동성결합의 문제이다. 여기서 살펴보는 나라들 중 스위스와 일본을 제외하고는 모두 이성 아닌 동성 사이의 혼인과, 혼인은 아니지만 혼인에 준하는 동성 사이의 동반자제도를 인정하고 있고,[22][23] 스위스는 동성혼인은 인정하지 않지

---

22) 대만 사법원(司法院)은 2017. 5. 24. 司法院釋字第748號解釋에 의하여 동성혼인을 허용하지 않는 것은 헌법에 위반되므로 2년 내에 법을 개정하여야 하고, 그때까지 법이 개정되지 않으면 동성 당사자들은 혼인신고를 할 수 있다고 판시하였다. 대만 사법원 홈페이지(http://jirs.judicial.gov.tw/GNNWS/NNWSS002.asp?id=267570). 이에 대하여는 王馨梓・鄭求兒, "臺灣地區同性婚姻合法化動向", 제주대 국제법무 제9집 2호, 2017, 297면 이하; 강승묵, "동성혼의 합법화 여부와 입법모델에 관한 연구", 한양법학 제29권 3집, 2018, 302－303면 참조. 그리하여 2019. 5. 22. 司法院釋字第748號解釋施行法이라는 이름의 특별법이 제정되었

만 동성의 등록된 동반자제도를 인정한다.[24] 동성혼인의 당사자는 부부재산관계나 상속에 관하여 이성 혼인 당사자와 마찬가지로 취급되고 있고, 혼인 아닌 동성의 동반자도 큰 차이가 없다. 이하에서는 이 점에 대하여 따로 설명하지 않는다.

1. 독 일[25]

가. 부부재산제도

독일의 부부재산제도에는 부가이익공동제(Zugewinngemeinschaft),[26]

다. 오스트리아에서는 원래 혼인은 이성 사이에만 가능하였고(오스트리아 민법 제44조), 동성 사이에서는 2009년 제정된 등록 동반자법(Bundesgesetz über die eingetragene Partnerschaft, Eingetragene Partnerschaft-Gesetz-EPG)에 의하여 등록 동반자로서 혼인에 준하는 보호를 받았다. 그런데 오스트리아 헌법재판소(Verfassungsgerichtshof)는 2017. 12. 4. 이성 사이에만 혼인이 가능하고, 동성 사이에만 등록 동반자관계가 가능하다고 하는 것은 헌법에 위반되며, 위헌인 법률들은 2018. 12. 31. 효력을 상실한다고 선고하였다(사건번호 G 258-259/2017-9. 오스트리아 헌법재판소 홈페이지 https://www.vfgh.gv.at/downloads/VfGH_ Entscheidung_G_258-2017_ ua_Ehe_gleichgeschlechtl_Paare.pdf 참조). 그러나 법 개정은 이루어지지 않았고, 2019. 1. 1.부터는 동성 사이의 혼인과 이성 사이의 등록 동반자관계도 모두 허용된다.

23) 독일에서는 2001년 제정된 생활동반자법(Gesetz über die Eingetragene Lebens-partnerschaft, Lebenspartnerschaftsgesetz-LPartG)에 의하여 동성 간에도 혼인에 준하는 생활동반자로서의 보호가 주어졌다. 그러나 2017년 독일 민법이 동성 사이의 혼인도 허용하면서, 더 이상 생활동반자관계의 설정은 허용되지 않게 되었고, 다만 종전에 성립한 생활동반자관계는 효력이 유지되며, 이는 혼인으로 변환될 수 있다. 동성혼인도입법(Gesetz zur Einführung des Rechts auf Eheschließung für Personen gleichen Geschlechts) 제3조 제3항; 생활동반자법 제20조a.

24) 동성동반자법(Bundesgesetz über die eingetragene Partnerschaft gleichgesch-lechtlicher Paare, Partnerschaftsgesetz). 동성의 등록된 동반자에게도 혼인 배우자와 같은 지위가 인정되지만, 부부재산제에 관하여는 별산제가 원칙이고, 다만 소득참여제를 약정할 수 있다(위 법 제25조). 그러나 공동재산제는 허용되지 않는 것으로 해석된다. Stephan Wolf und Gian Sandro Genna, Schweizerisches Privatrecht IV/1, Erbrecht, Bd. 1, Helbing Lichtenhahn, 2012, p. 61 참조.

25) 독일의 배우자 상속권에 대한 단행 논문으로는 曹美卿, "獨逸法上의 配偶者相續分", 가족법연구 제14호, 2000, 245면 이하가 있다.

26) 잉여공동제(剩餘共同制)라고도 번역한다.

별산제(Gütertrennung), 공동재산제(Gütergemeinschaft)의 3가지가 있다. 부부가 혼인계약에 의하여 별산제나 공동재산제를 따로 약정하지 않으면 부가이익공동제가 적용되므로(독일 민법 제1373조 제1항), 부가이익공동제가 법정재산제가 된다. 부가이익공동제에 따르면 부부 각자의 재산은 그것이 혼인 성립 후에 취득한 것이라도 부부의 공동재산으로 되지는 않으나(혼인 중 별산제), 이혼 등의 사유로 부가이익공동제가 종료되면 청산을 하여야 한다(독일 민법 제1373조 제2항). 그 청산은 각 부부의 부부재산제 성립 당시의 재산(당초재산, Anfangs-vermögen)과 부부재산제 종료 당시의 재산(종국재산, Endvermögen)의 차이인 부가이익(Zugewinn)을 비교하여, 부가이익이 많은 당사자가 적은 당사자에 대하여 양 당사자의 부가이익의 차액(Überschuss)의 1/2을 지급하는 방법에 의하여 이루어진다.[27]

한편 부부가 별산제를 약정하면, 이 부부의 재산관계는 혼인에 의하여 아무런 영향을 받지 않는다(독일 민법 제1414조). 혼인이 해소되는 경우에도 재산분할은 이루어지지 않는다. 그리고 부부가 공동재산제를 약정하면, 부부의 재산은 혼인 당시에 가지고 있던 것을 포함하여 공동재산이 되고, 이 공동재산은 합유(Gesamthand)가 된다. 다만 법률행위로 이전할 수 없는 특별재산(Sondergut)과, 당사자가 혼인계약에서 유보하거나 제3자로부터 유증 또는 증여받은 것으로서 제3자가 지정한 유보재산(Vorbehaltsgut)은 공동재산에서 제외된다(독일 민법 제1415-1419조).

---

27) 독일 민법 제1373-제1378조. 예컨대 남편의 당초 재산이 100,000유로이고, 종국 재산이 200,000유로이며, 아내의 당초 재산은 40,000유로이고 종국 재산은 100,000유로이면 남편의 부가이익은 100,000유로이고 아내의 부가이익은 60,000유로이므로, 100,000유로와 60,000유로의 차액인 40,000유로의 반인 20,000유로를 남편이 아내에게 지급하여야 한다.

나. 배우자의 상속분

배우자의 기본적인 법정상속분은 독일 민법 제1931조가 규정하고 있다. 그에 따르면 배우자가 제1순위 상속인인 피상속인의 직계비속과 공동상속할 때에는 상속재산의 1/4이고, 제2순위 상속인인 피상속인의 부모와 피상속인의 형제와 공동상속하거나 피상속인의 조부모와 공동상속할 때에는 상속재산의 1/2이며,[28] 그 외에는 피상속인의 친족이 있더라도 생존 배우자가 단독상속한다. 그러나 부부재산제가 어떤 것인가에 따라 구체적인 배우자의 법정상속분은 달라진다. 우선 부가이익공동제인 경우에는 상속재산의 1/4이 가산된다(제1371조 제1항). 따라서 생존 배우자가 피상속인의 직계비속과 공동상속할 때에는 그는 상속재산의 1/2을 상속하고, 피상속인의 다른 친족과 공동상속할 때에는 상속분은 상속재산의 3/4이 된다. 별산제인 경우에는 제1931조가 그대로 적용된다. 다만 상속 개시 당시에 법정상속인으로 생존 배우자 외에 피상속인의 자녀가 하나 또는 둘 있으면, 생존 배우자와 자녀의 상속분은 동일하다(제1371조 제4항). 반면 공동재산제인 경우에는 공동재산 중 피상속인의 지분만이 상속재산이 되고(제1482조), 이것이 제1931조의 규정에 따라 상속되게 된다. 따라서 공동상속재산 중 배우자의 지분은 그대로 배우자의 것으로 남게 된다.[29]

한편 독일 민법은 이와는 별도로 생존 배우자의 선취물(Voraus)에 대한 권리를 인정한다. 즉 생존 배우자는 위와 같은 법정상속분 외에 혼인공동생활에 필요한 물건(부동산의 종물은 제외된다)[30]과 혼인 예물

---

28) 그러나 조부모 중 사망한 사람이 있으면, 그 사망한 조부모를 대습상속할 수 있었을 그 직계비속의 상속분도 생존 배우자에게로 간다.

29) 다만 상속계약에서 공동재산제가 피상속인의 직계비속과의 사이에서도 유지된다고 정할 수 있는데, 이때에는 피상속인의 지분은 상속되지 않으며, 생존배우자와 직계비속 사이에 공동재산제가 계속 유지되게 된다. 그 밖에 배우자의 상속분에 관하여 상세한 것은 曺美卿(주 25), 257면 이하.

30) 가구, 그릇, 침구, 식탁보, 주방기구, 세탁기 등이 이에 속한다. Münchener

에 대한 권리를 가진다. 다만 생존 배우자가 제1순위의 상속인인 피상속인의 직계비속과 공동상속인일 때에는 그러한 물건들이 생존 배우자의 적정한 생활에 필요한 것인 때에 한하여 권리를 가진다.[31] 선취물에 대하여는 유증에 관한 규정이 적용된다(제1932조). 이러한 생존 배우자의 권리는 혼인공동체의 연장효(Folgewirkung)라고 할 수 있는데, 배우자 일방의 사망으로 인하여 다른 배우자가 외적인 생활환경을 급격하게 바꾸어야 하는 것을 방지하고, 생존 배우자의 감정세계(Gefühlswelt)와 인격적 영역에의 개입을 방지하기 위한 것이라고 한다.[32]

다. 배우자의 유류분

독일민법상 배우자도 유류분 권리자이고(제2303조 제2항), 유류분은 원래의 법정상속분 가액의 1/2이다(제2303조 제2항). 생존배우자가 피상속인에 의해 상속인 지정에서 제외된 경우, 생존배우자는 부가이익청산청구권과 유류분청구권을 갖게 되는데, 여기서 유류분청구권은 증가된 상속분이 아닌 배우자의 기본적 상속분(제1931조)에 따라 산정되고, 따라서 상속인으로 자녀와 배우자가 있는 경우, 생존배우자의 유류분은 1/8이 된다(이른바 작은 유류분 – 제1371조 제2항, 제2303조).[33] 생존배우자가 상속을 포기한 경우에도 마찬가지이지만, 상속을 포기하지 않은 경우에 상속이나 유증 액수가 유류분 액수보다 적으면 생

Kommentar zum BGB/Leipold, 7. Auflage, C. H. Beck, 2017, BGB §1932 Rdnr. 10 참조.

31) 이는 직계비속이 이러한 물건에 대하여 가지는 이익도 고려해야 하기 때문이다. Münchener Kommentar zum BGB/Leipold(주 30), BGB §1932 Rdnr. 15 참조.

32) Münchener Kommentar zum BGB/Leipold(주 30), BGB §1932 Rdnr. 1.

33) 여기서 생존배우자가 부가이익청산청구권과 작은 유류분권 대신에 제1371조 제1항에 따라 증가된 상속분에 근거한 유류분(큰 유류분)을 청구할 수 있는지에 대하여(즉 위의 사례에서 상속재산의 1/4을 청구할 수 있는지), 판례는 부정하고 있다. 최준규, "독일의 유류분 제도", 가족법연구 제22권 1호, 2008, 269면.

존 배우자는 부가적 유류분청구권(Zusatzpflichtteil)을 가지게 되는데, 이때에는 제1371조 제1항에 따라 증가된 상속분에 근거한 유류분(큰 유류분)을 청구할 수 있다.[34]

라. 상속 및 유류분의 사전 포기

독일 민법은 피상속인과 상속인 사이의 계약에 의하여 상속인이 상속을 상속 개시 전에 미리 포기하는 것을 인정하고 있다.[35] 상속인은 유류분만을 포기할 수도 있다. 이는 공증인에 의한 공증 방식을 필요로 하는 요식행위이다(제2346조, 제2348조). 이러한 상속이나 유류분 포기계약이 체결되는 이유는 다양한데, 가령 농장이나 기업과 같은 가장 중요한 상속대상 재산을 특정한 사람에게만 승계시키고, 나머지 상속인들에게는 보상을 지급하고 상속을 포기시키거나, 종의처분(終意處分, letztwillige Verfügung)에 의하여 기업이나 회사의 지분을 특정인에게만 승계시키기 위하여 행해지기도 한다. 또 재혼의 경우에 전혼에서 출생한 자녀들에게 보상을 지급하고 상속에서 배제시키거나, 반대로 전혼 자녀를 보호하기 위하여 재혼 배우자를 배제시키기 위하여 행해질 수도 있다. 그리고 부부가 공동유언을 하면서 생존 배우자가 단독 상속인이 된다는 이른바 베를린 유언(Berliner Testament)과 같은 경우에 자녀들의 유류분청구를 막기 위하여 행해지기도 한다.[36] 특히 기업 승계에서는 유류분의 포기계약이 황금의 길(goldener Weg)이라고 하는데, 이는 유류분 포기계약에 의하여 다른 유류분권자의 유류분이 증가되지 않는다는 점에서 상속 포기보다도 유리하다고 한다.[37]

---

34) 최준규(주 33), 269－270면.
35) 이에 대하여는 고상현, "독일 민법상 상속 및 유류분의 사전포기제도", 가족법연구 제29권 1호, 2015, 335면 이하 참조.
36) Karlheinz Muscheler, Erbrecht, Bd. 1, Mohr Siebeck, 2010, Rdnr. 2336.
37) Peter Kindler und Daniel Gubitz, in Rainer Hausmann und Gerhard Hohloch

이러한 상속 포기와 유류분 포기 계약에 대하여 법원이 어느 정도로 내용 통제를 할 수 있는가? 독일의 판례는 이혼 후 부양청구권이나 양육비청구권을 포기하기로 하는 내용의 혼인계약에 대하여는 내용 통제를 하고 있으나, 이러한 판례는 상속 포기나 유류분 포기에 대하여는 그대로 적용될 수 없고, 상속 포기와 유류분 포기에 대한 법원의 내용 통제는 제한적으로만 인정되어야 한다는 견해가 유력한 것으로 보인다.[38]

마. 입법론적 논의

이처럼 독일 민법이 배우자 사망의 경우에 부부재산제도에 따른 청산을 하지 않고, 가령 부가이익공동제를 택한 부부라면 배우자의 상속분을 포괄적으로 증가시키는 방식을 택한 이유는, 부가이익을 산정함에 따르는 복잡함을 회피하기 위한 것이다.[39] 그러나 이에 대하여는 가령 부가이익이 없더라도 생존배우자가 상속을 받게 된다는 등의 비판이 많았다.[40]

여기서는 2010년 베를린에서 열렸던 제68회 독일 법률가대회(Deutscher Juristentag)에서 뢰텔이 발표한 의견서 및 그에 대한 토론 내용을 소개한다. 뢰텔은, 현행법처럼 부가이익공동제하에서 생존배우자의 상속분을 증가시키는 것은 부부재산법으로 설명하기는 어려운데, 왜냐하면 별산제하에서 살던 생존 배우자는 자녀가 한 사람만 있

---

hrsg., Handbuch des Erbrechts, Erich Schmidt Verlag, 2008, Kapitel 22 Rdnr. 63(S. 1584).

38) Karlheinz Muscheler, "Inhaltskontrolle im Erbrecht", 숭실대학교 법학논총 제24집, 2010, 215면 이하; Münchener Kommentar zum BGB/Wegerhoff, BGB §2346 Rdnr. 35 ff. 등 참조. 이 문제에 대하여 상세한 것은 Johannes Burkhardt, Eheliche Vermögensausgestaltung in Korestt des Grundgesetzes, Duncker und Humboldt, 2016 참조.

39) Münchener Kommentar zum BGB/Koch, BGB §1371 Rdnr. 1 등 참조.

40) Koch(주 39), BGB §1371 Rdnr. 2 등.

으면 상속재산의 반을 상속하게 되고, 내용상으로도 독일 민법 제
1371조 제1항의 규정은 부가이익공동제의 관심사와는 거리가 있으며,
생존 배우자가 유일한 배우자가 아니어서, 재산 형성에 중요한 취득
단계에 참여하지 않았을 경우가 늘고 있다고 한다. 그리하여 한 사람
또는 복수의 자녀들이 있는 경우에는 부부재산제와 관계없이 생존 배
우자나 등록된 생활동반자의 법정 상속분을 1/2로 올려야 한다는 주
장이 이미 1972년 독일 법률가대회에서 제기된 바 있다고 하였다. 그
녀는 더 나아가, 법정 부부재산제가 배우자 사망의 경우에도 부부재
산제에 의한 청산이 이루어질 수 있도록 변경되어야 한다고 주장하였
다. 이에 대하여 분쟁의 가능성이라는 실용적인 고려 때문에 반대할
수 있겠지만, 부부재산법적인 참여의 정의(Teilhabegerechtigkeit)의 손
실은 다른 방법으로는 보상할 수 없다고 하였다.[41]

그러나 이 발표에 대한 지정토론자인 랑에와 프리저는 배우자의
법정상속분을 부부재산제와 관계없이 인상하는 데에는 찬성하였지만,
부가이익의 청산을 상속의 경우에도 실현하여야 한다는 데에는 반대
하였다. 랑에는, 부가이익공동제가 법정재산제로 채택된 1957년 이래
로 국민의 의식 가운데 제1931조의 배우자 상속분이 녹아들어 와서
배우자가 상속재산의 반을 받는 것은 적절하다고 생각되고 있으므로,
입법적으로도 이를 고려하여야 한다고 하면서, 배우자의 법정상속분
은 제1순위의 상속인과 함께 공동상속할 때에는 상속재산의 1/2로,
제2순위의 상속인과 공동상속할 때에는 상속재산의 3/4으로 올려야
한다고 하였다. 그렇지만 부가이익의 청산을 사망시에도 실현하여야
한다는 데에는 반대하였는데, 그렇게 되면 상속재산의 분할이 매우
복잡해지고, 분쟁의 가능성을 염려해야 한다는 것이다. 쌍방의 당초
재산을 수십 년 후에 파악하고 평가하는 데 드는 비용은 이혼의 경우

---

41) Anne Röthel, Ist unser Erbrecht noch zeitgemäß? Gutachten A zum 68.
    Deutschen Juristentag, C. H. Beck, 2010, A 53 ff.

에는 기대할 수 있지만, 이러한 원칙을 일방 배우자의 사망으로 인한 혼인 해소시에도 들여오는 것은 필요하지 않다고 한다. 이렇게 하는 것은 실질적으로 직계비속을 참여시키는 이혼의 후속절차를 가져오게 된다는 것이다.[42] 프리저도 배우자 상속분을 인상하여야 한다는 랑에 의 주장에 동조하면서, 상속법에 의한 승계와 부가이익의 청산은 구별하여야 한다고 주장하였다. 뢰텔의 제안은 장기간 혼인이 지속되었을 때 나타나는 상당한 조사 문제를 상속재산 분할의 경우에까지 연장하는 것이 된다고 한다.[43]

이 문제에 대한 토론 후에 제안에 대한 참석자들의 투표가 있었는데, 부부재산제와 관계없이 생존배우자의 법정상속분을 1/2 또는 3/4으로 올리자는 제안은 받아들여졌으나(찬성 50, 반대 15, 기권 6), 배우자 사망시에 부가이익의 청산을 실행해야 한다는 제안은 압도적으로 거부되었다(찬성 2, 반대 66, 기권 4).[44][45]

2. 스 위 스[46]

가. 부부재산제

스위스에서는 부부재산제가 법정재산제인 소득참여제(Errungen – schaftsbeteiligung)나 공동재산제(Gütergemeinschaft)인 경우에는 배우자 일방의 사망으로 혼인이 해소된 경우에도 부부재산의 청산절차에 따라 청산이 이루어진다. 별산제(Gütertrennung)인 경우에만 상속은 부

---

42) Knut W. Lange, Referat, in Verhandlungen des 68. Deutschen Juristentages, Bd. Ⅱ/1, Berlin 2010, C. H. Beck, 2010, L 31 ff.

43) Andreas Frieser, Referat, in Verhandlungen(주 42), L 52 ff.

44) Verhandlungen des 68. Deutschen Juristentages Berlin 2010, Bd. Ⅱ/2, C. H. Beck 2010, L 300.

45) 또한 beckonline. GROSSKOMMENTAR/Tegelkamp, BGB §1931, Stand: 01.05. 2018, Rdnr. 8 – 15도 대체로 같은 취지이다.

46) 스위스의 배우자 상속에 관한 국내의 단행 논문으로는 曹美卿, "스위스법상 配偶者相續分", 가족법연구 제15권 1호, 2001, 279면 이하가 있다.

부재산의 청산 없이 이루어진다.[47]

배우자 사이에 다른 특약이 없으면 적용되는 법정재산제인 소득참여제에서는 부부의 재산은 소득(Errungenschaft)과 고유재산(Eigengut)으로 이루어진다(스위스 민법 제196조). 소득이란 부부재산제가 유지되고 있는 동안 부부 일방이 유상으로 취득한 재산의 가치를 말한다(제197조 제1항). 고유재산이란 전적으로 부부 일방의 개인적 사용을 위한 물건, 부부재산제가 개시될 당시에 부부 일방에게 속하였던 재산 또는 사후에 상속이나 그 밖에 무상으로 취득한 재산 등을 말한다(제198조). 혼인이 유지되고 있는 동안에는 부부 일방이 법령의 제한 내에서 소득과 고유재산을 단독으로 관리, 수익 및 처분할 수 있지만(제201조 제1항), 혼인이 이혼이나 사망으로 해소되면 소득의 청산이 이루어져야 한다. 즉 혼인이 해소되면 우선 소득과 고유재산을 분리하여야 하고(제207조), 소득 가운데 채무를 공제한 잉여(Vorschlag, 제210조)에 대하여는 각 배우자가 각각 절반의 권리를 가진다(제215조).

공동재산제에서는 각 배우자의 재산 가운데 고유재산이 아닌 것은 공동재산(Gesamtgut)을 이루는데(제221조 이하), 이 공동재산은 배우자의 합유(Gesamteigentum)에 속한다.[48] 공동재산제가 일방 배우자의 사망이나 다른 사유로 해소되면 다른 약정이 없는 한 각 배우자에게는 이 공동재산의 절반이 귀속된다(제241조).

별산제의 경우에는 혼인이 해소되더라도 부부재산의 청산은 이루어지지 않는다.

나. 배우자의 상속권

소득참여제하에서는 배우자 일방이 사망하면 생존 배우자는 우선 잉여의 절반에 대하여 권리를 가지고, 이를 제외한 나머지와 피상속

---

47) 스위스에서의 상속법과 부부재산제의 관계에 관하여는 Wolf und Genna(주 24), §3 Erbrecht und Güterrecht 참조.
48) Wolf und Genna(주 24), S. 55.

인의 고유재산이 상속재산이 된다. 공동재산제 하에서는 배우자 일방
이 사망하면 공동재산을 분할하고 그 나머지 공동재산과 고유재산이
상속재산이 된다. 별산제 하에서는 피상속인의 재산이 그대로 상속재
산이 된다.

상속재산에 대한 생존 배우자 또는 등록된 동반자의 법정상속분
은 직계비속과 공동상속할 때에는 상속재산의 1/2이고, 피상속인의
부모계의 상속인49)과 공동상속할 때에는 상속재산의 3/4이며, 피상속
인의 부모계의 상속인이 없으면 상속재산의 전부를 상속한다(제462조).

다. 배우자의 유류분과 상속포기

피상속인의 생존 배우자 또는 등록된 동반자는 직계비속 및 부모
와 함께 유류분권자인데, 생존 배우자의 유류분은 그 상속분의 1/2이
다(제471조).50)

생존 배우자는 다른 상속인과 마찬가지로 피상속인과의 사이에
상속포기계약을 체결할 수 있다(제495조 제1항). 이 상속포기는 무상일
수도 있고, 유상일 수도 있다. 유상인 경우에는 이를 상속분매매계약
(Erbauskauf)이라고 한다. 실제로는 유상의 상속분매매계약이 상당한
의미를 가지고, 특히 기업의 승계에서는 중요한 역할을 한다.51) 상속
포기계약도 상속계약(제494조)의 일종으로서, 상속계약과 마찬가지로
공정증서유언의 방식(제512조)에 따라야 한다.52)

---

49) 피상속인의 직계존속 또는 그들의 직계비속을 가리킨다.
50) 제471조. 직계비속의 유류분은 상속분의 3/4이고, 부모의 유류분은 상속분의 1/2
    이다.
51) Wolf und Genna(주 24), S. 214 f.
52) Basler Kommentar Zivilgesetzbuch Ⅱ = Ruf/Jeitziner, 4. Aufl., Helbing Lichtenhahn,
    2011, Art. 512 Rdnr. 1 참조.

3. 오스트리아[53]

가. 부부재산제

오스트리아의 법정부부재산제는 별산제(Gütertrennung)이다(오스트리아 민법 제1237조). 그러나 혼인이 이혼에 의하여 종료되거나 또는 혼인 취소 또는 혼인 무효로 되면 재산을 분할하여야 한다. 분할의 대상은 혼인에 사용되는 재산(eheliche Gebrauchsvermögen)과 혼인 중의 저축(ehelichen Ersparnisse)이다. 이 분할은 형평에 따라 이루어져야 하며, 고정된 비율이 있는 것은 아니다[오스트리아 혼인법(Ehegesetz) 제81조, 제83조].[54]

다만 부부는 혼인계약에 의하여 공동재산제(Gütergemeinschaft)를 약정할 수 있다. 그러나 이는 원칙적으로 혼인이 사망에 의하여 종료한 때에만 적용되는 것으로 보며, 이때에는 생존 배우자가 공동재산의 절반에 관하여 권리를 가진다(민법 제1233조, 제1234조).[55]

나. 배우자의 상속권

피상속인의 배우자나 등록된 동반자(eingetragene Partner)의 법정상속분은 피상속인의 자녀 및 그 직계비속과 공동상속할 때에는 상속재산의 1/3이 되고, 피상속인의 부모와 공동상속할 때에는 상속재산의 2/3가 되며, 나머지 경우에는 그 전부가 된다. 만일 부모 일방이

---

53) 오스트리아의 배우자 상속의 변천 과정에 대하여는 Kurt Berek, Ehegattenerb-recht, Entstehung und Entwicklung in Österreich, Verlag Österreich, 2017 참조.

54) 혼인에 사용되는 재산이란 혼인 공동생활 동안 부부의 사용에 제공된 동산 또는 부동산(가재도구와 혼인 주거를 포함한다)을 말하고, 혼인 저축이란 혼인 공동생활 동안 모은 것으로서 통상적으로 사용을 위한 것을 말한다. 제81조 제2, 3항.

55) 그러나 이처럼 사망시에 적용되는 공동재산제는 쉽게 찾아보기 어렵고, 오히려 생존시에 적용되는 부부재산제가 더 많다고 한다. Ferrari/Koch-Hipp, Länderbeitrag Österreich, in Süß/Ring, Eherecht in Europa, 3. Aufl., DeutscherNotarVerlag, 2017, Rdnr. 52, 53(S. 943).

사망하였으면 그 사망한 부모의 상속분은 피상속인의 배우자 또는 등록된 동반자에게 귀속된다(민법 제744조). 이 규정은 2015년 개정되어 2017. 1. 1.부터 시행되었는데, 개정 전에는 피상속인의 부모의 직계비속과 공동상속하거나 피상속인의 조부모와 공동상속할 때에도 그 법정상속분이 2/3였다(개정 전 민법 제757조). 개정 법은 이러한 경우에는 피상속인의 배우자나 등록된 동반자가 단독상속인이 되는 것으로 하여 피상속인의 배우자의 지위를 강화하였다.

또한 생존 배우자는 혼인 주택에 계속 거주할 권리 및 혼인 생활에 필요한 가재도구에 속하는 동산(이것이 종전의 생활관계를 유지하는 데 필요한 경우에 한한다)에 대한 권리를 가진다(민법 제745조). 그러나 이러한 권리는 상속채무에 우선하는 것은 아니므로, 피상속인의 채권자는 이들에 대하여 채권을 행사할 수 있다.[56]

그리고 피상속인의 배우자나 등록된 동반자는 상속재산의 한도에서 부양청구권을 가진다. 다만 이 부양청구권은 그가 재혼하거나 다른 등록된 동반자관계를 맺으면 상실된다(민법 제747조).

다. 배우자의 유류분

생존 배우자는 등록된 동반자 및 피상속인의 직계비속과 함께 유류분권을 가진다(민법 제757조).[57] 유류분은 법정상속분의 1/2이다(민법 제759조). 다만 유류분권자라 하여도, 그와 피상속인이 전혀 또는 오랜 기간 동안 통상 가족 사이에 존재하는 친밀한 관계에 있지 않았을 때에는 피상속인은 종의처분(終意處分)에 의하여 유류분을 반까지 감액할 수 있다(민법 제776조 제1항). 종전에는 이러한 감액은 유류분권자가 피상속인의 혈족인 경우에 한정되었고, 따라서 배우자에게는

---

56) Kurzkommentar zum ABGB/Apathy/Musger 5. Aufl., Verlag Österreich, 2017, §745 Rdnr. 2.
57) 따라서 그 외의 사람들, 예컨대 피상속인의 부모나 형제자매 등은 유류분권자가 아니다.

적용되지 않았으나(개정 전 제773조a), 2015년 개정에 의하여 배우자에게도 적용되게 된 것이다.[58]

라. 상속 및 유류분의 사전 포기

상속인은 피상속인과의 계약에 의하여 상속권 또는 유류분권을 사전 포기할 수 있다. 이를 위하여는 공정증서 또는 법원의 조서에 기재될 것을 요한다(민법 제551조). 보상을 지급하고 이루어지는 상속포기계약은 합의에 의한 상속의 결과를 규율하기 위한 적절한 수단이며, 실제로 중요한 의미를 가진다고 한다.[59]

마. 입법론적 논의

오스트리아에서 이혼시의 재산분할제도가 도입된 것은 1978년이었는데, 당시에 일방 배우자의 사망시에 재산분할을 규정하지 않은 이유를 오스트리아 정부의 개정제안이유서는 다음과 같이 설명하였다. 즉 사망으로 인한 혼인의 해소와 이혼으로 인한 해소는 사실관계에 차이가 있는데, 전자의 경우에는 부부 사이의 관계가 원만하였다고 추정할 수 있으므로, 재산관계의 변동에 대한 상세한 조사를 하지 않아도 된다는 것이다. 이때에는 법정상속권과 유류분청구권의 단순하고 명확한 해결책이 가지는 이익이, 그러한 해결책이 재산관계의 변동에 관한 사실관계에 항상 부합하지 않는다는 이익을 능가한다고 한다. 반면 이혼의 경우에는 구체적인 사정, 특히 배우자의 재산관계 변동에 대한 구체적인 기여가 고려되어야 한다는 것이 공평의 요청이

---

58) 그러나 여기서 말하는 오랜 기간은 통상 20년 정도라고 하므로, 실제 의미는 크지 않다고 한다. Constanze Fischer—Czarmak, "Ehegattenerbrecht, Rechte des Lebensgefährten und Abgeltung von Pflegegleistungen" in Rabl/Zöchling—Jud hrsg., Das neue Erbrecht, Manz, 2015, S. 31.

59) Apathy/Musger(주 56), §551 Rdnr. 1; Franz Haunschmidt, Länderbericht Österreich, in: Süß (hrsg.), Erbrecht in Europa, 3. Aufl., Zerb Verlag, 2015, Rdnr. 78(S. 973).

라고 한다. 뿐만 아니라 이혼의 경우와 같이 부부 쌍방이 생존하고 있을 때에는 재산의 변동을 조사하는 것이 쉬운 반면, 배우자 일방이 사망한 경우에는 이것이 어렵다는 점도 고려되어야 한다고 한다.[60]

이 문제는 2009년에 열렸던 제17차 오스트리아 법률가대회에서도 다루어졌다. 당시 오스트리아 상속법의 개혁에 대하여 발제를 한 벨저는 사망으로 인하여 혼인이 해소된 때에도 이혼시와 마찬가지로 재산분할을 하여야 한다는 주장이 있음을 소개하면서도 이에 대하여 반대하였다. 그는 이혼시의 재산분할은 형평(Billigkeit)에 의하여 이루어져야 하는데, 이때에는 기여의 무게와 중요성, 자녀의 복리 등이 고려되어야 하지만, 이는 사망으로 인한 재산분할의 경우에 직접 적용될 수 없는 기준이라고 한다. 그리고 재산분할을 상속에 앞서서 시행해야 한다는 주장에 대하여도, 상속법은 포괄적인 재산승계의 질서(Vermögensweitergabeordnung)로서, 공동 취득의 보상이 아니라 그 승계가 문제되는데, 이때에는 피상속인이 배우자와 공동으로 취득한 것만이 아니라 그가 가져오거나 상속한 것의 가치 보상도 문제된다고 한다. 그러므로 재산분할의 질서와 재산승계의 질서를 상속법의 체계를 파괴하거나 침해하지 않은 채로 조화시키는 것은 불가능하다고 하였다.[61]

반면 그에 대한 지정토론자인 페라리는 이를 비판하면서, 두 질서의 조화는 가능하고 필요하며, 다른 나라에서도 이는 이루어졌고, 재산분할은 상속재산분할에 앞서서 이루어져야 한다고 주장하였다.[62]

---

60) 136 der Beilagen zu den stenographischen Protokollen des Nationalrates XIV. GP, 1976 03 10, S. 13. (https://www.parlament.gv.at/PAKT/VHG/XIV/I/I_00916/imfname_316155.pdf).

61) Rudolf Welser, Die Reform des österreichischen Erbrechts, Verhandlungen des Siebzehnten Österreichischen Juristentages II/1, Manz, 2009, S. 58 f.

62) Susanne Ferrari, "Die Reform des österreichischen Erbrechts", Verhandlungen des Siebzehnten Österreichischen Juristentages II/2, Manz, 2009, S. 74 ff. Helmut Ofner, "Ehegüterrechtlicher Ausgleich bei Tod eines Ehegatten?", in

2015년 개정법은 종래와 마찬가지로 상속에서는 이혼시와 같은 재산분할절차를 도입하지 않았다. 그 이유는 리히텐슈타인 정부가 2012년 상속법 개정 당시에 리히텐슈타인 의회에 제출한 의견서에서 찾아볼 수 있다.[63] 리히텐슈타인은 원래 오스트리아 민법을 받아들여 적용하고 있었는데, 2012년에 상속법을 개정하였다.[64] 개정 전에는 배우자의 상속분이 제1순위의 상속인과 같이 공동상속할 때에는 상속 재산의 1/3이고 제2순위나 제3순위의 상속인과 같이 공동상속할 때에는 상속재산의 2/3였는데, 개정에 의하여 제1순위의 상속인과 같이 공동상속할 때에는 상속분이 상속재산의 1/2이 되었다.

당시 리히텐슈타인 정부가 의회에 제출한 개정안에는 배우자 상속에 관한 내용이 포함되어 있지 않았는데, 당시 의회의 제1독회에서는 스위스 민법과 같이 배우자 상속의 경우에도 부부재산의 청산이 이루어져야 한다는 주장이 제기되었다고 한다. 그리하여 리히텐슈타인 정부가 오스트리아 법무부에 문의를 하였는데, 오스트리아 법무부에서는 상속법의 개정작업을 하고 있지만, 배우자 상속에 관하여 스위스와 같은 규정을 들여오는 것은 계획되어 있지 않고, 정당도 이를 개혁하려는 의지가 없다고 답변하였다. 공평의 고려에서 부부재산제에 따른 보상이 필요하다는 의견이 많지만, 다음과 같은 이유로 이에 반대하는 학설이 유력하다고 하면서, 위 1978년 부부재산분할제도 도입 당시의 정부의 개정제안 이유 설명을 되풀이하였다.[65]

Constanze Fischer-Czermak et al., hrsg., Festschrift 200 Jahre ABGB, Manz, 2011, S. 520 ff.도 같은 취지이다.

63) STELLUNGNAHME DER REGIERUNG AN DEN LANDTAG DES FÜRSTENTUMS LIECHTENSTEIN ZU DEN ANLÄSSLICH DER ERSTEN LESUNG BETREFFEND DIE REFORM DES ERBRECHTS AUFGEWORFENEN FRAGEN, https://bua.regierung.li/BuA/pdfshow.aspx?nr=68&year=2012.

64) Johannes Ritter von Schönfeld, Länderbericht Liechtenstein, in: Süß (hrsg.)(주 59), Rdnr. 9(S. 825).

65) STELLUNGNAHME(주 63), S. 8 f.

4. 프 랑 스[66]

가. 부부재산제[67]

프랑스에서는 부부가 따로 약정하지 않는 한 법정부부재산제로서 공동재산제(la communauté)가 적용된다. 부부의 공동재산은 적극적으로 혼인 기간 중 부부가 공동으로 또는 개별적으로 유상으로 취득한 재산과 개인적인 경제활동 및 고유재산으로부터 발생한 과실 및 수익의 절약으로 인하여 생긴 재산으로 구성된다(프랑스 민법 제1401조). 반면 부부 각자가 혼인 전부터 소유하는 재산과 혼인 중 상속·증여 또는 유증을 원인으로 취득한 재산은 고유재산(l'actif propre)이다(민법 제1405조 제1항).

부부는 공동재산을 단독으로 관리 처분할 수 있는 권한을 가지며, 다른 배우자와 별개의 직업에 종사하는 배우자는 그 직업활동에 필요한 관리·처분행위를 단독으로 할 수 있다(제1421조 제1, 2항). 그러나 부부 일방은 상대방 배우자의 동의가 없는 한 공동재산에 대하여 무상의 생전처분을 하지 못한다(제1422조 제1항). 또 부부 일방은 상대방 배우자의 동의 없이는 공동재산에 속하는 부동산·영업재산·토지를 양도하거나 물권적 권리를 설정할 수 없고, 양도성이 없는 회사에 대한 권리나 선박이나 항공기와 같이 양도에 공시가 요구되는 유체동산의 경우에도 마찬가지이다(제1424조).

한편 부부는 혼인 당시뿐만 아니라 혼인 성립 후에도 일정한 경

---

66) 프랑스의 배우자 상속에 대하여는 金美京, "프랑스상속법에서의 배우자 상속권", 중앙대학교 법학논문집 제34집 1호, 2010, 63면 이하; 곽민희, "프랑스에 있어서 生存配偶者의 相續法上의 地位", 민사법학 제59호, 2012, 325면 이하 참조.

67) 프랑스의 부부재산제에 대하여는 洪春義, "프랑스법에 있어서 法定夫婦財産制", 가족법연구 제15권 1호, 2001, 141면 이하; 김미경, "프랑스 부부재산제에 관한 연구", 부산대학교 법학박사학위논문, 2010; 김미경, "프랑스민법상 약정부부재산제", 민사법이론과 실무 제14권 1호, 2010, 207면 이하; 김미경, "프랑스민법상 공동재산제", 가족법연구 제25권 2호, 2011, 64면 이하 참조.

우에는 이러한 공동재산제를 배제하는 부부재산계약을 체결할 수 있
다(제1387조). 이 부부재산계약은 공증인 앞에서 체결되어야 한다(제
1394조). 프랑스 민법은 세 가지 유형의 약정재산제를 제시하고 있다.
즉 약정공동재산제(de la communauté conventionnelle; 제1497조 이하),
별산제(le régime de séparation de biens; 제1536조 이하), 혼후취득재
산분배참가제(le régime de participation aux acquets; 제1569조 이하)
이다.[68]

나. 배우자의 상속권

사망 등으로 인하여 공동재산이 해소되면, 각 배우자는 공동재산
아닌 고유재산(현물로 존재하는 재산 및 그에 대한 대상물)을 찾아갈 수
있다(제1467조). 그 후 남아 있는 재산에 대하여는 부부간에 절반씩
분할하게 된다(제1475조 제1항). 이때에는 상속재산의 분할에 관한 규
정이 적용된다(제1476조 제1항). 그와 같이 분할되고 남은 것이 다시
상속의 대상이 된다.

피상속인이 배우자와 자녀 또는 직계비속을 남긴 경우에, 모든
자녀가 그 부부 사이에서 출생하였다면, 생존 배우자의 선택에 따라
현존재산 전체의 용익권 또는 1/4의 소유권을 취득할 수 있고, 부부
공통의 자녀가 아닌 피상속인의 자녀 또는 그의 직계비속이 있는 경
우에는 생존배우자는 용익권을 선택할 수는 없고, 1/4의 소유권만을
취득할 수 있다(제757조). 생존배우자가 용익권을 선택한 경우에 이는
배우자 자신 또는 다른 상속인 중 1인의 청구에 의하여 종신정기금으
로 전환될 수 있다(제759조).

사망자에게 자녀 또는 직계비속은 없고 부와 모만 있는 때에는,
생존배우자는 재산의 절반을 상속하고 나머지 절반은 각 1/4씩 부와

---

68) 이에 대하여 상세한 것은 김미경, "프랑스 부부재산제에 관한 연구"(주 67), 47면
이하; 김미경, "프랑스민법상 약정부부재산제"(주 67), 212면 이하 참조.

모에게 귀속된다. 부모의 일방만이 생존하고 있는 경우에는 그 사망한 자의 상속분은 생존배우자가 취득하므로, 부모 일방 중 생존자가 4분의 1, 생존배우자는 4분의 3의 소유권을 취득하게 된다(제757조의1).

사망자의 자녀 또는 직계비속 및 부모가 없는 경우에는 생존배우자가 상속재산 전부를 취득한다(제757조의2). 따라서 피상속인에게 생존 배우자가 있으면 피상속인의 부모 아닌 직계존속이나 형제자매 등은 상속인이 되지 못한다. 다만 이에 대한 예외로서, 부모가 먼저 사망한 경우에 상속 또는 증여에 의하여 피상속인이 직계존속으로부터 취득한 재산으로서 그것이 상속재산에 현물로 존재하는 경우에는, 그 재산은 직계비속이 존재하지 않는 때에는 1/2의 비율로 사망자의 형제자매 또는 형제자매의 직계비속으로서 그 자신이 상속시점에서 먼저 사망한 피상속인의 부모의 일방 또는 쌍방의 직계비속인 자에게 귀속한다(제757조의3). 이는 피상속인의 형제자매에게 「가족의 재산」에 대한 일종의 「법정복귀권(droit de retour légal)」을 인정한 것으로서, 변칙상속(successions anomales)의 일종이라고 한다.[69]

그리고 생존배우자가 재산의 전부 또는 4분의 3을 취득하는 경우, 즉, 피상속인에게 직계비속이나 부모가 없어서 생존배우자가 단독상속하거나 피상속인의 부모의 일방과 공동상속하는 경우에는 상속에서 배제되는 부모 이외의 직계존속의 보호 내지 이해관계의 조절을 위해서 프랑스 민법은 다음과 같은 규정을 두고 있다. 즉 피상속인의 부모 이외의 직계존속의 부양이 필요한 경우에는 그 부양의 필요성을 입증하여 피상속인의 상속재산에 대해서 부양료청구권(créance d'aliments)을 가진다(제758조). 이러한 부양료청구권은 강행규정으로 보호되는 법정의 권리이다.[70]

---

69) 곽민희(주 66), 334면 및 같은 면 주 21; CHRISTIAN JUBAULT, Droit civil, Les successions Les Libélqlités; Montchrestien, 2010, N°. 326.

70) 곽민희(주 66), 335면.

다른 한편 일방 배우자의 사망시에 상속권을 가진 생존배우자가 사망한 배우자에게 속하거나 그 전체가 상속재산에 속하는 주거지를 주된 주거로서 실제적으로 점용하고 있다면, 그 생존배우자는 그 주거 및 주거에 부속된 동산으로서 상속재산에 포함되는 것을 1년 동안 무상으로 당연히 향유할 수 있다(제763조 제1항). 또한 주택이 부부의 소유인 경우, 공정증서유언에 의하여 사망한 일방 배우자가 반대의 의사를 표시한 경우를 제외하고, 사망시에 주로 거주하는 배우자에게 속하거나 전적으로 상속재산에 포함되는 주택을 실제로 점유하고 있던 상속권 있는 배우자는, 그의 사망까지 종신으로 그 주택에 대한 거주권 및 상속재산에 포함된 주택에 부속된 동산에 대한 사용권을 가진다(제764조). 그리고 부부가 거주하고 있던 주택이 임대차의 목적물인 경우에는 피상속인의 사망시에 주로 거주하는 주택을 실제 점유하고 있는 생존배우자는 상속재산에 포함된 그 주택에 부속된 동산에 대한 종신의 사용권을 가진다(제765조의2).

또한 부양을 필요로 하는 상속권 있는 배우자는 상속재산에 대해서 부양에 관한 정기금을 청구할 권리를 갖는다. 이러한 청구는 원칙적으로 피상속인이 사망한 때로부터 1년 이내에 행해져야 하지만, 피상속인의 사망 후에 상속인이 사실상 부양료를 지급하고 있었던 경우에는 그 지급이 중지된 때로부터 1년, 상속재산의 공유상태에 있는 경우에는 분할이 완료될 때까지 연장된다(제767조 제1항).

다. 배우자의 유류분

프랑스 민법도 유류분제도를 인정하고 있지만, 생존배우자의 유류분은 피상속인에게 직계비속 및 직계존속이 없는 경우[71]에만 인정되고, 그 유류분은 상속재산의 1/4이다(제914조의1). 이처럼 생존배우자의 유류분이 제한적으로만 인정되는 것은, 피상속인이 상속권을 박

---

71) 이때에는 생존배우자가 단독상속인이다.

탈하거나 제3자에게 상속재산을 부여하기를 희망하는 경우에는 애정에 근거한 권리의 정당성은 상실된다는 점 및 생존배우자의 생활조건·생활환경의 유지는 유류분권의 수여보다는 이와는 성격을 달리하는 강행적인 권리의 부여로 인해 달성할 수 있다는 점에 근거를 찾을 수 있다. 특히 상속재산에 대한 추상적인 권리를 보장하는데 불과한 유류분보다도 주택과 부양정기금에 대한 변경 불가능한 권리("droit intangible au logement et à la pension")를 인정하는 편이 생존배우자의 최종의 생활을 보장하기 위해서는 보다 적합하고 또한 피상속인의 의사의 자유와도 모순, 충돌하지 않는다는 것이다.72)

라. 유류분의 사전 포기

프랑스에서는 아직 상속이 개시되지 않은 상속재산에 관한 권리 창설 또는 권리 포기의 약정은 법률에 의하여 허용되는 경우에만 효력이 있다(제722조). 이 규정에 대한 예외로서 중요한 것이 유류분의 사전포기(감쇄소권의 사전포기, la renonciation anticipée à l'action en réduction)이다. 이는 2006년 법 개정에 의하여 새로 도입되었다. 프랑스 민법 제929조 제1항은 "모든 추정 유류분 상속인은 개시되지 않은 상속에 관하여 감쇄소권 행사를 포기할 수 있다. 이 포기는 한 명 또는 복수의 특정인을 위하여 행해져야 한다. 포기는 재산이 상속되는 사람이 승인한 날에 포기자를 구속한다"고 규정한다. 이러한 포기는 단독행위이지만, 피상속인의 승인이 있어야 한다. 이 포기는 두 사람의 공증인에 의한 공정증서에 의해 행해져야 하고, 포기자는 개별적으로 서명하여야 하는 요식행위이다(제930조).

이처럼 유류분의 사전포기 제도가 도입된 이유는, 장애아와 관련하여 부모의 사망 후에도 부모의 상속재산으로 장애아의 부양을 책임질 수 있는 장치가 요구되었고, 또 가족기업의 승계를 위하여 이것이

---

72) 곽민희(주 66), 349-341면.

필요하였기 때문이라고 한다.[73]

5. 네덜란드

가. 부부재산제

네덜란드의 법정 부부재산제는 부부가 특약으로 배제하지 않는한 공동재산제이다[네덜란드 민법(Burgerlijk Wethoek) 제1편 제1: 93조].[74] 2017년까지는 부부가 혼인 후에 취득한 재산뿐만 아니라, 혼인성립 당시에 가지고 있던 재산도 모두 공동재산을 구성하였다(개정 전민법 제1:94조). 그러나 법의 개정으로 2018. 1. 1. 이후에 성립한 혼인의 경우에는 원칙적으로 부부가 혼인 후에 취득한 재산만이 공동재산이 된다.[75] 이혼 등으로 공동재산제가 해소되면, 부부가 미리 특약을체결하지 않은 한 부부 각자는 공동재산의 1/2에 대하여 권리를 가진다(제1:100조).

다만 당사자는 혼인 당시 또는 그 후에도 공정증서에 의하여 혼인재산계약을 체결할 수 있다(제1:114조 이하). 이때에는 별산제, 제한된 공동재산제, 균등분배약정(Verrekenbedingen) 등을 선택할 수 있다.균등분배약정은 배우자들이 부부별산을 유지하되 혼인 해소시나 또는혼인 중에도 혼인 중에 증가된 재산의 1/2에 대하여 권리를 부여하는것이다.[76]

---

73) 상세한 것은 이봉민, "프랑스法상 遺留分 制度", 서울대학교 법학석사 학위논문, 2008, 131면 이하 참조.
74) 영문으로 된 네덜란드 민법은 다음에서 찾아볼 수 있다. http://www.dutchcivillaw. com/civilcodebook01.htm.
75) Reinhartz, B. E. (2017). New Matrimonial Property Law in the Netherlands. Paper presented at ISFL 2017, Amsterdam, Netherlands. https://pure.uva.nl/ ws/files/17208637/New_Matrimonial_Property_Law_in_the_Netherlands_ISFL_ 2017.pdf.
76) 제1: 132조-1: 140조. Vlaardingerbroek, Länderbeitrag Niederlande, in Süß/ Ring(주 56), Rdnr. 31 ff.

나. 배우자의 상속권

공동상속제가 적용되는 부부의 경우에는 부부 일방이 사망하면 공동재산의 절반은 생존 배우자가 가지게 되고, 나머지 절반이 상속의 대상이 된다.[77] 피상속인의 배우자는 피상속인에게 자녀가 있으면 자녀와 공동상속인이 된다. 만일 피상속인의 자녀(또는 대습상속할 자녀의 직계비속)가 없다면 배우자가 단독상속인이 된다(제4편 4:10조). 피상속인의 배우자와 자녀의 상속분은 동등하다(4:11조 제1항). 그러나 실제로는 상속재산 자체는 생존배우자에게 우선 전부 귀속하고, 자녀는 생존 배우자에게 상속분에 상당하는 금액의 청구권만을 가진다. 뿐만 아니라 이 청구권은 생존 배우자에게 파산 또는 개인회생절차가 개시되었거나, 그가 사망하였거나, 또는 피상속인이 유언에 의하여 정한 사태가 발생한 경우에 한하여 행사할 수 있다(제4:13조). 다만 생존 배우자가 재혼하는 경우에는 자녀는 상속재산의 이전을 청구할 수 있다(제4:19조).

이러한 제도는 2003년 상속법에 의하여 도입되었는데, 그 전에는 배우자는 다른 자녀와 동등한 상속분을 취득하였다. 그러자 1960년대부터 배우자와 자녀가 있는 피상속인이 자신의 재산을 생존 배우자에게 전부 귀속시키고, 자녀들은 생존배우자가 사망하거나 파산하는 등의 사태가 있을 때에만 배우자에게 청구할 수 있다는 유언을 남기는 사례가 많았기 때문에, 2003년 상속법은 이를 법으로 받아들인 것이다.[78]

---

77) Sjef van Erp, "The New Dutch Law of Succession", in Kenneth G C Reid, Marius J de Waal and Reinhard Zimmermann, Exploring the Law of Succession, Edinburgh University Press, 2007, p. 195.

78) B.E. Reinhartz, "Recent Changes in the Law of Succession in the Netherlands: On the Road towards a European Law of Succession?", Electronic Journal of Comparative Law, vol. 11.1 (May 2007), pp. 2 ff.(https://www.ejcl.org//111/art111−17.pdf); Arlette R. van Maas de Bie, Länderbericht Niederlande, in:

다. 생존 배우자의 유류분

네덜란드 민법도 유류분을 인정하고 있지만, 유류분권자는 피상속인의 직계비속뿐이고(제4:63조),[79] 배우자는 유류분권자가 아니다. 그렇지만 생존 배우자는 피상속인과 함께 거주하였던 주택과 가재도구를 6개월 동안 계속 사용할 권리를 가진다(제4:28조).

라. 상속의 사전 포기

네덜란드 민법은 상속 개시 전에 특정인이 민법전 제4편(상속법)에 의하여 피상속인의 상속재산에 관하여 부여되는 권리와 권한을 행사할 자유를 방해할 의도를 가지는 법률행위는 무효로 한다고 규정하고 있으므로(제4:4조), 상속이나 유류분의 사전 포기는 허용되지 않는 것으로 보인다.

6. 영   국[80]

가. 부부재산제[81]

영국에서는 부부재산제에 관한 별도의 규정을 두지 않고 있어서, 혼인은 원칙적으로 부부의 재산관계에 영향을 미치지 않는 별산제라고 할 수 있다. 그러나 법원은 복귀신탁(resulting trust) 또는 의제신탁(construtive trust)의 법리에 의하여, 법률적으로는 소유자가 아닌 배우자 일방의 권리를 보호하고 있다.[82]

Süß (hrsg.)(주 59), Rdnr. 60 (S. 922).

79) 그 유류분은 법정상속분의 1/2에 해당하는 가액이다. 제4:64조.

80) 여기서는 잉글랜드, 웨일즈만을 다룬다. 스코틀랜드는 독자적인 법을 가지고 있고, 북 아일랜드의 법도 차이가 있다.

81) 영국은 2004년에 Civil Partnership Act 2004를 제정하여 동성간에 혼인에 준하는 법률관계를 형성할 수 있도록 허용하였고, 2013년에는 Marriage (Same Sex Couples) Act 2013을 제정하여 동성 혼인을 허용하였다. 이들 동성 파트너와 동성 배우자는 부부재산관계나 상속에 관하여 이성 배우자와 동일한 지위를 가진다.

82) 이화숙, 비교 부부재산관계법, 세창출판사, 2000, 95면 이하, 174면 이하; Jonathan

나아가 혼인관계가 이혼에 의하여 해소되었을 때에는, 법원은 부양과 재산분할의 취지에서 일방 당사자에게 타방 당사자에 대하여 금전의 지급이나 재산분할을 명하는 명령을 할 수 있다.[83] 이러한 금전지급이나 재산분할을 명하는 경우에는 법원에게 재량이 인정되지만, 근래의 판례는 균등한 분할(equal division)이 추정까지는 아니더라도 척도(yardstick)가 되어야 한다고 보고 있다.[84]

나. 배우자의 상속권

영국에서 배우자의 상속권은 2014. 10. 1.부터 시행된 법률[85]에 의하여 크게 바뀌게 되었다. 이 법 전에는 배우자의 상속권은 다음과 같았다.[86] 우선 피상속인에게 배우자 외에 직계비속이 없을 때에는, 배우자와 피상속인의 부모, 전혈(全血, whole blood)인 형제자매[87]나 그 직계 비속 등의 친족이 공동상속을 하되, 배우자가 동산(The personal chattels)[88]과 45만 파운드의 법정 유증(statutory legacy)[89] 및

Herring, Family Law, 8th ed., Pearson, 2017, pp. 170 ff., 201 ff. 등 참조.

83) Matrimonial Causes Act 1973 section 23(Financial provision orders), section 24(Property adjustment orders).

84) White v White [2000] 3 FCR 555, para. 25 (House of Lords).

85) Inheritance and Trustees' Powers Act 2014.

86) 개정 전 Administration of Estates Act 1925 section 46. 曹美卿, "英國 無遺言相續法上의 配偶者相續分", 가족법연구 제13호, 1999, 415면 이하; Parry & Kerridge, The Law of Succession by Roger Kerridge, 12. ed., Sweet & Maxwell, 2009, pp. 8 ff.; The Law Commission, "INTESTACY AND FAMILY PROVISION CLAIMS ON DEATH", 13 December 2011, paras. 1. 41. ff. (pp. 11 ff.) (https://s3−eu−west−2. amazonaws.com/lawcom−prod−storage−11jsxou 24uy7q/uploads/2015/03/lc331_intestacy_report.pdf) 참조. Law Commission은 보통 법제위원회라고 번역하는데, 법제위원회는 1965년 법률에 의하여 창설된 독립된 기구로서 잉글랜드와 웨일즈의 법 개혁을 담당하고 있다. 우리나라에서는 법률위원회 또는 법개정위원회라고 번역되기도 한다. 법제위원회가 제출한 보고서는 입법에 반영되는 경우가 많다. 법제위원회의 홈페이지(www.lawcom.gov.uk) 참조.

87) 부모가 같은 형제자매를 말한다.

88) 이는 Administration of Estates Act 1925 section 55 (1) (x)에서 규정하고 있는데, 기본적으로 피상속인이 그의 개인적인 용도로 사용하고 있던 것을 말한다. 업무용

나머지 재산의 절반을 취득하였다. 반면 피상속인에게 배우자와 직계비속이 있으면, 배우자는 동산과 법정 유증[90] 및 나머지 재산의 절반에 대한 종신 용익권(a life interest)을 취득하고, 직계비속이 나머지 재산을 취득하였다.

그런데 법 개정 후에는 피상속인에게 배우자 외에 직계비속이 없으면, 배우자가 전 재산을 취득한다. 그리고 피상속인에게 배우자와 직계비속이 있으면, 배우자는 인적 동산과 법정 유증[91] 및 나머지 재산의 1/2을 취득하고, 직계 비속이 그 나머지 재산을 취득한다.[92][93] 이처럼 생존 배우자의 상속권이 강화된 것은, 정부가 노인들의 연금과 의료에 관한 재원을 마련하는 것과 연관이 있다고 한다.[94]

다. 배우자의 유류분

영국에서 유류분제도에 해당하는 것으로는 이른바 가족 분배분(family provision) 제도가 있다. 이 제도가 처음 창설된 것은 1938년이었는데,[95]

재산이나 금전 또는 증권 등은 배제된다. 2014년 개정되면서는 유체동산으로서 금전이나 증권, 전적으로 또는 주로 업무용 목적에 사용되거나 투자를 위한 것을 제외하는 것으로 정의가 달라졌다.

89) 2009. 2. 1. 이후에 상속이 개시된 경우에는 45만 파운드였다.

90) 2009. 2. 1. 이후에 상속이 개시된 경우에는 25만 파운드였다.

91) 법이 개정되었을 때에는 25만 파운드였다.

92) Inheritance and Trustees' Powers Act 2014 section 1.

93) 법의 개정을 제안한 법제위원회는 피상속인에게 직계비속이 있는 경우에는 세 가지 선택지를 검토하여 여론을 조사하였다. 첫째, 현행법 유지, 둘째, 생존 배우자에게 법정 유증과 상속재산 중 일정 비율을 취득하게 하는 방안. 셋째, 생존배우자가 피상속인의 저축에 대한 권리를 승계하게 하거나, 법정 유증을 인상하고, 그 대신 승계되는 주택에 대한 권리에 대하여 보상하게 하는 방법. 그리하여 여론 조사 결과 가장 많은 지지를 얻은 둘째 방법을 제안하였고, 그 비율도 잔여 재산의 1/2로 할 것을 권고하였다. The Law Commission(주 86), paras. 2. 1. ff.(pp. 29 ff.).

94) Roger Kerridge, "Intestate Succession in England and Wales", Reid, de Waal, and Zimmermann ed.(주 1), p. 340.

95) Inheritance(Provision for Family and Dependants) Act 1938.

현재는 1975년의 법률[96]이 이를 규율하고 있다.[97] 이에 따르면 유언이나 무유언상속에 따른 법 또는 양자의 결합에 의한 피상속인의 상속재산의 처분이 이 법에 규정된 일정한 범위의 청구권자들에게 합리적인 재정적 배려(reasonable financial provision)가 되지 못할 때에는, 이 청구권자는 부양을 위하여 법원에 상속재산으로부터 돈을 지급하거나 재산을 이전하라는 등의 명령을 청구할 수 있다고 규정하고 있다.[98] 위 법상의 청구권자는 피상속인의 배우자, 동반자(civil partner), 재혼하지 않은 피상속인의 전 배우자나 동반자, 피상속인의 자녀 등 외에 피상속인이 사망하기 직전 2년 동안 피상속인의 아내 또는 남편과 마찬가지로 생계를 같이 하고 있었던 사람을 포함한다.[99]

이 법에 의한 청구는 원칙적으로 청구인에게 부양(maintenance)의 필요가 있는 경우에 가능하지만, 배우자가 청구할 때에는, 법원은 청구인이 혼인관계가 사망이 아니라 이혼에 의하여 종료하였더라면 받을 것으로 기대되는 분배분을 고려하여야 한다.[100]

라. 유류분의 사전포기

가족 분배분(family provision)의 사전 포기가 가능한가? 생각할 수 있는 것은 혼인전 계약(prenuptial agreement)에서 가족 분배분을

---

96) Inheritance(Provision for Family and Dependants) Act 1975.
97) 이에 대하여는 Parry & Kerridge(주 86), pp. 163 ff. 간략한 소개는 윤진수, "事實婚配偶者 一方이 사망한 경우의 財産問題", 민법논고 제7권, 박영사, 2015, 183-184면 참조(처음 발표: 2007).
98) Inheritance(Provision for Family and Dependants) Act 1975 s. 1, 2.
99) S. 1(1A).
100) Inheritance (Provision for Family and Dependants) Act 1975 section 3 subsection (2). 다만 2014년 개정시에는 '법원이 이 규정을 분배분의 상한이나 하한을 설정하는 것으로 간주할 것이 요구되지 않는다'라는 부분이 추가되었다. 이것이 추가된 이유는, 원래의 법규정이 분배분의 상한이나 하한을 설정하는 것으로 의도되지 않았음에도 불구하고, 그와 같은 오해가 있어서 이를 바로잡기 위한 것이라고 한다. The Law Commission(주 86), paras. 2. 141 ff.(pp. 55 f.).

청구하지 않겠다고 하는 것이다. 그런데 영국에서는 전통적으로 혼인
전 계약이 법원을 구속하지 않는 것으로 보아 왔다. 이혼에 따라 재산
을 어떻게 분배할 것인가는 법원의 역할이고, 당사자가 이러한 법원
의 권한을 박탈할 수는 없으며, 혼인할 때 혼인이 깨질 것을 고려하는
이러한 약정은 공서양속(public policy)에 반한다는 것이었다.[101] 그러
나 영국 대법원(Supreme Court)은 2010년에, 혼인계약이 당사자가 그
계약의 함의를 충분히 이해하면서 자의에 의하여 체결되었다면, 당사
자들로 하여금 그 계약을 준수하게 하는 것이 불공평하다는 사정이
없는 한 법원은 그 계약을 유효한 것으로 보아야 한다고 판시하였
다.[102]

그러나 혼인전 계약에 의하여 가족 분배분을 사전에 포기하는 것
은 여전히 허용되지 않는 것으로 보인다.[103] 법제위원회는 2014년에
제출한 보고서에서, 혼인전 계약에서 생존 배우자가 가족 분배분 중
부양(maintenance)에 해당하는 청구를 하는 것은 배제할 수 없지만,
나머지는 배제할 수 있도록 입법하는 것을 잠정적으로 검토하였으나,
최종 보고서에서는 이를 포기하였다. 다만 이러한 가족 분배분을 제
한하는 약정은 당사자의 유언을 보완하는 역할을 할 수도 있고, 법원
도 가족 분배분에 대하여 판단할 때 이를 고려할 수 있을 것이라고
하였다.[104]

---

101) Herring(주 82), p. 273.
102) Radmacher v Granatino [2010] UKSC 42.
103) The Law Commission, "MATRIMONIAL PROPERTY, NEEDS AND AGREE-
    MENTS", 2014, para. 5.107 (p. 99) (http://www.lawcom.gov.uk/app/uploads/
    2015/03/lc 343_matrimonial_property.pdf) 참조.
104) The Law Commission(주 103), paras. 5.107 ff.(pp. 99 ff.)

7. 미   국

가. 부부재산제[105]

미국의 부부재산제는 각 주에 따라 다르다. 전통적인 보통법상의 재산제도(common law property system)는 원칙적으로 별산제이다. 반면 주로 서부에 위치하고 있는 9개 주[106]와 푸에르토 리코에서는 공동재산제(community property system)를 채택하고 있다.[107] 공동재산제에서는 혼인 전에 각 당사자가 가지고 있던 재산이나 상속 또는 증여를 받은 재산을 제외한 나머지 재산이 부부 공동재산이 된다.

보통법상의 재산제도와 공동재산제는 혼인이 계속되고 있을 때에는 차이가 있으나, 혼인이 이혼 등에 의하여 해소되면 큰 차이가 없다. 공동재산제를 채택하고 있는 주에서는 부부의 공동재산은 이혼시에 분할하여야 한다. 그러나 보통법상의 재산제도를 채택하고 있던 주들도 19세기 말부터 점차 이혼시의 재산분할[108]을 인정하는 성문법을 가지게 되었으므로, 현재에는 모든 주에서 재산분할이 인정되고 있다.

공동재산제를 채택하고 있는 주에서는 재산분할을 동등한 비율로 하여야 할 것으로 생각되지만, 반드시 그러한 것은 아니며, 캘리포니아 주와 루이지애나 주만이 동등한 비율에 의한 균등분할을 요구하고

---

105) 윤진수, "美國 家庭法院의 現況과 改善 論議", 민법논고 제7권(주 97), 282-283면(처음 발표: 2008); John DeWitt Gregory, Peter N. Swisher and Robin Fretwell Wilson, Understanding Family Law, 4th ed., LexisNexis, 2013, p.78 이하.

106) 애리조나, 캘리포니아, 아이다호, 루이지애나, 네바다, 뉴멕시코, 텍사스, 워싱턴 및 위스콘신. 이들 중 위스콘신을 제외한 나머지 주들은 프랑스 및 스페인 법의 영향을 받았고, 위스콘신 주는 1983년에 제정된 모범혼인재산법(Uniform Marital Property Act)을 받아들였다.

107) 알라스카 주에서는 부부가 공동재산제를 선택할 수 있다.

108) 이를 보통 형평재산분할(equitable property distribution)이라고 한다.

있고, 다른 주들은 이를 원칙으로 하는 정도에 그치거나, 비율에 관하여 규정하고 있지 않다. 보통법상의 재산제도를 채택하여 형평재산분할을 하는 주에서는 균등분할로 추정하는 주, 정당하거나(just) 형평에 맞는(equitable) 분할을 하도록 하는 주, 분할 비율에 관하여 언급하지 않고 이를 법원에 맡기는 주 등으로 나눌 수 있으나, 균등분할의 추정이 없더라도 균등분할이 적정한 출발점(appropriate starting point)이라고 보고 있다.

나. 배우자 상속권[109]

미국의 배우자 상속권도 각 주에 따라 다르지만, 여기서는 미국 모범유언검인법(Uniform Probate Code, 이하 UPC라고만 한다)[110]을 중심으로 살펴본다. UPC는 "모범주법을 위한 위원들의 전국회의(National Conference of Commissioners on Uniform State Laws)"가 만든 모범법안(Uniform Acts)의 일종으로서, 1969년 처음 공포되었는데, 1990년에 크게 바뀌었다. UPC는 그 자체가 법률은 아니고 각 주가 그 채택 여부를 결정하는데, 현재 18개 주가 이를 전면적으로 채택하였고,[111] 다른 주들도 부분적으로 이를 채택하고 있다.[112]

공동재산제를 택하고 있는 주에서는 부부 일방이 사망하면 부부의 공동재산 중 1/2을 생존 배우자가 취득하고, 나머지 공동재산과 사망한 배우자의 고유재산이 상속의 대상이 된다. 반면 보통법상의 재산제도를 채택하는 주에서는 사망한 배우자의 전재산이 상속의 대상이 된다.

---

109) 이에 대하여는 정다영(주 13), 290면 이하; 김상훈, 미국상속법, 세창출판사, 2012, 31면 이하 참조.
110) 국내에서는 통일 유언검인절차법이라고도 번역되고 있다.
111) 김상훈(주 109), 7면.
112) Lawrence H. Averill, Jr., Mary F. Radford, Uniform Probate Code and Uniform Trust Code, 6th ed., West, 2010, p.15.

UPC는 다음과 같이 규정하고 있다(Section 2-102).

첫째, 피상속인의 직계비속이나 부모가 생존하고 있지 않은 때 또는 피상속인의 모든 생존 직계비속이 생존배우자의 직계비속이고, 생존 배우자에게 생존하는 다른 직계비속이 없을 때: 무유언 상속재산의 전부를 취득한다.

둘째, 생존하는 피상속인의 직계비속은 없고, 부모만이 생존하고 있을 때: 먼저 30만 달러를 상속받고 나머지 상속재산의 3/4을 취득한다.

셋째, 피상속인의 모든 생존 직계비속이 생존 배우자의 직계비속이고, 생존 배우자에게 피상속인의 직계비속 아닌 다른 직계비속이 생존하고 있을 때: 먼저 225,000달러를 받고, 나머지 무유언 상속재산의 1/2을 취득한다.

넷째, 피상속인의 생존 직계비속 중 한 사람 이상이 생존 배우자의 직계비속이 아닐 때: 먼저 150,000달러를 받고 나머지 무유언 상속재산의 1/2을 취득한다.

UPC의 공식 코멘트에 의하면, 경험적인 연구에 따르면 상속재산이 많지 않을 때에는, 유언자가 자녀가 있는 경우에도 전 재산을 배우자에게 유증하는 경향이 있고, 이것이 1990년 개정에 반영되었다고 한다.[113][114]

다. 생존배우자의 유류분

미국에서 보통법상의 부부재산제도를 택하고 있는 주에서는 조지아 주를 제외하고는 모두 선택분(elective share)[115]이라는 이름으로 생

---

113) Section 2-102, Comment.
114) Section 2-102A는 공동재산제인 부부에 관한 규정인데, 상속의 대상이 피상속인의 고유재산(separate property)이라는 점 외에는 마찬가지이다.
115) 김상훈(주 109), 80면은 '선택적 지분권'이라고 한다.

존 배우자의 유류분을 인정하고 있다.[116][117] 반면 공동재산제를 택하고 있는 주에서는 따로 생존 배우자의 유류분을 인정하지 않는다. 이때에는 공동재산의 분할이 유류분과 같은 기능을 하기 때문이다. 여기서 선택분이란 명칭은, 생존 배우자가 피상속인의 유언에 따라 유증을 받거나, 아니면 유증을 포기하고 상속재산에 대한 일정한 권리[118]를 주장할 수 있는 것 중 하나를 선택할 수 있기 때문이다.

UTC section 2-202는 생존 배우자의 선택분을 확장된 상속재산(augmented estate) 중 혼인재산 부분의 50%[119]라고 규정하고 있다. 여기서 확장된 상속재산이란, 피상속인의 유언검인 대상 재산뿐만 아니라, 피상속인이 제3자에게 이전한 비검인 대상 재산, 피상속인이 생존 배우자에게 이전한 비검인 대상 재산 및 생존 배우자의 재산과 제3자에게 이전한 비검인 대상 재산을 말한다.[120] 이처럼 확장된 상속재산을 인정하는 것은, 한편으로는 피상속인이 자신의 재산을 제3자에게 이전시킴으로써 생존배우자의 정당한 몫을 줄이거나 없애는 것을 막고, 다른 한편으로는 피상속인이 이미 생존배우자에게 상당한 재산을 이전하였다면, 이를 포함시킴으로써 생존 배우자가 과도하게

---

116) 이에 대하여는 주 109의 문헌 외에 가정준, "유언의 자유와 제한을 통해 본 유류분제도의 문제점과 그 개선방안", 비교사법 제24권 3호, 2017, 1292면 이하 참조.

117) 생존 배우자 외의 친족의 유류분은 프랑스 법의 영향을 받은 루이지애나 주를 제외하고는 인정되지 않고 있다. 루이지애나 주의 유류분 제도에 관하여는 조상희, "미국 루이지애나(Louisiana) 법에서의 유류분 제도의 변천", 일감법학 제36호, 2017, 71면 이하 참조.

118) 이를 가리켜 원래의 의미에서 유류분(forced share)이라고 할 수 있다.

119) 50 percent of the value of the marital-property portion of the augmented estate.

120) Section 2-203 (a). 여기서 제3자에게 이전한 비검인 대상 재산은 철회 가능한 신탁(revocable trust)과 같이 실질적으로 피상속인 또는 생존 배우자가 이를 통제하는 것을 말한다. 또한 피상속인을 피보험자로 하는 생명보험의 보험금과 같은 것도 포함된다. Section 2-205 (1); Jesse Dukeminier et al., Wills, Trusts, and Estates, 11th ed., Wolters Klower, 2009, p.498.

피상속인의 재산을 가져가는 것을 막기 위한 것이다.[121]

그리고 확장된 상속재산 중 혼인재산은 혼인기간이 1년 미만이면 3%이지만, 혼인기간이 길어질수록 증가되어, 혼인기간이 15년 이상이면 100%가 된다.[122] 여기에 50%를 곱한 것의 가액이 선택분이 된다. 그리하여 혼인기간이 1년 미만이면 선택분이 1.5%가 되고, 혼인기간이 15년 이상이면 50%에까지 이른다.

1990년 개정 전에는 생존 배우자의 선택분이 일률적으로 확장된 상속재산의 1/3이었으나, 1990년 개정으로 이와 같이 혼인기간에 따라 선택분이 달라지게 되었고, 2008년에 다시 개정되었다. UPC의 공식 해설은, 이것이 공동재산제와 마찬가지로, 혼인의 파트너십 이론(partnership theory of marriage)을 반영한 것이라고 한다.[123] 이러한 선택분의 변경을 받아들인 주는 전 주의 약 1/5이다.[124]

---

121) 김상훈(주 109), 81−82면.
122) section 2−203 (b).

혼인기간	확장된 상속재산 중 혼인재산
1년 미만	3%
1년 이상 2년 미만	6%
2년 이상 3년 미만	12%
3년 이상 4년 미만	18%
4년 이상 5년 미만	24%
5년 이상 6년 미만	30%
6년 이상 7년 미만	36%
7년 이상 8년 미만	42%
8년 이상 9년 미만	48%
9년 이상 10년 미만	54%
10년 이상 11년 미만	60%
11년 이상 12년 미만	68%
12년 이상 13년 미만	76%
13년 이상 14년 미만	84%
14년 이상 15년 미만	92%
15년 이상	100%

123) Part 2. Elective Share of Surviving Spouse, General Comment.
124) Dukeminier et al.(주 120), p. 501.

그런데 생존 배우자의 재산도 혼인 재산에 포함되므로, 생존 배우자의 재산이 많으면 그만큼 그의 선택분도 줄어들게 된다. 그리고 선택분의 가액이 75,000달러에 미치지 못하면, 생존 배우자는 75,000달러에서 선택분의 가액을 뺀 금액을 받게 되어, 생존 배우자는 최소한 75,000달러는 받게 된다.[125]

라. 유류분의 포기

부부가 혼인전 계약(prenuptial or premarital agreement)에서 선택분을 포기(waiver)하는 약정을 하는 경우가 많다. 그리고 많은 주에서는 혼인 성립 후에도 부부 간의 계약(postnuptial agreement)을 허용한다. 과거에는 이러한 포기를 허용하지 않는 경우가 있었으나, 현재에는 일반적으로 포기가 허용된다고 본다.[126] UPC도 포기가 서면에 의하여 이루어졌으면 이를 허용하고 있다. 다만 당사자가 자발적으로 약정한 것이 아니거나, 불공정한 경우, 피상속인의 재산이나 채무 등을 제대로 공개하지 않은 경우 등 예외적인 경우에는 포기는 무효이다.[127]

마. 입법론적 논의

여기서는 선택분에 관한 터닙시드와 브래시어 두 사람의 견해를 소개한다. 먼저 터닙시드는, 별산제를 취하더라도 배우자 사망의 경우에 재산 분배는 공동재산제와 같이 이혼시의 재산 분할과 좀더 조화를 이루어야 한다고 주장한다. 그런데 별산제에서는 가령 배우자가 상속이나 증여에 의하여 받은 재산이나 혼인 전에 가지고 있던 재산도 선택분을 산정할 때 고려되고, 또 선택분 제도에 의하더라도 1990

---

125) Section 2-202 (b). 이 금액을 보충적 선택분 가액(Supplemental Elective-Share Amount)이라고 한다.

126) 김상훈(주 109), 91면 이하; Dukeminier et al.(주 120), pp. 502 f.

127) section 2-213.

년 UPC의 개정에도 불구하고 빠져나갈 구멍이 있다고 한다. 그러므로 별산제는 공동재산제로 바뀌어야 한다고 주장한다. 공동재산제에서의 자산 분배가 소득을 벌지 않는 배우자의 보호를 위하여 훨씬 효과적이라는 것이다.128)

반면 브래시어는 혼인을 경제적 파트너십으로 본다면, 공동재산제가 보통법상 재산제보다 낫다고 하면서도, 별산제를 택하는 주들이 가까운 장래에 공동재산제의 원칙을 채택하리라고 믿을 이유는 없다고 한다. 그리고 법원이 재량을 가지는 영국의 유류분(가족 분배분) 제도와 그렇지 않은 미국의 선택분 제도를 비교하는데, 공평과 가족 사이의 의무에 대한 관념이 법관마다 다르고, 개별적인 심사는 본질적으로 시간이 걸리고 비용이 많이 들기 때문에, 가족 부양에 초점을 맞추는 이러한 제도는 예측 가능성, 효율 및 관리의 편의라는 특징을 가지는 미국의 유언검인제도의 특성을 위협할 것이라고 한다. 이러한 분배분 제도를 도입한다면, 유언검인법원은 이혼에 적용되는 형평분할(equitable distribution)의 원칙을 원용할 것이지만, 이는 적용과 결과에서 예측 불가능한 것으로 악명이 높고, 또 이혼 소송과는 달리 청구인의 주장을 반박할 주요한 당사자가 없어서, 피상속인이 생존 배우자의 청구를 반박할 유일한 증거를 무덤으로 가져가 버렸을 수도 있다고 한다. 결론적으로 미국인들은 유언의 자유를 상당히 제한하면서도 결과를 예측하기 어려운 이러한 가족 부양 시스템을 환영하지 않을 것이며, 만일 미국의 유언검인 제도가 무제한한 자원과 무제한한 지혜를 가진 법관을 보유한다면 이러한 제도가 대안이 될 수 있겠지만, 지금으로서는 그 날은 매우 먼 것 같다고 한다.129)

---

128) Terry L. Turnipseed, "Community Property v. The Elective Share", 72 Louisiana. Law Review 161, 173 ff. (2011).

129) Ralph C. Brashier, Inheritance Law and the Evolving Family, Temple University Press, 2004, pp. 23 ff. 또한 Ralph C. Brashier, "Disinheritance and the Modern Family", 45 Case Western Reserve Law Review 83, 121 ff.

8. 일   본

일본에서는 지난 2018. 7. 13. 큰 폭의 상속법 개정이 이루어졌다.[130] 여기서는 배우자의 상속에 관하여는 배우자의 거주권에 관한 규정을 신설하고, 배우자에 대한 특별수익 규정을 두는 등 배우자의 지위를 강화하는 개정이 있었다. 다만 배우자의 상속분 자체에 대하여는 개정안 작성 과정에서 이를 수정하려는 논의가 있었으나 반대에 부딪쳐 결국 개정안에 포함되지 못하였다. 이에 대하여는 아래 마. 참조.

가. 부부재산제

일본의 현행 부부재산제는 대체로 우리나라와 같다. 즉 부부가 혼인신고 전에 따로 부부재산계약을 하지 않으면 법정부부재산제로서 별산제가 적용되어, 부부의 일방이 혼인 전부터 가지고 있던 재산 및 혼인 중에 자기의 이름으로 취득한 재산은 그의 특유재산이 되고, 다만 부부 중 어느 일방에게 속하는 것인지가 명백하지 않은 재산은 부부의 공유로 추정된다(민법 제755조, 제762조 등). 그렇지만 이혼을 할 때에는 부부 일방은 상대방에게 재산의 분할(분여, 分與)을 청구할 수 있다(제768조).

나. 배우자의 상속권

배우자의 상속분은 다음과 같다. 즉 배우자와 피상속인의 자녀[131]

(1995) 참조.

130) 이에 대한 국내의 소개로는 곽민희, "2018년 일본 개정 상속법 개관", 안암법학, 제57호, 2018, 61면 이하; 박인환, "일본의 상속법 개정동향", 인하대 법학연구 제21권 3호, 2018, 131면 이하; 박정기, "일본의 상속법 개정", 경북대 법학논고 제63집, 2018, 229면 이하가 있다. 또한 곽민희, "일본의 배우자 상속법제 개정 작업 관견(管見)", 경상대 법학연구 제26권 1호, 2018, 1면 이하 참조.

131) 자녀가 사망하거나 상속결격 또는 폐제(廢除)된 경우에는 그 자녀가 대습상속을 한다.

가 공동상속인이면, 배우사의 상속분과 사녀의 상속분은 각 상속새산의 1/2이고, 배우자와 피상속인의 직계존속이 공동상속인이면 배우자의 상속분은 상속재산의 2/3, 직계존속의 상속분은 1/3이다. 그리고 배우자와 피상속인의 형제자매가 공동상속인이면, 배우자의 상속분은 3/4, 형제자매의 상속분은 1/4이다(제900조). 피상속인의 자녀, 직계존속 또는 형제자매가 없으면 피상속인의 배우자가 단독 상속한다.

한편 2018. 7.의 개정에서는 배우자의 거주권을 보장하는 규정이 신설되었다.[132] 여기에는 배우자단기거주권과 배우자거주권(장기거주권)의 2가지가 있다. 먼저 배우자단기거주권은 배우자가 피상속인의 재산에 속하는 건물에 상속개시 시에 무상으로 거주하고 있었던 경우에 인정되는 것으로서, 원칙적으로 상속재산분할로 거주건물의 귀속이 확정된 날 또는 상속개시 시로부터 6개월을 경과한 날 중 늦은 날까지 거주건물의 소유권을 상속 또는 유증에 의해 취득한 자에 대해 거주건물에 대해서 무상으로 사용할 권리를 가진다(제1037조). 이 권리는 기본적으로 사용대차와 유사한 법정 채권으로서, 제3자에 대한 대항력은 인정되지 않는다.[133]

이러한 단기거주권은 기본적으로 상속재산 분할이 있을 때까지만 인정되며, 사용권은 있지만 수익권은 없는데 반하여, 배우자거주권(장기거주권)은 원칙적으로 생존 배우자가 사망할 때까지 인정되며 사용뿐만 아니라 수익할 수도 있는 권리이다. 즉 피상속인의 배우자가 피상속인의 재산에 속한 건물에 상속개시 시에 거주하고 있었던 경우에는 그 건물의 전부에 대해서 무상으로 사용 및 수익할 수 있는 권리를 가진다. 구체적으로는 상속재산분할에서 공동상속인 간에 배우자

---

132) 이에 대하여는 주 130의 문헌 외에 이승현, "일본 개정민법상 배우자의 거주권 보호 규정에 관한 고찰", 전남대 법학논총 제38권 4호, 2018, 339면 이하 참조.
133) 곽민희(주 130), 73면 등.

가 배우자거주권을 취득하는 것으로 합의가 성립된 경우뿐만 아니라, 배우자가 가정법원에 배우자거주권의 취득을 신청한 경우 거주건물의 소유자가 받을 불이익의 정도를 고려하더라도 배우자의 생활을 유지하기 위해 특히 필요하다고 인정되는 경우에 인정된다. 또한 배우자거주권은 피상속인에 의하여 유증될 수도 있다(제1028조). 그 존속기간은 원칙적으로 배우자가 사망할 때까지이다(제1030조). 따라서 가령 상속재산 분할에 의하여 거주 건물이 배우자 아닌 다른 상속인의 소유로 되더라도, 배우자는 그 건물에 사망할 때까지 무상으로 거주할 수 있다. 이러한 배우자거주권은 채권이지만, 등기하면 제3자에게 대항할 수 있고, 거주건물의 소유자는 배우자에게 배우자거주권의 설정등기를 마쳐줄 의무를 부담한다(제1031조 제1항).

배우자단기거주권에 의하여 받은 이익에 대해서는 배우자의 구체적 상속분에서 그 가액을 공제하지 않지만, 장기거주권에 의하여 받은 이익은 구체적 상속분에서 고려하여야 한다. 다만 이를 어떻게 산정할 것인지는 반드시 명확하지 않다.[134]

그리고 혼인기간이 20년 이상인 부부 일방인 피상속인이 다른 일방에게 그 거주용으로 제공된 건물 또는 그 부지를 유증 또는 증여한 때에는 당해 피상속인은 그 유증 또는 증여에 대해서 이를 특별수익으로 하지 않겠다는 취지의 의사를 표시한 것으로 추정한다는 규정(제903조 제4항)을 신설하였다. 일본 민법은 피상속인이 특별수익으로 인한 조정[135]을 면제하는 의사표시를 할 수 있다는 규정을 두고 있는데(제903조 제3항), 위와 같은 경우에는 피상속인이 이러한 의사표시를 한 것으로 추정하는 규정을 둔 것이다.

---

134) 이승현(주 132), 378면 이하 참조.
135) 일본에서는 이를 持戻라고 한다.

다. 배우자의 유류분 및 그 사전 포기

일본민법상 유류분은 우리 민법과 같이 각 유류분권리자의 상속분을 기준으로 하는 것이 아니고, 상속재산 전체의 일정한 비율이다. 즉 상속인이 직계존속만일 때에는 그 상속재산의 1/3이고, 그렇지 않으면 상속재산의 1/2이다(제1042조).[136]

그리고 상속 개시 전에는 유류분권리자는 가정재판소의 허가를 받아 유류분을 포기(방기, 放棄)할 수 있다(제1049조 제1항).[137)138]

라. 배우자 상속분의 재검토에 대한 논의

그런데 위 상속법 개정안을 마련한 일본 법무성의 위원회[139]에서 2016. 6. 21. 만든 상속법 개정안 중간시안에는, 배우자의 상속분을 바꾸는 안이 포함되어 있었다. 이 안은 기본적으로 상속 배우자 가운

---

136) 2018년의 개정 전에는 유류분권리자는 유류분의 보전을 위하여 감쇄(減殺)의 청구를 할 수 있다고 규정하고 있었는데(개정 전 제1031조), 통설과 판례는 이 감쇄청구권의 성질을 물권적인 형성권으로 보고 있었다. 그리하여 유류분의 반환은 원칙적으로 원물 반환의 방법에 의하여야 하였다. 그러나 개정 법은 유류분반환청구권의 행사에 의해서 발생하는 권리를 「유류분침해액청구권(遺留分侵害額請求權)」으로 바꾸고, 유류분권리자 및 그 승계인은 수유자 또는 수증자에게 유류분침해액에 상당하는 금전의 지급을 청구할 수 있다고 규정함으로써 반환 방법을 가액반환으로 바꾸었다(제1046조). 다만 이 권리는 현행 일본 민법과 마찬가지로 형성권으로 보아 그 권리의 행사에 의해 유류분침해액에 상당하는 금전채권이 발생하는 것으로 본다고 한다. 곽민희(주 130), 109면 등 참조.

137) 2018년 개정 전에는 제1043조 제1항. 이 제도는 매년 약 1,100건 정도 이용되는데, 2011년에는 1068건이 있었고, 인용률은 93.1%였다고 한다. 二宮周平, 家族法, 제4판, 新世社, 2013, 424면 참조.

138) 유류분의 사전 포기를 인정하는 것에 대하여는 이는 균분상속제를 취하는 신법의 기본정신에 반한다는 것 등을 이유로 하는 비판론도 있다. 新版 注釋民法 (28), 相續 (3), 補訂版, 2002, 有斐閣, 332-333면(高木多喜男)의 문헌 소개 참조. 그러나 西 希代子, "遺留分制度の再檢討(一○・完)", 法学協會雜誌 125巻 6号, 2008, 1372면 이하는 이 제도를 옹호한다.

139) 法制審議会民法 (相續関係) 部会. 이에 대하여는 일본 법무성의 홈페이지 (http:// www.moj.go.jp/shingi1/housei02_00294.html) 참조. 이하에서 인용하는 위 위원회의 자료는 여기에서 검색할 수 있다.

데에는 혼인기간이 긴 사람이 있는 반면 혼인기간이 짧은 사람도 있고, 또 형식적으로는 혼인기간이 길더라도 별거기간이 길어서 실질적인 혼인 공동생활은 길지 않은 경우도 있는 등 피상속인의 재산 형성 또는 유지에 대한 기여의 정도는 다양한데, 현행의 상속제도에서는 법정상속분에 의하여 형식적·획일적으로 상속재산의 분배를 행하여 왔으나, 배우자 상속에 있어서 실질적 공평을 결여하는 경우가 늘고 있다는 인식에서 출발하였다. 그런데 이혼시 재산분할은 배우자의 실질적 공헌의 정도를 고려하여 재산을 분할하기 때문에 현행의 상속제도는 이혼시의 재산분할제도와의 정합성을 확보하고 있지 못하므로, 배우자 상속분을 정함에 있어서 배우자의 공헌의 정도를 현행 제도 이상으로 반영할 수 있는 정책에 대하여 검토하기로 하였다고 한다.[140]

중간시안은 다음의 3가지였다.

(1) 갑안

이는 피상속인의 재산이 혼인 후에 일정 비율 이상 증가한 경우에 그 비율에 따라 배우자의 구체적 상속분을 증가시키는 안이다. 구체적으로는 다음의 계산식(a+b)에 의하여 산출된 액이 현행 배우자의 구체적 상속분을 넘는 경우에는 배우자의 신청에 의하여 배우자의 구체적 상속분을 산정하는 때에 그 초과액을 가산할 수 있다.

a = (혼인 후 증가액) × (법정상속분보다 높은 비율)
b = (상속재산분할 대상 재산의 총액 – 혼인 후 증가액) × (법정
　　상속분보다 낮은 비율)
혼인 후 증가액 = x – (y + z)

---

140) 民法 (相続関係) 等の改正に関する 中間試案の補足説明, 15면 이하. http://www.moj.go.jp/content/001198631.pdf. 또한 박인환(주 130), 154면 이하의 설명 참조.

x = 피상속인이 상속개시시에 가지고 있던 순자산액

y = 피상속인이 혼인시 가지고 있던 순자산액

z = 피상속인이 혼인 후 상속, 유증 또는 증여에 의하여 취득한
    재산액

순자산액 = (적극재산액) − (소극재산액)

(2) 을 − 1안

이는 혼인 성립 후 일정기간(20년 또는 30년)이 경과한 경우에 그 부부의 합의에 의하여 피상속인이 될 일방 배우자의 의사표시에 의해 타방 배우자의 법정상속분을 올리는 것을 인정하는 방안이다.

구체적으로는 자녀와 공동으로 상속하는 경우에는 2/3, 직계존속과 공동으로 상속하는 경우에는 3/4, 형제자매와 공동으로 상속하는 경우에는 4/5가 된다.[141]

(3) 을 − 2안

이는 혼인 성립 후 일정기간이 경과한 경우에는 당연히 배우자의 법정상속분이 올라가는 방안이다. 구체적인 법정상속분은 을−1안과 같다.

그러나 이러한 중간시안에 대하여는 공적 의견조회[142]의 결과 이에 반대하는 의견이 많아서 결국 개정안에 반영되지 못하였다. 반대의 이유는 배우자의 상속분을 현행 제도 이상으로 인상하여야 하는 입법이유 자체가 애당초 분명하지 않고, 피상속인의 재산형성에 공헌할 수 있는 것은 배우자뿐 아니라 그 이외의 상속인이나 나아가서는 내연관계에 있는 자에게도 공헌이 인정될 수 있기 때문에 배우자의 상속분만을 일률적으로 증가시키는 것은 상당하지 않으며, 부부관계

---

141) 형제자매와 공동으로 상속하는 경우에는 형제자매에게 법정상속분을 인정하지 않는 것도 생각할 수 있다.

142) 퍼블릭 코멘트(パブリックコメント)라고 한다.

나 배우자의 공헌 정도는 다양하기 때문에 그와 같은 차이를 과부족 없이 반영하는 제도 설계 그 자체가 곤란하고, 배우자의 공헌을 상속에서 고려하기 위해서는 유언이나 기여분제도 등 다른 방법에 의하는 편이 타당하다는 것 등이었다. 그리고 갑안에 대하여는, 배우자의 구체적 공헌이 인정되지 않는 경우에도 피상속인의 순자산액이 증가하면 배우자의 구체적 상속분이 증가하는 한편, 사실혼(內緣)이 선행한 경우에도 사실혼 기간 중의 공헌은 고려되지 않는 등 배우자의 공헌을 실질적으로 평가하여 상속인 간의 공평을 도모하는 제도로 되지 않으며, 혼인 후 증가액의 계산방법이 복잡하여 일반국민으로서 이해하기 곤란하고, 혼인 후 증가액의 산정 과정에서 피상속인의 혼인시의 순자산액을 인정할 필요가 있으나, 혼인 후 장기간이 경과한 사안에서는 그 인정은 극히 곤란하고, 특히 배우자 이외의 상속인이 이를 적절하게 주장·입증하는 것은 사실상 불가능하며, 혼인 후 증가액의 산정을 둘러싸고 상속에 관한 분쟁이 극히 복잡화·장기화할 우려가 있고 당사자의 이익을 해칠 우려가 있다는 등 특히 실무상의 문제점을 지적하는 반대의견이 많았다. 그리고 을−1안에 대하여는, 당사자의 의사에 의한 것이라면 유언이나 상속분의 지정 등 현행 제도에 의하더라도 충분하고, 새로운 제도를 만들 필요성이 없다는 등의 지적이 있었다. 을−2안에 대하여는, 일정기간의 경과만을 요건으로 하기 때문에 배우자의 공헌이 인정되지 않는 경우에도 배우자의 법정상속분 및 유류분이 증가하는 것으로 되어 상속인 사이의 공평을 해하며, 이러한 결론을 회피하기 위하여 적용제외사유를 두는 것은 적용제외사유를 적절히 정할 수 있는가가 의문이고, 적용제외사유를 두는 것에 의하여 이 안의 이점인 간명성이 줄어들고, 분쟁의 복잡화·장기화를 초래한다고 하는 반대의견이 많았다.[143]

---

143) 그러나 이 3가지 안 가운데 을−2안이 제일 찬성의견이 많았다고 한다. 상세한 것은 民法(相續關係) 部會 資料 14 (http://www.moj.go.jp/content/001207259.

9. 대   만

가. 부부재산제

대만 민법에서는 당사자가 계약으로 부부재산제를 정하지 않으면 법정재산제가 적용된다(제1005조). 법정재산제에서는 부 또는 처의 재산을 혼인 중 재산과 혼인 후 재산으로 나누지만, 이는 부부가 각자 소유하고(제1017조 제1항), 각자 그 재산을 관리, 사용, 수익 및 처분한다(제1018조).[144] 그러나 법정재산제가 소멸한 때에는 부 또는 처는 혼인 후 재산에서 채무의 부담을 공제한 나머지 재산(잉여)의 차액을 평균하여 부담하여야 한다. 다만 상속이나 기타 무상으로 취득한 재산 및 위자료는 제외된다. 이러한 평균 분배가 현저하게 공평을 상실한 경우에는 법원은 그 분배액을 조정하거나 면제할 수 있다(제1030조의1). 제1030조의1이 이혼뿐만 아니라 배우자 일방의 사망으로 법정재산관계가 소멸한 때에도 적용되는가에 대하여는 학설은 일반적으로 이를 지지하고 있고, 하급심 판례는 나누어지고 있지만, 대만의 최고행정법원은 상속세의 전제문제로서 사망시의 잉여재산분배청구권을 인정하고 있다고 한다.[145]

그리고 대만의 약정부부재산제로는 공동재산제와 별산제가 있다. 공동재산제에서는 부부의 재산 및 소득은 특유재산을 제외하고는 부

---

pdf) 참조.

144) 원래 2002년 9월 27일 이전에 대만은 '연합재산제'를 법정재산제도로 규정하고 있었다. 당시의 제1016조에서는 "혼인할 때 부부에 속한 재산 및 혼인관계 존속 중에 부부가 취득한 자산은 연합재산으로 한다."고 규정하고 있었고, 제1018조와 제1019조는 "부는 처가 원래 가진 재산에 대하여 사용 수익할 권리가 있다."고 규정하고 있었다. 그러나 2002년에 연합재산제를 폐지하고 별산제를 부부법정재산제로 규정하였다. 그러나 이는 진정한 별산제와는 차이가 있는데, 법정재산제에서는 부부재산의 청산에 관한 규정이 있지만, 약정재산제의 일종으로 인정되는 진정한 별산제에서는 청산이 인정되지 않는다. 黃詩淳, "대만의 고령화 사회와 가족법의 변화", 가족법연구 제29권 1호, 2015, 79면 이하 참조.

145) 黃詩淳(주 144), 81-82면 참조.

부의 합유146)로 한다(제1031조). 특유재산에는 부 또는 처의 개인적인 사용에만 제공되는 물건과 부 또는 처가 직업상 필요한 물건 및 부 또는 처가 증여를 받은 물건으로서 증여자가 서면으로 특유재산으로 표시한 것이 있다(제1031조의1). 부부의 일방이 사망한 때에 공동재산의 반은 사망자의 상속인에게 귀속하고, 다른 반은 생존한 상대방에게 귀속한다. 다만 다른 약정이 있는 때에는 그에 따른다(제1039조 제 1, 2항). 별산제(제1044조)의 경우에는 잉여재산분배청구권이 인정되지 않는다.

나. 배우자의 상속권

배우자 일방이 사망한 경우에, 앞에서 본 것처럼 법정재산제나 공동재산제에서는 부부재산의 청산이 이루어지고, 그 청산이 있은 나머지 재산이 상속재산이 된다. 별산제인 경우에는 그러한 부부재산의 청산이 이루어지지 않고, 피상속인의 모든 재산이 상속재산이 된다.

배우자의 상속분은 피상속인의 직계비속과 공동상속하는 때에는 다른 상속인과 같고, 피상속인의 부모 또는 형제자매와 공동상속하는 때에는 상속재산의 1/3, 피상속인의 조부모와 공동상속하는 때에는 상속재산의 2/3이며, 이러한 공동상속인이 없으면 상속재산의 전부를 상속한다(제1144조).

다. 배우자의 유류분과 그 사전 포기

대만 민법상 배우자는 직계비속, 부모, 형제자매 및 조부모와 함께 유류분(特留分)을 가진다. 직계비속, 부모, 배우자의 유류분은 그 상속분의 1/2이고, 형제자매와 조부모의 유류분은 그 상속분의 1/3이다(제1223조). 그런데 유의할 것은, 대만 민법 제1225조는 유류분반환청구147)의

---

146) 법의 원문에는 公同共有로 되어 있는데, 이는 우리 민법의 합유에 해당한다. 대만 민법 제827조 이하.
147) 대만 민법 제1225조는 반환이라고 하지 않고 扣減이라는 용어를 사용한다. 이에

대상을 유증으로 한정하고 있으므로, 생전증여는 그 대상이 되지 않는다는 점이다.[148)]

유류분의 사전 포기에 대하여는 특별한 규정이 없으므로, 허용되지 않는 것으로 보인다.[149)]

10. 요   약

이제까지 살펴본 것을 요약하여 본다.

첫째, 일반적으로 배우자의 상속분은 공동상속인의 수에 따라 정해지기보다는 상속재산에 대한 일정 비율로 정해지는 예가 많다. 경우에 따라서는 사망 배우자에게 자녀가 있는 경우에도 생존 배우자가 상속재산 전부를 취득하는 나라도 있다(네덜란드, 미국의 UPC). 대만에서는 배우자의 상속분이 피상속인의 직계비속과 같지만, 여기서는 상속에 앞서서 부부재산의 청산이 이루어지는 점에 유의하여야 한다.

둘째, 배우자 일방의 사망으로 인하여 혼인이 종료한 경우에 이혼한 경우와 마찬가지로 부부재산을 청산하는 나라(스위스, 프랑스, 네덜란드, 대만, 미국의 9개 주)도 있고, 그렇지 않은 나라(독일, 오스트리아, 영국, 미국의 많은 주, 일본)도 있다. 부부재산의 청산을 인정하는 나라들 중에는 법정부부재산제가 공동재산제인 나라(프랑스, 네덜란드)도 있지만, 그렇지 않은 나라(스위스, 대만)도 있다. 상속의 경우에 부

대하여는 윤진수, "유류분반환청구권의 성질과 양수인에 대한 유류분반환청구", 전남대 법학논총 제36권 2호, 2016, 133면 주 49; 黃詩淳, "台湾法での相續の過程における遺留分減殺請求の機能 (2)", 北大法学論集 57卷 5號, 2007, 73면 이하, 113면 이하 참조.

148) 黃詩淳(주 147), 115면 이하 참조.

149) 중국최고법원 1933(民國 22). 1. 1. 판결(22年上字第2652號)은, 중국 민법 제1174조에서 말하는 상속권의 포기는 상속 개시 후에 상속의 효력을 부인하는 것을 말하고, 상속 개시 전에 미리 상속권을 포기하는 것은 그 효력을 인정할 수 없다고 하였다. 유류분의 사전 포기에 대하여는 직접적인 판례가 없으나, 유류분도 상속권을 전제하므로 마찬가지로 허용될 수 없다고 보고 있다고 한다. 이 점에 대하여는 오영걸 교수님의 도움을 받았다.

부재산의 청산을 인정하지 않는 나라들에서는 부부재산의 청산을 인정하여야 한다는 주장이 있었으나, 그다지 지지를 받지 못하고 있다. 반면 부부재산의 청산을 인정하는 나라들에서 이를 인정하면 안 된다는 주장이 있는지는 확인할 수 없었다.[150]

셋째, 몇 나라에서는 생존 배우자가 혼인 주택에서 거주할 권리를 보장하고 있다(오스트리아, 프랑스, 네덜란드, 일본). 다만 그 보호의 정도에는 차이가 있다.

넷째, 혼인 공동생활에 필요한 가재도구나 동산을 생존 배우자에게 귀속시키는 나라들이 있다(독일, 오스트리아, 네덜란드, 영국).

다섯째, 생존 배우자는 일반적으로 유류분을 가진다. 일반적으로는 유류분을 인정하지 않는 미국에서도 배우자의 유류분은 인정한다. 다만 프랑스와 네덜란드는 배우자의 유류분을 인정하지 않는데, 이들 나라는 법정재산제가 공동재산제이다. 공동재산제를 택하고 있는 미국의 9개 주도 마찬가지이다.

여섯째, 많은 나라들에서는 상속 개시 전에 상속인이 상속이나 유류분을 사전 포기하는 것을 인정하고 있다. 다만 네덜란드, 영국, 대만에서는 이것이 인정되지 않고 있다.

V. 입법론적 고찰

1. 쟁 점

여기서 살펴볼 문제는 다음과 같다. 첫째, 전제문제로서, 부부재산제에 관하여 어떤 입법을 할 것인가 하는 점이다. 즉 원칙적인 법정재산제로서 공동재산제를 택한다면, 이 공동재산은 이혼뿐만 아니라

---

150) 김상용(주 4), 246−247면은 상속에 관하여 부부재산청산을 인정하는 유럽의 여러 나라에서도 상속 분쟁이 급증하여 법원이 감당할 수 없다는 비판은 들리지 않는다고 한다.

일방 배우자 사망 후에도 분할되어야 할 것이다. 프랑스와 네덜란드, 미국의 일부 주는 그와 같이 보고 있다.

둘째, 그와 같이 부부재산제를 바꾸기 어렵다면, 배우자 일방의 사망시에도 부부재산의 분할을 하는 것이 좋은지, 아니면 생존 배우자의 상속분을 늘리는 것이 나은지를 검토해 볼 필요가 있다.

셋째, 이처럼 배우자의 상속법상의 지위가 강화되는 경우에, 그와 균형을 맞추기 위하여 배우자 상속권이나 유류분의 사전 포기를 인정하여야 하는지도 생각해 본다.

넷째, 이 외에도 생존 배우자를 보호하기 위한 입법의 필요가 있을 수 있다. 여기서는 배우자의 주거 및 가재도구에 대한 권리와, 특별수익의 문제를 따져 본다.

2. 공동재산제로의 전환?

우리나라에도 현행의 부부재산제를 별산제에서 공동재산제로 변경하자는 논의가 있다. 제17대 국회에서는 최순영 의원이 이러한 취지의 민법 개정안을 대표발의하였고,[151] 제20대 국회에도 정춘숙 의원이 대표발의한 민법 일부개정법률안 제830조는 부부 일방의 고유재산을 기반으로 발생한 재산 증가분과 혼인 중 취득한 재산 및 그 증가분은 부부의 공유로 추정하도록 규정하고 있다.[152] 학설 중에도 이와 같은 취지의 주장이 있다.[153]

그러나 상당수의 학자들은 이러한 공유재산제에 대하여 회의적이

---

151) 위 주 10) 참조.
152) 위 주 12) 참조.
153) 김태선, "양성평등을 위한 부부재산제 개정방향", 입법과 정책 제9권 3호, 2017, 27면 이하. 다만 여기서는 미국 통일혼인재산법의 법리에 따라 부부재산에 대해 혼인 내부관계에서 부부가 균등한 지분권을 가지지만 외부 관계에서는 소유명의에 따른 관리·처분을 인정하자고 하는데, 이는 일반적으로 이해하는 공동재산제와는 차이가 있다.

다. 즉 공동재산제는 채무도 부부가 공동으로 부담하게 되고, 공동재
산의 공동관리가 기술적으로 어려우며, 공동재산과 고유재산의 구별
이 불명확하다는 점, 부부의 일방과 거래하는 제3자의 보호가 문제될
수 있다는 점 등이 문제라는 것이다.154) 그러므로 현행 별산제를 기
본으로 하면서 이혼 후 재산분할을 인정하는 현행 법정부부재산제
를 그대로 유지하고, 다만 그 문제점을 보완하는 것이 바람직할 것
이다.155) 참고로 유럽의 가족법 전문가로 구성된 유럽가족법위원회
(Commission on European Family Law)가 2013년 제안한 부부재산제에
관한 유럽가족법 원칙(Principles of European Family Law Regarding
Property Relations Between Spouses)도, 하나의 부부재산제를 제안하기는
어렵다고 보아 참여제(participation system)156)와 공동재산제(community
system)157)의 두 가지를 제안하였다.158)

　　그러므로 이하에서는 현재의 부부재산제가 유지되는 것을 전제로
하여 서술한다. 다만 우리나라에서 현재의 법정부부재산제를 유지하
더라도, 다른 나라처럼 공동재산제와 같은 다른 부부재산제의 유형도
법에 규정하고, 당사자로 하여금 이를 선택할 수 있게 하는 것이 바람

---

154) 이화숙(주 82), 138－139면; 이화숙, "夫婦財産制의 理想에 비추어 본 立法論과
　　 改正案", 인권과 정의 2008.5, 74면; 김주수·김상용, 친족·상속법, 제14판, 법
　　 문사, 2017, 144－145면(여기서는 공동재산제를 공유제라고 표현하고 있다); 윤
　　 진수(주 4), 262면 등.
155) 2006년 정부가 국회에 제출하였던 민법개정안(주 8)에는 혼인 중 재산분할을 인
　　 정하고, 주거 등에 대한 배우자 일방의 처분을 제한하며, 재산분할의 비율은 원칙
　　 적으로 균등하여야 한다는 내용을 규정하였으나 입법에 이르지 못하였다. 윤진수
　　 (주 4) 참조.
156) 취득참여제(participation in acquisitions)라고도 한다. 이는 혼인 중에는 별산제
　　 이지만, 혼인이 해소되면 다른 일방이 취득한 재산도 합산하여 분할하는 것이다.
157) 취득공동제(community of acquisitions)라고도 한다.
158) Katharina Boele－Woelki et al., Principles of European Family Law
　　 Regarding Property Relations Between Spouses, European Family Law Vol.
　　 33, Intersentia, 2013, pp. 25 ff.

직할 것이다.

심사 과정에서 공동재산제와 같은 다른 부부재산제의 유형도 법에 규정하여 당사자로 하여금 이를 선택할 수 있게 하면 혼란이 증폭될 수 있고, 단순명료함이라는 현행 부부재산법제의 장점마저도 희석되어버리는 것이 아닌가 하는 우려가 있으며, 만약 당사자들이 공동재산제를 선택할 경우 위에서와 같은 공동재산제의 단점이 그대로 현실화되는 것 아닌가 의문이 있다는 지적이 있었다. 그러나 현행법 아래에서도 부부재산계약이 인정되므로, 당사자들이 별산제와는 다른 부부재산제도를 선택할 가능성은 열려 있다. 다만 현행법에서는 당사자들이 구체적으로 어떤 형태의 부부재산계약을 선택하여야 할지가 불분명하여 이를 제대로 이용하지 못하고 있으므로, 법이 부부재산제도의 유형을 제시하여 주는 것이 사적 자치를 실질적으로 보장하는 길일 것이다.

3. 부부재산의 청산을 선행해야 하는가?

가. 쟁점의 소재

이처럼 현재의 부부재산제를 전제로 할 때, 배우자 상속권을 강화하기 위하여는 어떠한 방법이 적절한가? 앞에서 보았듯이 크게 두 가지의 방법을 생각할 수 있다. 그 하나는 부부재산의 청산을 먼저 한 다음 나머지를 생존 배우자가 상속하는 것이고, 다른 하나는 공동상속인의 수와 관계없이 생존 배우자에게 상속재산 중 일정한 부분을 보장하는 것이다. 여기서는 앞의 방법을 청산선행형, 뒤의 방법을 일정부분 확보형으로 부르고자 한다.

앞에서 살펴본 것처럼, 이 문제에 대하여는 두 가지 입법례를 다 찾아볼 수 있다.[159] 그리고 두 방법의 장단점이 서로 다르다. 청산선

---

[159] 유럽가족법위원회의 2013년 제안도, 취득참여제하에서도 배우자 일방이 사망하면 부부재산관계가 종료되고 청산하여야 하는 것으로 하였다. Principle 4:24.

행형의 경우에는 이혼시의 재산분할과 모순이 없는 분배가 가능할 수 있고, 구체적인 타당성에 합치될 가능성이 높을 것이다. 반면 청산대상인 재산을 확정하기가 반드시 쉽지 않고, 또 배우자의 재산 형성 기여도를 평가하여 분할 비율을 정하는 데 다툼이 생길 수 있으므로, 비용과 시간이 많이 걸리고, 분쟁을 유발하거나 분쟁이 길어질 가능성이 높다. 일정부분 확보형의 경우에는 장단점이 그와 반대이다.

이 문제는 어느 것이 맞고 다른 것은 틀리다고 대답할 수는 없고, 각 방법의 장단점을 비교하여 보다 나은 것을 선택하여야 한다.

참고로 법무부는 2018년에 한국가족법학회에 상속법개정을 위한 전문가 설문조사를 요청하여, 한국가족법학회가 설문조사를 실시하였다. 그 설문 항목 중 배우자 상속권 강화에 응답한 사람 50명 중 부부가 혼인 중에 취득한 재산에 대하여 재산분할 또는 선취분을 인정하고, 잔여재산에 대하여 다른 공동상속인과 공동상속하도록 하여야 한다고 한 사람은 36명[160]이었고, 배우자 상속분을 상향조정하여야 한다는 사람은 8명이었다.[161]

나. 두 방법의 비교

현재 우리나라에서 제안된 상속시에 부부재산을 청산하여야 한다는 제안은 크게 두 가지가 있다(위 Ⅲ. 2. 가.). 그 하나는 재산분할을 이혼시와 마찬가지로 하여야 한다는 주장이고, 다른 하나는 혼인기간 동안 증가한 피상속인의 재산 중 2분의 1을 선취분이라는 이름으로 생존 배우자가 다른 공동상속인에 우선하여 선취분으로 취득하게 한

Katharina Boele-Woelki et al.(주 158), p. 171 참조.

160) 친족법에 그러한 규정을 두어야 한다는 사람 8명, 상속법에 그러한 규정을 두어야 한다는 사람 28명.

161) 문흥안, "'상속법개정을 위한 전문가 설문조사' 결과 보고", 한국가족법학회·건국대학교 법학연구소 공동학술대회, 상속법의 개정방향 자료집(2018. 12. 14.) 참조.

다는 것이다. 그러나 어느 것이나 법적 안정성의 측면에서는 문제가 있다.

첫째, 이 주장들은 분할의 대상을 혼인 후 부부가 취득한 재산에 한정한다.[162] 그러나 혼인 전에 취득한 재산인지, 혼인 후에 취득한 재산인지가 반드시 명확하지 않을 수 있고, 따라서 이로 인한 분쟁의 가능성이 높아진다. 가령 혼인 후에 취득한 재산이라 하더라도 그것이 혼인 전에 취득한 재산을 바탕으로 하여 형태가 바뀔 수 있는 것이다. 또 이 경우에는 피상속인의 재산뿐만 아니라 배우자 쌍방의 재산을 조사하여 비교하여야 한다.[163] 물론 이러한 문제는 이혼 후 재산분할에서도 생긴다. 그러나 이때에는 상대방 배우자가 생존한 상태이므로, 증명의 어려움이 그다지 크지 않을 것이다. 그러나 사실관계를 가장 잘 아는 일방 배우자가 사망하면, 생존배우자와 다른 공동상속인 사이에서는 이 문제를 둘러싼 다툼이 생기기 쉽다.[164] 독일이나 오스트리아, 미국에서도 이러한 지적이 있음은 앞에서 살펴본 바와 같다. 일본에서도 그러한 취지의 개정 제안이 위와 같은 이유로 거부되었다.

둘째, 분할의 비율에 관하여도 다툼이 생기기 쉽다. 우선 이혼으로 인한 재산분할과 마찬가지로, 법원이 분할의 비율을 여러 가지 사정을 고려하여 재량으로 정한다면, 예측 가능성이 없어서 분쟁이 장기화될 수 있다.[165] 다른 한편 민법(상속편) 개정특별위원회에서는 분할의 비율을 원칙적으로 1/2로 하자고 제안하였으나, 그렇게 되면 이는 이혼으로 인한 재산분할의 경우와는 달라지게 될 뿐만 아니라, 구

---

162) 다른 입법례에서는 혼인 후 취득한 재산이라도 증여나 상속에 의하여 취득한 재산은 분할의 대상에서 제외하는 것이 많다. 그런데 2014년 민법(상속편) 개정특별위원회의 개정안은 이를 제외하지 않고 있다.

163) 그런데 2014년 민법(상속편) 개정특별위원회의 개정안은 피상속인의 재산만을 대상으로 하고 있다.

164) 윤진수(주 4), 258면; 정구태(주 4), 999－1,000면; 배인구(주 16), 192면; 최성경(주 17), 140－141면 참조.

165) 주 129의 본문에서 인용한 브래시어의 주장 참조.

체적 타당성과도 거리가 먼 결과가 된다. 위 제안에서는 이러한 결과를 회피하기 위하여 선취분의 취득이 현저하게 공정을 잃은 경우에는 법원이 이를 감액할 수 있다고 하였으나,[166] 그렇게 되면 원래 선취분을 1/2로 획일적으로 정함으로써 얻을 수 있는 법적 안정성을 해치게 된다. 뿐만 아니라 앞에서도 지적한 것처럼 위 제안은 분할의 대상을 피상속인의 재산으로 한정하고 있어서, 원래의 의미에서의 재산분할과는 차이가 있고, 왜 분할의 대상을 피상속인의 재산으로 한정하는지 근거가 박약하다.

위 제안을 한 김상용 교수는, 상속분쟁은 공동상속인 내부에 잠재해 있는 재산에 대한 갈등이 상속을 계기로 해서 표출되는 것이므로, 상속제도의 변화에 직접적인 영향을 받는다고 보기는 어렵고, 생존 배우자와 다른 공동상속인 사이에 친자관계가 없는 경우와 같이 상속재산을 둘러싼 다툼이 예상될 수 있는 때에는 현행법에 의해서 상속재산을 분할하는 경우에도 분쟁이 발생할 수 있다고 한다.[167] 그러나 제도에 불명확한 점이 많을수록 분쟁이 늘어나는 것은 당연한 일이므로, 이러한 반론은 별로 설득력이 없다.[168]

그렇다면 일정부분 확보형은 어떠할까? 이 방법은 비교적 기준이 명확하여 재판에서 분쟁이 생길 우려는 크지 않으므로, 법적 안정성이나 예견가능성의 측면에서는 장점이 있다. 그러나 단점은 구체적 타당성이 떨어진다는 것이다. 즉 이혼에 따른 재산분할과 차이가 생길 우려가 크고, 또 부부 재산에 대한 구체적 기여와 무관하게 상속분

---

166) 위 개정안에서는 공동상속인의 협의로도 감액할 수 있다고 하였으나, 공동상속인은 원래 법정상속분에 구애받지 않고 상속분을 정할 수 있으므로, 이는 당연한 이야기이다.

167) 김상용(주 4), 247 – 248면.

168) 위 개정안을 지지하는 서종희(주 13), 123면도 개정시안은 선취분 대상재산인지 여부를 판단함에 있어 상속관계의 불명확성과 법적 안정성을 해할 가능성이 크다는 점은 시인한다.

이 정해지므로, 부당한 결과를 가져올 수 있다는 점이다.

이와 같은 문제점은 부정할 수 없다. 그러나 전체적으로 본다면 이는 감당할 수 있는 수준이라고 여겨진다. 즉 이러한 방법에 의한 결과와 청산선행형에 의한 결과는 크게 차이가 나지 않을 것이다. 이혼으로 인한 재산분할에서 재산분할을 청구하는 사람이 아내인 경우가 그 반대의 경우보다 많고, 또 그 분할 비율은 전체적으로 보아 혼인 중에 쌍방이 협력하여 취득한 재산의 1/2에 미치지 못하는 것이 보통이다. 한편 여성은 남성보다 평균수명이 길고, 대다수의 혼인에서는 남편이 아내보다 나이가 많으므로, 아내가 남편을 상속하는 경우가 그 반대의 경우보다 많다. 그러므로 아내가 남편을 상속하는 경우에는, 그 법정상속분을 가령 1/2로 한다면 이혼시 재산분할과 비교하여 결코 적지 않을 것이다. 또 생존 배우자의 재산이 많으면 재산분할에서는 재산분할을 받지 못하는 경우도 있을 수 있다. 오히려 일본의 배우자 상속분의 재검토에 대한 논의를 보면, 실제로는 피상속인의 재산형성에 기여가 작은 사람이 더 많이 상속을 받게 되는 불합리가 있을 수 있다는 인식을 가지고 있었던 것으로 보인다.169)

현재의 배우자 상속분이 너무 작다고 하는 비판 가운데에는, 이것이 이혼하고 받을 수 있는 재산분할보다 작아서, 오히려 이혼을 조장할 우려가 있다는 것이 있었다. 그러나 배우자의 상속분을 전체 상속재산의 1/2로 올리기만 하더라도 이러한 문제점은 대체로 해소될 수 있다.

그러므로 이러한 점들을 고려한다면, 일정부분 확보형이 분쟁을 최대한 줄이고, 심리가 복잡하게 되는 것을 예방할 수 있다는 점에서 청산선행형보다 낫다고 생각한다.

실제로는 부부 관계는 다양하므로, 한 가지 기준만을 가지고 상

---

169) 위 IV. 8. 라. 참조.

속분을 획일적으로 정한다면 불합리한 경우가 생길 수밖에 없다. 그러나 이러한 문제는 다음에서 언급할, 상속권이나 유류분의 사전 포기제도를 도입함으로써 어느 정도 해결할 수 있을 것이다.

다. 구체적인 제도의 설계

이처럼 상속재산의 일정 부분을 당연히 생존 배우자가 상속받는 것으로 제도를 만든다고 한다면, 구체적으로 어떻게 규정하여야 할까?

우선 생존 배우자가 피상속인의 직계비속과 공동상속하는 경우를 생각해 본다. 이에 관하여도 여러 가지의 입법례가 있다. 생존 배우자의 상속분이 상속재산의 1/2인 경우(독일, 일본), 1/3인 경우(오스트리아), 2/3인 경우(리히텐슈타인)를 찾아볼 수 있다. 미국의 UPC에 따르면 상속인의 모든 생존 직계비속이 생존배우자의 직계비속이고, 생존배우자에게 생존하는 다른 직계비속이 없을 때에는 생존 배우자가 상속재산의 전부를 취득한다. 네덜란드에서는 청산선행형이기는 하지만 생존배우자가 직계비속이 있는 경우에도 상속재산 전부를 취득한다.

이에 대하여도 정답이 있다고 하기는 어려우나, 적어도 상속재산의 1/2은 생존 배우자에게 확보하여 주는 것이 바람직할 것이다. 2006년 배우자의 상속분을 상속재산의 1/2로 규정한 법무부 개정안의 작성 과정에서 개정안을 만든 개정위원회는, 배우자 외의 공동상속인이 1인인 경우에 생존배우자가 6할을 취득하는 현행법보다 생존배우자가 더 불리하게 되지 않도록 하기 위하여 배우자의 상속분을 6할로 정하였다. 그러나 법무부와의 협의 과정에서 1/2로 줄었는데, 이는 배우자 상속분이 현행법보다 크게 인상되는 데 따른 반발을 우려한 때문이었다.[170]

그런데 이 개정안에 대하여는 배우자 외의 공동상속인이 1인인 경우에는 현행법보다 불리하게 된다는 비판이 있었다. 정구태 교수는

---

170) 윤진수(주 4), 261면.

피상속인의 배우자의 상속분은 상속재산의 3분의 2로 하자고 제안하
고 있는데,[171) 이는 이러한 점을 고려한 것으로 생각된다. 그러나 이
러한 점이 있다고 하여 굳이 모든 경우에 배우자 상속분을 2/3로 올
릴 필요는 없다. 꼭 이 문제를 해결하여야 한다면, 공동상속인이 1인
인 경우에 한하여 예외를 인정하여 배우자의 상속분을 6할 또는 2/3
로 하면 될 것이다.

　　다른 한편 혼인기간에 따라 배우자의 상속분을 달리 정하는 것도
생각해 볼 수는 있다. 실제로 그와 같이 정하는 입법례는 찾지 못하였
으나,[172) 일본에서 그와 같은 제안이 있었음은 앞에서 보았다.[173) 이
는 생각해 볼 필요는 있다. 일반적으로는 혼인기간과 부부재산 형성
에 대한 기여도는 상관관계가 있다고 할 수 있기 때문이다. 심사 과정
에서도 혼인기간에 따라 상속분의 차등을 두는 것이 합리적이라는 지
적이 있었다. 그러나 혼인기간과 부부재산 형성에 대한 기여도가 반
드시 비례하는 것은 아니므로, 이 방법이 최선인지는 의문이다. 역시
배우자의 상속분을 획일적으로 정하는 것이 명확할 것이고, 불합리한
경우가 있다면 사전의 합의에 의하여 유류분을 포기하도록 하는 것이
나을 것이다. 실제로 혼인기간에 따라 상속분의 차등을 둔다고 하더
라도, 이를 어떻게 설계할 것인지는 쉬운 문제가 아니다. 그것이 실효
성을 가지려면, 미국 UPC의 선택분 규정과 같이 혼인기간이 짧은 경
우와 긴 경우 사이에 차이를 크게 하여야 할 것이지만, 그것이 반드시
형평에 맞는지는 의문이다.

171) 정구태(주 4), 1008면.
172) 다만 미국의 UPC가 생존 배우자의 선택분(elective share)을 정할 때 혼인 기간
　　을 고려한다.
173) 또한 배인구(주 16), 195면은 혼인기간이 20년 이상 유지된 부부의 경우는 선취
　　분을 30%로 법률상 추정할 수 있도록 하자고 제안하였고, 김나래(주 13),
　　277 - 280면은 선취분의 비율을 혼인기간이 5년 이상이면 5%, 10년 이상이면
　　15%, 20년 이상이면 30%, 30년 이상이면 50%로 하자고 주장하였다.

　　그리고 생존배우자가 전부 상속하게 하자는 주장도 있다.[174] 앞에서 본 것처럼 네덜란드는 이와 같이 규정하고 있고, 미국의 UPC도 상속인의 모든 생존 직계비속이 생존배우자의 직계비속이고, 생존 배우자에게 생존하는 다른 직계비속이 없을 때에는 생존 배우자가 상속재산의 전부를 취득하도록 규정한다. 그러나 이는 쉽게 받아들여지기 어려울 것이다. 가령 피상속인의 추정적 의사를 생각한다면, 과연 피상속인이 자신의 자녀에게는 상속재산을 전혀 물려주지 않고, 배우자에게만 재산을 물려주겠다고 할 것인지 의문이다. 네덜란드와 미국의 경우에는 실제로 그와 같은 관행이 있었는데 이를 입법자가 받아들인 것이지만, 우리나라에서 그와 같은 관행이 존재하는 것 같지는 않다.

　　한편 생존배우자가 피상속인의 직계비속 아닌 직계존속과 공동상속하는 경우에는 어떻게 해야 할 것인가? 이때에는 생존배우자가 피상속인의 직계비속과 공동상속하는 경우보다 피상속인의 상속분을 더 높게 정하는 것이 일반적이다. 나아가 이러한 경우에는 생존배우자만의 단독상속을 인정하기도 한다(네덜란드, 영국). 생각건대 이러한 경우에 생존배우자만의 단독상속을 인정하는 것은 현재의 상태에 비하여 너무 급격한 변화로서, 받아들여지기 쉽지 않을 것이다. 그러므로 이때에는 생존배우자의 상속분을 상속재산의 2/3로 정하는 것이 적당할 것으로 보인다.

4. 상속 및 유류분의 사전포기 허용

　　그런데 이처럼 배우자의 상속분을 올리는 경우에는 상당한 저항이 예상된다. 우선 다음 두 가지를 생각할 수 있다. 첫째, 기업을 경영하는 사람이 기업을 자신의 자녀에게 승계시키려고 하는 의도를 가지고 있는데, 배우자의 상속권이 늘어난다면 이는 이러한 의도의 실

---

174) 전경근(주 20), 215면. 다만 이 주장은 사실상 생존 배우자에게 상속재산에 대한 이용권만 인정한다는 것이다.

현에 상애가 될 수 있다. 물론 이러한 사람은 유언이나 생전의 처분에 의하여 법정상속분과는 달리 자신의 자녀에게 기업을 승계시킬 수 있겠지만, 배우자에게 유류분이 인정되기 때문에 어려움이 있다.

둘째, 어떤 사람이 전혼 배우자와의 사이에 자녀가 있는데, 재혼하려고 하는 경우에, 재혼 배우자에게 많은 상속분이 인정되면, 전혼 배우자와의 사이에서 낳은 자녀들은 이를 좋아하지 않을 것이다. 실제로 현행법 하에서도 이러한 이유로 전혼 배우자의 자녀들이 부 또는 모의 재혼을 반대하는 경우가 많다고 한다.[175]

이러한 문제는 사전에 상속이나 유류분을 포기할 수 있게 하면 어느 정도 해결될 수 있다. 앞에서 살펴본 것처럼, 많은 나라들은 이처럼 피상속인과 상속인 사이의 계약에 의하여 상속이나 유류분을 사전에 포기할 수 있도록 하고 있다.[176] 달리 설명한다면, 이처럼 배우자의 상속분을 일률적으로 정하고, 이것이 유류분에 의하여 보호된다면, 구체적인 상황에 따라서는 지나치게 생존 배우자가 보호받는 결과를 가져올 수 있고, 이를 막기 위하여는 사전에 부부에게 이러한 결과를 회피할 수 있는 기회를 부여할 필요가 있다. 이는 말하자면 상속법 영역에서 당사자의 사적 자치(Privatautonomie)를 확대하는 것이다.

그런데 우리 민법의 해석상으로도 상속의 사전포기의 효력을 인정할 수 있다는 견해도 있다.[177] 그러나 현행 민법이 상속의 사후 포기에 대하여만 규정을 두고 있을 뿐만 아니라, 이를 엄격한 요식행위로 규정하고 있는 점에 비추어 보면 해석론상 상속이나 유류분의 사

---

175) 윤진수(주 4), 259면 참조.
176) 프랑스는 유류분의 사전포기를 단독행위로 구성하고 있지만, 피상속인의 승인이 있어야 하므로 계약으로 구성하는 것과 큰 차이가 없다고 여겨진다.
177) 류일현, "상속개시 전 상속포기계약의 해석에 관한 소고", 민사법학 제67호, 2014, 123면 이하. 다만 여기서는 상속개시 전 상속포기계약은 채권적 효력만이 인정되고, 현행법상 강제이행은 할 수 없고, 다른 공동상속인에 대해 채무불이행을 이유로 손해배상책임을 인정하는 것은 가능하다고 한다. 155면.

전 포기를 인정하기는 어려울 것이다.[178] 그렇지만 법률에 규정을 두어 상속이나 유류분의 사전 포기를 인정하는 것은 충분히 가능하고, 또 바람직할 것이다.[179]

그런데 유류분제도가 유류분권리자에게 일정부분의 몫을 법률적으로 보장함으로써 유류분권리자를 보호하는 데 그 존재이유가 있으므로, 일단 유류분의 사전포기를 인정하고 그것이 남용될 경우 의사표시 제도 일반에 의해 규율하는 것보다는 애초에 이를 인정하지 않는 편이 낫다는 주장도 있다.[180] 그렇지만 상속개시 후 상속이나 유류분의 포기가 인정되는 이상, 상속개시 전의 그것들을 금지하여야 할 필연성은 없다. 그리고 상속인의 자의에 의하지 않은 상속이나 유류분의 포기가 행해질 위험성은 이를 방지하기 위한 제도를 두면 되고, 그 때문에 이들을 아예 금지할 필요는 없다.

상속이나 유류분의 포기를 인정하는 다른 나라에서는 이는 공정증서에 의하여야 한다거나, 법원의 허가를 얻도록 하는 등의 규정을 두고 있다. 이러한 제도를 도입한다면 그와 같은 규정을 둘 필요가 있을 것이다. 나아가 재혼부부와 같은 경우를 염두에 둔다면, 미국에서와 같이 혼인계약에서 그러한 제한을 둘 수 있도록 하는 것도 생각해 볼 수 있다. 물론 이는 배우자 상속에서만 문제되는 것은 아니고, 상속 일반에서도 마찬가지이다.

---

178) 대법원 1994. 10. 14. 선고 94다8334 판결; 1998. 7. 24. 선고 98다9021 판결 등. 고상현(주 35), 358면도 우리 민법은 독일 민법과 같은 (사전의) 상속포기제도를 알지 못한다고 서술한다.

179) 고상현(주 35), 358면 이하; 변동열, "유류분제도", 민사판례연구 제25권, 2003, 805면(유류분에 관하여); 최준규, "유류분과 기업승계", 사법 제37호, 2016, 385 - 386면(유류분에 관하여).

180) 鄭求兌, "遺留分制度의 法的 構造에 관한 硏究", 고려대학교 법학박사학위논문, 2010, 215면.

5. 배우자의 보호를 위한 그 밖의 방법

가. 배우자의 주거권 보호

몇 나라에서는 생존 배우자의 주거권을 보호하기 위하여 피상속인의 재산 중 생존 배우자가 거주하고 있던 혼인 주택에 계속 거주할 권리를 인정한다. 다만 이는 단기간이거나 상속재산분할이 끝날 때까지처럼 잠정적인 경우도 있지만, 프랑스와 일본에서는 생존 배우자가 사망할 때까지 이를 인정한다. 우리나라도 이와 같은 제도를 도입할 필요가 있을까?

우선 상속재산 분할이 끝날 때까지와 같이 한시적, 잠정적으로 생존 배우자에게 혼인 주택에 계속 무상으로 거주할 권리를 인정하는 것은 필요하다고 여겨진다. 상속이 개시되었다고 하여 살고 있던 집에서 바로 나가야 한다는 것은 문제가 있고, 되도록 상속 개시 전과 동일한 거주 상태를 유지할 수 있도록 하는 것이 바람직하다.[181] 현실적으로도 혼인 주택의 종국적인 귀속이 정해지지 않은 상태에서 생존 배우자를 퇴거하게 하는 경우는 별로 없을 것이다. 실제로 이러한 규정을 도입한다면, 그 주된 의의는 이처럼 무상으로 거주함으로써 얻은 이익은 상속재산 분할에서 특별수익과 같은 형태로 고려할 필요는 없다는 점에 있다.

그런데 생존 배우자가 사망할 때까지 혼인 주택에서 계속 거주할 수 있다고 하는 장기거주권도 인정할 필요가 있을까? 이는 의심스럽다. 우선 생존 배우자의 상속분을 적어도 상속재산의 1/2 이상으로 올린다면, 상속재산 분할에서 혼인 주택에 대한 생존 배우자의 이익은 충분히 보호될 수 있을 것이다.[182] 뿐만 아니라 이러한 장기거주

---

181) 같은 취지, 곽민희(주 130), 33면; 이승현(주 132), 380-381면.
182) 이 제도를 도입한 프랑스에서는 생존 배우자가 피상속인의 직계비속과 공동으로 상속할 때에는 그 상속분은 1/4에 불과하다.

권을 인정하는 것은 다른 공동상속인의 이익을 해치게 된다. 다시 말하여 생존 배우자가 살아 있는 동안은, 다른 공동상속인이 이 주택에 대하여 소유권을 가지더라도 실제로는 사용수익할 수 없게 되는 허유권(虛有權, nue-propriété)이 된다. 그리고 이러한 장기거주권의 보유는 상속재산 분할에서 고려하여야 하지만, 그 이익을 어떻게 산정할 것인지도 명백하지 않다. 따라서 이러한 장기거주권을 도입하는 것은 바람직하지 않다.[183]

나. 생존 배우자의 가재도구에 대한 우선권

다른 나라에서는 상속재산 가운데 생존 배우자가 혼인생활 동안에 사용하였던 가재도구에 대하여 생존 배우자의 우선적인 상속권을 인정하는 예가 있다. 이는 생존 배우자로 하여금 종전의 생활상태를 되도록 유지할 수 있게 하는 것이므로, 우리나라에서도 받아들일 필요가 있다. 사실 현재에도 법적인 규정은 없지만, 생존 배우자가 그러한 가재도구를 취득하는 것은 당연한 관행으로 받아들여지고 있는 것으로 여겨진다. 그렇지만 이에 관하여 분쟁이 생길 소지가 있으므로 법에 명문화할 필요가 있을 것이다.

다. 생존 배우자의 특별수익에 대한 취급

일본의 2018년 개정 상속법은 혼인기간이 20년 이상인 부부 일방인 피상속인이 다른 일방에게 그 거주용으로 제공된 건물 또는 그

---

183) 같은 취지, 이승현(주 132), 381면 이하. 곽민희(주 130), 33면은 다른 상속인 특히 혈족 상속인과의 관계 및 유증·사인증여를 받은 제3자나 상속채권자와의 이해관계를 고려할 때 장기거주권 제도 도입이나 설계에는 어려움이 있을 수 있다고 하면서도, 배우자의 거주 건물의 소유권과 사용권을 분할하는 법적 근거를 마련하고 장기거주권의 구체적 내용을 담고 있는 일본의 중간시안은 고령화 시대에 상응한 유용한 참고 자료가 될 수 있다고 한다. 박인환(주 130), 152면도 제한적이기는 하지만 프랑스상속법에서 비롯된 일본의 생존 배우자 거주권의 도입이 일본 사회에서 어떻게 수용될 것인가에 대해서 앞으로 주의깊게 지켜 볼 필요가 있다고 한다.

부지를 유증 또는 증여한 때에는 당해 피상속인은 그 유증 또는 증여에 대해서 이를 특별수익으로 하지 않겠다는 취지의 의사를 표시한 것으로 추정한다는 규정을 신설하였다. 우리나라에서도 생존 배우자의 특별수익에 대하여 별도로 취급할 필요가 있을까?

헌법재판소 2017. 4. 27. 선고 2015헌바24 결정은, 특별수익자가 배우자인 경우에는 특별수익 산정 시 실질적 공동재산의 청산, 배우자 여생에 대한 부양의무 이행의 요소에 해당하는 부분을 특별수익에서 공제하는 등 예외규정을 두지 않은 것이 위헌이 아니라고 하였다. 다른 한편 대법원 2011. 12. 8. 선고 2010다66644 판결은, 생전증여를 받은 상속인이 배우자로서 일생 동안 피상속인의 반려가 되어 그와 함께 가정공동체를 형성하고 이를 토대로 서로 헌신하며 가족의 경제적 기반인 재산을 획득·유지하고 자녀들에 대한 양육과 지원을 계속해 온 경우, 그 생전증여에는 위와 같은 배우자의 기여나 노력에 대한 보상 내지 평가, 실질적 공동재산의 청산, 배우자의 여생에 대한 부양의무의 이행 등의 의미도 함께 담겨있다고 봄이 상당하므로, 그러한 한도 내에서는 위 생전증여를 특별수익에서 제외하더라도 자녀인 공동상속인들과의 관계에서 공평을 해친다고 말할 수 없다고 하였다.[184]

외국의 입법례에서는 특별수익에 관하여는 다양한 태도를 보인다.[185] 독일과 프랑스에서는 생전증여만을 특별수익으로 보고, 유증은 원칙적으로 특별수익에서 제외하며, 특별수익이라 하여도 피상속인의 의사에 따라 이를 제외할 수 있다. 또 독일에서는 배우자는 특별

---

184) 이 판례는 유류분반환청구의 상대방이 반환의 대상인 특별수익은 자신의 기여에 대한 대가로 주어진 것이라고 하는 기여분의 항변을 할 수 없다(대법원 1994. 10. 14. 선고 94다8334 판결 등)는 문제점을 완화하기 위하여 나온 것이라고 볼 여지도 있다. 윤진수, 친족상속법강의(주 6), 394면. 같은 취지, 정다영, "특별수익과 배우자의 상속분", 입법과 정책 제10권 1호, 2018, 37면 이하 참조.

185) 정다영(주 184), 41면 이하 참조.

수익으로 인한 조정의무를 부담하지 않는다. 미국에서는 피상속인이 특별수익으로 고려하도록 지시한 경우에만 생전증여가 특별수익이 된다. 일본은 유증도 특별수익으로 보지만, 피상속인의 의사에 따라 특별수익을 제한할 수 있다. 그러므로 우리나라에서도 특별수익제도 전반의 개정을 검토할 필요는 있고, 그 과정에서 배우자의 특별수익도 포함시켜 살피는 것이 좋을 것이다.[186)]

Ⅵ. 결 론

배우자의 상속법상 지위를 강화하는 것은 필요할 뿐만 아니라 시급한 문제이다. 그러나 어떤 방법이 가장 적절한지를 결정하는 것은 쉽지 않다. 외국의 입법례에서도 다양한 태도를 보이고 있다.

이 글에서는 생존 배우자의 상속은 부부재산의 청산과는 연계시키지 않고, 상속재산 중 일정 부분은 공동상속인의 수와 관계없이 생존배우자가 확보하는 방법을 제시하였다. 또 이와는 별도로 상속 또는 유류분의 사전 포기, 생존 배우자의 주거권 보장, 가재도구에 대한 생존배우자의 우선권 인정 등 검토하여야 할 과제가 여럿 있다.

이들 문제에 대하여는 여러 가지 다른 견해가 있을 수 있다. 그러나 이 글이 적어도 앞으로의 논의를 풍성하게 하기 위한 참고는 될 수 있을 것이다.

---

186) 같은 취지, 정다영(주 184), 43면 이하 참조.

▨ 참 고 문 헌

Ⅰ. 국내문헌

1. 단행본

김상훈, 미국상속법, 세창출판사, 2012.

신영호, 공동상속론, 나남, 1987.

윤진수, 친족상속법강의, 제2판, 박영사, 2018.

이창민 외, "상속법 개정의 경제적 영향 분석", 법무부 용역보고서, 2013.

이화숙, 비교 부부재산관계법, 세창출판사, 2000.

2. 논문

가정준, "유언의 자유와 제한을 통해 본 유류분제도의 문제점과 그 개선방
    안", 비교사법 제24권 3호, 2017.

강명구, "현행법상 배우자 재산상속제도의 개선방안에 관하여", 가족법연
    구 제28권 3호, 2014.

강승묵, "동성혼의 합법화 여부와 입법모델에 관한 연구", 한양법학 제29
    권 3집, 2018.

강형구·이창민, "각국 상속법 비교 연구 및 국내 상속법에의 함의", 법경
    제학연구 제11권 1호, 2014.

고상현, "독일 민법상 상속 및 유류분의 사전포기제도", 가족법연구 제29
    권 1호, 2015.

곽민희, "프랑스에 있어서 生存配偶者의 相續法上의 地位", 민사법학 제
    59호, 2012.

곽민희, "2018년 일본 개정 상속법 개관", 안암법학, 제57호, 2018.

곽민희, "일본의 배우자 상속법제 개정 작업 관견(管見)", 경상대 법학연
    구 제26권 1호, 2018.

김나래, "초고령사회에 대비한 노인부양제도에 관한 연구", 숙명여자대학

교 법학박사학위논문, 2017.

김미경, "프랑스 부부재산제에 관한 연구", 부산대학교 법학박사학위논문, 2010.

金美京, "프랑스상속법에서의 배우자 상속권", 중앙대학교 법학논문집 제 34집 1호, 2010.

김미경, "프랑스민법상 약정부부재산제", 민사법이론과 실무 제14권 1호, 2010.

김미경, "프랑스민법상 공동재산제", 가족법연구 제25권 2호, 2011.

김상식·김상찬, "배우자 상속분 확대에 관한 입법론적 연구", 일감법학 제 28호, 2014.

김상용, "사망으로 혼인이 해소된 경우 생존 배우자의 재산권 보호", 중앙 법학 제17권 2호, 2015.

김상현, "배우자 상속분의 재고", 법이론실무연구 제5권 3호, 2017.

김성동, "生存配偶者의 相續權强化에 관한 硏究", 계명대학교 대학원 법 학박사학위 논문, 2013.

김은아, "재산상속상 배우자의 지위에 관한 고찰", 한양대학교 대학원 법 학박사학위논문, 2005.

김은아, "配偶者의 財産相續上 地位와 그 强化", 민사법학 제30호, 2005.

김주수·김상용, 친족·상속법, 제14판, 법문사, 2017.

김태선, "양성평등을 위한 부부재산제 개정방향", 입법과 정책 제9권 3호, 2017.

류일현, "상속개시 전 상속포기계약의 해석에 관한 소고", 민사법학 제67 호, 2014.

문흥안, "'상속법개정을 위한 전문가 설문조사' 결과 보고", 한국가족법학 회·건국대학교 법학연구소 공동학술대회, 상속법의 개정방향 자료 집(2018. 12. 14.).

박인환, "일본의 상속법 개정동향", 인하대 법학연구 제21권 3호, 2018.

박정기, "일본의 상속법 개정", 경북대 법학논고 제63집, 2018.

박종용, "배우자상속권의 강화에 관한 연구", 가족법연구 제16권 2호,

2002.

배인구, "고령화 사회와 배우자 상속분에 관한 단상", 가족법연구 제29권 1호, 2015.

변동열, "유류분제도", 민사판례연구 제25권, 2003.

서종희, "상속에 의한 배우자 부양", 가족법연구 제30권 2호, 2016.

오시영, "배우자를 중심으로 한 상속분에 대한 재검토", 인권과 정의 2008. 5.

윤진수, "民法改正案 중 夫婦財産制에 관한 연구", 민법논고 제4권, 박영사, 2009.

윤진수, "美國 家庭法院의 現況과 改善 論議", 민법논고 제7권, 박영사, 2015.

윤진수, "事實婚配偶者 一方이 사망한 경우의 財産問題", 민법논고 제7권, 박영사, 2015.

윤진수, "유류분반환청구권의 성질과 양수인에 대한 유류분반환청구", 전남대 법학논총 제36권 2호, 2016.

이봉민, "프랑스法상 遺留分 制度", 서울대학교 법학석사 학위논문, 2008.

이승현, "일본 개정민법상 배우자의 거주권 보호 규정에 관한 고찰", 전남대 법학논총 제38권 4호, 2018.

이화숙, "夫婦財産制의 理想에 비추어 본 立法論과 改正案", 인권과 정의 2008. 5.

전경근, "배우자상속분의 현황과 전망", 아주법학 제7권 3호, 2013.

鄭求兒, "遺留分制度의 法的 構造에 관한 研究", 고려대학교 법학박사학위논문, 2010.

정구태, "2014년 법무부 민법개정위원회의 상속법 개정시안에 대한 비판적 斷想", 강원법학 제41권, 2014.

정다영, "배우자 상속의 강화방안", 가족법연구 제31권 3호, 2017.

정다영, "특별수익과 배우자의 상속분", 입법과 정책 제10권 1호, 2018.

曹美卿, "英國 無遺言相續法상의 配偶者相續分", 가족법연구 제13호, 1999.

曹美卿, "獨逸法上의 配偶者相續分", 가족법연구 제14호, 2000.

曹美卿, "스위스법상 配偶者相續分", 가족법연구 제15권 1호, 2001.

조상희, "미국 루이지애나(Louisiana) 법에서의 유류분 제도의 변천", 일감 법학 제36호, 2017.

조은희, "배우자 법정상속의 강화에 대한 재검토", 가족법연구 제23권 3호, 2009.

최성경, "배우자 상속분 입법론에 관한 소고", 단국대 법학논총 제38권 2호, 2014.

최원호, "배우자의 상속지분권 확대에 관한 연구", 동의대학교 법학박사학위논문, 2018.

최준규, "독일의 유류분 제도", 가족법연구 제22권 1호, 2008.

최준규, "유류분과 기업승계", 사법 제37호, 2016.

홍순기, "배우자상속권 강화에 관한 법무부 개정시안 검토", 국민대 법학논총 제27권 2호, 2014.

洪春義, "프랑스법에 있어서 法定夫婦財産制", 가족법연구 제15권 1호, 2001.

黃詩淳, "대만의 고령화 사회와 가족법의 변화", 가족법연구 제29권 1호, 2015.

3. 인터넷 자료

대한민국 국회 홈페이지(http://likms.assembly.go.kr).

Ⅱ. 외국 문헌

1. 단행본

二宮周平, 家族法, 제4판, 新世社, 2013.

新版 注釋民法 (28), 相續 (3), 補訂版, 2002, 有斐閣.

Lawrence H. Averill, Jr., Mary F. Radford, Uniform Probate Code and Uniform Trust Code, 6th ed., West, 2010.

beckonline. GROSSKOMMENTAR/Bearbeiter, BGB Stand: 01.05.2018.

Kurt Berek, Ehegattenerbrecht, Entstehung und Entwicklung in Österreich, Verlag Österreich, 2017.

Katharina Boele－Woelki et al., Principles of European Family Law Regarding Property Relations Between Spouses, European Family Law Vol. 33, Intersentia, 2013.

Ralph C. Brashier, Inheritance Law and the Evolving Family, Temple University Press, 2004.

Jesse Dukeminier et al., Wills, Trusts, and Estates, 11th ed., Wolters Klower, 2009.

CHRISTIAN JUBAULT, Droit civil, Les successions Les Libélqlités; Montchrestien, 2010.

Johannes Burkhardt, Eheliche Vermögensausgestaltung in Korestt des Grundgesetzes, Duncker und Humboldt, 2016.

John DeWitt Gregory, Peter N. Swisher and Robin Fretwell Wilson, Understanding Family Law, 4th ed., LexisNexis, 2013.

Jonathan Herring, Family Law, 8th ed., Pearson, 2017.

Kurzkommentar zum ABGB/Bearbeiter, 5. Aufl., Verlag Österreich, 2017.

Münchener Kommentar zum BGB/Bearbeiter, 7. Auflage, C. H. Beck, 2017.

Karlheinz Muscheler, Erbrecht, Bd. 1, Mohr Siebeck, 2010.

Parry & Kerridge, The Law of Succession by Roger Kerridge, 12. ed., Sweet & Maxwell, 2009.

Anne Röthel, Ist unser Erbrecht noch zeitgemäß? Gutachten A zum 68. Deutschen Juristentag, C. H. Beck, 2010.

Verhandlungen des 68. Deutschen Juristentages Berlin 2010, Bd. Ⅱ/2, C. H. Beck 2010.

Stephan Wolf und Gian Sandro Genna, Schweizerisches Privatrecht Ⅳ/1, Erbrecht, Bd. 1, Helbing Lichtenhahn, 2012.

2. 논문

民法(相続関係)等の改正に関する 中間試案の補足説明, 15면 이하.

    (http:// www.moj.go.jp/content/001198631.pdf).

民法(相續關係) 部會 資料 14.

    (http://www.moj.go.jp/content/001207259.pdf).

西 希代子, "遺留分制度の再検討(一○・完)", 法学協会雑誌 125卷 6号, 2008.

王馨梓・鄭求兌, "臺灣地區同性婚姻合法化動向", 제주대 국제법무 제9집 2호, 2017.

黄詩淳, "台湾法での相続の過程における遺留分減殺請求の機能 (2)", 北大法学論集 57卷 5號, 2007.

36 der Beilagen zu den stenographischen Protokollen des Nationalrates XIV. GP, 1976 0310.

    (https://www.parlament.gv.at/PAKT/VHG/XIV/I/I_00916/imfname_3 16155. pdf).

Ralph C. Brashier, "Disinheritance and the Modern Family", 45 Case Western Reserve Law Review 83 ff. (1995)

Ferrari/Koch−Hipp, Länderbeitrag Österreich, in Süß/Ring, Eherecht in Europa, 3. Aufl., DeutscherNotarVerlag, 2017.

Constanze Fischer−Czarmak, "Ehegattenerbrecht, Rechte des Lebensge− fährten und Abgeltung von Pflegegleistungen" in Rabl/ Zöchling− Jud hrsg., Das neue Erbrecht, Manz, 2015.

Susanne Ferrari, "Die Reform des österreichischen Erbrechts", Ver− handlungen des Siebzehnten Österreichischen Juristentages Ⅱ/2, Manz, 2009.

Andreas Frieser, Referat, in Verhandlungen des 68. Deutschen Juristentages, Bd. Ⅱ/1, Berlin 2010, C. H. Beck, 2010.

Franz Haunschmidt, Länderbericht Österreich, in: Süß (hrsg.), Erbrecht in Europa, 3. Aufl., Zerb Verlag, 2015.

Roger Kerridge, "Intestate Succession in England and Wales", n Kenneth G C Reid, Marius J de Waal, and Reinhard Zimmermann ed., Intestate Succession, Oxford, 2015.

Peter Kindler und Daniel Gubitz, in Rainer Hausmann und Gerhard Hohloch hrsg., Handbuch des Erbrechts, Erich Schmidt Verlag, 2008.

Knut W. Lange, Referat, in Verhandlungen des 68. Deutschen Juristentages, Bd. II/1, Berlin 2010, C. H. Beck, 2010.

Karlheinz Muscheler, "Inhaltskontrolle im Erbrecht", 숭실대학교 법학논총 제24집, 2010.

Helmut Ofner, "Ehegüterrechtlicher Ausgleich bei Tod eines Ehegatten?", in Constanze Fischer−Czermak et al., hrsg., Festschrift 200 Jahre ABGB, Manz, 2011.

B.E. Reinhartz, "Recent Changes in the Law of Succession in the Netherlands: On the Road towards a European Law of Succession?", Electronic Journal of Comparative Law, vol. 11.1 (May 2007), pp. 2 ff.(https://www.ejcl.org//111/art111−17.pdf).

Reinhartz, B. E. (2017). New Matrimonial Property Law in the Netherlands. Paper presented at ISFL 2017, Amsterdam, Netherlands. (https://pure.uva.nl/ws/files/ 17208637/New_Matrimonial_Property_ Law_in_the_Netherlands_ISFL_2017.pdf).

Kenneth G C Reid, Marius J de Waal, and Reinhard Zimmermann, "Intestate Succession in Historical and Comparative Perspectivie", in Kenneth G C Reid, Marius J de Waal, and Reinhard Zimmermann ed., Intestate Succession, Oxford, 2015.

Johannes Ritter von Schönfeld, Länderbericht Liechtenstein, in: Süß (hrsg.), Erbrecht in Europa, 3. Aufl., Zerb Verlag, 2015.

STELLUNGNAHME DER REGIERUNG AN DEN LANDTAG DES FÜRSTENTUMS LIECHTENSTEIN ZU DEN ANLÄSSLICH DER ERSTEN LESUNG

BETREFFEND DIE REFORM DES ERBRECHTS AUFGEWORFENEN
FRAGEN,
(https://bua.regierung.li/BuA/pdfshow.aspx?nr=68&year=2012).

Terry L. Turnipseed, "Community Property v. The Elective Share", 72
Louisiana. Law Review 161, ff. (2011)

Sjef van Erp, "New Developments in Succession Law", Electronic Journal
of Comparative Law, vol. 11.3 (December 2007).
(https://www.ejcl.org//113/article 113−5.pdf).

Sjef van Erp, "The New Dutch Law of Succession", in Kenneth G C Reid,
Marius J de Waal and Reinhard Zimmermann, Exploring the Law
of Succession, Edinburgh University Press, 2007.

The Law Commission, "INTESTACY AND FAMILY PROVISION CLAIMS
ON DEATH", 13 December 2011
(https://s3−eu−west−2.amazonaws.com/lawcom−prod−storage
−11jsxou 24uy7q/uploads/2015/03/lc331_intestacy_report.pdf).

The Law Commission, "MATRIMONIAL PROPERTY, NEEDS AND
AGREEMENTS", 2014.
(http://www.lawcom.gov.uk/app/uploads/2015/03/lc343_matrimoni
al_property.pdf).

Arlette R. van Maas de Bie, Länderbericht Niederlande, in: Süß (hrsg.),
Erbrecht in Europa, 3. Aufl., Zerb Verlag, 2015.

Vlaardingerbroek, Länderbeitrag Niederlande, in Süß/Ring, Eherecht in
Europa, 3. Aufl., DeutscherNotarVerlag, 2017.

Rudolf Welser, Die Reform des österreichischen Erbrechts, Verhandlungen
des Siebzehnten Österreichischen Juristentages Ⅱ/1, Manz.

R. Zimmermann(2016), "Das Ehegattenerbrecht in historisch−vergleichender
Perspektive", Rabels Zeitschrift für ausländisches und internationales
Privatrecht, Vol. 80, Nr.1, 2016.

3. 인터넷 자료

대만 사법원 홈페이지:

　　http://jirs.judicial.gov.tw/GNNWS/NNWSS002.asp?id=267570).

오스트리아 헌법재판소 홈페이지:

　　https://www.vfgh.gv.at/downloads/VfGH_Entscheidung_G_258−2017_
　　ua_Ehe_gleichgeschlechtl_Paare.pdf.

영문 네덜란드 민법전:

　　http://www.dutchcivillaw.com/civilcodebook01.htm.

일본 법무성 홈페이지 중 일본 法制審議会民法(相続関係)部会
　　(http://www.moj.go. jp/shingi1/housei02_00294.html).

제 2 장

유언방식의 개정방향*

김 형 석**

Ⅰ. 문제의 제기

1. 우리 민법은 유언에 대해 다섯 가지의 방식(자필증서, 공정증서, 비밀증서, 구수증서, 녹음)을 규정하고, 방식을 갖추지 아니한 유언을 무효로 선언하고 있다(민법1) 제1060조, 제1065조). 이렇게 유언을 엄격한 요식행위로 규정한 이유로는 일반적으로 유언의 존재를 확보하고, 유언의 내용을 명확히 하며, 유언자의 신중한 판단을 촉구하기 위한 것이고, 그 밖에 공정증서 유언의 경우 자문을 받도록 하는 역할도 수행한다고 설명되고 있다.2) 그런데 이러한 유언방식이 현실에서 활용되는 과정에서 민법 규정은 해석론에 여러 어려운 문제를 제기하고 있는 것으로 보인다. 그리고 이러한 논쟁을 배경으로 자연스럽게 유

---

* 이 논문은 서울대학교 법학발전재단 출연 법학연구소 기금의 2018학년도 학술연구비(공동연구) 보조를 받았다.

** 서울대학교 법학대학원 교수. 학술대회 토론 과정에서 유익한 논평으로 부족한 부분을 바로잡게 해 주신 성균관대학교 법학전문대학원 현소혜 교수님께 감사의 말씀을 드린다.

1) 아래에서 법명의 지시 없이 인용하는 조문은 민법의 조문이다.

2) 곽윤직, 상속법, 개정판, 2004, 226면; 김주수·김상용, 친족·상속법, 제15판, 2018, 804면; 윤진수, 친족상속법 강의, 제2판, 2018, 503면; 송덕수, 친족상속법, 제4판, 2018, 408면.

언방식 규정의 개선방향에 대해 입법론적 고려가 요청되고 있다. 상세한 내용은 본문에서 다루어질 것이지만, 우선 그동안 실무의 경험을 기초로 대표적인 몇 가지 쟁점을 들어 보면 다음과 같다.

첫째, 자필증서 유언의 경우 그 사용의 간이성에도 불구하고 법률이 요구하는 요건을 충족하지 못하여 유언이 무효로 선언되는 사례가 나타나고 있다. 이는 특히 일시, 주소, 날인 요건과 관련해서 그러하다.[3]

둘째, 공정증서 유언이 그 요건으로 요구하고 있는 유언 취지의 口授는 판례에서 완화되어 해석되고 있다.[4] 이러한 법상황에 비추어 보완이 바람직한지 논의할 필요가 있다.

셋째, 녹음에 의한 유언은 현재 디지털 기술이 널리 보급된 현재 당시지의 진의를 손쉽고 명확히 확인한다는 유언방식의 목적에 부합하는지 여부에 대해 의문이 제기될 수 있다.[5]

넷째, 비밀증서 유언과 구수증서 유언은 그 나름의 입법적 의의에도 불구하고 실무에서 잘 활용되지 않고 있다.[6]

다섯째, 우리 민법은 그 내용상 특별방식으로 고안된 구수증서 유언을 제외하고는 그 밖의 특별방식을 두고 있지 않다.[7] 그런데 구수증서만으로 긴급 상황에 있는 사람의 유언의 자유를 보호하기에 충분한지 여부에 대해 논의의 여지가 없지 않다.

2. 본고는 이러한 쟁점들을 배경으로 하여, 현행 민법 규정의 적절성을 평가하고 외국의 동향을 참조함으로써 민법의 유언방식을 입

---

3) 우선 김형석, "유언의 성립과 효력에 관한 몇 가지 문제", 민사판례연구[XXXVIII], 2016, 1054면 이하 참조.
4) 김형석 (주 3), 1069면 이하 참조.
5) 김형석 (주 3), 1046 - 1047면 참조.
6) 김형석 (주 3), 1045 - 1046면 참조.
7) 김형석 (주 3), 1046면 참조.

법론적으로 고찰하고자 한다. 이는 개정에 대한 구체적인 입법적 제
안도 포함한다. 이러한 작업은 우선 장래 있을 수 있는 입법 작업에
기초 연구로서 참조될 수 있을 것이다. 그러나 법정책적 관점에 기초
한 분석은 더 나아가 해석론의 관점에서 유언방식을 이해하고 적용하
는 활동에 대해서도 시사점을 줄 수 있을 것으로 기대된다.

　　이하에서는 개정의 중요성이 인정되는 자필증서 유언(아래 Ⅱ.),
공정증서 유언(아래 Ⅲ.), 녹음 유언(아래 Ⅳ.)의 입법론을 차례로 살펴
본다. 그리고 이어서 본고에서 자세히 다루기는 어렵지만 입법에서
고려되어야 할 쟁점을 간략하게 살펴본다(아래 Ⅴ.). 결론에서는 핵심
적인 내용을 요약하며 마무리한다(아래 Ⅵ.).

Ⅱ. 자필증서 유언

1. 도　　입

　　(1) 자필증서 유언의 역사는 간이하고 자유로운 유언 방식이 승
리해 온 역사라고 말할 수 있다. 서로마제국 비속법과 프랑스 관습법
에서 연원한[8] 자필증서 유언은 그것의 단점과 위험에 대한 끊임없는
경고에도 불구하고 그 장점에 힘입어 현재 많은 나라의 입법에 널리
채택되기에 이르렀다. 자필증서 유언은 극히 적은 비용으로 매우 손
쉽게 작성할 수 있고, 이로써 간편하게 수정할 수 있으며, 다른 사람
을 의식하지 않고 작성할 수 있는 동시에 유언의 사실 및 내용을 비
밀로 할 수 있다. 그러나 유언증서가 발견되지 아니하거나 위조·변조
될 위험이 존재하고, 전문가의 관여 없이 작성하는 과정에서 불분명
하거나 효력에 문제가 있는 유언이 작성될 가능성도 배제할 수 없다.

---

8) 전거와 함께 Reid, de Waal and Zimmermann, "Testamentary Formalities in
Historical and Comparative Perspective" in idem ed., *Comparative Succession
Law*, Vol. I: Testamentary Formalities, 2011, p. 437 sqq. 참조.

(2) 부인할 수 없는 이러한 장점과 단점에 직면하여, 여러 입법은 자필증서 유언에 대해 다소 엄격한 규율을 두어 장점은 살리고 단점은 억제하려고 시도하였다. 즉 이는 자필증서 유언의 요건을 법정하고 그 위반의 경우 유언 전체를 무효로 선언함으로써, 자필증서 유언에 부족하다고 생각되었던 유언방식의 엄숙성(Solennität)을 제고하고자 하였던 것이다. 그러나 이러한 입법은 유언자를 훈육하는 효과를 가져 오지 못하였다. 오히려 유언자의 진의가 명백함에도 자필증서 요건과 관련된 사소한 흠결을 이유로 유언을 무효로 취급할 수밖에 없어 법정상속을 개시하게 하는 문제를 발생시켰고, 이는 재판을 담당하는 법원을 당혹하게 하였다.[9] 그 결과 이러한 입법을 채택한 나라에서 자필증서 유언 규정은 판례에 의해 목적론적으로 축소하여 해석되거나(프랑스), 재판실무의 혼란 끝에 입법적 해결이 이루어지는(독일) 결과에 도달하기도 하였다. 이에 대해서는 다른 곳에서 이미 상세히 서술한 바 있으므로[10] 여기에서 다시 반복할 필요는 없을 것이다.

이러한 경험을 배경으로 할 때, 자필증서 유언의 입법과 관련해 "어떤 방식도 (그것이 아무리 엄격하더라도) 숙고되지 않고 합목적적이지 않은 잘못된 결단을 저지할 수는 없으며, 어떤 방식도 (그것이 아무리 관대하더라도) 무효인 처분을 남김없이 회피할 수는 없다"[11]는 지적을 고려할 필요가 있다. 이는 자필증서 유언의 요건은 그것이 목적하는 입법목적과 관련하여 필요한 만큼의 효력만이 부여되어야 하며, 지나치게 엄격하게 규율하여 자필증서 유언의 장점인 유언자의 자유와 편의를 희생할 정도에 이르거나 가급적 유언에 효력을 부여하기 위해 필요 이상으로 요건을 완화해서는 안 된다는 것을 의미한다. 이

---

9) 김형석(주 3), 1043면 이하 참조.
10) 특히 일자의 기재를 소재로 하여 김형석(주 3), 1057면 이하 참조.
11) Breitschmid, *Formvorschriften im Testamentsrecht*, 1982, Rn. 128.

와 관련해 오스트리아 민법의 자필증서 유언 규정(현재 동법 제578조)
에 대한 다음과 같은 보고는 매우 시사적이다.

> "프란츠 폰 차일러는 그러한 불합리를 나름 근본적으로 예방하여
> 여기서도 위대한 입법자임을 증명했다. 그러한 문서의 변조 위험을
> 중시하였기 때문에 **사회적 제도로서의** 사적 유언에 대해 **단독으로 반대
> 표를** 던졌던 그는 일단 이 유언방식이 관철된 **이후에는** 날인을 유효요
> 건으로 하려는 시도를 좌절시킨 다음 ―다시금 **단독으로**― 일자와 장
> 소의 결여가 유언을 무효로 한다는 규정에 반대하였다. […] 차일러
> 자신으로 하여금 그러한 조치를 취하게 한 것은 결코 아둔한 개인에
> 대한 고려뿐만이 아니라, 다음과 같은 **법이론적인 통찰**이기도 하였다.
> 즉 입법자로서는 법적으로 **필요한** 것과 법적으로 **바람직한** 것을 엄격하
> 게 **구별해야** 하며, 바람직한 것을 촉진하기는 해야 하지만 이를 **불가결
> 한** 것으로 취급하여 반드시 관철시키려 하는 것은 경계해야 하는데,
> 왜냐하면 그러한 일은 보다 높은 차원의 삶을 희생해서만 가능하기
> 때문이라는 것이다."[12]

이러한 모범에 따라 폰 히펠이 제안한 개정론을 수용하여 이후
독일 민법의 자필증서 유언 규정(개정전 제2231조 제2호, 유언법 제21조,
현행 제2247조)이 개정되었음[13]은 주지하는 바이다. 이상의 내용은 우
리의 자필증서 유언 규정의 개정을 고려할 때에도 명심해야 할 내용
이라고 생각된다.

---

12) von Hippel, *Formalismus und Rechtsdogmatik*, 1935, S. 180 – 182. 강조는 원문
   의 것이며, 생략은 필자의 것이다. 이하 같다.
13) 나치의 주도로 개정이 이루어졌지만 그 내용은 나치즘과 무관하게 폰 히펠의 작업
   에 기초한 것이라는 사실에 대해 Otte, "Das eigenhändige Testament als
   ordentliche Errichtungsform nach dem BGB — Gründe und Einwände" in
   Schmoeckel/Otte hrsg., *Europäische Testamentsformen*, 2011, S. 40 – 41; 김형
   석(주 3), 1058 – 1059면 참조.

(3) 그런데 자필증서 유언의 운명에 대한 위협은 전통적으로 지적되고 있던 그 약점들이 아닌 다른 방향에서 오고 있는 것으로 보인다. 기술의 발전에 따라 손으로 쓰는 활동이 현저하게 감소하고 있는 현상이 그것이다. 물론 현재에도 학교에서의 교육과 시험의 많은 영역에서 자필은 요구되고 있다. 그러나 점점 더 많은 사람들이 이제 퍼스널 컴퓨터와 스마트폰 등으로 소통과 작업을 하게 됨으로써, 손으로 쓴다는 일은 상당히 번거롭고 이례적인 활동으로 변모하고 있다. 특히 학교를 떠난 이후의 성인의 삶은, 간단한 메모를 제외한다면, 이제 문서의 자필과는 상당한 거리가 있는 것으로 보인다.

이러한 변화는 자필증서 유언에 대해 중단기적으로는 긍정적인 의미도 가질 수 있다. 자필증서 유언 방식이 그 간이성으로 인해 유언자에 대해 유언의 중요성을 충분히 경고할 수 없고 그 완결성과 終意性을 충분히 담보하지 못한다는 전통적인 비판을 고려할 때, 이제 자필증서 유언은 유언자가 일상적이지 않은 이례적 행위에 대한 결의를 보였다는 사실을 확인해 준다는 점에서 방식의 엄숙성을 제고하는 효과를 가진다.14) 그러나 중장기적으로 이러한 시대의 흐름은 자필증서의 방식으로서의 적절성에 의문을 제기할 수도 있다. 어느 정도 지속되는 쓰는 활동이 점점 사라지는 경우, 사람의 동일성을 확보할 수 있을 정도로 필적에서 나타나는 개성이 형성되지 못할 가능성이 존재한다. 드물게만 실행되는 자필은 필적이 형성되지 못한 아이가 활자를 보고 따라하는 모습과 비슷하게 나타날 것이고, 필적 대조를 위한 샘플 자체가 희소하게 될 수도 있다. 또한 대학에서 강의와 채점을 담당하는 연구자라면 경험하는 바이겠지만, 도저히 그 내용을 식별하기 어려운 필적도 점점 더 많이 등장할 수 있다. 이런 모습으로 작성되는 자필증서 유언이 빈발하는 경우 유언자의 동일성과 유언의 진정성을

---

14) Röthel, "Form und Privatautonomie: Blicke auf das eingenhändige Testament" in Schmoeckel hrsg., *Das holographische Testament*, 2015, S. 46.

확보하기 어려워 자필증서를 방식으로 정하는 민법 규정의 입법적 정
당성은 흔들리게 될 것이다.[15]

과연 그러한 결과가 올 것인지 그리고 온다면 언제인지는 현재로
서는 쉽게 예상하기 어렵다. 다만 그러한 현상이 두드러질 때 자필증
서 유언은 폐지되거나 새로운 모습으로 변형되어야 할 것임을 기억해
두어야 할 것이다.[16] 그러나 그 시점이 오기 전까지 자필증서는 성공
적인 전파의 역사가 보여주는 바와 같이 유언의 자유를 간이하게 보
장하는 유언방식으로서 그 의미를 부정할 수 없다.[17] 그러므로 우리
의 당면 과제는 장래의 변화가능성을 염두에 두면서도 신중한 태도로
자필증서 방식을 보존하며 개선하는 것이라고 해야 한다.

2. 전문의 자서

(1) 민법에 따르면 유언자는 자필증서의 전문을 自書해야 한다

---

15) Röthel(주 14), S. 47. 실제로 2018년 미국 중간선거에서 선거인 명부의 서명과의
    대조과정에서 일관된 필적이 확인되지 않아 투표를 할 수 없게 된 사례가 빈발하
    였다는 사정에 대해 Thrush, Burch and Robles, "At issue in Florida tally:
    Voters' penmanship", *The New York Times International Edition*, November
    17–18 2018 참조.

16) Reid, de Waal and Zimmermann(주 8), p. 444. 예컨대 자필증서 유언에서 자서
    요건을 포기하고 유언서가 유언자의 의사에 따라 작성된 이상 기재된 서면에 유언
    자의 서명만으로 유언의 효력을 부여하는 1995년의 스코틀랜드 서면요건법(The
    Requirements of Writing (Scotland) Act 1995) 제1조 내지 제3조가 급진적인 해
    결책의 하나에 해당할 것이다(Hiram, *The Scots Law of Succession*, 2nd ed., 2007,
    n. 5.13. 참조).

17) 독일의 실무를 배경으로 하는 흥미로운 지적에 따르면, 공정증서 유언의 경우 유
    언자가 과연 생각해낸 것일까 의문이 드는 내용이 자주 발견된다고 한다. 또한 독
    일 실무에서 큰 논란을 야기한 주요 사건들은 모두 공정증서 유언이나 공정증서로
    작성되어야 하는 상속계약이었다고 한다. Otte(주 13), S. 43. 이러한 사정은 자필
    증서 유언에 비해 공정증서 유언이 타인의 간섭으로부터 자유로운 의사형성에 보
    다 적절하다는 통념에 의문을 제기한다. 실제로 공정증서 유언과 관련해 우리 판
    례에서 다투어진 사안들을 살펴보면 이러한 의문에 수긍할 만한 점이 없지 않다.
    아래 주 70도 참조.

(제1066조 제1항). 유언자는 쓰는 과정에서 유언 내용의 의미를 되새기게 되며(경고기능), 유언을 스스로 손으로 썼다는 사정 및 그 필적에 의해 유언자의 동일성과 유언의 진정성이 확인된다(진정성기능).[18] 증인이나 관청의 관여가 없는 자필증서에서 유언서가 자서되었다는 사실은 유언자가 자신의 終意를 종국적으로 표현한다는 사실에 대한 유일한 보장이며, 그러한 의미에서 자필증서 유언의 본성에서 나오는 당연한 요건이라고도 말할 수 있다.[19] 그러므로 전문의 자서 요건은 자필증서 방식을 보존하는 이상에는 원칙적으로 유지되어야 한다. 타자기나 워드프로세서 등 기계적 방식으로 작성된 유언서는 이러한 입법목적에 부합하기 어려우므로 허용되어서는 안 된다(앞서 Ⅱ. 1. (3)도 참조). 마찬가지로 종이나 이와 유사한 매체가 아닌 칠판이나 터치스크린에 대한 자서도 그 진정성과 종국성에 의문이 발생할 수밖에 없어 쉽게 인정하기 어려울 것이다.[20] 그러므로 「전문」의 「자서」에 따른 자필「증서」라는 문언은 유지해야 한다. 한편 적법한 자필증서 유언의 원본에 대한 포토카피 복사본이나 스캔 이미지 출력본이 자필증서로서 효력을 가지도록 할 것인지 여부에 대해서는, 유언자의 필적을 확인할 수 있다는 점에서 고려할 점도 없지 않지만, 사본만이 남아 있게 된 사정을 배경으로 할 때 역시 현실의 자서된 유언서와 쉽게 동일시할 수는 없다고 생각되며,[21] 또한 이러한 한계사례를 돌출해 규율하는 것도 입법기술적으로 적절하지 않다고 보인다.

(2) 다만 문제는 예외적으로 일정한 요건 하에 자서가 아닌 유언 부분을 허용할 것인지 여부이다.[22] 예를 들어 최근 신설된 일본

---

18) 곽윤직(주 2), 230면; Lange, *Das Recht des Testamentes*, 1937, S. 54.

19) Breitschmid(주 11), Rn. 148.

20) Röthel, *Ist unser Erbrecht zeitgemäß?* (Gutachten zum 68. DJT), 2010, S. 65.

21) 김형석(주 3), 1055−1056면 참조.

22) 비교법적으로 Reid, de Waal and Zimmermann(주 8), p. 460−461 참조.

민법 제968조 제2항이 그러한 입법례에 해당한다. 이에 따르면 자필
증서에 그것과 일체로서 상속재산의 전부 또는 일부의 목록을 첨부
한 경우에는 그 목록에 관해서는 자서가 필요하지 않으나, 이 경우
유언자는 그 목록의 각장(자서에 의하지 않은 기재가 양면에 있는 때에
는 그 양면)에 서명·날인해야 한다고 한다. 그 입법이유로는 유증 등
의 대상이 되는 재산을 특정하는 사항을 일일이 자서하는 것은 번잡
하며(부동산의 경우 지번·면적 등, 예금채권의 경우 금융기관·계좌번호
등), 특히 고령자의 경우 이를 자서하는 것은 상당한 노력이 들어 자
필증서 유언의 이용을 저해한다는 점이 지적되고 있다.[23] 그러나 이
러한 입법에는 신중해야 한다고 생각된다. 자필증서의 취지에 비추
어 유언자는 유증 등의 대상이 되는 사항을 자서함으로써 자신의 유
언의 의미를 확인하고 終意로서 확인한다. 그것이 가지는 번잡함이
야말로 자필증서가 요구하는 바로 그 방식으로서의 핵심인 것이다.
그러므로 유언방식의 경고기능과 진정성기능을 고려할 때 이를 쉽
게 포기할 수는 없다고 생각된다(특히 기계적 방식으로 작성하는 행위
가 일상적인 행위로 변모하였다는 사실에 대해 앞의 Ⅱ. 1. (3)도 참조).
게다가 현실적으로 자서에 의하지 아니한 부분의 진정성은 오직 서
명과 날인으로만 확보되고 있는데,[24] 이는 위조가 비교적 용이할 뿐
만 아니라(예컨대 유언 본문은 "다음 목록의 재산을 A에게 유증한다" 한
문장으로 구성되어 있고 대부분의 유언이 인쇄된 재산목록인 경우를 생각
해 보라), 일부 면에 서명·날인이 결여되는 실수가 발생하는 경우(종
래 자필증서의 실무를 고려할 때 충분히 예상되는 일이다) 그 유무효 판
단과 관련 복잡한 분쟁이 등장할 여지가 크다고 보인다. 또한 자서
하지 않아도 되는 영역이 허용됨으로써 유언자가 자서해야 하는 부
분과 그렇지 않은 부분에 혼동을 일으키게 될 위험도 부정할 수 없

---

23) 商事法務 編, 民法(相續關係)等の改正に關する中間試案, 2016, 67면.
24) 羽生香織, "遺言制度の關する見直し", 論究ジュリスト, No. 20, 2017, 25면.

다.[25] 물론 재산이 많은 경우에는 그것을 일일이 사서하는 것은 실제로 부담이 되어 자필증서 유언을 억제하게 작용할 여지도 있다.[26] 그러나 그 정도의 번잡함을 야기할 만한 재산에 대한 유언이라면 전문가의 자문을 수반하는 공정증서 유언을 이용하는 것이 바람직하다. 그럼에도 불구하고 굳이 유언 사실과 내용의 비밀을 지키기 위해 자필증서를 선택하는 사람이라면 자서는 그 유언의사를 확인하기 위한 최소한의 번잡함이라고 보아도 무방할 것이다.

3. 연월일의 자서

(1) 민법은 자필증서 유언이 유효하기 위해 유언자가 연월일을 자서할 것을 요구한다. 이 규율의 입법목적은 무엇인가? 연월일은 유언의 작성 시점을 분명히 하여 유언의 진위 확인이라는 사실상의 기능을 수행하면서, 더 나아가 여러 법률문제와 관련해서 중요한 의미를 가진다.[27] 예를 들어 유언자의 유언능력 존부의 기준 시점이 되며(제1061조), 다수의 유언이 존재할 때 철회 여부를 판단할 때에도 그 선후가 결정한다(제1109조). 또한 유언의 취소사유가 존재하였는지 또는 유언의 해석에 도움을 주는 사정이 무엇인지를 알 수 있게 한다.

(2) "요컨대 경우에 따라서는 유언을 판단할 때 그 장소와 시점 또는 둘 모두[…]에 대해 보다 잘 아는 것이 의미를 가질 수 있다. 그러나 그 이상의 내용은 주장될 수 없다."[28] 폰 히펠에 따르면 연월일과 장소의 엄밀한 기재를 유효요건으로 정하는 규율은 세 가지 관점

---

25) 羽生(주 24), 25면.
26) 沖野眞己·堂蘭幹一郎, "對談 相續法の改正をめぐって", ジュリスト, 第1526號, 2018, 23면(堂蘭 발언).
27) 곽윤직(주 2), 229면; 김주수·김상용(주 2), 808면; 윤진수(주 2), 506면.
28) von Hippel(주 12), S. 43.

에서 이러한 입법목적을 넘어섰다.[29] 첫째, 유언의 장소와 시점을 알
필요는 "경우에 따라" 존재하는 것임에도 입법자는 이를 언제나 기재
하도록 요구한다. 둘째, 많은 사안에서 보다 일반적인 시점과 장소만
으로도 법적인 판단이 가능함에도 법률은 연월일과 장소를 언제나 세
부적인 사항까지 특정하도록 정한다. 셋째, 유언의 판단에 필요한 시
점과 장소의 정보가 유언의 내용으로부터 충분히 추단될 수 있는 경
우에도 반드시 연원일과 장소를 특정해 기재해야 한다. 그 결과 연원
일과 장소를 기재하도록 하는 규정은, 유언의 효력 판단에 시점과 장
소가 의미를 가지지 않는 유언, 시점과 장소가 불충분하게 기재된 유
언,[30] 내용에서 시점과 장소가 충분히 드러나지만 연월일과 구체적
장소로 특정되지 않은 유언에서, 유언서의 진정성에 아무런 의문이
없고 유언자의 진의가 명백함에도 그러한 유언을 무효로 선언하는 문
제점을 발생시킨다.

　　이러한 난점을 예견한 오스트리아 민법의 입법자는 "終意가 작성
된 연월일과 장소의 기재는 필요하지는 않지만 분쟁의 예방을 위해
권장된다"(공포 당시의 동법 제578조 제2문)는 계몽주의 법전 특유의 교
과서적 문언으로 이를 해결하였다(앞의 Ⅱ. 1. (2) 참조). 개정된 독일
민법도 유언이 연월일과 장소에 대한 기재를 포함하고 있지 않으나
그로부터 유언의 효력에 대해 의문이 발생하지 아니하는 경우에는 작
성 시점에 대해 필요한 확인이 그 밖의 방법으로 행해질 수 있는 경
우에 그 유언을 유효로 본다고 하여(동법 제2247조 제5항), 연월일과
장소의 기재에 대해 입법목적에 비추어 필요한 정도만의 효력을 부여
함에 그친다.[31]

---

29) von Hippel(주 12), S. 43f.
30) 大判 2009. 5. 14. 선고 2009다9768, 공보 2009, 840 참조("2002년 12월").
31) 이러한 결론에 도달한 프랑스 판례에 대해서는 김형석(주 3), 1057－1058면
　　참조.

(3) 이상의 내용에 비추어, 우리 민법에서도 연월일의 기재를 자필증서 유언의 유효요건으로 요구하는 입법태도는 수정되어야 한다. 즉 그 기재가 없더라도 유언서가 진정 성립한 것으로 인정되고 유언의사가 명백하게 확인되는 유언에는 효력을 부여하여야 한다. 연월일의 기재는 분쟁의 여지를 예방하고자 하는 유언자에게 권장되는 사항에 그쳐야 한다. 다만 앞서 살펴본 바와 같이 유언 시점의 확정은 법률문제 판단에도 의미를 가지는 경우가 종종 있으므로, 법률 문언으로서는 연월일의 기재를 요구하면서도 예외적으로 분쟁의 소지가 없는 경우 유언의 효력을 인정하는 방식의 표현을 채택하는 것이 적절할 것이다.32)

4. 주소 또는 유언 장소의 자서

(1) 민법은 유언자가 주소를 자서할 것을 정하고 있다(제1066조 제1항). 주소의 자서는 일반적으로 유언자의 동일성을 확인하기 위해 요구되고 있다고 설명된다.33) 실제로 "신원의 확인은 경우에 따라 그의 주소의 적시로 현저하게 용이하게 된다"고 말할 수 있다.34) 그러나 이 서술에서 바로 명백하게 되는 바와 같이, 이는 "경우에 따라"서만 그러하다. 즉 자필증서의 필수적 요건인 자서와 서명으로 동일성이 확인되는 경우, 주소의 기재는 반드시 필요하지 아니한 것이다. 게다가 주소를 불충분하게 기재하거나 유언으로부터 주소가 추단되는 유언이더라도35) 바로 그 이유만으로 무효로 선언되어야 하는 불합리가 발생한다. 요컨대, 앞서 연월일의 자서에서 살펴본 바와 마찬가지로 (앞의 Ⅱ. 2. 참조), 입법자는 주소의 자서를 요구함으로써 세 가지 관점

---

32) 같은 취지로 조인섭, "자필증서 유언의 개선방안", 가족법연구, 제30권 제3호, 2016, 314면.
33) 곽윤직(주 2), 230면.
34) 다른 방식에 대한 논의이지만 Motive V, 271 f. = Mugdan V, 143.
35) 大判 2014. 9. 26. 선고 2012다71688, 공보 2014, 2110 참조("암사동에서").

에서 입법목적을 넘어선다. 그러므로 연월일의 자서와 마찬가지로 주소의 자서도 자필증서 유언의 유효요건으로 인정되어서는 안 된다.[36]

(2) 예전에는 개정전 독일 민법 제2231조 제2호처럼 유언서를 작성한 장소를 기재할 것을 유효요건으로 정하는 입법례도 존재하였으나, 이제는 이를 거의 찾기 어렵다.[37] 유언 장소의 기재는 유언서의 진정성을 확인하는데 유용한 경우가 있을 수 있다는 점에서 그 입법목적이 설명된다.[38] 그러나 다른 증거에 의해 유언서의 진정성에 의문이 없는 경우에도 장소의 기재가 없음을 이유로 유언의 효력을 좌절시키는 것은, 연월일의 자서와 관련하여 살펴본 바와 마찬가지로(앞의 Ⅱ. 2. 참조) 정당한 입법목적을 넘어서는 결과이다. 그러므로 유언 장소의 자서 역시 그 자체로 유언에 효력에 영향을 미치는 사항은 아니며, 유언의 진정성을 확인하는 과정에서 고려되는 사항의 하나로 유언자에게 그 기재가 권장될 뿐이라고 해야 한다.

5. 서명과 날인

(1) 민법은 유언자가 자서한 서면에 성명을 자서하고 날인해야 한다고 규정한다. 이러한 서명과 날인으로 어떠한 입법목적이 추구되고 있는가? 일반적으로는 유언자의 동일성 확인을 명백히 하기 위한 것으로 이해되고 있다.[39] 그런데 자필증서 유언의 요건으로 서명만을 요구하는 외국의 입법에서 이는 유언자의 동일성 확인과 종국성 확인

---

36) 같은 취지로 김영희, "자필증서 유언방식에 관한 제문제", 가족법연구, 제17권 제2호, 2003, 293면; 조인섭(주 32), 314면.

37) Reid, de Waal and Zimmermann(주 8), p. 441.

38) von Hippel(주 12), S. 42; Breitschmid(주 11), Rn. 150. 그 밖에 저촉법상 행위지법이 지시될 때 의미를 가질 수 있다고 한다(예컨대 국제사법 제50조 제3항 제3호 참조).

39) 곽윤직(주 2), 230면.

이라는 이중의 기능을 수행한다고 실명되고 있다.[40] 그러한 관점에서
살펴본다면 우리 민법에서 성명의 자서는 유언자의 동일성을 확인하
기 위해, 날인은 최종적 의사의 종국성과 유언의 완결성을 확인하기
위하여 요구하는 것이라고 해석될 수 있다. 즉 서명만을 요구하는 외
국의 입법례는 이 두 가지 기능을 서명이라는 단일 요건에 의해 충족
하게 하지만, 우리 민법은 이 두 기능을 분리하여 규율하고 있는 것
이다.[41]

(2) 그런데 이와 관련해 문제점은 현재 우리나라의 일상생활과
거래에서 인장의 사용은 점차 감소하고 있으며 많은 중요한 영역에서
서명이 이를 대체하고 있다는 사실이다. 실제로 인장에 의한 날인은
비일상적인 의미를 가지는 중요한 거래나 의례적인 상황 또는 반복적
인 확인이 필요한 경우에만 여전히 활용되고 있는 것으로 보이고, 그
밖의 영역에서는 문서를 마무리하기 위해 서명이 보다 널리 쓰이는
것으로 관찰된다. 법질서 역시 인감증명서 대신 본인서명사실확인서
에 의해 동일한 기능을 충족할 수 있음을 인정함으로써 이러한 경향
에 따르고 있다(「본인서명사실 확인 등에 관한 법률」 참조). 이러한 상황
에서 인장을 자필증서 유언의 유효요건으로 고집하는 것은 수범자의
관행에 역행해 그 완결에 의문이 없는 유언마저도 무효로 선언하게
될 위험이 존재한다. 즉 유언의 내용과 서명에 비추어 유언서가 완결
되어 더 이상 초안이 아님이 명백함에도 날인이 없다는 이유만으로
유언을 무효로 하는 것은 여기서도 입법목적을 넘어서는 불합리한 결
과를 가져온다. 그러므로 자필증서 유언의 유효요건으로서 날인은 포
기하는 것이 정책적으로 정당하다.[42]

---

40) von Hippel(주 12), S. 77ff.
41) 김형석(주 3), 1063 – 1064면.
42) 같은 취지로 김영희(주 36), 293면; 조인섭(주 32), 314면.

그렇다면 날인이 추구하던 기능 즉 유언의 완결성과 종국성을 확인하는 기능은 어떠한 요건이 추구해야 하는가? 이를 서명이라는 요건에 전가해서는 안 된다. 20세기 초반 독일 판례에 대한 폰 히펠의 판례 분석이 인상적으로 보여준 바와 같이(주 40 참조), 서명의 요건에 동일성 확인과 종국성 확인의 이중의 기능을 부여하는 것은 실무상 큰 혼란을 가져올 여지가 존재한다. 양자는 서로 다른 과제를 추구함에도 불구하고 이를 하나의 요건으로 수행하게 되면, 어느 하나에 타당한 관점이 다른 하나에 적절하지 않아 입법목적을 넘어서는 불합리한 결과가 발생할 수 있기 때문이다. 예컨대 독일의 판례에서 이러한 문제점을 대표적으로 보여주는 사안유형은 성명의 자서가 문서 말미가 아니라 처음이나 여백 등에 존재하는 경우이다. 이로써 동일성 확인의 기능은 충족된다. 그러나 서명이 유언의 종국성도 확인해야 한다고 이해하는 이상에는 그것이 말미에 있지 않다는 이유로 해당 유언을 무효로 선언할 수밖에 없다.[43] 그러나 유언서의 내용으로부터 그것이 완결되어 종국적인 유언의사를 표현하고 있음이 의문의 여지 없이 나타남에도 서명이 말미에 있지 않다는 이유만으로 그 유언을 무효로 선언하는 결과는 서명으로 완결성이 확인될 것을 요구하는 입법목적을 넘어서는 불합리한 결과이다. 물론 유언자가 유언의 완결성과 종국성을 표현하기 위해 자신의 성명을 쓰는 방법을 선택한다면 그것은 말미 또는 밀봉된 봉투 위에[44] 있어야 할 것이다. 그러나 유

---

43) 서명으로부터 유언의 완결성 확인 기능을 제거해야 한다는 폰 히펠의 제안은 이후 독일 민법 개정에서 받아들여지지 않았다(Lange(주 18), S. 56f. 참조). 그 결과 서명의 위치 문제는 개정된 독일 민법 제2247조에서도 여전히 다투어지고 있다. Weidlich in Palandt, *Bürgerliches Gesetzbuch*, 77. Aufl., 2018, §2247 Rn. 11f. 참조. 이러한 현상에는 자필증서 유언을 지인에게 終意를 전하는 편지의 형식과의 유비에서 이해해 온 서양의 전통 및 서명에 해당하는 몇몇 서양언어의 표현(Unterschrift, subscription 등)이 "아래에" 쓴다는 함축을 포함하고 있는 사실도 그 배경에 존재한다.

44) 전거와 함께 김형석(주 3), 1065면 참조.

언자는 그러한 완결성과 종국성을 다른 여러 가지 방법으로 표현할
수도 있다. 유언자가 다른 방법으로 자신의 유언의사가 완결되어 있
음을 충분히 표시한 경우(가령 말미에 "이제 나의 마지막 의사를 모두 적
었으니 자식들 어느 누구라도 이를 그대로 따라주었으면 한다"), 유언자의
동일성을 확인하기 위한 서명은 유언서 어디에 위치해도 무방하다(가
령 모두에 "나 X는 아래와 같이 유언을 남긴다").[45] 여기서 서명이 말미
에 없음을 이유로 이 유언을 완결되지 않은 초안이라고 평가하는 것
은 부당하다. 따라서 동일성 확인과 종국성 확인은 서로 다른 요건에
의해 수행되어야 하며, 서명이라는 단일 요건에 결합해서는 안 된다.

     그렇다면 유언의 종국성의 확인을 위해 어떠한 요건을 설정할 것
인가? 이를 위해 완결성을 시사하는 하나의 단일한 요건사실을 법정
하여 강제하는 것은 그러한 사실이 없다는 이유만으로 종국성을 부정
할 수밖에 없어 다른 사정에 비추어 완결에 의문이 없는 유언을 무효
로 취급해야 하는 위험이 존재한다. 요컨대 이때에도 입법목적을 넘
어서는 불합리한 결과가 발생할 수 있다. 따라서 유언의 종국성 그 자
체를 요건으로 요구하고 그 판단은 유언서의 내용 기타 제반사정을
고려하여 판단하는 것이 입법정책적으로 적절하다. 폰 히펠이 제시하
였던 문언을 참고한다면,[46] 제1066조 제1항에서 자필증서에 의한 유
언은 "유언자가 그 전문, 연월일, 성명을 자서하여 완결한 증서" 등으
로 표현될 수 있다.

     (3) 그런데 동일성 확인을 위해 유언자에게 성명을 자서하도록
하는 요건 역시 그것을 엄격하게 관철할 경우 정당한 입법목적을 넘
어서는 문제가 발생할 수 있다. 입법자는 유언자가 자신을 지시함으
로써 동일성을 확인하기 위한 목적으로 그 성명을 자서할 것을 요구

---

45) von Hippel(주 12), S. 183.
46) von Hippel(주 12), S. 187.

하고 이를 위반하는 경우 유언을 무효로 한다. 그러나 이러한 엄격한 규율은 앞서 살펴본 연월일의 자서 등에서와 마찬가지로 규범목적을 넘어설 위험을 내포한다. 즉 유언서에 유언자의 신원을 의문의 여지 없이 확인할 수 있게 하는 충분한 내용이 자서되어 있음에도 불구하고, 그것이 성명의 자서라는 모습을 가지고 있지 않는 이상 그 유언을 무효로 해야 하기 때문이다. 이는 예컨대 "내 자식들 A, B, C에게"로 시작하여 "너의 아버지가 남긴다"라고 자서한 유언이나, 성 없이 이름만을 자서하거나 별명 또는 애칭을 자서한 유언 등에서 그러하다.[47] 특히 자필증서 유언은 유언자가 임의의 제3자가 아닌 가족과 근친이 이를 발견하고 열람할 것을 기대하므로 그 표현에 있어 형식적인 성명의 자서보다는 그들 사이의 관계를 반영하는 —경우에 따라 친근하고 애정 어린— 호칭이 사용될 가능성이 있다.[48] 이때 유언의 내용으로 유언자의 동일성이 어려움 없이 확정될 수 있음에도 불구하고 성명의 자서가 없다는 이유만으로 유언을 무효로 선언하는 것은 입법목적을 넘어서는 불합리한 결과라고 생각된다.

그러므로 자필증서 유언의 요건으로 서명을 요구하는 것은 정당하나, 이를 절대적인 유효요건으로 삼는 태도는 지양해야 한다. 유언자의 신원이 유언의 내용과 그 밖의 방법으로 확인할 수 있는 경우에는, 그 유언은 성명의 자서가 없더라도 효력이 인정되어야 한다. 연월일에서와 마찬가지로 법률은 성명의 자서를 요구하면서도, 유언자의 동일성에 의문이 없는 경우에는 그 자필증서 유언을 유효로 하는 예외를 두어야 한다(독일 민법 제2247조 제3항 제2문 참조).

6. 자필증서 유언의 보관

이미 언급한 대로(앞의 Ⅱ. 1. (1) 참조) 자필증서 유언의 단점 중

---

47) 김형석(주 3), 1064면 참조.
48) von Hippel(주 12), S. 184.

하나로 시적되는 섯은 그것이 발견되지 않거나 발견한 근친 등에 의해 폐기·위조·변조될 위험이 존재한다는 사실이다. 이러한 위험이 얼마나 자주 현실화되는지 여부는 논란의 여지가 있다. 각국의 실무를 살펴보면 그러한 사건이 의외로 자주 관찰되지는 아니하나, 물론 이로부터 확정적인 결론을 내리기는 어렵다. 어쨌든 이러한 자필증서 유언의 단점과 관련하여 작성한 자필증서를 일정한 공적인 기관에 보관함으로써 유언자의 사망 이후 유언에 따른 법률관계를 명확하게 하려는 시도가 고려될 수 있다. 이러한 보관과 관련해서는 그것을 유언의 효력과 연동하여 필수적인 요건으로 하는 입법과 그렇지 않고 유언자의 편의를 위한 선택적인 것으로 하는 입법을 생각할 수 있다.

전자는 네덜란드 민법의 태도로(Depot-testament; 동법 제4:94조, 제4:95조), 유언자가 자필한 유언증서도 원칙적으로 공증인에게 제출하여 보관하는 형태로만 가능하다.[49] 그런데 이러한 규율을 채택하게 되면, 이는 공증인의 협력이 필수적이 되어 이를 더 이상 사적인 자필증서 유언이라고는 말할 수 없게 된다. 이러한 보관 요건은 자필증서 유언을 사실상 심중하게 변경하는 규율로, 우리 종래 법적 관행에 큰 변화를 수반할 것이어서 쉽게 받아들이기 어렵다. 이는 공정증서 유언을 회피하게 하는 사정에 자필증서 유언의 단점을 결합하는 것에 지나지 않으며, 은닉이나 변조의 위험을 과장하여 정상적인 자필증서 유언을 무료로 할 위험이 크다.[50]

후자는 예컨대 스위스(민법 제505조 제2항 참조), 독일(민법 제2248

---

49) 공증인이 공증하거나 수령한 유언서는 공증인이 보관하지만, 그는 이 사실을 중앙유언등록부 관청(Centraal Testamenten Register)에 통지하여 그 사실을 등록하게 해야 한다. 유언자가 생존하는 동안 등록 사실은 공개되지 않으며, 오로지 공증인만이 생전에 등록 여부를 확인할 수 있다. Schömmer/Eule, *Internationales Erbrecht Niederlande*, 2. Aufl., 2010, Rn. 966 참조. 등록하지 않는 자필증서 유언은 의복이나 보석 같은 사소한 개인적 소지품에 관한 사항 등 예외적인 유언사항에 대해서만 가능하다(Codicil; 동법 제4:97조).

50) Lange(주 18), S. 55.

조), 일본(최근 제정된 「법무국에 있어서 유언서의 보관 등에 관한 법률」) 등의 태도이다.[51] 이러한 제도는 유언서의 안전한 보관 및 발견에 대한 유언자의 이익을 그의 의사에 좇아 보장하는 것이므로 도입을 고려할 만하다.[52] 이를 위해서는 민법에는 제1066조에 항을 추가하여 보관에 관한 근거 규정을 두고, 구체적인 내용은 특별법으로 규율하는 것이 적절할 것이다. 물론 그 제도의 설계에서는 자필증서 유언의 장점(유언 사실 및 내용의 비밀)이 유지되도록 고안하는 것이 중요하다.

Ⅲ. 공정증서 유언과 비밀증서 유언

1. 도   입

공정증서 유언(제1068조)의 장단점은 자필증서 유언과 반대로 나타난다.[53] 이는 문자를 알지 못하는 사람도 이용할 수 있고, 유언의 존재와 내용의 명확성이 보장되며, 공증인이 원본을 보관하여 위조나 변조의 위험이 거의 없다(제1091조 제2항 참조). 또한 유언사항이나 유언능력 등의 문제에 관해 공증인의 법률지식의 도움을 받을 수도 있다. 그러나 증인이 존재하므로 유언의 존재 및 내용에 대한 비밀 유지가 반드시 쉽지 않고, 작성 및 변경에 비용이 든다. 특히 마지막 점은 공정증서 유언이 보다 우세하게 사용되는 방식이 되는 것에 장애가 된다. 공증인 비용의 액수에 따라 제도의 이용이 영향받을 수 있을 뿐만 아니라,[54] 예전의 관행처럼 사망 직전에 한 번 유언을 작성하는 것이 아니라 젊은 시절부터 유언을 작성하고 정기적으로 수정·변경

---

51) Breitschmid(주 11), Rn. 254의 표에서 보관 항목 참조.

52) 이경희, 가족법, 9정판, 2017, 533면; 김영희, "현행민법상 유언 방식에 관한 연구", 가족법연구 제20권 제2호, 2006, 126면.

53) 김형석(주 3), 1067 – 1068면; Reid, de Waal and Zimmermann(주 8), p. 434 – 435.

54) 비교법적인 비용 비교로 Reid, de Waal and Zimmermann(주 8), p. 435 참조.

하는 것이 보다 일반화되고 권장되는[55] 현실에서 계속 공증인을 방문
하여 비용을 지출하는 일은 비효율적으로 나타나기 쉽다.[56] 더 나아
가 나중에 발생할 수 있는 책임 문제로 공증인이 유언 작성 업무에
소극적일 경우 그 활용은 더 억제될 것이다.[57]

    그러나 공정증서 유언이 가지는 장점을 이용하고자 하는 유언자
의 수요는 분명히 존재하므로 이를 폐지할 이유는 발견할 수 없다. 특
히 큰 규모의 재산을 배경으로 전문가의 자문이 적절한 유언의 경우
공정증서 유언은 여전히 의미를 가질 것이다. 관련하여 공정증서 유
언의 활용을 보다 촉진하기 위해 그 요건을 완화하거나 지원조치를
도입할 필요가 있는지의 정책적 논의가 필요하다.[58] 또한 상속법의
개정으로 심중한 의미를 가지는 유언사항(예컨대 상속인의 폐제)이나
사인처분(예컨대 공동유언)이 신설되는 경우, 증명기능·경고기능·자
문기능을 강화하기 위해 공정증서 유언으로만 이를 가능하게 할 것인
지 여부도 고려할 여지가 있을 것이다.[59]

2. 유언 취지의 구수와 서면의 교부

    (1) 공정증서 유언은 비교법적으로 크게 두 가지 모습으로 나타
난다.[60] 하나는 일반유언자가 공증인 및 증인[61] 면전에서 유언의 취

---

55) 이미 Plutarch, Marcus Cato, 9 in *Plutarch's Lives* (tr. by Perrin), Vol. II, 1968,
    p. 328, 329: "그[大카토]는 후회하는 일은 평생 단지 세 번 있었다고 말했다.
    [···] 세 번째는 유언 없는 상태로 보낸 날이 있었다는 것이다."

56) Otte(주 13), S. 43f. 참조.

57) Malaurie et Brenner, *Les successions, les libéralités*, 6ᵉ éd., 2014, nᵒ 522.

58) Lange(주 18), S. 61; Malaurie et Brenner(주 57), nᵒ 522; Röthel(주 20), S. 64f.
    참조.

59) 예컨대 프랑스 민법은 배우자의 종신주거권을 박탈하는 유언을(동법 제764조 제1
    항, 제971조), 독일 민법은 상속계약의 체결을(동법 제2276조 제1항) 공정증서에
    의하도록 한다.

60) Reid, de Waal and Zimmermann(주 8), p. 449−450.

61) 물론 증인의 요부와 수에 대해서는 입법례마다 차이를 보인다. 바로 아래 III. 3.

지를 구술하고 공증인이 이를 필기·낭독하여 확인한 다음 관계인의
서명 등으로 마무리하는 방법이다(이른바 open notarial will). 거의 모
든 입법례가 이러한 가능성을 인정하며(프랑스 민법 제971조 이하, 독일
민법 제2232조, 오스트리아 민법 제583조, 스위스 민법 제499조 이하 등),
우리 제1068조가 이에 해당한다. 다른 하나는 유언자가 서면(세부적인
형식 예컨대 자필·밀봉·서명 여부는 나라마다 차이가 있다)을 증인의 참
여 하에 공증인에게 교부하면서 그것이 자신의 유언임을 밝히면 공증
인은 그러한 취지 기타 필요한 사항을 기재한 다음 관계인의 서명 등
으로 마무리하는 방법이다(이른바 closed notarial will). 입법례는 이를
첫 번째 방법과 평행하게 규율하는 나라(앞서 인용한 독일, 오스트리아
의 규정 참조)와 비밀증서 유언이라는 모습으로 별도로 규율하는 나라
(프랑스 민법 제976조 이하, 이탈리아 민법 제604조 이하, 일본 민법 제970
조 등)로 구별된다. 우리 민법은 제1069조에서 이러한 모습의 비밀증
서 유언을 인정하고 있으나, 공증인을 비밀증서의 인증에 참여시키지
않고 나중에 확정일자를 부여하는 기능에 한정한다는 점에서 비교법
적으로 독특한 특징을 보인다. 이러한 변화가 나타나게 된 이유는 적
어도 공간된 입법자료에서는 쉽게 확인되지 아니한다.

(2) 여기서 비밀증서 유언과 관련해 외국의 입법례와 마찬가지로
유언자가 공증인에게 서면으로 유언을 전달할 수 있도록 할 것인지의
문제가 제기된다.

그 규율과 관련해서는 여러 가지 선택지를 생각할 수 있다. 우선
① 유언자가 자신의 유언서임을 표시한 비밀증서를 증인 면전에서 공
증인에게 제시하고 공증인이 필요한 사항을 기재한 다음 관계인의 서
명 등으로 마무리하는 내용으로 제1069조를 개정하는 방법이다.[62] 이

참조.
62) 김영희(주 52), 146 – 148면.

는 프랑스 민법 등이 정하는 고전적인 비밀증서 유언의 형태로 복귀함을 의미한다. 더 나아가 ② 공정증서 유언의 한 유형으로 유언자가 유언의 취지가 담긴 서면을 교부하고 자신의 終意임을 선언할 가능성을 인정하는 것이다. 이 경우에도 여러 가능성을 고려할 수 있다. ⓐ 유언자가 유언서를 밀봉한 상태로 교부할 것을 요구할 수도 있지만, ⓑ 밀봉하지 아니한 유언서를 교부하여 공정증서를 작성하도록 하는 방법을 함께 허용할 수도 있고, ⓒ 유언서의 교부에도 불구하고 공증인이 유언자와 증인을 상대로 그 내용을 낭독하거나 열람하게 하여 확인하는 절차를 거치도록 할 수도 있다. 그리고 ③ 이상의 규율을 채택하면서 현행 민법의 비밀증서 유언을 폐지할 수도 있지만, 사적 유언의 성격이 강화된 하나의 방식으로 온존시킬 수도 있다.

　　이상의 선택지에서 ①과 ②ⓐ는 규율의 위치(sedes materiae)만 다를 뿐 그 실질에서는 차이가 없다. 그런데 고전적 비밀증서 방식과 관련해 고려되어야 할 사항은 그것이 비교법적으로 실무상 거의 활용되고 있지 않다는 사실이다. 그 이유는 조금만 생각해 보면 자명하다. 이러한 유언방식은 사적 유언과 공적 유언의 절충적인 형태이다.[63] 이는 유언 내용의 비밀은 유지하면서도, 위조·변조의 위험 등으로부터 보호를 받는 장점이 있다. 그러나 이는 동시에 양자의 단점을 모두 가진다는 것을 의미한다.[64] 이는 유언 내용은 아니더라도 유언 사실을 공개할 뿐만 아니라, 공증인의 서비스에 대해 시간과 비용을 지출하면서도 공증인의 법률자문을 받지 못하며, 상시적인 수정을 행하기 불편하다. 이러한 상황에서는 공증인에게 비밀증서를 교부하도록 제1069조를 개정하여 공적 유언의 성격을 강화한다고 해서 그 활용이 증가될 것으로는 예상되지 않는다. 다만 비밀증서의 성립 과정에 공

---

63) Reid, de Waal and Zimmermann(주 8), p. 450.

64) Reid, de Waal and Zimmermann(주 8), p. 450; Malaurie et Brenner(주 57), n° 523.

증인을 참여시킴으로써 그 진정성에 대한 신뢰가 제고되고 공증인의 보관에 의해 유언의 보존이 확보된다는 효과가 있을 것이다. 그러나 진정성과 보존에 관심이 있는 유언자라면 제1068조의 공정증서 유언을 선택할 것이고, 유언의 비밀에 보다 중점을 두는 유언자라면 유언 사실을 알리면서 비용을 부담하게 되는 방식보다는 자필증서 유언으로 만족할 것이다. 고전적인 비밀증서 유언을 채택할 실익은 크지 않다고 보인다.[65]

　　그렇다면 ②ⓑ에서와 같이 유언자가 밀봉되지 않은 유언서를 교부함으로써 공증인의 자문을 받을 가능성을 열어두는 방법은 어떠한가? 그런데 그러한 자문은 밀봉되지 않은 유언서를 교부받은 공증인이 이를 읽고 그 내용을 인지한 다음(독일 공증법[Beurkundungsgesetz] 제30조 참조), 법적인 문제점을 발견하면 유언자에 대해 지시·설명의무(동법 제17조)를 부담하게 될 것임이 전제가 된다.[66] 그런데 이렇게 공증인이 그 내용에 대해 자문을 하게 되면 현장에 있는 증인들이 유언의 내용의 전부 또는 일부를 알게 되는데, 이는 서면을 교부함으로써 유언 내용을 비밀로 하려는 이 방식의 취지에 부합하지 않는다. 독일 민법의 경우에는 공정증서 유언에서 증인을 요구하지 않으므로(아래 Ⅲ. 3. 참조) 그러한 자문이 있어도 유언 내용의 비밀은 유지될 수 있을지도 모른다.[67] 그러나 우리 민법에서처럼 증인의 입회가 요구되는 이상, 교부된 유언서에 기초해 내용의 확인과 자문이 이루어진다면 이를 구수 및 낭독·확인과 별도로 인정할 실익이 현저하게 감소

---

65) 마찬가지 이유에서 비밀증서와 유사한 형식의 1973년 워싱턴 조약에 따른 국제유언(이에 대해 조인섭(주 32), 268면 이하 참조)도 굳이 수용할 실익이 없다.

66) Hagena in *Münchener Kommentar zum BGB*, Band 10, 7. Aufl., 2017, §2232 Rn. 28.

67) Lange(주 18), S. 68f. 참조. 그러나 독일에서 공증인의 비밀유지의무에도 불구하고 공증인이 유언 내용을 알게 된다는 이유로 유언자가 공정증서 유언의 이용을 꺼리게 된다는 점에 대해 Zimmermann, "Testamentary Formalities in Germany" in Reid, de Waal and Zimmermann ed.(주 8), p. 212.

한다. 반면 공증인이 밀봉되지 않은 유언서에서 내용을 인지하더라도 증인 앞에서 아무런 질문과 언급을 할 수 없다면, 그의 비밀유지의무(공증인법 제5조)에 비추어 실질적으로 고전적인 비밀증서 유언에 다름 아니게 된다.

더 나아가 앞의 두 모델에 대해서는, 그동안의 공정증서 유언의 실무에 비추어 그 선택에 신중할 필요가 있다고 생각된다. 공정증서 유언에 관해 공간된 재판례를 살펴보면 타인의 영향 하에서 유언자가 타율적으로 유언을 하(는 것으로 보이)는 사실관계가 관찰된다. 이때 구수 요건에 의해 유언자에게 유언능력이 없거나 진정한 유언의사가 존재하지 않는다는 사실이 확인되는 경우가 드물지 않았다. 그런데 만일 서면의 교부만으로 유언의 취지를 전달할 수 있다면, 타인의 영향 하에 있는 유언자가 그 타인이 작성한 서면을 그저 전달하는 것에 그침으로써[68) 타율적 유언의 위험이 더욱 크게 될 우려가 있다. 이때 유언의 효력을 다투는 자는 유언자가 유언 내용을 알지 못했다거나[69) 그에 상응하는 진의가 없다는 점을 증명해야 하나, 이는 현실에서 극히 어려운 입증이다. 이러한 고려는 서면 교부에 따른 공증정서 유언의 채택을 주저하게 한다.[70)

그렇다면 남은 선택지는 서면의 교부가 오로지 구수 요건만을 갈음하는 것으로 정하는 방법이다(②ⓒ). 이 경우 서면을 교부받은 공증인은 구수받은 것과 마찬가지로 공정증서를 작성하고 그 내용을 낭독하여 유언자와 증인의 확인을 받아야 할 것이다(스위스 민법 제500조,

---

68) 더하여 유언자의 의사에 따라 다른 사람이 교부하는 것도 허용된다고 해석된다는 사실도 고려되어야 한다. *MünchKomm*/Hagena(주 66), §2232 Rn. 26 참조.

69) *MünchKomm*/Hagena(주 66), §2232 Rn. 30

70) 물론 이러한 위험은 우리 민법이 정하는 바의 비밀증서 유언에서도 마찬가지이다. 그러나 여기서는 성립 과정에서 공증인의 관여가 없으므로 그 진정성에 대해 의문이 제기될 여지가 크다. 이러한 사정이 아마도 타율적 유언의 경우 비밀증서를 사용하는 것을 주저하게 하는 원인의 하나일 수 있다고 추측된다.

제501조). 이로써 앞서 언급한 타율적 유언의 위험은 감소할 것이다. 그런데 결국 공증인의 증서 작성 및 낭독·확인이 요구된다는 점에서 차이가 없다면, 굳이 구수가 아닌 서면의 교부를 요구할 필요가 있는 지 의문이 제기될 수도 있다. 실제로 기계적 방법으로 서면을 작성하는 것이 일상적이 된 지금, 유언의 경고기능을 제고하면서 유언자의 유언능력 및 진의를 확인하기에는 구수가 이루어지는 것이 보다 적절하다고 생각된다. 그러나 유언자가 공증인에게 서면을 교부하여 유언의 취지를 전달하는 방법은 —공증인이 유언자에게 확인을 위해 낭독을 하는 것이 아니라 작성한 증서를 열람하게 하는 것과 함께— 말하고 듣는 능력에 장애가 있는 사람에게 공정증서 유언을 가능하게 하는 장점이 있는 것도 사실이다.[71] 그러므로 구수를 원칙으로 하는 제1068조는 그대로 유지하면서, 구수와 청취에 장애가 있는 사람에 대해서는 예외적으로 유언서의 교부 및 증서의 열람에 따른 확인을 가능하도록 하는 규율이 적절하다고 생각된다.[72]

　　이러한 개정은 결과적으로 기존의 공정증서 유언에 대해 말하고 듣는 능력에 장애가 있는 사람에 대한 서면 교부·열람의 예외를 설정하는 것에 그친다. 한편 우리 민법이 정하는 비밀증서 유언을 그대로 둘 것인지 아니면 폐지할 것인지의 여부의 문제(③)는 남는다. 그 효용이 크지 않음을 이유로 삭제하는 것도 고려할 수 있지만(또한 주 70도 참조), 사적 유언과 공적 유언의 절충적인 형태를 인정하는 것에 의의가 없다고 단정할 수 없을 뿐만 아니라 아직 실무상 큰 문제를 발생시킨다고 보기는 어려우므로 잠정적으로 이를 유지해도 무방하다고 보인다.[73]

---

71) 현소혜, "유언방식의 개선방향에 관한 연구", 가족법연구, 제23권 제2호, 2009, 30－37면.
72) 2011년 민법개정안에 대해 윤진수(주 2), 504－505면 참조.
73) 같은 취지로 현소혜(주 71), 7면.

(3) 힌편 제1068조가 징하는 공징증서 유언에 관한 재판례를 살펴보면, 유언자가 준비한 유언의 취지를 전부 구술한 다음 공증인이 이를 필기·낭독하여 내용을 확인하는 사안은 드물게 관찰된다. 오히려 주로 공증인이 유언자와의 의견조율 하에 미리 작성한 공정증서 초안에 기초해 유언자에게 그 내용을 질문하고 유언자가 그에 답변함으로써 그 내용을 확인하는 모습으로 공정증서가 작성되고 있는 것으로 보인다.

이러한 현실에 직면하여 대법원은 유언자가 유언내용을 실제로 전부 구수하였다는 사실을 중시한다기보다는, 오히려 구수할 수 있어 유언내용을 통제할 수 있었던 유언자의 진의가 충실히 반영되어 있는지 여부를 기준으로 구수 요건을 판단함으로써, 이를 완화해 해석하는 경향을 보인다.[74] 이러한 판례의 태도는 지지될 수 있다고 생각된다. 구수 요건은 유언자가 자신의 진의에 따라 주도권을 가지고 유언내용을 형성·전달해야 하고 공증인 그 밖의 다른 사람의 영향을 받아서는 안 된다는 취지를 표현하므로, 유언자가 개입하여 내용을 변경할 수 있는 상태에서 질문에 반응하여 적극적으로 긍정 또는 부정한 때에는 구수를 인정하는 것이 타당하기 때문이다.[75] 더구나 현실적으로 유언자가 유언의 모든 내용을 혼자 미리 작성하여 전부를 공증인에게 구술하고 공증인이 그 자리에서 필기·낭독하는 것은 공증인의 적절한 자문을 받기 어렵게 할 소지가 크다. 오히려 유언자가 자신의 유언의 취지를 미리 공증인에게 전달하고 그 자문을 매개로 하는 의견교환으로 유언의 내용을 확정하는 과정이 선행하는 것이 공정증서 유언의 취지에 부합한다고 볼 수 있다. 그렇다면 그렇게 확정된 내용을 유언자가 전부 그대로 구술하는지 아니면 공증인이 그 내용을 구체적으로 확인해 주고 유언자가 이를 시인하는지 여부는 구수라는

---

74) 상세한 내용은 김형석(주 3), 1069-1071면 참조.
75) 상세한 내용은 김형석(주 3), 1071-1072면 참조.

요건의 입법목적에 비추어 결정적인 차이를 가져오지 않는다고 보아야 한다. 그러나 반대로 (특히 유언능력이 저하된) 유언자가 구체적으로 주도권을 가지고 개입할 수 없는 상태에서 단순히 수동적인 긍정 또는 부정만이 있는 경우 구수가 없다고 판단해야 함은 물론이다.

그런데 목적론적인 해석에 따라 이러한 해석론의 타당성을 긍정한다고 하더라도, 그것과 제1068조의 문언과의 사이에 다소 거리감이 느껴진다는 사실은 부정할 수 없다. 그러므로 유언방식의 개정을 고려할 때 종래 판례의 태도를 입법적으로 반영하는 규정을 두는 것이 적절하다고 생각된다. 이는 예컨대 "전항의 구수는 공증인이 미리 확정된 유언의 내용을 구체적으로 질문하고 유언자가 적극적으로 이를 시인하거나 부인하는 방법으로 행해질 수 있다"는 문언의 제2항을 동조에 신설하는 방법으로 가능할 것이다. 이러한 개정으로 종래의 실무관행에 법적인 근거를 부여하면서 법원에 보다 명확한 판단기준을 제시할 수 있을 것으로 기대된다.

3. 증　　인

전통적으로 다수의 입법례는 공정증서 유언에서 증인의 참여를 요구한다. 우리 민법 제1068조도 2인의 증인이 참여할 것을 정하고 있다. 그런데 몇몇 나라에서는 증인의 참여 없이도 공정증서 유언을 가능하게 하는 경우가 있다. 예컨대 프랑스 민법(동법 제971조)이나 오스트리아 민법(동법 제583조)은 공증인 2인이 관여하는 때에는 증인의 참여를 불필요한 것으로 하고, 독일 민법(동법 제2232조)은 처음에는 증인의 참여를 전제하였으나 1938년의 개정으로[76] 공정증서 유언에서 증인은 필요하지 않는 것으로 개정하였다. 1991년 개정된 스페인 민법(동법 제694조)과 2003년 개정된 네덜란드 공증인법(Wet op het

---

76) Zimmermann(주 67), p. 207 – 208.

notarisambt; 동법 제38조 제1항, 제39조 제2항)도 마찬가시이다. 우리 민법도 이러한 입법에 좇아 공정증서 유언의 경우 증인이 요구되지 않는 것으로 정할 것인지의 문제가 제기된다.

실제로 법률전문가인 공증인이 유언에 관여하는 이상 증인에 의한 확인이 반드시 필요한 것은 아니라고 생각할 여지가 있기는 하다. 이는 유언의 진정성을 보장한다는 목적에 비추어 증인 요건은 비효율적이라는 사실을 고려할 때에도 그러하다.[77) 현실에서 증인은 공정증서 유언을 준비하면서 심중한 고려 없이 형식적으로 소환되는 경우도 드물지 않으며, 특히 타율적 유언이 문제되는 경우 증인의 선택이 유언자가 아니라 유언에 영향을 미치는 자의 의사에 좌우될 가능성도 있다. 또한 증인은 이후 연락이 두절되거나, 사망하거나, 관련 사정을 정확하게 기억하지 못할 수 있다.

그러나 증인 요건을 폐지한 나라들에서 그러한 입법을 할 수 있었던 배경에는 공증인의 직무수행에 대한 일반인의 신뢰가 배경에 있다.[78) 그러나 우리나라에서 공증사무에 대한 그 정도의 믿음이 관찰될 수 있는지는 의문이다. 증인 요건의 폐지는 시기상조라고 생각된다. 또한 증인이 수행하는 기능이 생각만큼 강력한 것은 아니더라도, 증인의 참여가 부여하는 일종의 儀式的(feierlich) 성격이 유언의 엄숙성을 제고하는 측면이 존재하며, 더 나아가 증인의 신원과 그의 발언 내용이 이후 유언의 효력을 판단할 때 무가치하다고 단정할 수도 없다. 그리고 공증인의 입장에서도 나중의 분쟁가능성을 염두에 둘 때 단독으로 유언 작성에 관여하는 것보다는 증인의 입회 하에 함으로써 자신의 책임과 관련된 사항을 분명하게 하고자 할 이익이 있으며, 이는 공정증서 유언이 많이 활용되지 않은 우리 실무를 고려할 때 존중

---

77) Reid, de Waal and Zimmermann(주 8), p. 458 참조. 공정증서 유언에서 증인을 요구하는 것이 불필요하다는 점에 대해 상세하게 Lange(주 18), S. 62ff.

78) Lange(주 18), S. 66 참조.

할 만한 부분이라고 보인다. 실제로 네덜란드 공증인법 제39조 제2항은 공증인은 자신이 바람직하다고 여기는 경우 2인의 증인 참여를 요구할 권리가 있다고 규정하며, 실제로 공증실무에서 증인들이 참여하는 사안이 자주 있다고 한다.[79] 요컨대 공정증서 유언의 활용이 충분히 정착되고 공증인 직무에 대한 신뢰가 성숙될 때까지는 증인 요건은 유지하는 것이 바람직하다.

한편 공증인이 2인 관여하는 경우 증인을 요구하지 않은 것은 실질에서는 공증인이 증인인 경우 증인의 수를 1인으로 감축하는 효과를 가진다. 공증인 직무의 성격과 전문성을 고려할 때 공증인 2인의 관여의 경우 증인을 불필요하게 하는 것은 정책적으로 고려해 볼 수 있다고 생각된다. 그러나 두 공증인이 동일한 사무실 소속이거나 서로 고용하는 관계에 있는 등 직업적 관련성이 높은 경우에까지 증인을 생략하는 것이 적절한지는 검토가 필요하다고 보인다. 여기서 공정증서 유언에서 공증인의 피고용인과 보조자라는 사정이 증인 결격 사유로 정하는 공증인법 제33조 제3항 제6호, 제7호가 시사하는 바가 없지 않다.

Ⅳ. 녹음 유언

우리 민법은 녹음에 의한 유언을 보통방식으로 인정하고 있으며(제1067조), 이는 비교법적으로 특징적이다. 이는 아마도 중화민국 민법 제1195조 제2호를 참조한 것으로 추측되나, 중화민국 민법은 이를 특별방식으로 하고 있다는 점에서 차이가 있다.[80] 녹음에 의한 유언은 문자를 알지 못해도 이용할 수 있는 간이한 방식이지만, 위조나 변

---

79) Schömmer/Eule(주 49), Rn. 965.
80) 김형석, "우리 상속법의 비교법적 위치", 가족법연구, 제23권 제2호, 2009, 100면 및 주 81 참조.

소의 위험이 있을 수 있으므로 검인을 받아야 하는 단점이 있다(제
1091조).

　　녹음 유언은 새로운 시대변화에 비추어 새로운 법정책적인 평가
가 요구되는 유언 방식이다. 이제는 누군가 스마트폰이 아닌 자기방
식 테이프로 녹음하여 유언을 하는 일은 거의 상정하기 어렵다. 그런
데 이러한 현실에서 과연 제1067조가 디지털 기술의 발전이 가져온
현실에 적절히 대응할 수 있을지 의문이 있을 수 있다.[81] 그러므로
녹음 유언의 개정과 관련해서는 디지털 저장 방식에 의한 유언을 허
용할 것인지 그리고 어떠한 방식으로 가능하게 할 것인지 아니면 아
예 녹음 유언 자체를 폐지하는 것이 정당한지 등의 질문을 제기하고
그에 대한 해결을 모색할 필요가 있다.

　　일단 현재 디지털 기기에 의한 녹음이나 녹화가 극히 적은 비용
으로 간이하게 이루어질 수 있다는 사실을 고려할 때 녹음에 의한 유
언이 유언의 자유를 적극적으로 신장할 수 있는 적절한 수단이라는
점은 부인하기 어렵다. 그러나 동시에 디지털 파일의 경우 마찬가지
로 극히 적은 비용으로 간이하게 수정·편집할 수 있으므로, 디지털
녹음·녹화에 의한 유언을 허용할 경우 복제·조작의 위험이 상존한
다. 예컨대 다른 음원에서 취한 부분(예컨대 증인의 확인이나 유증 대상)
을 녹음된 유언 중간에 편집해 넣거나 기존 내용을 편집해 제거하는
등의 작업이 종래 자기방식 테이프의 경우에도 불가능한 것은 아니었
지만[82] 디지털 녹음의 경우에는 훨씬 더 쉽게 가능하다.[83] 더구나 최
근 화제가 되고 있는 딥페이크(deep fake)에 의한 음원이나 영상을 고
려하면, 디지털 유언을 無로부터 위조하는 것도 가능하다. 이러한 사

---

81) Röthel(주 20), S. 65; 김형석(주 3), 1047면 참조.
82) Grundmann, "Favor Testamenti", *Archiv für die civilistische Praxis* 187 (1987),
　　429, 476.
83) 김형석(주 3), 1047면.

정은 유언의 진정성과 확실성을 보장하기 위한 유언방식으로서 녹음 유언이 과연 적절한 수단인지에 대해 의문을 가지게 한다. 물론 그러한 기술과 동반하여 발전하고 있는 디지털 포렌식 기법을 이용하여 디지털 유언의 위조·변조를 밝혀낼 수 있다고 반론할 수 있을지도 모른다. 그러나 유언방식 특히 보통방식의 목적은, 개별 사건에서 일일이 그러한 증거조사를 할 필요 없이, 방식이 준수된 유언 자체에서 통상 진정하고 확실한 내용의 終意를 확인할 수 있어야 한다는 것이다. 디지털 포렌식에 의한 번거로운 증거조사가 자주 사용될 수 있다는 사정은 녹음의 보통방식으로서의 의미를 상실하게 한다.

이러한 문제점에도 불구하고, 녹음 방식이 제시하고 있는 극히 간이하게 유언할 가능성을 전적으로 거부하는 것보다는 그 위험을 억제하면서 그 장점을 이용하는 방법을 생각해 볼 필요는 있다고 생각된다. 물론 위조·변조의 위험에도 불구하고 손쉬운 유언을 가능하게 하면서 디지털 포렌식의 사용을 감수하는 것이 모든 사안에 적절하다고는 말하기 어려울 것이다. 이는 유언방식이 가져야 하는 증명기능과 경고기능에 비추어 받아들이기 어렵기 때문이다. 유언을 하는 일은 유언자에게 어느 정도 일상적이지 않은 엄숙성(Solennität)을 가지고 있어야 하며, 방식을 준수한 대상으로부터 유언 내용의 진정성이 큰 개연성을 가지고 추정될 수 있어야 한다. 그렇다면 디지털 유언의 장점과 위험을 적절하게 조화시켜 우리 민법에 유지하는 방법은 중화민국 민법에서와 마찬가지로 녹음 유언을 특별방식으로 규정하는 것이라고 생각된다. 즉 상황의 긴급성이 저하된 경고기능과 증명기능을 상쇄한다. 이 제안에 따른다면, 유언자는 보통방식으로서 자필증서·공정증서·비밀증서를 활용하여 유언을 해야 한다. 그러나 질병 기타 급박한 사유로 보통방식을 이용하기 어려운 경우, 유언자는 유언 취지를 구수하고 이를 서면에 기재하도록 하여 확인하거나(구수증서 유언) 녹음·녹화하여 확인하는(녹음·녹화 유언) 방법을 채택할 수 있다.

물론 세부적인 규율의 구성과 관련해서는 구체적으로 고려할 사항들이 있다. 우선 제1067조의 문언에서 디지털 녹음·녹화가 가능함을 명시적으로 밝히는 것이 개정법의 태도를 명시적으로 보이며 수범자의 편의를 도모할 것으로 보인다. 그리고 녹음·녹화 유언을 특별방식으로 하는 경우 그 요건과 절차를 어느 정도까지 구수증서와 평행하게 할 것인지를 검토해 보아야 한다. 예컨대 증인의 수(제1067조, 제1070조 제1항 참조), 검인의 기간(제1070조 제2항, 제1091조 참조), 피성년후견인의 경우 유언능력의 확인(제1070조 제3항) 등이 그러한데, 가능한 한 일치시키는 것이 타당할 것이다. 한편 민법은 유체적인 녹음 테이프를 법원에 제출하여 검인을 받을 것을 상정하고 있으나(제1091조, 제1092조), 디지털 유언은 무체물이므로 어떠한 모습으로 검인이 이루어지도록 할 것인지도 생각해 볼 여지가 있다.

Ⅴ. 그 밖의 쟁점

아래에서는 지금까지 살펴본 내용 이외의 쟁점들을 간략하게 살펴보기로 한다. 이들도 각각 상세한 고찰이 필요한 주제임은 물론이다. 그러나 이들 쟁점까지 자세하게 서술하는 것은 논의의 범위를 지나치게 확장하는 것이 되어, 하나의 글로 마무리하기는 무리라고 보인다. 그러므로 여기서는 입법론적 논의의 방향만을 지시하는 것으로 그치고, 선행연구를 지시하거나 이후의 연구과제로 삼고자 한다.

1. 유언방식의 신설 특히 특별방식

우리 민법이 규정하는 다섯 가지의 방식 외에 다른 유언방식을 신설할 것인가?

우선 보통방식은 신설할 필요가 없다고 보인다. 대륙법계의 민법전들은 일반적으로 보통방식으로 자필증서와 공정증서를 인정하고 있는데, 우리 민법은 제1066조, 제1068조에 의해 이를 보장하고 있다. 그밖에 2인 이상의 증인이 참여하여 유언서에 대해 유언자(또는 그의 지시에 따른 사람)의 서명임을 확인하고 인증·서명을 하는 커먼로의 유언방식[84]은 특별방식인 구수증서보다 간이한 보통방식을 인정하는 것이 되어 체계상 받아들이기 어렵다고 생각된다.[85] 또한 공적 유언으로서 공정증서 유언과 사적 유언으로서 자필증서 유언 그리고 그 절충으로서 비밀증서 유언 외에 추가적인 보통방식을 인정하는 것은 다수의 방식들 사이의 구별을 애매하게 하여 법적 안정성을 저해할 가능성도 없지 않다.[86]

더 나아가 특별방식도 굳이 신설할 필요가 없다고 할 것이다.[87] 유럽 각국의 민법전이 정하고 있는 특별방식의 상당수[88]는 공정증서 유언을 모델로 하였거나 연혁적인 이유로 규정된 것으로 현실에서 적실성을 상실하였다.[89] 특히 간이한 자필증서 유언이 도입되어 있는 이상, 대부분의 특별방식은 그 규율의 필요성이 없다고 평가된다.[90] "[강의에서] 유언의 보통방식을 설명한 다음 […] 이어서 특별방식으로 넘어간다. 원래 이는 급박한 상황에서 종의처분을 보다 쉽게 작성하게 하는 방식이어야 한다. 그런데 벌써 이 지점에서 수강생들은 이마를 찌푸린다. 무엇이 아무 필기도구로 어디서나 간단하게 써서 작성할 수 있는 자필증서보다 쉬울 수 있다는 말인가? 특별방식으로서는

---

84) 김형석(주 80), 99면; Reid, de Waal and Zimmermann(주 8), p. 444 sqq. 참조.
85) Röthel(주 20), S. 65도 참조.
86) Röthel(주 20), S. 65 참조.
87) 같은 취지로 현소혜(주 71), 8–11면.
88) 개관으로 우선 현소혜(주 71), 7–8면 참조.
89) 독일 민법과 관련해 Zimmermann(주 67), p. 216–217 참조.
90) Lange(주 18), S. 87f.: "자필증서 유언은 자신의 終意를 써서 표현할 수 있는 피상속인의 특별방식이다." 독일 민법 제1초안 준비 작업과 관련해 Schubert hrsg., *Die Vorentwürfe der Redaktoren zum BGB*, Erbrecht Teil 1, 1984, S. 519. 또한 Reid, de Waal and Zimmermann(주 8), p. 452도 참조.

[…] 마지막으로 항해 중의 특별유언(독일 민법 제2251조)을 다룬다. 보통 강사는 여기서 [수강생들의] 폭소라는 결과를 얻는다. 왜 여행자는 긴 항해에서 [자필로] 유언을 쓸 수 없다는 말인가? […] 매우 복잡한 특별방식 유언에 대하여 자필증서 유언은 마치 완화된 방식처럼 작용한다."[91] 그러므로 자필증서 유언이 인정되어 있고 문자를 해독하지 못하거나 건강상 이유로 자서할 수 없는 사람을 위해 구수증서와 (개정을 전제로) 녹음·녹화가 허용된다면, 유언의 자유를 보장하기에 부족하다고 말하기는 어렵다고 생각된다.[92] 오히려 급박한 상황에서 구수로 유언하는 경우 과연 유언자의 숙고에 기초한 재산처분을 기대할 수 있는지 그리고 그런 긴박한 구수와 관련해 증인의 청취와 기억을 어디까지 신뢰할 수 있는지 여부에 대해 생각해 보아야 할지도 모른다.[93]

　그런데 자필증서 유언을 이유로 특별방식을 구수증서와 (개정을 전제로) 녹음에 한정한다면, 구수증서의 경우 서명이나 기명날인의 요건에 대해서도 재고할 필요가 있다.[94] 급박한 사정을 전제로 자필을 기대할 수 없는 유언자가 사용해야 하는 유언방식이므로, 유언자에게 성명의 자서 또는 인장을 조달해 날인할 것을 요구하거나, 현장에서 필기·낭독하여 확인을 하는 과정은 경우에 따라 적절하지 않을 수 있기 때문이다(예컨대 이제 전형적인 사례라고 할 만한 중환자실에서 유언이 이루어지는 경우를 생각해 보라).[95] 그러므로 유언자의 서명 또는 기

---

91) Schmoeckel, "Das holographische Testament - Erleichterung oder Hindernis für Laien?" in Schmoeckel hrsg.(주 14), S. 16f. 또한 Reid, de Waal and Zimmermann(주 8), p. 453: "갑자기 유언의 열망에 사로잡힌 여행자는 사적 유언의 방법으로 자신의 감정을 표현할 수 있다. 공적 유언을 하고자 하는 사람이라면 가방을 싸기 전에 해야 할 것이다."

92) Röthel(주 20), S. 66도 참조.

93) Reid, de Waal and Zimmermann(주 8), p. 452.

94) Lange/Kuchinke, Erbrecht, 5. Aufl., 2001, S. 400 참조.

95) 본문의 해석은 제1070조 제1항이 정하는 "유언자의 증인"이 "유언자와 증인"의

명날인은 삭제하거나, 예외를 인정하여 증인의 서명만으로 구수증서를 성립할 수 있게 하는 것이 타당할 것이다. 또한 현장에서 필기·낭독하여 확인하는 것을 어렵게 하는 사정이 있는 때에는 사후에 가능한 즉시 유언의 취지를 담은 서면을 작성하게 하는 규율도 고려할 수 있다(오스트리아 민법 제584조, 스위스 민법 제506조, 제507조 참조). 그 밖에 유언자가 급박한 사정에서 벗어나 보통방식에 따른 유언을 할 수 있게 된 경우 일정 기간이 지나면 특별방식 유언의 효력을 상실하게 할 것인지 여부도 논의가 필요하다고 보인다.[96]

2. 법원의 재량에 따른 유효선언

유언의 엄격한 요식성을 입법적으로 완화하고자 할 때 방식규정의 요건 자체를 보다 너그럽게 규정하는 방법이 일차적으로 고려됨은 당연하다. 그러나 그에 갈음하여 또는 그와 함께, 어떤 유언이 방식규정의 일정 요건을 결여하더라도 당해 사건을 판단하는 법원이 유언의 진정성과 유언자의 진의를 확신하는 경우 예외적으로 유언을 유효로 선언할 권한을 인정할 것인지 여부도 검토해 볼 필요가 있다. 이스라엘, 오스트레일리아, 뉴질랜드, 남아프리카 공화국에서 채택되어 있는[97] 이러한 법원의 권한은, 한편으로 법률이 정하는 방식에 부합하지 못한 유언을 구제한다는 점에서, 다른 한편으로 그러한 구제가 법원의 재량에 기초해 이루어진다는 점에서, 우리 법질서에 이질적으로 보이기는 한다. 그러나 법원에 의한 이러한 재량의 행사는, 각국의 실

편집상 실수임을 전제로 하고 있다. 국회에 제출된 정부안은 "유언자 및 증인"으로 규정하고 있었고, 이후 유언자의 관여를 배제하였다고 볼 만한 사정은 찾을 수 없기 때문이다(종래 민의원 법제사법위원회 민법안심의소위원회, 민법안심의록, 하권, 1957, 199면; 정광현, 한국가족법연구, 1967, 자료편 70, 85, 571면 참조). 종래 통설의 이해도 그러하다. 곽윤직(주 2), 238면; 김주수·김상용(주 2), 815면; 송덕수(주 2), 417면 등 참조.

96) 김영희(주 52), 154－155면; Lange(주 18), S. 93.

97) Reid, de Waal and Zimmermann(주 8), p. 465.

무를 관찰해 보면, 엄격한 방식규정에 불만을 가지게 된 법원이 그 요건을 완화해서 해석함으로써 유언을 구제하는 결과와 실질에서 큰 차이는 없다고 평가할 여지도 있다. 또한 법원의 판단을 받기 위해서는 시간과 비용을 소모하면서도 결과의 불확실성을 부담하게 되므로, 유언을 작성하면서 방식 준수에 소홀하게 행위할 인센티브를 유언자에게 준다고 말할 수도 없다.[98] 그러나 이러한 고려에도 불구하고, 이상과 같은 법원의 재량을 인정하는 규정은 종래 우리 민법의 체계에 비추어 지나치게 급진적이라는 점을 부정하기는 어려우며, 법원의 판단과 관련해 사전적인 불확실성을 내포하고 있어 분쟁을 증가시킬 소지도 없지 않다. 그렇다면 무효인 유언을 법원의 판단으로 유효로 돌리는 방법보다는, 처음부터 방식규정의 요건을 적절하게 규정하는 방법이 정도이고 순리일 것이다.[99] 앞서 제안한 바에 좇아 자필증서 유언과 공정증서 유언의 요건이 개정된다면, 이는 정책적으로 합리적인 정도로 방식을 완화함을 의미하여 그에 더하여 무효인 유언을 유효로 할 법원의 재량을 인정할 필요는 굳이 없다고 생각된다.

3. 미성년자와 장애인

입법에 따라서는 유언능력이 있는 미성년자이더라도 일정한 유언방식은 사용할 수 없다고 규정하는 경우가 있다. 예컨대 독일 민법은 미성년자가 자필증서 유언과 밀봉된 서면을 교부하는 방법으로 하는 공정증서 유언을 할 수 없다고 규정한다(동법 제2233조 제1항, 제2247조 제4항). 이러한 규율의 취지는 성급한 판단으로부터 미성년자를 보호하기 위해 공증인의 법적 자문을 받도록 하기 위한 것이다.[100] 그러

---

98) Reid, de Waal and Zimmermann(주 8), p. 468.

99) Lange(주 18), S. 73 f. 참조.

100) Kroiß in *Nomos Kommentar zum BGB*, Band 5: Erbrecht, 5. Aufl., 2018, §2233 Rn. 1, §2247 Rn. 3.

나 이러한 제한을 새삼 우리 민법에 도입할 필요는 없다고 보인다.[101]
유언능력이 있는 미성년자는 만17세~만18세의 미성년자를 의미하는
데(제1061조, 제4조), 이 연령의 미성년자가 성년자와 비교할 때(만19
세!) 보다 성급한 판단을 내리기 쉽다고 단정하기는 어렵기 때문이다.
앞서 언급하였지만, "어떤 방식도 (그것이 아무리 엄격하더라도) 숙고되
지 않고 합목적적이지 않은 잘못된 결단을 저지할 수는 없…]다."(주
11). 미성년자에게 획일적으로 유언방식을 제한하는 태도는 합리적이
기 어렵다고 생각된다.

　　한편 민법이 정하는 유언방식이 시각장애인이나 청각장애인의 유
언의 자유라는 관점에서 개정이 고려될 수 있다.[102] 일단 현행법에
따르더라도 그러한 장애인에게 유언이 아예 봉쇄되는 결과는 발생하
지 않는다.[103] 그러나 하나의 방식에 따른 유언이 가능하더라도, 그
사용에서의 편의를 도모하거나 추가적인 유언방식을 이용할 수 있도
록 하는 개정은 유언의 자유의 확장이라는 관점에서 정책적으로 유의
미할 수 있다(예컨대 앞의 Ⅲ. 2. (2) 참조). 이후 개정에서는 이 주제에
대한 논의도 필요할 것으로 보인다.

4. 증인의 결격

　　유언방식의 개정과 관련해 증인의 결격사유(제1072조) 역시 검토
할 필요가 있다. 즉 정책적인 관점에서 종래 결격사유로 정한 사유 중
삭제되어야 할 것이 있는지 규정되지 않았지만 추가되어야 할 사유는

---

101) 그러나 김영희(주 52), 126, 148면은 미성년자에게 자필증서 유언과 구수증서 유
　　언을 제한하고자 한다.
102) 윤진수(주 2), 504－505면; 김영희, "공증증서 유언과 장애인 차별", 가족법연구,
　　제16권 제1호, 2002, 257면 이하; 현소혜(주 71), 30면 이하 참조. 특히 문맹의
　　농아자의 유언과 관련해 BVerfGE 99, 341을 계기로 한 독일 민법의 개정에 대해
　　Zimmermann(주 67), p. 209－210; 윤진수, "상속제도의 헌법적 근거", 민법논
　　고 V, 2011, 6면 이하 참조.
103) 전거와 함께 현소혜(주 71), 30면 이하; 김형석(주 3), 1048－1049면 참조.

없는지, 그리고 공증인법이 정한 결격사유(제1072조, 공증인법 제33조 제3항)를 민법으로 옮겨 통일적으로 규율할 것인지 등이 논의되어야 한다. 예를 들어, 현재 개정된 성년후견제도를 배경으로(제13조 참조) 피한정후견을 일률적으로 결격사유로 정하는 것은 정당한가? 종래 학설상 인정되고 있던 이른바 사실상의 증인결격사유[104]를 명시적으로 민법에 받아들이는 것이 바람직한가(공증인법 제33조 제3항 제2호, 제3호 참조, 스위스 민법 제503조, 스페인 민법 제681조 등 참조)? 급박한 상황을 전제로 하는 특별방식의 경우 일정한 결격사유는 적용되지 않도록 예외를 두는 것은 어떤가(스페인 민법 제701조 참조)?[105] 이러한 쟁점들은 도그마틱에 따라 자연스럽게 해답이 주어지는 사항이 아니므로, 입법과정에서 수렴되는 합목적적인 관점에 따라 정해져야 한다.

5. 유언대체제도와의 관계

유언방식의 개정방향을 고려할 때, 보다 넓은 맥락에서 유언방식과 유언대체제도와의 관련성도 함께 생각해 볼 필요가 있다. 우리 민법은 유언에 대해 방식을 규정하고 이를 준수하지 아니하면 유언의 효력을 부정한다(제1060조). 그런데 일정한 법률행위는, 그것이 피상속인의 생전행위로 행해짐으로써 유언 규정의 적용을 받지는 않지만, 피상속인의 사망을 원인으로 하여 무상으로 재산을 이전한다는 점에서 그 실질에서 유증에 상응하는 기능을 수행할 수 있다. 여기서 유증이 유언방식의 엄격한 제약을 받는다는 사실과 비교할 때, 실질에서 거의 동일한 기능을 수행하는 이들 법률행위가 무방식으로 행해져도 괜찮은 것인지의 문제가 제기될 수 있다. 즉 유증의 기능을 수행하는 법률행위가 무방식으로 행해질 수 있다는 것은 유증의 방식에 비추어

---

104) 곽윤직(주 2), 227−228면; 김주수·김상용(주 2), 806−807면; 윤진수(주 2), 521−522면; 송덕수(주 2), 409−410면 참조.
105) Röthel(주 20), S. 67 주 332도 참조.

평가모순에 해당할 여지가 있는 것은 아닌지 물어보아야 하는 것이다.[106]

　우리나라에서 이 쟁점은 종래 사인증여와 관련해 제기되어 왔다. 민법은 사인증여에 대해 유증의 규정을 준용하도록 하는데(제562조), 이 준용이 유증의 효과에 관한 규정만이 준용되는 법률효과준용인지[107] 아니면 방식을 포함한 요건도 적용되는 법률요건준용인지[108] 여부가 다투어졌던 것이다. 그러나 이는 다른 법률행위에서도 문제될 수 있다. 예컨대 유언대용신탁에서 수탁자는 자신의 사망시에 수익자가 될 자를 지정·변경할 수 있고(신탁법 제59조), 생명보험에서 보험계약자는 보험수익자를 지정·변경할 수 있다(상법 제733조). 이러한 지정·변경은 실질에서 유증에 상응함에도 아무런 방식을 요구하지 아니하는 결론은 해석론적으로 그리고 입법론적으로 지지될 수 있는가? 상속관계의 통일적 규율에 반하여 실질에서 동일한 기능을 가지는 재산이동을 순수한 법기술적인 이유로 달리 취급하는 것은 부당하다고 보아야 하지 않는가?[109] 물론 이러한 생각에 대해서는 계약으로 성립한 이들 유언대체제도에서는 상대방 없는 의사표시인 유언과는 달리 상대방에 의해 의사표시의 존재와 내용이 확인될 수 있으며, 철회도 문제되지 않는다는 의문이 제기될 수 있다. 그러나 이들 계약에서도 분쟁이 현실화된 때에는 일방 당사자인 피상속인이 사망하였으므로 사후적으로 계약의 존재와 내용을 명확히 하는 것이 반드시 용이하다고 말하기는 어렵다. 그리고 무엇보다 이들 행위 역시 사인처분으로서 피상속인이 사망을 염두에 두고 자문을 받거나 경고를 받도록 하는 유언방식의 취지가 여전히 의미를 가진다. 특히 유언대용신

---

106) 독일의 논의 상황에 대해 문헌지시와 함께 Röthel(주 14), S. 51 ff. 참조.
107) 大判 1996. 4. 12. 선고 94다37714,37721, 집 44－1, 335; 곽윤직, 채권각론, 제6판, 2003, 122면; 김형배, 채권각론[계약법], 신정판, 2001, 412－413면 등
108) 권순한, "사인증여의 방식과 효력", 판례월보, 제324호, 1997, 13면 이하.
109) Kipp/Coing, *Erbrecht*, 14. Bearbeitung, 1990, S. 451 f.

탁이나 생명보험의 경우 수익자 변경의 의사표시는 피상속인의 단독
행위에 의해 행해지므로 유언자의 관점에서 유언과의 실질적 차이는
크지 않다. 요컨대 그 기초가 계약이라는 형식적인 이유만으로 유증
과의 실질적 관련성을 부정하는 것은 적절하지 않다고 생각된다.

　　이 질문에 대한 해결은 관련 제도들에 대한 근본적인 연구를 전
제하므로, 이 자리에서 손쉽게 답하기 어렵다. 그리고 이에 대한 입법
적 개선이 시도되는 경우, 신탁법과 상법 등의 개정을 수반할 것이므
로 해당 분야 전문가와의 협업적 논의도 필요할 것이다. 그러나 적어
도 민법의 상속법을 개정하는 과정에서 사인증여에 대한 유증 규정의
준용은 앞서 언급한 평가모순을 피하는 방향으로 명시적으로 개정되
어야 한다고 생각된다.

Ⅵ. 결　　론

　　본문의 내용을 요약하면 다음과 같다.

　　1. 자필증서 유언의 유효요건은 전문의 자서 및 서명이다. 자서하
지 않는 본문 부분의 예외는 인정할 수 없다(Ⅱ. 2.). 연월일의 자서는
요청되나, 그 기재가 없더라도 유언서가 진정 성립한 것으로 인정되
고 유언의사가 명백하게 확인되는 유언은 유효로 하는 예외를 둔다
(Ⅱ. 3.). 성명의 자서도 마찬가지이다(Ⅱ. 5. (3)). 주소의 자서와 날인
요건은 폐지한다(Ⅱ. 4., Ⅱ. 5. (2)). 유언의 완결성은 유언서 자체의
내용으로부터 판단되면 충분하다(Ⅱ. 5. (2)).

　　2. 공정증서 유언에서 말하고 듣는 능력에 장애가 있는 사람이
유언을 하는 경우, 구수 요건을 서면의 교부로 갈음할 수 있도록 한다
(Ⅲ. 2. (2)). 구수 요건과 관련해서는 현재 판례의 태도를 반영하는 규

정을 신설한다(Ⅲ. 2. (3)). 증인 2인의 입회는 그대로 유지한다(Ⅲ. 3.)

3. 녹음 유언은 디지털 녹음·녹화를 포함하는 문언을 채택하되, 특별방식으로 전환하여 규정한다(Ⅳ.).

4. 민법에 추가적인 방식을 도입할 필요는 없으며(Ⅴ. 1.), 개별적으로 유언의 유효를 선언하는 법원의 재량권도 마찬가지이다(Ⅴ. 2.). 미성년자에 대해 일정 방식을 제한할 이유는 없으나, 장애인의 유언에 대한 입법적 고려를 할 필요는 있다(Ⅴ. 3.). 그 밖에 증인의 결격(Ⅴ. 4.) 그리고 유언대체제도와의 관계(Ⅴ. 5.)에 대해서도 정책적인 논의가 요구된다.

※ 참고문헌

곽윤직, 채권각론, 제6판, 2003.

곽윤직, 상속법, 개정판, 2004.

권순한, "사인증여의 방식과 효력", 판례월보, 제324호, 1997.

김주수·김상용, 친족·상속법, 제15판, 2018.

김영희, "자필증서 유언방식에 관한 제문제", 가족법연구, 제17권 제2호, 2003.

김영희, "현행민법상 유언 방식에 관한 연구", 가족법연구 제20권 제2호, 2006.

김형배, 채권각론[계약법], 신정판, 2001.

김형석, "우리 상속법의 비교법적 위치", 가족법연구, 제23권 제2호, 2009.

김형석, "유언의 성립과 효력에 관한 몇 가지 문제", 민사판례연구 [XXXVIII], 2016.

민의원 법제사법위원회 민법안심의소위원회, 민법안심의록, 하권, 1957.

송덕수, 친족상속법, 제4판, 2018.

윤진수, "상속제도의 헌법적 근거", 민법논고 V, 2011.

윤진수, 친족상속법 강의, 제2판, 2018.

이경희, 가족법, 9정판, 2017.

정광현, 한국가족법연구, 1967.

조인섭, "자필증서 유언의 개선방안", 가족법연구, 제30권 제3호, 2016.

현소혜, "유언방식의 개선방향에 관한 연구", 가족법연구, 제23권 제2호, 2009.

Breitschmid, *Formvorschriften im Testamentsrecht*, 1982.

Grundmann, "Favor Testamenti", *Archiv für die civilistische Praxis* 187 (1987), 429.

von Hippel, *Formalismus und Rechtsdogmatik*, 1935.

Hiram, *The Scots Law of Succession*, 2nd ed., 2007.

Kipp/Coing, *Erbrecht*, 14. Bearbeitung, 1990.

Lange, *Das Recht des Testamentes*, 1937.

Lange/Kuchinke, *Erbrecht*, 5. Aufl., 2001.

Malaurie et Brenner, *Les successions, les libéralités*, 6e éd., 2014.

Münchener Kommentar zum BGB, Band 10, 7. Aufl., 2017.

Otte, "Das eigenhändige Testament als ordentliche Errichtungsform nach dem BGB — Gründe und Einwände" in Schmoeckel/Otte hrsg., *Europäische Testamentsformen*, 2011.

Nomos Kommentar zum BGB, Band 5: Erbrecht, 5. Aufl., 2018.

Palandt, *Bürgerliches Gesetzbuch*, 77. Aufl., 2018.

Plutarch, *Plutarch's Lives* (tr. by Perrin), Vol. II, 1968.

Reid, de Waal and Zimmermann, "Testamentary Formalities in Historical and Comparative Perspective" in idem ed., *Comparative Succession Law*, Vol. I: Testamentary Formalities, 2011.

Röthel, *Ist unser Erbrecht zeitgemäß?* (Gutachten zum 68. DJT), 2010.

Röthel, "Form und Privatautonomie: Blicke auf das eingenhändige Testament" in Schmoeckel hrsg., *Das holographische Testament*, 2015.

Schmoeckel, "Das holographische Testament - Erleichterung oder Hindernis für Laien?" in Schmoeckel hrsg., *Das holographische Testament*, 2015.

Schömmer/Eule, *Internationales Erbecht Niederlande*, 2. Aufl., 2010.

Schubert hrsg., *Die Vorentwürfe der Redaktoren zum BGB*, Erbrecht Teil 1, 1984.

Thrush, Burch and Robles, "At issue in Florida tally: Voters' penmanship", *The New York Times International Edition*, November 17－18 2018.

Zimmermann, "Testamentary Formalities in Germany" in Reid, de Waal and Zimmermann ed., *Comparative Succession Law*, Vol. 1: Testamentary Formalities, 2011.

商事法務 編, 民法(相續關係)等の改正に關する中間試案, 2016.
羽生香織, "遺言制度の關する見直し", 論究ジュリスト, No. 20, 2017.
沖野眞巳·堂薗幹一郎, "對談 相續法の改正をめぐって", ジュリスト, 第1526號, 2018.

제 3 장

유류분법의 개정방향*

이 동 진**

Ⅰ. 서　론

　　민법은 유언의 자유(민법 제1060조 이하, 이하 법명의 지시가 없는 조문은 모두 민법의 그것을 가리킨다)와 그 일부로서 포괄유증, 특정유증(제1078조 이하), 상속재산분할방법의 지정(제1012조)을 인정하는 한편, 사인처분(死因處分)이 없거나 남은 재산이 있는 경우 법정상속(제1000조 이하)에 의하도록 한다. 이들 각각은 그 자체 어려움 없이 정당화될 수 있고 심각한 긴장관계에 놓이지 아니한다. 전자는 재산적 법률관계에 관한 사적 자치의 사망 이후로의 확장으로, 후자는 의사추정으로 일응 정당화될 수 있고,[1] 그러한 이해만으로도 규율의 대부분을 설명할 수 있다. 그러나 피상속인의 의사에도 불구하고 상속인에게

---

* 이 글은 서울대학교 법학연구소 기금의 2018년도 학술연구비 지원을 받아 2019. 2. 15. 서울대학교 근대법학교육 백주년기념관 최종길홀에서 열린 서울대학교 법학연구소 공동연구 학술대회 '상속법의 개정'에서 발표한 글을 수정한 것으로, 가족법연구 제33권 제1호에 게재되었다. 당시 지정토론자로 참석하여 유익한 논평을 해준 정구태 교수와 적극적으로 의견을 개진해준 여러 참석자들, 유익한 논평을 해준 익명의 심사자들에게 감사의 뜻을 표한다.

** 서울대학교 법학전문대학원 교수.

1) 피상속인의 의사추정을 특히 강조하는 것으로, 곽윤직, 상속법 개정판, 2004, 15-18면. 또한 윤진수, "상속제도의 헌법적 근거", 헌법논총 제10집(1999) = 민법논고 Ⅴ, 2011, 2-5, 16-17면도 참조.

유보뇌는 법정상속분의 일정비율, 즉 유류분(제1112조 이하)은 그렇지 아니하다. 유류분법은 피상속인의 추정적 의사로 정당화될 수 없다.[2] 유류분은 상대적으로 덜 자명한 제도이다.

우리법상 유류분은 1977년 개정으로 비로소 도입되었다. 민법전 상 주요 제도로는 사실상 유일하게 완전히 새로운 제도를 도입한 예라고 할 수 있다. 그러나 조문을 다 합쳐도 7개에 불과하여 규율공백 이 상당할 뿐 아니라 규율내용도 부분적 또는 전면적으로 비합리적이라는 비판을 받아왔다. 반면 종래 이러한 제도를 갖고 있었던 다른 나라들에서는 공교롭게도 우리가 유류분을 도입한 1970년대 무렵부터 그 개혁이 논의되어왔고 근래 그중 일부가 실현되고 있다. 가족질서 와 사회관계의 변화가 상대적으로 그 정당성이 약한 유류분법에 빠르 게 영향을 미치고 있는 것이다. 유류분은 어떤 의미에서는 때늦게 도 입된, 그리하여 길지 않은 역사에도 불구하고 벌써 개혁이 불가피해 진 제도일지도 모른다.

이 글에서는 이러한 관점에서 유류분법이 폐지 또는 개정되어야 하는지, 만일 개정되어야 한다면 어떤 점에서 그러하고 어떻게 개정 하여야 하는지를 유류분법의 역사와 목적, 비교법 및 운영현실, 그리 고 상속법의 이념과 사회변화의 측면에서 살펴보기로 한다.

Ⅱ. 기존의 논의

1. 유류분제도의 목적과 정당성, 필요성

(1) 입법 과정에서의 논의

(가) 민법이 일본민법 및 그 영향 하의 만주국민법을 기초로 제 정되었음은 주지하는 바와 같다. 그런데 민법은 일본민법에 이미 있

---

2) 김주수 · 김상용, 친족 · 상속법 제14판, 2017, 595－596면; 윤진수(주 1), 17면 이하.

었던 유류분 제도를 모두 삭제하였다.

　　해방 전 조선민사령 제11조는 친족과 상속관계에 관하여 의용민법 대신 조선의 관습에 의하도록 하였다. 이후 조선민사령이 수차례 개정되어 일본 메이지 민법의 친족상속편 규정 중 상속승인·포기와 재산분리에 관한 규정이 의용(依用)되었으나, 유류분은 끝까지 의용되지 아니하였다(1943년 개정 조선민사령 제11조). 한편 조선총독부가 편찬한 관습조사보고서(慣習調査報告書)는 '조선에는 상속인이 받을 유류분에 대하여 확연한 관습이 없어 피상속인이 증여 또는 유증으로 인하여 그 유산을 감소한 경우에 있어서 실제 상속인이 승계한 액이 유산의 총액에 대하여 극히 근소하게 된 때라 하더라도 상속인은 그 증여 또는 유증의 감쇄를 구할 수 없'다고 보았고,[3] 조선고등법원도 1930년(쇼와 5년) 한 판결에서 "조선인 사이에서 피상속인이 유언 없이 사망한 경우에 있어서 유산의 분배에 대하여는 관습이 있다 할지라도 피상속인이 유증으로 인하여 유류분이 침해된 경우에 그 부분을 무효로 하거나 감쇄의 청구를 인정함과 같은 관습은 없다"고 하여[4] 이를 따랐다.

　　이러한 태도는 민법 제정으로 이어졌다. 해방 후인 1948년 법전편찬위원회 민법분과위원회 '신분법' 기초책임위원 장경근이[5] 발표한 「親族相續法基礎要綱私案」의 상속편 6항은 "遺留分에 關하여는 規定치 않을 것"이라고 하였다.[6] 흥미를 끄는 것은 그 이유이다:

---

3) 朝鮮總督府 編, 慣習調査報告書, 1910, 371頁(제180문).

4) 朝高判 1930(昭和 5). 2. 25. 昭和四年民上第五八四號.

5) 그 과정에 대하여는 우선, 鄭種休, 韓國民法典の比較法的研究, 1989, 146頁 以下 참조.

6) 장경근, "親族相續法 立法方針 及 要綱私案", 법정 통권 제23호(1948) = 정광현, 한국가족법연구, 1967, 11면.

"六. 遺留分에 關하여는 規定치 않을 것.

[解說] 相續人이 受하여야 할 遺留分에 關하여는 確然한 慣習이 없으며 (報告書 166問 354頁 1930. 2. 25高判) 이를 特히 立法하여야 할 必要도 없다고 認定되므로 本項은 이에 關하여 規定치 않기로 하였다.

(參考) 美國에 있어서는 一般的으로 遺留分에 關한 規定이 存在치 않는다."7)

즉, 한편으로는 우리나라에 유류분에 관한 관습이 없다는 점이, 다른 한편으로는 특히 이를 입법할 필요가 없다는 점이 유류분을 받아들이지 아니하기로 한 이유로 제시된 것이다. 전자에 대하여는 관습조사보고서와 조선고등법원 판례가, 후자에 대하여는 미국법이 각각 전거로 쓰인 점도 주목된다. 특히 뒷부분은 유류분의 배제가 의식적 결정이었음을 보여준다.

민법안 중 친족상속편은 위 장경근 안을 기초로 성안되었다. 그 결과 실제로 유류분에 관한 규정을 전혀 두지 아니하였다. 심의과정에서도 이 점에 대한 논란은 많지 아니하였다. 다만, 1953년(檀紀 4286年) 3월 제출된 「女性團體의 民法(特히 親族相續法)制定에 關한 建議書 및 意見書」 중 「一. 法典編纂委員會委員長에 對한 建議書」 7항이 "직계비속인 여자 및 배우자의 유류분에 관한 규정을 설치하여 6항의8) 상속분을 침해하는 유언의 효력을 인정치 않을 것"을 건의하고 있을 뿐이다. 같은 건의서는 그 이유를 다음과 같이 설명한다:

---

7) 장경근, "民法親族相續法 原要綱解說", 법정 통권 제38호(1949) = 정광현, 한국가족법연구, 1967, 45면. 그중 관습조사보고서 제166문을 인용한 것은 앞서 본 바와 같이 오기(誤記)로 보인다.

8) 배우자의 상속분을 인상하고 출가녀의 상속분을 남자 형제와 같게 하여야 한다는 취지의 건의이다.

"從來의 我國慣習法은 英國과 같이 遺言絶對自由로서 遺留分制度를 認定치 않음으로 直系卑屬인 女子 및 殘存配偶者의 法定相續分을 規定하였더라도 遺言으로서 前記 相續分을 侵害할 念慮가 있다. 따라서 英國을 除外한 世界 大多數의 國家의 立法例에 準하여 遺留分에 關한 規定을 設置할 必要가 있다 (立法例 中民法 第1223條 以下, 獨民法 第2303條以下, 瑞西民法 第470條, 佛民法 第913條以下)."9)

위 설명은 당시 이미 유류분 제도에 관한 비교법적 동향이 파악되어 있었다는 점과 함께,10) 유류분 도입 주장이 상속에 있어서 남녀평등, 특히 법정상속에 관한 남녀평등의, 당시는 실제로 이루어지지 못하였던, 관철이 유언 등에 의하여 좌절되는 것을 막기 위한 목적으로, 주로 여성단체에 의하여 행하여졌음을 보여준다. 그러나 이들 주장은 다른 남녀평등에 관한 요청과 함께 관철되지 못하였음은 물론이거니와, 수정안과 공청회, 민의원 심의과정 어느 곳에서든 진지하게 다루어진 흔적이 없다. 법정상속에서 남녀평등의 요청이 관철되는 것을 전제로 그 보완장치로 유류분 도입을 주장하였는데, 전제 자체가 실현되지 아니하였기 때문일 것이다.

(나) 1977년 민법 개정은 혼인에 의한 성년의제, 귀속불명재산의 부부공유추정, 협의이혼에 관한 가정법원의 확인, 부모 공동친권행사, 여성의 상속분의 확대와 함께 유류분제도를 도입하였다. 같은 개정은 주로 여성단체의 요구를 반영하여 여권(女權)신장을 위하여 필요하다고 여겨진 내용을 입법한 것이었다.11) 유류분 도입에 있어 입법자의

---

9) 정광현, 한국가족법연구, 1967, 144, 146면.

10) 당시 출간된 몇몇 학위논문도 유류분에 대한 비교법적 고찰을 포함하고 있었다. 가령 김용한, 한국 상속법초안의 비교법적 고찰(초안수정을 위한 일시도)(서울대학교 법학석사학위논문), 1957, 187면 이하. 부제가 이미 논문의 의도를 분명히 하고 있다.

11) 제98회 국회 법제사법위원회회의록 제28차, 4면. 법제사법위원장의 요청에 따라 심의대상인 민법중개정법률안 대안의 설명을 맡은 이도환 위원은 그 '제안이유'와

정치적 내지 주관적 동기는 상속에서 남녀평등의 관철이었던 셈이다. 실제 도입된 것도 여성 상속분의 확대와 함께였다.

　　다른 한편, 당시 국회심의과정에서도, 관철되지는 아니하였으나, 반대의견이 있었다. 김명윤 의원은 사유재산의 처분에 대한 억제를 규정하는 것이므로 헌법에 상충할 우려가 있고, 가사 그렇지 아니하다 하더라도 과연 상속재산의 50%까지 인정하여야 하는지는 더 검토하여야 할 것이라고 하였고, 한병채 의원은 유류분제도 자체가 봉건시대의 유물이라고 하였다.12) 그러나 이들 의견은 입법과정에서 받아들여지지 아니하였다.

(2) 학설상 논란

　　입법자가 내세운 동기와 별개로, 실제 입법된 법률 규정은 대체로 일본민법의 그것과 비슷하였다. 가령 유류분권자의 범위는 직계비속과 배우자를 훨씬 넘었다. 결과적으로 법률 규정상 인식되는 객관적 제도목적이 입법자의 정치적 내지 주관적 동기와 다소 달라졌다. 일찍이 유류분 도입을 주장하였던 김용한은13) 위 개정을 환영하면서 다음과 같이 설명한 바 있다:

　　　"특히 우리나라의 경우, 遺留分制度를 認定하여야 할 理由로서는 첫째, 現行民法은 遺贈의 絶對自由를 認定하고 있기 때문에 被相續人의 思慮없는 無制限의 遺贈行爲로 말미암아 財産을 放散할 염려가 있고, 그러한 경우에는 그 死後에 生計를 잃은 扶養家族을 路頭에 방황케 함으로써 社會的 病弊를 일으킬 可能性이 있다는 점, 둘

　　관련하여 김주수 교수가 준비한 '개정안중에서 여권(女權)을 신장하기 위한 필요하다고 인정되는 부분만을 채택'한 것이라고 설명하면서, 여성의 법정상속분을 남성과 같이 하고 배우자 상속분을 인상한 것을 첫째로, 유류분을 둘째로 든다.

12) 제98회 국회 법제사법위원회회의록 제28차, 8, 10면.

13) 앞의 주 10의 문헌 및 민법 시행 직후의 김용한, "현행상속법상의 특수문제", 건국대 학술원 학술지 제3집(1961), 219면.

째 엄밀한 의미에서는 相續財産이란 被相續人의 所有이기는 하지만
그 밖에는 가까운 遺族들의 有形, 無形의 貢獻으로서 이룩된 産物이
라고도 할 수 있으므로 一定한 範圍의 相續人으로 하여금 당연히
그리고 不可侵的으로 相續財産의 一部를 취득하게 할 權利가 認定
되어야 한다는 점, 셋째 社會政策的인 입장에서도 被相續人의 資力
으로서만 生計를 유지하고 있었던 生計能力이 없는 遺族에 대해서
는 財産相續으로 인한 經濟的인 도움이 어떠한 妨害를 排除하더라
도 確保되어야 한다는 점 등을 들 수 있다."[14]

  유류분제도의 정당성에 관한 학설상의 설명은 오늘날에 이르기까
지 기본적으로 위 설명의 틀을 벗어나지 아니한다. 피상속인의 유류
분권리자에 대한 부양 내지 생활보장을 비롯하여, 가족 공동체에 대
한 도의적 요구, 가족공동체의 화합·단결, 사회보장의 보충성, 유족
의 기여의 청산이 주요 근거로 꼽히고,[15] 그중에서도 특히 부양 내지
생활보장 및 (이를 보완하는) 사회보장의 보충성이 비중 있게 다루어진
다.[16]
  그러나 이들 근거의 설득력에 대하여는 다음과 같은 의문도 제기
되고 있다. 첫째, 재산권은 기본권으로 보호되고, 그러한 재산권에는

---

14) 김용한, "상속분의 조정과 유류분제도", 사법행정 제19권 제2호(1978), 14면. 위
   글이 제시한 유류분의 제도목적은 ① 피상속인의 유언자유 남용의 방지, ② 상속
   재산에 대한 기여의 청산보장, ③ 상속의 부양적 기능의 유지 및 국가책임의 보충
   성 유지로 요약될 수 있다. 이는 다른 나라에서도 유류분 제도의 목적 내지 기능
   과 관련하여 흔히 언급되는 것들이다. 피상속인의 유언자유 남용과 관련하여 무책
   임한 증여를 염두에 둘 뿐 차별적 유증은 언급되지 아니하고 있는 점이 눈에 띈
   다. 반면 '특히 우리나라의 경우'라는 강조가 어떤 의미인지는 분명하지 아니하다.
15) 이경희, 유류분제도, 1995, 17-19면(1988년 연세대학교 법학박사학위논문에 기
   초); 변동열, "유류분 제도", 민사판례연구[XXV](2003), 801면.
16) 곽동헌, "유류분제에 관한 몇 가지 문제", 경북대 법학논고 제12집(1996), 15-16
   면; 김능환, "유류분반환청구", 재판자료 제78집, 1998, 13면; 김주수·김상용(주
   2), 853-854면; 이경희(주 15), 19면.

처분의 자유도 포함되며, 상속재산은 피상속인의 것이지 상속인의 것이 아니고, 상속인이 그 형성에 '기여'하였다 하여도 그것만 가지고 상속재산에 대하여 그의 몫을 인정할 수는 없다. 제3자의 기여가 고려되지 아니한다는 점에 비추어도 그러하다. 둘째, 평균 수명이 연장된 오늘날 부양은 적절한 근거가 될 수 없고, 부양만을 목적으로 한다면 부양의 필요성을 구체적으로 따져야 하는데 현행 유류분법은 그렇지 아니하다. 셋째, 사회보장적 관점에서도 유류분보다 유언자유가 더 도움이 되는 경우가 있다. 그리하여 유류분의 정당성에 관한 종래의 설명은 어느 것이나 그 근거가 취약하고, 나아가 재분배비용만 발생시켜 비효율을 야기한다면서, 유류분을 인정할 수는 있으나 그것이 헌법의 요구라고 할 수는 없고, 해석상 제한이 필요하다고 한다.[17]

그러나 이에 대하여는, 유류분의 생활보장적 기능은 구체적인 부양의 필요를 넘어 생활관계의 연속성을 보장하는 것이고, 자녀의 유류분의 경우 기여청산으로서의 성격은 약하나 가족적 연대를 보장하는 기능이 있으며, 공동상속인 사이의 공평을 유지하는 기능도 있다고 하면서, 유류분을 전면 폐지하는 것은 위헌이라는 반론도 있다.[18]

(3) 헌법재판소 결정

근래에는 유류분제도의 합헌성이 문제되어 헌법재판소의 판단을 받을 기회가 있었다.

먼저, 헌법재판소 2010. 4. 29. 선고 2007헌바144 결정은 제1113조 제1항 중 "피상속인의 상속개시시에 있어서 가진 재산의 가액에

---

17) 변동열(주 15), 802-804면.

18) 정구태, "유류분제도의 존재이유에 대한 현대적 조명 — 유류분제도 비판론에 대한 비판적 검토 —", 단국대 법학논총 제33권 제2호(2009), 714면 이하. 제도목적에 관하여는 이미 김형석, "유류분 반환과 부당이득", 민사판례연구[XXIX](2007), 153면 이하(그러나 헌법적 요청이라고 보지는 아니하는 듯하다)가 비슷한 주장을 한 바 있다. 그 밖에 유류분제도를 폐지하면 위헌이 된다는 주장으로 윤진수(주 1) 19-20면.

증여재산의 가액을 가산하고" 부분과 제1118조 중 제1008조 준용 부분이 합헌이라고 하였고, 2013. 12. 26. 선고 2012헌바467 결정도 이를 재확인하였다. 뒤의 결정은 유류분의 정당성에 관하여 다음과 같이 언급하고 있다:

> "상속제도나 상속권의 내용은 입법자가 입법정책적으로 결정하여야 할 사항으로서 원칙적으로 입법자의 입법형성의 자유에 속한다고 할 것이지만, 입법자가 상속제도나 상속권의 내용을 정함에 있어서 입법형성권을 자의적으로 행사하여 헌법 제37조 제2항이 규정하는 기본권제한의 입법한계를 일탈하는 경우에는 그 법률조항은 헌법에 위반된다([…, 꺽쇠 안은 필자가 줄인 것이다. 이하 같다]). 넓은 의미로 유류분은 […] 상속제도나 상속권의 한 내용으로 볼 수 있으므로, 유류분[…]에 대하여도 이러한 심사기준을 동일하게 적용하여 판단하여야 할 것이다.
>
> […] 유류분권리자는 일반적으로 혈연이나 가족 공동생활을 통하여 피상속인을 중심으로 긴밀한 유대관계를 가졌던 사람들로서, 유류분은 피상속인이 법정상속에서 완전히 벗어난 형태로 재산을 처분하는 것을 일정 부분 제한함으로써 가족의 연대가 종국적으로 단절되는 것을 저지하는 기능을 갖는다.
>
> 이와 같이 유류분제도는 유족들의 생존권 보호 및 상속재산형성에 대한 기여 보장과 법적 안정성이라는 공익을 입법목적으로 하는 것으로서 그 정당성을 수긍할 수 있다."

즉, 헌법재판소는 유류분법의 정당성의 근거로 가족적 연대를 강조하면서, 생활보장과 기여청산, 법적 안정성을 보충적으로 고려하고 있다. 그러나 가장 중요한 것은 그 전제로서 상속에 관한 입법자의 형성재량으로 보인다. 이 점은 헌법재판소 2010. 12. 28. 선고 2009헌바20 결정이 '증여 또는 유증을 한 사실을 안 날로부터 1년'이라는 제

1117조의 초단기소멸시효도 합헌이라고 한 데서 이미 확인되는 바
이다.

2. 유류분제도의 구체적 내용에 관한 논의

(1) 개별·구체적 판단방식으로의 전환과 유류분권자의 축소

오늘날 유류분제도와 그 구체적 형태에 대하여는 해석론은 물론,
입법론적으로도 여러 논의가 이루어지고 있다. 가장 비판적인 것으로
는, 소수이기는 하나, 유류분의 정당성 자체가 의심스럽다면서 구체
적 부양의 필요성이나 재산형성에의 기여가 인정되는 경우 이외에는
유언의 자유를 존중하는 것이 바람직하다는 견해가 있다.[19]

나아가 유류분권자의 범위를 축소할 필요가 있다는 견해가 유력
하다. 형제자매의 유류분권에 대하여 의문을 제기하는 견해가 많
고,[20] 자녀와 부모 아닌 직계비속, 직계존속과 대습상속인의 유류분
의 입법적 정당성에 대한 의문도 제기되고 있다.[21]

그 밖에 직계비속의 유류분의 정당성에 의문을 표하면서, 당사자
의 청구에 따라 법원이 제반 사정을 고려하여 감축할 수 있게 하자는
제안도[22] 있다.

---

19) 변동열(주 15), 802–803면. 시론(試論)적이기는 하나 최준규, "유류분 제도는 존
    속되어야 하는가?", 윤진수·한상훈·안성조 대표편집 법학에서의 위험한 생각들,
    2018, 235–237면. 뒤의 견해는 공평유지기능의 정당성과 가족연대기능의 실효성
    에 의문을 제기한다.
20) 김민중, "유류분제도의 개정에 관한 검토 — 외국의 유류분제도와의 비교를 중
    심으로 —", 동북아법연구 제4권 제2호(2010), 121–122면; 김상용, "변화하는 사
    회와 상속법 — 자녀의 유류분을 중심으로 —", 민사판례연구[XXXVIII](2016),
    1007면; 변동열(주 15), 806–807면; 이은영, "유류분의 개정에 관한 연구", 가족
    법연구 제18권 제1호(2004), 201–202면; 최금숙, "가족법 개정에서의 몇 가지 고
    찰", 아세아여성법학 제19호(2016), 37면.
21) 김민중(주 20), 122면.
22) 김상용(주 20), 1007–1008면. 이 견해는 구체적으로 제1112조 제2항에 "법원은
    당사자의 청구에 의하여 피상속인과 유류분권리자의 관계, 상속재산의 형성·유지

(2) 유류분비율의 일반적 조정

다음, 유류분비율의 개정을 제안하는 견해도 다수 주장되고 있다. 배우자의 상속분은 직계비속 또는 직계존속의 상속분에 5할을 가산하도록 되어 있음에도 다시 피상속인의 배우자와 직계비속의 유류분을 법정상속분의 1/2로 하여 직계존속과 형제자매의 그것(1/3)보다 높인 것(제1112조)은 근거가 불분명하다면서, 배우자, 직계비속, 직계존속 모두 법정상속분의 1/2로 하든지, 배우자는 법정상속분의 60%, 직계비속은 그 50%, 직계존속은 그 40%, 형제자매는 그 30%로 하는 것을 검토하여야 한다거나,23) 배우자 상속과 이혼시 재산분할 사이의 불균형이 심화되는 것을 방지하기 위하여 배우자의 유류분비율을 인상하여야 한다는 것이다.24) 같은 취지에서 배우자의 유류분비율을 올리되, 다른 유류분권리자의 유류분비율을 낮춰 전체적으로 유류분이 증가하지 아니하도록 하여야 한다고도 한다.25)

또 "유류분산정의 기준이 되는 상속분을 확정함에 있어서는 상속을 포기한 자나 상속결격자도 상속인중에 포함한다"는 규정을 신설하여야 한다는 견해도 있다.26)

에 대한 유류분권리자와 반환의무자의 기여도, 유류분권리자와 반환의무자의 연령 및 부양 필요성, 그 밖의 사정을 참작하여 제1항 제1호에 따른 피상속인의 직계비속의 유류분을 감축할 수 있다"는 규정을 둘 것을 제안하면서, 이를 통하여 기여분과 유류분의 관계의 문제도 해결할 수 있다고 주장한다. 위 안에 찬성하는 것으로, 최금숙(주 20), 37면.

23) 곽동헌(주 16), 20－21면.

24) 이은영(주 20), 202－203면; 최금숙(주 20), 37－38면.

25) 변동열(주 15), 807면.

26) 이경희(주 15), 201－203면. 같은 문헌은 해석상 논란을 방지하기 위한 규정이라고 하나, 우리 법의 해석상으로는 각자의 유류분은 증액되고 총 유류분은 그대로 유지된다고 보는 것이 타당하다. 물론, 유류분만 포기하는 경우에는 그렇지 아니하다. 김능환(주 16), 38면; 변동열(주 15), 805면.

(3) 유류분산정의 기초재산에 관한 논점(I) : 생전증여

또 하나 논점은 생전증여를 어느 범위에서 산입하고 또 어떻게 평가할 것인가 하는 것이다.

먼저 공동상속인에 대한 생전증여의 산입범위를 축소하자는 주장이 유력하다. 판례는 공동상속인에 대한 생전증여는 수증자의 선·악의를 묻지 아니하고 기간 제한 없이 유류분산정의 기초가 되는 재산에 산입된다는 입장이다.[27] 제1118조에서 제1008조를 준용하는 한 상속재산분할에서 제1008조의 해석이 유류분산정에 원용되어야 하고, 여기에 제1114조를 적용할 것은 아니라는 취지이다. 그러나 이에 대하여는 수증자의 재산권을 과도하게 침해하여 위헌 소지가 있다는 비판이 있다.[28] 그에 터 잡아 제1118조 중 제1008조 준용부분에 대하여 헌법재판소법 제68조 제2항의 헌법소원이 제기되었으나, 헌법재판소는[29] 제1114조를 제1008조에 적용하는 것은 "유류분권리자의 지위를 매우 불안정하게 하고, 공동상속인 상호간의 공평에도 반할 뿐만 아니라 유류분제도 자체를 유명무실하게 만들 우려"크고, "유류분, 특별수익분은 모두 각 상속인의 구체적 상속분을 산정하기 위한 하나의 절차이"므로 양자의 계산이 일치하여야 하며, 위 문제는 특별수익의 범위를 적절히 정함으로써 해결할 수 있다면서 이를 받아들이지

---

27) 대법원 1995. 6. 30. 선고 93다11715 판결 등. 이에 대하여 제1114조가 공동상속인에 대한 증여의 기초재산산입 여부와 관련하여서도 적용되어야 한다는 것으로, 헌법재판소 2010. 4. 29. 선고 2007헌바144 결정 중 재판관 조대현, 송두환의 한정위헌의견.

28) 변동열(주 15), 802–803면. 오래 전에 증여를 받은 경우 그 증여가 장래 유류분 침해가 될 수 있는 것인지 예상하기 어렵고, 상속재산분할에 있어서는 단순히 기왕의 증여가 구체적 상속분 산정에 참작될 뿐 실제 반환의무는 없어 별 문제가 없으나 유류분 침해의 경우에는 실제 반환의무를 부담하므로 중대한 손해를 볼 수 있다고 한다.

29) 헌법재판소 2010. 4. 29. 선고 2007헌바144 결정의 다수의견. 이는 이후 헌법재판소 2013. 12. 26. 선고 2012헌바467 결정에서 재확인되었다.

아니하였다. 그리하여 근래에는 입법론으로 유류분산정의 기초재산에
산입되는 공동상속인에 대한 증여에 시간적 제한을 두어야 한다는 견
해가 주장되고 있다.[30] 다만 이에 대하여는 공동상속인 사이의 공평
을 위하여 현행 규율을 유지함이 옳다는 반론도 있다.[31]

그 밖에 보다 일반적으로 유류분이 유언자의 의무위반에 대한 제
재로 파악될 수 없는 한 피상속인의 악의 등 내적 동기를 고려하는
것 또한 부당하거나,[32] 피상속인의 재혼이나 입양 전에 이루어진 증
여는 유류분산정의 기초재산에서 제외하여야 한다는 견해도 주장되고
있다.[33]

한편, 위 헌법재판소 2010. 4. 29. 선고 2007헌바144 결정에서는
유류분산정의 기초재산에 산입되는 생전증여의 가액을 상속개시시를
기준으로 평가하는 것이 위헌이라는 주장이 제기된 바 있다. 위 결정
에서 위 주장은 받아들여지지 아니하였으나,[34] 이는 나름 비교법적
전거가 있는 주장이고, 입법론적으로는 검토할 여지도 있을 것이다.

(4) 유류분산정의 기초재산에 관한 논점(Ⅱ): 기여분과 관할 문제

또 하나의 문제는 기여분(제1008조의2)이다. 이 문제는 절차법과
도 관계된 것으로, 전부터 특히 입법론적 관점에서 논란이 많았고, 여

---

30) 곽동헌(주 16), 23면; 윤진수, "상속법의 변화와 앞으로의 과제", 청헌 김증한 교
   수 30주기 추모논문집 우리 법 70년 변화와 전망. 사법을 중심으로, 2018, 622면;
   최준규, "유류분과 기업승계 — 우리 유류분 제도의 비판적 고찰 —", 사법 제37호
   (2016), 377 – 378면.
31) 가사소년제도개혁위원회 자료집(Ⅱ) : 전체위원회, 제1·2·3·특별분과위원회
   회의결과 및 회의자료, 2005, 451면; 정구태, "공동상속인 간의 유류분 반환과 특
   별수익", 가족법연구 제24권 제3호(2010), 472면.
32) 소재선·김대경, "유럽국가들의 유류분권 회피수단에 관한 고찰", 단국대 법학논
   총 제37권 제3호(2013), 10 – 13면.
33) 전경근, "유류분제도의 현황과 개선방안 — 유류분의 산정을 중심으로 —", 가족법
   연구 제32권 제2호(2018), 356 – 357면. 그러한 취지의 제1114조 제2항 신설을 제
   안한다.
34) 이는 이후 헌법재판소 2013. 12. 26. 선고 2012헌바467 결정에서 재확인되었다.

러 제안이 나왔다.

　판례·통설은 제1118조가, 제1008조와 달리, 제1008조의2를 준용하지 아니하고, 유류분반환청구의 소는 민사소송사건인 반면 기여분 결정은 가사비송으로 두 사건을 병합할 수 없다는 점을 들어 유류분 침해액산정에서 기여분을 고려할 수 없다고 한다. 기여분권리자가 있다 하여 그의 유류분액이 구체적 상속분에 따라 증액되거나[35] 다른 유류분권리자의 유류분액이 구체적 상속분에 따라 감액되는 것은 아니고,[36] 기여가 있는 공동상속인의 반환의무에서 그 보상의 성격을 갖는 증여나 유증, 기여분이 제외되지도 아니한다는 것이다.[37] 그러나 이러한 결과가 합리적이라기보다는 대체로 현행법상 부득이하다는 취지였다. 그리하여 제1118조에 제1008조의2 준용규정을 두어야 한다거나,[38] 제1113조 제1항의 '채무' 앞에 '기여분과'를 삽입하여야 한다는 견해,[39] 기여 있는 공동상속인의 반환의무에서 기여에 대한 보상의 성격을 갖는 특별수익은 특별수익으로 볼 수 없고 피상속인이 생전증여나 유증을 하지 아니한 때에도 기여분을 주장하여 반환을 면할 수 있어야 하는바, 이를 위하여 유류분반환청구가 있을 때에도 기여분을 정하는 심판을 구할 수 있도록 제1008조의2를 개정하고[40] 유

---

35) 변동열(주 15), 899－902면; 이경희(주 15), 111면.

36) 대법원 1994. 10. 14. 선고 94다8334 판결; 2015. 10. 29. 선고 2013다60753 판결 (이미 기여분이 정해진 경우에도 그러하다고 한다); 이경희(주 15), 111면; 임채웅, "기여분 연구", 민사재판의 제문제 제19권(2010), 408－409면; 정구태, "2015년 상속법 관련 주요 판례 회고", 사법 제35호(2016), 61－62면. 기여분이 이미 정해져 있는 경우 유류분산정의 기초재산에서 공제된다는 견해로, 오병철, "기여분과 유류분의 관계에 관한 연구", 가족법연구 제31권 제1호(2017), 53면.

37) 대법원 1994. 10. 14. 선고 94다8334 판결; 2015. 10. 29. 선고 2013다60753 판결.

38) 이은영(주 20), 206－208면.

39) 전경근(주 33), 370－373면.

40) 이은정, "공동상속인간의 유류분 반환청구에 관한 소고", 경북대 법학논고 제43집 (2013), 169, 173면 이하. 최준규, "유류분과 기여분의 관계", 저스티스 통권 제162호(2017), 140면 이하도 같은 취지.

류분반환청구사건을 가정법원 관할로 하자는 견해가[41] 주장되고 있다. 기여분 결정과정에서 유류분을 침해할 수 있으므로 유류분을 침해하는 기여분을 허용하지 아니하는 입법이 필요하다고도 한다.[42]

한편, 위 유류분반환청구사건의 가사사건화 내지 가정법원 병합청구 허용은 유류분반환으로 공동상속인 사이에 공유관계가 생긴 경우 상속재산분할절차에서 한 번에 처리하기 위해서도 필요하다고 한다.[43]

(5) 법적 구성과 반환방법

유류분반환청구권의 법적 구성과 그 반환방법에 관하여도 논란이 많다. 유류분반환청구권의 법적 구성과 관련하여서는 형성권설과 청구권설이, 반환방법에 관하여는 원물반환이 원칙이라는 견해와 금전반환에 의하여야 한다는 견해가 다투어지나, 판례·통설은 형성권설－원물반환설이다.[44] 상당부분 법이념적·법정책적 문제인 법적 구성과 반환방법에 관하여 현행법의 규율에 빈틈이 많아 생긴 다툼이다. 때

---

41) 가사소송사건으로 하자는 견해로, 윤진수, "유류분 침해액의 산정방법", 서울대 법학 제48권 제3호(2007) = 민법논고[Ⅶ], 2015, 377면; 임채웅(주 36), 418면, 공동상속인 사이의 유류분반환청구는 가사비송사건으로 하자는 견해로 한민구, "민법 제1115조에 의한 유류분의 보전과 민법 제1008조의2 제2항 및 동법 제4항에 의한 기여분 청구관계", 서울가정법원 실무연구[Ⅲ], 1997, 122면.

42) 김민중(주 20), 141－142면.

43) 우선 정구태, "공동상속인 간에 있어서 유류분반환을 고려한 상속재산분할의 가부 — 종래의 통설에 대한 비판적 검토 —", 인하대 법학연구 제12권 제3호(2009), 86면 이하.

44) 대법원 2013. 3. 14. 선고 2010다42624, 42631 판결; 2005. 6. 23. 선고 2004다51887 판결 등. 김주수·김상용(주 2), 863면; 김형석(주 18), 158면 이하; 이진만, "유류분의 산정", 민사판례연구[ⅩⅣ](1997), 368－370면. 형성권설－가액반환설로는 곽동헌(주 16), 16－19면이, 청구권설－원물반환설로는 곽윤직(주 1), 296면; 김능환(주 16), 19－22, 55면 이하; 변동열(주 15), 813면 이하; 윤진수, "유류분반환청구권의 성질과 양수인에 대한 유류분반환청구", 전남대 법학논총 제36권 제2호(2016), 119면 이하가, 청구권설－가액반환설로는 이경희(주 15), 129면 이하 및 173면 이하가 있다.

문에 입법적 대응이 주장되고 있다. 원물반환이 원칙임을 전제로 반환의무자에게 원물반환을 할 것인지 가액반환을 할 것인지 선택권을 부여하여야 한다는 견해,[45] 가액반환에 의한다는 점을 명문으로 정하자는 견해가[46] 그것이다. 그러나 원물반환을 원칙으로 하여야 한다며 이에 반대하는 견해도 있다.[47] 그 밖에 청구권설(－원물반환설)을 전제로 이행거절권을 명문화하여야 한다는 지적도 있다.[48]

반환의무자와 반환범위에 관하여도 몇 가지 입법제안이 있다. 생전증여의 경우 증여가액에 비례하여 반환하게 하는 대신 증여의 시간적 선후에 따라 반환하게 함이 타당하다는 주장이 유력하다.[49] 그러나 이에 반대하는 견해도 있다.[50] 유증에서는 유언자가 유언으로 다른 의사표시를 할 수 있게 하자는 주장이 있다.[51]

그 밖에 유류분반환청구권의 '제척기간'을 상속회복청구권에서와 같이 침해를 안 때로부터 3년, 침해가 있었던 때부터 10년으로 개정함이 타당하다는 견해도 있다.[52]

(6) 보다 유연한 유류분법의 제안

나아가 근래 들어서는 유류분법의 유연화(柔軟化)를 주장하는 견해가 많다. 유류분법의 정당성의 기초가 취약해져가고 있음을 지적하

---

45) 변동열(주 15), 862면; 이은영(주 20), 208－209면.

46) 윤진수(주 30), 621－622면.

47) 정구태, "유류분반환에 관한 제문제", 이화여대 법학논집 제18권 제1호(2013), 513－514면.

48) 김민중(주 20), 135－136면; 이은영(주 20), 196－201면. 뒤의 문헌은 구체적으로 제1115조의2에 "① 유류분 권리자는 제1115조제1항의 증여나 유증의 이행을 거절할 수 있다. ② 유언집행자가 지정 또는 선임된 경우에 유류분 권리자는 유언집행자에 대하여 제1115조제1항에 해당하는 유언의 집행에 이의를 제기할 수 있다." 는 규정을 제시하고 있다.

49) 김민중(주 20), 139－140면; 변동열(주 15), 875면; 이경희(주 15), 202, 204면.

50) 이은영(주 20), 210－211면.

51) 이경희(주 15), 204면.

52) 최금숙(주 20), 38면.

면서 전반적인 유연화를 주장하는 견해,[53] 구체적인 유연화의 한 방법으로 유류분산정에 포함되는 재산 중 자경농지(自耕農地)의 평가를 수익가격을 기준으로 하게 하거나[54] 기업존속을 위하여 필요하다면 기업자산이나 기업지분이 아니라 그 수익권이 증여 또는 유증된 것처럼 보아 유류분을 산정하자는 주장,[55] 증여로 재단법인을 설립하는 경우 유류분반환청구권을 인정하면 재단법인이 소멸할 수도 있다면서 법인의 공익성을 감안하여 그 존립에 영향을 미치지 아니하는 범위에서 유류분권을 행사할 수 있도록 일정한 제한을 가하는 규정을 명문화할 필요가 있다는 주장,[56] 정지조건부 또는 시기(始期)부권리, 존속기간이 불확정인 권리는 정지조건의 성취, 기한도달, 존속기간의 확정 후 보상하게 하자는 제안,[57] 반환의무의 유예를 고민할 때가 되었다는 지적이[58] 있다. 그리고 유류분권의 사전포기를 도입하여야 한다는 주장도 유력하게 제기되고 있으며,[59] 유류분박탈[60] 내지는 상속권박탈을[61] 규정할 필요가 있다는 견해도 거듭 주장되고 있다.

---

53) 박세민, "유류분제도의 현대적 의의", 일감법학 제33호(2016), 106면 이하.
54) 이경희(주 15), 119, 203면.
55) 최준규(주 30), 389면.
56) 곽동헌(주 16), 22면.
57) 이경희(주 15), 202−203면.
58) 최준규(주 30), 387−388면.
59) 김민중(주 20), 144−146면; 변동열(주 15), 805−806면; 최준규(주 30), 385면 이하(다만 부양의 필요가 있는 추정상속인의 사전포기는 무효로 하여야 한다고 한다). 이미 해석론으로 가능하다는 견해로 류일현, "상속개시 전 상속포기계약의 해석에 관한 소고", 민사법학 제67호(2014), 123면 이하.
60) 김민중(주 20), 148−149면.
61) 윤진수(주 30), 619면. 또한 김상용(주 20), 1008−1009면.

Ⅲ. 역사적·비교법적 전개

1. 로마법형: 독일·오스트리아

(1) 로마법상 유류분의 발전

로마법도 당초에는 법정상속만 인정하였다. 그 배후에 가족공동체와 가산(家産)관념이 있음은 물론이다. 그러나 다른 고대사회와는 달리 이미 12표법에서부터 유언의 자유를 인정하여, 이를 널리 보호하게 되었다. 그에 대한 최초의 제한은 이른바 형식적 필요상속이다. 로마법상 가장 중요한 유언은 상속인지정(heredis institutio)이고 상속인지정이 이루어지면 전 재산을 그에게 상속시킨다는 뜻이 되어 법정상속이 배제되었다. 그런데 이미 고전기에는 필요상속인(家內相續人; sui heredes) 아닌 다른 사람을 상속인으로 지명하는 경우 일일이 필요상속인을 폐제한다는 뜻을 명시하지 아니하면 유언이 무효가 되고 법정상속이 개시되었다.[62]

이후의 전개와 관련하여서는 다음 두 제도가 중요하다. 첫째, 공화정후기에 불륜(不倫)유언의 소(querela inofficiosi testamenti)가 인정되었다. 피상속인이 자신의 친족을 상속인으로 배려하지 아니한 경우 친족에 대한 윤리적 의무에 반한다 하여 유언을 무효로 하고 법정상속을 개시할 수 있었다. 그 근거는 그러한 유언을 한 점에 비추어볼 때 피상속인이 정신착란에 있었으리라는 추정에서 찾았다.[63] 둘째,

---

62) Gaius, 2, 127-128. 정구태, "한국 유류분제도의 법적 계보 — 로마법상 유류분제도와 게르만법상 유류분제도에 대한 법사학적 고찰 —", 민사법연구 제20집 (2012), 147면 이하; 현승종·조규창, 로마법, 1996, 1117-1118면; A. Bauer, Die innere Rechtsfertigung des Pflichtteilsrechts — Eine rechtsgeschichtliche, recht-svergleichende und soziologische Betrachtung —, 2008, S. 15 ff.

63) 현승종·조규창(주 62), 1121-1124면; A. Bauer(주 62), S. 18 f. 이는 물론 (수사학의 영향을 받은) 일종의 의제이다. 정구태(주 62), 151-152면; Kaser, Das Römisches Privatrecht, 1. Abschnitt, Das Altrömische, das Vorklassische und

기원 전 40년 팔키디우스법(lex Falcidia)이 제정되어 유증을 상속재산의 4분의 3으로 제한하였다.[64] 피상속인이 그보다 많은 재산을 유증한 경우 상속인은 모든 수유자를 상대로 부족액의 범위에서 유증액의 균분 감액을 구할 수 있었다. 이는 단순유증뿐 아니라 신탁유증(fideicommisum)에도 미쳤다.[65]

이후 콘스탄티누스 황제는 피상속인이 법정상속인을 위하여 상속재산의 일부를 유보한 경우 그것이 팔키디우스법이 정하는 4분의 1에 미치지 못하는 때에도 불륜유언의 소를 제기할 수는 없고 의무분보충의 소(actio ad supplendam legitimam)를 통하여 보충을 구할 수 있을 뿐으로 하였다.[66] 그리고 유스티니아누스 황제는 상속인에 대한 중대한 침해행위로 인한 폐제사유를 법정하면서 그러한 사유가 없는 한 피상속인이 그의 존·비속을 유언상속인으로 지명할 의무가 있고 취득재산이 그에 미치지 못하는 상속인은 의무분보충의 소를 제기할 수 있다고 하는 한편 상속분 계산에 생전증여를 모두 산입하였다.[67]

(2) 독 일 법

독일민법도 유언에 의한 상속인지정을 인정한다(§§2087 ff. BGB).[68] 그 결과 추정상속인이[69] 유언에 의하여 상속에서 배제될 수 있다. 독

---

klassische Recht, 2. Aufl., 1971, S. 710. 한편 이때 무효효과는 당초에는 원·피고에게만 미쳤으나, 이후 전 법정상속인으로 확대되었다. D. 5, 2, 6, 1.

64) D. 35, 2, 1 pr. 정구태(주 62), 153면 이하; A. Bauer(주 62), S. 19.

65) 현승종·조규창(주 62), 1082－1084면.

66) C. Th. 2, 19, 4.

67) 현승종·조규창(주 62), 1124면; A. Bauer(주 62), S. 19 ff.

68) 그 밖에 (특정)유증을 인정함은 물론이다. K－W. Lange, Erbrecht, 2. Aufl., 2017, S. 203 ff.

69) 독일민법에서는 직계비속이 그 촌수에 따라 제1순위 법정상속인이 되고, 제1순위 법정상속인이 없는 경우 부모와 그 직계비속, 즉 형제자매가 제2순위 법정상속인이 된다. 배우자는 제1순위 및 제2순위 법정상속인과는 공동상속인이 되고 제1, 2순위 법정상속인이 없으면 단독상속인이 된다. 부모 이외의 직계존속과 그 직계비속은 제3순위 법정상속인이다. §§1924 ff. BGB 참조.

일민법상 유류분에 해당하는 의무분청구권(Pflichtteilsanspruch)은 원칙적으로 이러한 경우에 인정된다.

의무분권리자는 피상속인의 직계비속, 부모와 배우자로 제한된다 (§2303 BGB). 선순위자가 있는 경우 후순위자가 의무분청구권을 가지지 못한다(§2309 BGB). 의무분비율은 법정상속분의 1/2이다. 직계비속과 부모의 상속분은 균분이나 배우자의 상속분은 직계비속과 공동상속할 때에는 1/4,[70] 부모와 공동 상속할 때에는 1/2이다.[71] 그러나 독일민법상으로는 배우자와 이혼한 때뿐 아니라 배우자가 사망한 때에도 부부재산제에 따른 청산이 가능하다는 점을 염두에 두어야 한다. 법정부부재산제인 부가이익공동제(Zugewinngemeinschaft)의 경우 상속에서 배제된 배우자는 혼인 중 형성된 재산은 1/2씩 부가이익청신을 하고, 나머지만 배우자상속에 의하기나, 모두 배우자상속에 의하되 법정상속분을 1/4 증액하여, 가령 직계비속과 공동 상속하는 경우, 법정상속분을 1/2로 하는 것 중 선택할 수 있다(§2303 Abs. 2, §1371 BGB). 배우자 의무분은 어느 경우든 위와 같이 정해진 상속분의 1/2이다.[72] 또 하나 특기할 만 한 점은 유언으로 상속에서 제외되거나 상속을 포기하거나 상속결격이 된 사람도 의무분을 계산할 때에는 산입한다는 것이다(§2310 Abs. 1 BGB). 피상속인이나 상속인의 처분으로 의무분이 증액되는 것을 막기 위함이다.[73]

의무분부족액의 산정과 관련하여서는 특별수익과 기여분이 고려된다. 독일민법은 직계비속에 한하여 특별수익(§2057 BGB)과 기여분

---

70) 배우자가 1/4을 상속받고, 직계비속들이 나머지 3/4을 균분하여 상속받는다.
71) 배우자가 1/2을 상속받고, 부모나 부모가 없는 경우 형제자매가 나머지 1/2을 균분하여 상속받는다.
72) K－W. Lange(주 68), S. 858 ff.; MünchKomm/K－W. Lange, 6. Aufl., 2013, §2303 Rn. 34－40.
73) 다만 상속포기계약(Erbverzicht)으로 배제된 사람은 제외한다(§2310 Abs. 2 BGB). 그는 포기과정에서 보상 받게 마련이기 때문이다. MünchKomm/K－W. Lange, 6. Aufl., 2013, §2310 Rn. 1 f.

(§2057a BGB)의 조정(Ausgleichung)을 인정하고 있다. 직계비속이 여럿 있고 의무분권리자가 직계비속인 경우 독일민법은 의무분산정의 기초재산에 모든 의무분권리자의 특별수익의 합을 더하고 기여분의 합을 뺀 금액에 의무분비율을 곱한 다음, 거기에서 각 의무분권리자가 받은 특별수익을 빼고 기여분을 보탠 것을 각 권리자의 조정의무분(Ausgleichungspflichtteil)으로 삼는다(§2316 BGB).[74]

　　의무분권은 상속과 무관하다. 의무분권리자는 유증은 물론 상속도 포기하고 의무분을 구할 수 있다(§2307 BGB 참조). 의무분청구권은 금전채권이다.[75] 의무분을 청구를 하여도 상속인이 되지 아니하므로 상속재산의 관리나 분할에 참여할 수 없다. 상속인 아닌 의무분권리자는 상속인에 대하여 상속재산내역에 대한 정보제공청구권을 가진다(§2314 BGB).

　　의무분의무자는 공동상속인이다. 의무분청구권은 상속채무에 속하므로 유증보다 우선한다. 공동상속인은 연대하여 책임을 지나, 책임은 상속재산으로 제한된다.[76] 원칙적으로 상속분에 따라 책임을 지나 피상속인이 공동상속인 중 누가 어느 범위에서 의무분의 부담을 질지 미리 정할 수 있다(§2319 BGB).

---

74) Blum, "Die Berechnung des Pflichtteilsanspruch", in Schlitt/Müller (hrsg) Handbuch Pflichtteilsrecht, 2010, S. 141 ff. 그 밖에 독일민법에서는 피상속인이 예외적으로 생전출연이 특정 의무분권리자의 의무분에 충당되도록 지정할 수도 있다. §2315 BGB. 이 경우에는 '그의' 의무분산정의 기초재산에 그 출연의 가액(다만 예외적으로 출연시를 기준으로 산정한다)을 보태고 의무분비율을 곱한 다음 그가 받은 생전출연을 빼 의무분부족액을 산정한다. '그의' 의무분산정의 기초재산에만 더하므로 각 의무분권리자별로 의무분액이 달리 산정되고, 지정된 생전출연이 의무분이행과 관련하여 제한적으로만 고려되는 효과가 생긴다.

75) K－W. Lange(주 68), S. 863; MünchKomm/K－W. Lange, 6. Aufl., 2013, §2305 Rn. 5.

76) K－W. Lange(주 68), S. 863 ff.; MünchKomm/K－W. Lange, 6. Aufl., 2013, §2305 Rn. 5.

의무분권리자나[77] 제3자에 대한 증여보 상속재산이 감소함으로써 사실상 의무분이 잠탈된 경우 의무분권리자는 차액의 범위에서 의무분보충청구권(Pflichtteilsergänzungsanspruch)을 갖는다(§2305 BGB). 이때 산입되는 생전증여는 상속개시시부터 10년 이내의 것에 한하고, 피상속인이나 수증자의 선·악의는 묻지 아니한다(§2325 BGB). 그 가액은 상속개시시를 기준으로 하되, 소비재는 증여 당시의 가액을 기준으로 한다. 의무자는 제1차적으로는 공동상속인이지만 상속재산이 부족하다는 등 사정이 있을 때는 보충적으로 수증자이다. 그러나 금전채무가 아닌 증여 목적물 자체(§2329 Abs. 1 BGB)에 대한 강제집행 수인(受忍)에 그친다.[78] 다만 수증자가 금전으로 반환할 수는 있다(§2329 Abs. 2 BGB).

재단법인의 설립 기타 공익법인 등에의 출연은 모두 증여로 취급되고, 의무분과 관련하여 고려된다. 다만 도의관념에 적합한 증여로 산입에서 제외될 가능성이 있고(§2330 BGB),[79] 2009년 개정으로 10년 이내의 증여도 1년 이내의 것은 그 전액, 그보다 전에 이루어진 것은 10년 매년 1/10씩 감액 산입하는 것으로 되었다(pro-lata Anrechnung). 기업승계에 관하여는 1933년 제정되어 몇몇 란트에서는 연방법으로 유지되고 있고, 몇몇 란트에서는 란트법으로 유지되기도 한 농장법(Höfeordnung)이 있다. 같은 법은 농장의 해체를 막고 이를 계속시키기 위하여 자연인 한 사람 또는 부부 공동 소유로 농장 자체의 상속을 집중시키고, 나머지 상속인은 가액청산에 그치게 한다(§4

---

77) MünchKomm/K-W. Lange, 6. Aufl., 2013, §2325 Rn. 15.

78) K-W. Lange(주 68), S. 900 ff.; MünchKomm/K-W. Lange, 6. Aufl., 2013, §2329 Rn. 6-7, 14.

79) 상세는 Hüttemann/Rawert, "Pflichtteil und Gemeinwohl — Privilegien für gute Zwecke?" in Röthel (hrsg) Reformfragen des Pflichtteilsrechts, 2007, S. 79 ff. 그러한 취지의 Maruschke의 주장과 그에 대한 반론을 소개하고 있다. 연방헌법재판소가 의무분이 기본법적 요청이라고 한 이상 독일에서 이 문제는 평등 내지 합리적 차별의 문제가 된다.

HöfeO).[80) 그 밖의 경우에 대하여는 특별한 규정이 없으나, 민법상 조합이나 인적 회사의 경우 사망으로 탈퇴함이 원칙이고 유한회사(GmbH)에서도 약정에 의하여 탈퇴하는 것으로 할 수 있다.[81) 금전으로 청산하므로 즉시 의무분을 반환하게 하면 주거나 기업(지분)을 급매하여야 하는 문제가 있는데, 농장법(§12 HöfeO)상으로는 물론, 1970년 개정 이후에는 민법상으로도 지급유예를 구할 수 있게 되었고(§2331a BGB), 이후 몇 차례의 개정으로 그 요건이 더욱 완화되었다.

또 하나 중요한 것은 의무분박탈이다. 독일민법상 의무분권은 상속과 별개의 지위이므로, 의무분에 대하여도 별도의 박탈제도를 두고 있다. 박탈사유는 피상속인 등에 대한 생명침해 기타 고의의 유책한 범죄, 부양의무의 악의적 해태, 시설 수용 등이다(§§2333 ff. BGB). 이는 의무분법의 정당성의 기초가 밀접한 가족관계에 있음을 전제로 그것이 결여 내지 약화된 경우 적절한 고려를 하기 위함이다. 이와 관련하여 독일연방헌법재판소는 의무분권리자의 유책성이 늘 요구된다고 할 수는 없다고 한다.[82)

독일연방헌법재판소는 자녀의 (부양의 필요와 독립된) 의무분권은 가족적 연대에 터 잡은 헌법적 요청으로 이를 폐지하는 것은 위헌이라고 하여, 큰 논란을 불러일으킨 바 있다.[83)

---

80) 개요는 K-W. Lange(주 68), S. 933 ff.; MünchKomm/Leipold, 6. Aufl., 2013, Einleitung zum Erbrecht, Rn. 146 ff. 독일연방헌법재판소는 같은 법이 합헌이라고 하였다. BVerfGE 15, 337.

81) K. Schmidt, "Pflichtteil und Unternehmensnachfolge — Rechtspolitische Über-legungen im Schnittfeld von Erbrecht und Unternehmensrecht —", in Röthel (hrsg) Reformfragen des Pflichtteilsrechts, 2007, S. 50 ff.; K-W. Lange(주 68), S. 954 ff.

82) MünchKomm/K-W. Lange, 6. Aufl., 2013, §2333 Rn. 1, 19; BVerfGE 112, 332.

83) BVerfGE 112, 332. 비판적인 것으로, J. Mayer, "Anmerkung zu BVerfG, Beschl. v. 19.04.2005-1 BvR 1644/00 und 1 BvR 188/03", FamRZ 2005, 1441.

의무분보충청구권은 상속개시시부터 3년의 통상시효에 걸린다(§§ 197, 2332 BGB). 2010년 개정 전에는 30년의 상속법상 특별시효에 걸렸으나, 2010년 개정으로 위와 같이 변경하였다.

(3) 오스트리아법

오스트리아일반민법도 대체로 비슷하다. 유언의 자유와 함께 상속인지정을 허용하고 있고(개정 전 §554 ABGB 참조, 이하 조문은 모두 2015년 개정 전의 것이다), 그로 인하여 상속에서 배제되거나 기타 의무분이 부족해진 일정한 사람에 대하여 법정상속분의 일부를 의무분(Pflichtheil)으로 인정한다(§729 ABGB). 법정상속인은 대체로 독일과 같은데(§§730 ff. ABGB), 그중 직계비속, 부모, 배우자만 의무분권을 가진다. 이들을 '필요상속인(Noterbe)'이라 하나(§765 ABGB), 의무분권리자는 상속인일 필요가 없고, 상속인이 되지 아니하며 단순한 금전채권자라는 것이 오늘날의 판례·통설이다.[84] 의무자는 상속재산 그 자체, 상속재산점유(Einantwortung) 이후에는 상속인들이다.[85] 다만 상속재산으로 이행하기에 부족한 때에는, 독일처럼, 수증자가, 증여 목적물의 가액의 범위에서, 보충적으로 책임을 진다.[86] 시효기간은 상속개시시부터 3년이다(§1487 ABGB).

다음 몇 가지 점이 특기할 만하다. 첫째, 오스트리아 일반민법은 우리와 비슷하게 법정부부재산제로 별산제를 취하고 이혼시 채권적 재산분할청구를 인정하며, 사망시에는 배우자 상속에 맡긴다. 그런데 배우자는 상속에서 폐제되지 아니한 이상, 법정상속분과 별개로, 가재도구와 혼인주거에서 계속 거주할 권리를 법정유증 받는다(§758 ABGB). 이는 의무분계산시 특별수익으로 산입되나, 의무분을 초과하

---

84) Eccer, Erbrecht, 4. aktualisierte Aufl., 2010, S. 157; Rummel/Welser, 3. Aufl., 2000, §§762−764, Rz. 6.

85) Eccer(주 84), S. 161; Welser(주 84), 3. Aufl., 2000, §§762−764, Rz. 15.

86) Eccer(주 84), S. 161 f.

여도 반환이나 청산의 대상이 되지는 아니한다.[87] 둘째, 생전증여의 산입이 의무분권자가 이미 존재하였을 때로써 사망 전 2년 내 행해진 것으로 제한될 뿐 아니라, 원본 감소 없이 수입(수익)으로 한 증여, 공익목적의 증여, 도의관념에 적합한 증여가 산입에서 제외된다(§785 ABGB). 셋째, 1989년 개정 이래 피상속인과 단 한 차례도 가까운 관계에 있지 아니하였던 사람의 의무분을, 피상속인이 정당한 이유 없이 교류를 거부한 것이 아닌 한, 1/2로 감액할 수 있다(§773a ABGB). 전반적으로 매우 대담한 접근이다.

2015년 오스트리아 상속법이 개정되었다. 부모의 의무분권이 폐지되고(개정 §757 ABGB), 기업승계 등에 필요한 경우 의무분지급유예를 구할 수 있게 되었으며(개정 §§766 f. ABGB), 의무분권박탈이 쉬워졌다(개정 §§769 ff. ABGB). 또한 오스트리아법에는 배우자의 기여분만 인정되었는데(§§98 f. ABGB), 피상속인을 요양한 추정상속인에 대한 법정유증이 도입되었다(개정 §§677 f. ABGB). 이들은 상속채무로 의무분산정의 기초가 되는 재산을 감소시킨다. 그 밖에 종래 복잡했던 특별수익조정이 좀 더 단순해졌다.

2. 게르만법형: 프랑스·스위스·일본

(1) 게르만법상 유류분의 발전

게르만법에서는 가산(家産)관념에 터 잡아 재산이 전 가족에게 합수(合手)적으로 귀속하고 가장(家長)의 사망에도 불구하고 가산관계에 변함이 없으며, 상속인의 기대권을 보호하여 가장도 상속인 동의 없이 처분할 수 없었다. 그러나 이후 교회의 증여 장려책으로 아들이 한 명일 때에는 1/2, 두 명일 때에는 1/3, 세 명을 넘을 때에는 1/4을 자유분(sua portio)으로 처분할 수 있게 되었다. 나머지인 유류분(denita

---

87) L. Wolff, Pflichtteilsrecht–Forced Heirship–Family Provision, 2011, S. 45 f.

portio)의 처분은 무효였다.[88]

(2) 프 랑 스

프랑스민법상 법정상속인은 직계비속, 부모와 형제자매의 순이고 (2006 개정 전 art. 734 code civil, 이하 별도의 설명이 없는 프랑스민법조문은 2006년 개정 전의 것이다), 배우자는 피상속인과 공동의 자녀 기타 직계비속만 있는 경우에는 그의 선택에 따라 상속재산 전부에 대한 용익권 또는 상속재산의 1/4의 소유권을, 공동의 자녀 기타 직계비속 이외의 직계비속이 있는 경우에는 상속재산의 1/4의 소유권만을 상속하고, 직계비속 없이 부모가 상속하는 경우에는 상속재산의 1/2, 부모 중 일방과 상속하고 타방이 사망한 경우에는 3/4의 소유권, 부모 모두 없으면 전부의 소유권을 상속한다. 2001년 개정에 이르기까지 지속적으로 배우자 상속이 강화되어온 결과이다. 그 대신 배우자가 단독상속하거나 상속재산의 3/4을 상속한 경우에는 (부모 아닌) 직계존속으로 원조를 요하는 사람은 배우자에 대하여 (일정 기간) 부양청구권을 가진다(art. 734 et suiv. code civil). 그 밖에 법정부부재산제인 공동제(la communauté)에 따르면 부부공동재산은 이혼뿐 아니라 사망시에도 1/2씩 청산된다. 약정에 의하여 적용범위를 전 재산으로 확장할 수도 있다(art. 1441, 1475 et 1497 code civil).

프랑스민법도 재산의 증여와 유언의 자유를 인정한다. 그러나 상속인지정을 두는 대신 포괄유증만을 인정한다. 유언의 자유는 유류분권과 양립하는 범위 내에서 허용됨을 명시하여(art. 721 code civil), 게르만법적인 유류분제도를 채택하고 있다. 이는 북프랑스 관습법이 혁명기 채택되어 민법에 이어진 것인데, 직계친족 간 평등을 관철하기 위함이라고 한다.[89] 그 결과 처분의 자유가 제한된다. 이는 유증은 물

---

88) 정구태(주 62), 157면 이하. 현승종·조규창, 게르만법 제3판, 2001, 451면 이하; A. Bauer(주 62), S. 21 ff.

89) 제정에 이르기까지 역사에 대하여는 Malaurie, Les successions, les libéralités, 5°

론 생전증여의 취급에서도 드러난다. 즉, 프랑스민법은 유류분 대신 오히려 자유분(quotité disponible)을 규정하여, 자녀가 한 명일 때에는 재산의 1/2, 두 명일 때에는 1/3, 세 명 이상일 때에는 1/4만 처분할 수 있게 한다(art. 913 code civil). 그러므로 모든 생전증여와 유증은 상속재산에 생전증여를 합산한 유류분산정의 기초재산에 자유분비율을 곱한 금액에서 시간에서 앞선 순으로 공제된다. 자유분을 초과한 때부터 그러한 생전증여나 유증은 유류분을 침해하는 것이 된다. 그런데 다른 한편 피상속인은 공동상속인에 대하여 상속분으로 생전증여 또는 유증을 할 수 있다. 이는 상속분에 충당(imputation)되어야 하고, 생전증여의 경우 상속재산분할시 실제로 반환하여 정산(rapporter)되어야 한다. 실제로 현존하는 상속재산의 분할을 위한 가상의 계산방법이 아닌 반환에 의한 분할대상재산 자체의 증가가 예정되어 있다는 점에 특징이 있다. 상속분 충당과 자유분 처분은 원칙적으로 피상속인의 의사에 따라 구분된다. 즉, 피상속인은 생전증여든 유증이든 그것이 상속분에 속하는지 아니면 자유분의 처분인지 정할 수 있다. 그러나 일응 배우자 이외의 공동상속인에 대한 생전증여는 상속분에 충당되는 것으로, 유증은 자유분에서 공제된 것으로 본다(art. 843 et 849 code civil). 상속분에 충당한 생전증여 또는 유증이 상속분을 초과하면 초과된 부분은 자유분에서 공제된다.[90] 공동상속인 아닌 제3자에 대한 증여 또는 유증은 자유분에서 공제된다. 공동상속인이 상속을 포기한 경우도 같다(art. 844, 964 et suiv. code civil). 프랑스민법은 상속법상 기여분제도가 없으므로 기여분의 고려는 문제되지 아니한다.

éd., 2012, n° 606 et suiv., 입법 당시의 논의에 대하여는 Beckert, "The Longue Durée of Inheritance Law. Discourses and Institutional Development in France, Germany, and the United States since 1800", Arch. europ. social., XLVIII, I (2007), 79, 91 ff. 이경희(주 15), 41면 이하도 참조.

90) 구체적 계산은 Farge, "Masse active partagable en présence de libéralités", in Grimaldi (dr) Droit patrimonial de la famille, 4ᵉ éd., 2011, 263.111 et suiv.

자유분을 넘어서 유류분을 침해하는 증여나 유증이 있다 하더라
도 당연 무효는 아니고 감액청구(action en réduction)의 대상이 될 뿐
이다. 감액은 그 대상이 된 증여 또는 유증을 그 범위에서 실효시킨
다. 과거 가족집단 전체를 위하여 감액이 이루어지는 것으로 보았으
나 지금은 제3자에 대하여만 집단적 성격을 유지하고 있고 공동상속
인 상호 간에는 철저하게 개인적이다.[91] 권리자는 유류분권자, 그 상
속인, 승계인이고(art. 921 code civil), 의무자는 수증자, 수유자이다.

프랑스 유류분법은 수차례 개정되었다. 먼저, 1971년 개정으로
특별수익 반환이 원칙적으로 금전지급에 의하게 되었고(art. 866 code
civil), 유증도 일부만 감액대상이고 일체성이 있는 경우에는 금전으로
반환하게 하였다(art. 867 code civil). 그 이외에는 원칙적으로 원물반
환이 가능한 한 원물반환을 하여야 하나 불가능한 때에는 가액으로
반환하는데, 법원이 그 반환을 일정 기간 유예할 수 있었다(art. 868
code civil). 2006년 개정은 종래 감액하면 수증자가 설정한 물권 등을
소멸시키면서까지 원물반환을 강제하던 것에서 태도를 바꾸어 수증자
가 여전히 원물을 보유하고 부담이 설정되지 아니한 경우에 한하여
원물반환을 제한적으로 허용하고 원칙적으로 가액반환에 의하게 하였
다(2006년 개정 art. 924 - 1 code civil). 같은 개정은 제3자에 대한 반환
청구도 제한하여 보상의무자가 무자력인 때에 한하여 부동산 양수인
과 선의취득(2006년 개정 art. 2276 code civil)하지 아니한 동산 양수인
에게 감액 내지 반환을 구하는 것을 허용한다(2006년 개정 art. 924 - 4
code civil). 유류분법이 특히 기업승계 등에 장애가 되는 것을 고려한
입법이라고 한다. 다음, 유류분권자의 범위를 변경하였다. 2001년 개
정으로 '배우자만 있는 경우'에[92] 3/4의 자유분을 인정하여 배우자의

---

91) Malaurie(주 89), n° 617.
92) 당시 상속순위상 직계존속이 배우자보다 선순위였으므로 이는 유류분권자의 확대
　　에 해당한다.

유류분권을 신설하고 2006년 개정에서는 '직계비속이 없고 배우자가 있는 경우'로 이를 변경하여(2006년 개정 art. 914−1 et 916 code civil), 직계존속을 유류분권자에서 제외한 것이다.[93] 또한 상속을 포기한 자녀는 자유분을 계산할 때 고려하지 아니하는 것으로 하였다(2006년 개정 art. 913 code civil). 끝으로, 감액청구권의 사전포기를 인정하였다. 포기는 특정인을 위하여 할 수도 있고, 유류분의 일부에 대하여도 할 수 있다. 포기는 두 명의 공증인이 작성한 특별공정증서(acte authentique spécifique)로 증명되어야 한다(2006년 개정 art. 929, 930 code civil).

프랑스민법에서는 유류분이 상속권의 일부이므로, 별도의 유류분박탈제도는 존재하지 아니한다. 상속결격과 상속폐제가 있을 뿐이다(art. 726 et suiv. code civil).

감액청구는 무상양여분할(libéralité−partage)에서는 상속개시시부터 5년, 그 이외에는 상속개시시부터 10년, 유류분침해를 안 날로부터 2년 내에 할 수 있다(art. 1077−2 et 921 code civil).

(3) 스 위 스

스위스민법도 비슷하다. 법정상속인은 직계비속, 부모 및 형제자매의 순이고, 배우자는 직계비속과 함께 1/2, 부모나 형제자매와 함께 3/4, 직계비속, 부모 및 형제자매가 없으면 단독 상속한다(Art. 457 ff. ZGB). 그러나 1988년 개정 이래 법정부부재산제인 소득참여제(Errungenschaft)에 따르면 부부공동재산은 이혼은 물론 사망시에도 1/2로 분할된다는 점(Art. 204 ZGB)에 주의하여야 한다.[94] 스위스민법도 유언의 자유를 인정하는데, 프랑스민법과 달리 상속인지정도 그 내용에 포함시키고

---

93) 직계존속은 부양청구권으로 보호되고 직계존속의 유류분권은 배우자에게 정서적으로 납득이 가지 아니하는 일이며, 법률관계가 단순화되고, 바뀐 인식에도 부합한다는 점이 근거였다고 한다. 그러나 이에 대하여는 가산(家産)관념 등에 터 잡은 비판도 제기되었다. Defosse et Peniquel, La réform des successions, des libéralités, 2006, p. 145.

94) Druey, Grundriss des Erbrechts, 5. Aufl., 2002, S. 52 ff.

있다(Art. 483 ZGB).

피상속인에게는 유류분(Pflichtteil; part légitime)으로 직계비속은 법정상속분의 3/4, 부모와 배우자는 법정상속분의 1/2이 인정된다(Art. 470 ff. ZGB). 당초에는 피상속인의 형제자매도 유류분권자였으나 1984년 개정으로 삭제되었다. 피상속인이 자유분(verfügungbare Teil; quotité disponible)을 넘은 처분을 한 경우에는 감액의 소(Herabsetzungsklage; action en réduction)의 대상이 된다(Art. 522 ZGB). 유류분산정의 기초재산에는 특별수익으로 조정이 이루어지지 아니한 것과[95] 당초에는 철회할 수 있었으나 피상속인의 사망으로 철회가 불가능해진 증여, 상속개시 전 5년 이내의 증여, 유류분을 회피할 의도로 한 처분(Entäusserung)이 가산된다(Art. 527 ZGB). 스위스 상속법은 직계비속의 기여분을 인정하는데, 이는 채무, 상속이 개시된 때에는 상속채무이므로(Art. 334 f. ZGB), 유류분산정의 기초가 되는 재산을 감소시킨다. 그 밖에 보험에 대한 특별 규정이 있다(Art. 529 ZGB).

감액은 유증, 증여 순(Art. 532 ZGB), 증여 중에는 시간상 뒤의 것부터 한다. 원칙적으로 원물로 반환하여야 하나 분할하여 반환하면 가치가 훼손될 때에는 수유자는 원물 전부를 반환하고 차액 상당을 금전으로 보상받거나 전부를 가액으로 반환할 것을 구할 수 있다(Art. 536 ZGB). 선의자의 경우 현존이익으로 반환이 제한된다(Art. 528 ZGB). 유류분은 상속권을 전제하므로 유류분박탈은 없고 상속권박탈(상속폐제)이 있을 뿐인데, 중대한 가족법적 의무위반도 그러한 사유에 해당한다(Art. 477 ff. ZGB). 공익재단의 설립 등에 관하여는 별도의 규정이 있으나(Art. 82 ZGB), 도의관념에 적합하다면 반환대상에서 제외될 수 있다.[96]

---

95) 피상속인이 조정을 면제한 특별수익도 포함된다는 것이 판례·통설이나, 제외된다는 유력설이 있다고 한다. BSK ZGB II-Forni/Piatti, 2. Aufl., 2003, Art. 527 N. 4.
96) BSK ZGB I-Grüninger, 2. Aufl., 2003, Art. 82 N. 3; L. Wolff(주 87), S. 70 ff.

감액청구의 소는 상속개시시로부터 10년, 유류분침해를 안 날로부터 1년 내에 제기되어야 한다(Art. 533 ZGB).

2018년 8월 스위스연방의회에 민법 중 상속편에 대한 개정안이 상정되었다. 개정안은 사회변화를 고려, 피상속인의 자유를 확대하고 기업승계가 용이하도록 유류분법을 변경하는 것을 내용으로 한다. 가령 부모와 이혼소송 중 일방이 사망한 경우 배우자의 유류분을 폐지하고, 유류분비율을 1/2로 통일하고 있다.[97] 이 개정안은 아직 심의가 이루어지지 아니하였다.

(4) 일　본

일본민법(民法)은 부부재산제에 관하여 별산제를 취하고 채권적 재산분할청구권을 부여하나, 사망시에는 전적으로 배우자 상속에 의한다. 그러나 우리와 달리 일련의 개정으로 배우자의 상속분이 높아져 자녀와 공동으로 상속할 때에는 1/2에 미친다(第900條). 유언의 자유를 인정하고 상속분의 지정과 포괄유증이 모두 가능하다(第902條, 제964條).

유류분(遺留分)은 직계존속만 있는 경우에는 상속재산의 1/3, 배우자나 자녀가 있으면 1/2이다(第1028條). 나머지는 자유분이다. 우리 법과 대체로 비슷하나, 감쇄(減殺)청구를 할 수 있음을 명확히 하고(第1031條 以下) 여러 규정에서 유류분 규정에 반하지 아니하는 범위에서 유언이 가능하다고 명시하여(第902條 第1項 但書, 第903條 第3項, 第964條 但書) 프랑스법적 접근을 분명히 한다. 그러나 위 규정에 반한다 하더라도 당연 무효는 아니고 감쇄청구의 대상이 될 뿐이라는 것이 오늘날의 통설이다. 유류분산정의 기초재산에 특별수익이 산입됨은 물론인데, 우리와 달리 조정의 면제가 가능하나 유류분산정에서는 조

---

97) https://www.admin.ch/opc/de/federal-gazette/2018/5905.pdf (최종방문 2019. 1. 24.).

정이 면제된 특별수익도 고려된다(第903條). 그러나 특별수익을 실제 반환할 필요는 없고 분할기준을 정하는 기초가 될 뿐이다.[98] 1980년 (쇼와 55년) 개정으로 기여분(第904條の2)이 도입되었으나 기여분이 있다 하여 유류분이 증액되지는 아니하고, 유류분부족액의 산정에서 기여분을 어떻게 고려할 것인가가 다투어질 뿐이다.[99] 생전증여는 우리 법과 같은 방식으로 고려된다(第1030條).

감쇄의 효과에 관하여는 형성권설ー물권설이 판례·통설이다. 당연 무효로 하지 아니한 것은 실제상의 편의 때문이라고 한다.[100] 다만, 수증자가 증여 목적물을 타인에게 양도한 경우에는 원칙적으로 수증자가 가액변상을 하여야 하고, 양수인이 악의인 때에 한하여 감쇄청구를 할 수 있으며, 수증자가 권리를 설정한 경우에도 같다는 명문 규정이 있고(第1040條), 수증자나 수유자, 양수인에게 원물반환 대신 가액을 변상할 권한을 부여한다(第1041條). 감쇄청구의 소는 우리와 같이 상속개시시부터 10년, 유류분침해를 안 날로부터 1년의 '소멸시효'에 걸린다(第1042條)

다음 세 가지 점이 특기할 만하다. 첫째, 쇼와(昭和) 22년 개정에서 가독상속(家督相續)을 위한 유류분(구 第1130條)을 폐지하면서 신법 (新法)상 유류분은 개인적 권리이므로 포기할 수 있다고 보아 각자 포

---

98) 谷口知平＝久貴忠彦 編集 新版 注釈民法(27), 1989, 216－217頁(有地 亨).

99) 구체적으로는 각자의 유류분에서 기여분을 고려한 구체적 상속분을 뺀 부족액 상당의 감쇄를 구할 수 있다는 견해, 그렇게 하면 자유분을 넘어 감액 당하게 되어 부당하다면서 구체적 상속분이 각자의 유류분에 미치지 못한 유류분권리자에 한하여 감쇄를 허용하되 부족액 전액 대신에 자유분침해액을 안분한 금액만 감쇄하여야 한다는 견해, 기여분을 무시하고 구체적 상속분을 산정하여 감쇄의 범위를 정하여야 한다는 견해가 주장되고 있다. 佐藤義彦, "寄與分と遺留分", 星野英一 編集代表 民法講座 7 親族·相續, 1984, 396頁 以下.

100) 伊藤昌司, "遺留分", 星野英一 編集代表 民法講座 7 親族·相續, 1984, 471頁 以下. 복귀한 재산은 원칙적으로 유류분권리자의 고유재산이지만, 부분적 포괄유증이나 상속분지정의 경우에는 상속재산이 된다. 潮見佳男, 相續法, 第3版, 2010, 300－301頁.

기하는 것을 허용함과 동시에 상속개시 전 포기도 인정하였다. 다만 구법상 장자단독상속을 억지로 관철하는 결과가 될 것을 우려하여 가정재판소의 허가를 요구한다(第1043條). 허가의 기준은 자유의사에 의한 것인지 여부이다.[101] 이는 일본에서도 청구권설이 논의되는 계기가 되었다고 한다. 둘째, 헤이세이(平成) 2년 '중소기업에 있어서 경영의 승계의 원활화에 관한 법률'(中小企業における経営の承継の円滑化に関する法律)이 제정되어, 일정한 중소기업의 경영승계와 관련하여 '구대표자'가 '후계자'에게 경영승계에 필요한 주식 등을 증여하고 추정상속인 전원의 합의로 서면으로 위 주식 등(의 가액)을 유류분산정의 기초가 되는 재산에서 제외하거나 그 합의 당시의 가액(공인회계사 등이 증명하여야 한다)에 따라 산입하기로 합의하고, 그에 대하여 가정재판소의 허가를 받음으로써 유류분을 제한할 수 있다(第3條 以下). 셋째, 2018년 개정 민법은 감쇄청구가 아닌 유류분침해액의 청구, 즉 금전채권으로 전환하였고(2018년 개정 第1042條 乃至 第1049條), 상속인에 대한 생전증여의 산입을 상속개시시로부터 10년으로 제한하고 있다(2018년 개정 第1043條).

3. 영 미 법

(1) 영   국

영국에서는 노르만족의 정복 이래로 상당기간 유언의 자유에는 별다른 제한이 없었다. 이후 상속재산은 삼분되어 처와 자녀들이 각 1/3(처만 있으면 1/2)에 대한 기대권을 갖고 나머지 1/3만 자유롭게 처분할 수 있게 되었다가, 16세기경에 이르러 다시 유언자유가 관철되었다. 유언의 자유는 1837년 유언법(Wills Act 1837)에서 최초로 명문화되고, 한동안 처의 상속재산 역권(wife's right of dower)의 제한 등을

---

101) 谷口知平＝久貴忠彦 編集 新版 注釈民法(27), 1989, 531-533頁(高木多喜男).

받았으나 곧 설대석 유언자유로 전개되어 1938년 상속법(Inheritance Act 1938)에까지 이어졌다. 피상속인이 특정인을 상속인으로 지명하여 그에게 전 재산을 남기는 것이 허용되었다.

이러한 상황이 바뀐 것은 1938년 개정법[Inheritance (Family Provision) Act 1938]에 의하여서이다. 이는 1900년 뉴질랜드가 도입한, 일정범위의 가족의 상속재산에 대한 부양청구권을 모범으로 한 것인데,[102] 1938년 이미 오스트레일리아, 캐나다 등 다수의 커먼로(common law) 국가에서 도입한 제도이기도 하다.[103] 현행법은 Inheritance(Provision for Family and Dependants) Act 1975이다. 피상속인의 자녀, 배우자 기타 피상속인의 부양을 받은 사람은 상속재산(estate)에 대하여 재산제공(financial provision)을 구할 수 있다. 그 액은 합리적(reasonable)이어야 하는데, 배우자의 경우 이혼시 재산분할과의 균형이 기준이 되고, 그 밖에는 원칙적으로 부양이 필요하여야 한다[s. 1, 3 of Inheritance (Provision for Family and Dependants) Act 1975]. 지급범위는 제반 사정에 달려 있는데, 최소한의 부양보다는 높고 충분한 부양에는 미치지 못한다고 해석된다.[104] 부양이 필요하여야 하므로 성인인 자녀의 청구는 대부분 기각된다. 피상속인의 윤리적 의무 위반은 고려되나, 자녀에게 아무 것도 남기지 않았다는 점만으로 윤리적 의무 위반이 되지는 아니하므로, 개별적 판단이 필요하다.[105] 청구권자의 부적절한 생활양식은 불이익하게 고려할 수 있다.[106] 피상속인에 대한 범죄 등도 고려의 대상이 된다. 특히 피상속인에 대한 살인은

---

102) Testator's Family Maintenance Bill 1900.

103) Cretney, Family Law in the Twentieth Century: A History, 2003, p. 485 ff.; 또한 A. Bauer(주 62), S. 89 ff.도 참조.

104) Re Conventry [1979] 3 WLR 802, 808. 이는 뉴질랜드법이 최소한의 부양을 고수하는 것과 구별되는 지점이다.

105) Borkowski and Peart, "Provision for Adult Children on Death - The Lesson from New Zealand", CFLQ 12 (2000), 333 ff.

106) Re Dennis [1981] 2 All E.R. 140, 145.

결격(forfeiture) 사유이다.[107] 법원은 지급방법과 그 범위를 정하는 데 있어 상당한 재량을 갖고 있다.

재산제공명령의 신청은 상속재산 관리인(personal representative) 지명으로부터 6개월 내에 이루어져야 한다. 그러나 법원의 허가를 받아 기간을 연장할 수 있다[s. 4 of Inheritance (Provision for Family and Dependants) Act 1975].

1938년 법률에 대한 주된 비판 중 하나는 피상속인이 상속재산을 유언으로 특정인에게 다 준 경우는 위 청구권으로 해결할 수 있을지 몰라도, 생전에 증여 등으로 산일(散逸)시켜 이를 회피하는 데 대응할 수는 없다는 것이었다. 1975년 법률은 일정한 요건 하에 그 반환을 구할 수 있게 한다. 예컨대 상속개시 전 6년 이내에 행해진 증여의 경우 수증자에게 가액반환을 구할 수 있다. 법원은 그 인용 여부 등에 대하여 상당한 재량을 갖는다[s. 9-13 of Inheritance (Provision for Family and Dependants) Act 1975].[108]

(2) 미 국

미국은 영국의 유언자유를 그대로 받아들였다. 피상속인은 유언으로 법정상속인을 배제하고 상속인을 지정할 수 있었고, 피상속인이 누군가 상속인을 지정하면 원칙적으로 무유언상속(intestate inheritance)은 배제되었다. 배우자 상속에 관한 커먼로(common law)상 제한, 즉 dower right와 curtesy right는 대부분의 주(州)에서 폐지되었고, 그 대신에 혼인주거와 상속재산청산(probate) 중 최소한의 부양에 관한 권리(homestead/family allowance)가 인정되어 가족은 검인법원(probate court)에 그 지급 등을 구할 수 있었다. 이는 최우선적 권리이지만 상속에서 배제된 데 대한 대응이라고 보기는 어렵다.

---

107) Re Royse [1984] 3 All E.R. 339, 342, Forfeiture Act 1982.
108) L. Wollf(주 87), S. 188 ff.

그러므로, 이미 민법 제정 당시 우리 입법자가 인식한 바와 같이, 미국에는 엄밀한 의미의 유류분제도가 존재하지 아니한다. 다만 공동제(community property)를 취하는 주(州)에서는 부부재산제에 의하여 배우자 상속이 확보되나 커먼로 원칙을 따라 별산제와 형평에 따른 분할을 인정하는 주 중 상당수는 그러한 규율이 없으므로, 제정법으로 배우자에게 일종의 유류분(elective forced share)을 인정한다. 이혼 시 재산분할과 균형을 맞추기 위함이다. 보통 상속재산의 1/3로 되어 있었으나, 1990년 개정 통일검인법(Uniform Probate Code 1990)은 그 액수를 혼인기간에 연동시켜, 최소 5만 달러에서 시작하되, 첫 10년 동안은 매년 상속재산의 3%씩, 11년부터 15년까지는 매년 상속재산의 4%씩 비율을 증액하여 15년이 되면 최대액인 $1/2 (= 0.03 \times 10 + 0.04 \times 5)$이 되었다.[109] 또한 이미 1969년 통일검인법부터 이를 회피하는 것을 막기 위하여 생전증여나 신탁 등도 산입(augmented estate)하게 하였다(UPC §2-207). 특별수익의 가액은 증여시를 기준으로 산정한다. 조정대상이 되려면 피상속인이 상속의 선급으로 지급하였음이 문서로 증명되어야 하나(UPC §2-109),[110] 유류분과 관련하여서는 그러한 점이 문제되지 아니한다. 유류분을 포기하는 혼전계약(prenuptial agreement)도, 공정하고 합리적이면, 허용된다(UPC §2-213).[111] 미국 연방대법원은 유류분을 허용하여도 위헌이 아니라고 하나,[112] 유류분이 헌법상 요청되는 바도 아닌 것이다. 그 밖에 자녀를 상속에서 배제할 때에는 명시적으로 배제하여야 한다. 그렇게 하지 아니하는 한 자녀에 대한 법정상속이 개시된다.[113] 로마법상 형식적 필요상속과 유

---

109) Anderson, Understanding Trusts and Estates, 4th ed., 2013, pp. 152 ff.
110) 때문에 실제 조정 대상이 되는 일은 거의 없다.
111) Anderson(주 109), pp. 170 ff.
112) Irving Trust Co. v. Day, 314 U.S. 556 (1942).
113) Goff v. Goff, 179 S.W.2d 707 (1944); Anderson(주 109), pp. 172. Uniform Probate Code 1990은 그 적용범위를 더욱 확대하였다(§2-302 UPC).

사한 접근이다.

Ⅳ. 유류분의 정당성, 기능 및 개선방안

1. 유류분의 정당성과 그 기능

(1) 이른바 가산(家産)관념

역사적·비교법적으로 유류분제도를 가장 강력하게 뒷받침하는 것은 이른바 가산(家産)관념, 즉 피상속인 명의로 되어 있는 재산이라 하더라도 실은 가족재산이라는 이해이다. 게르만법이 이러한 사고에 터 잡았고, 오늘날 프랑스법상 유류분제도의 기초이기도 하며, 우리 나라에서도 일찍이 유류분의 도입의 근거 중 하나로 제시된 바 있다. 토지를 보유하고 대가족 내지 친족이 대대로 같은 곳에 정주(定住)하며 협력하여 농·임업에 종사하는 전근대사회에서는 이러한 관념이 어느 정도 타당할 수도 있다. 이때 토지를 중심으로 하는 재산은 그 형성·유지 또는 증식에 대가족의 집단적 노동력이 기여할 뿐 아니라 그것이 대대손손 친족집단의 생계의 기초이기도 하므로, 가장(家長) 명의로 되어 있다 하더라도 사실상 가족재산일 수 있다. 제정 민법이 시행된 1960년에는 전체 가구의 절반 이상이 농업을 영위하였고,[114] 대가족이 다수였다. 가족재산으로서의 성격이 뚜렷한 묘토(제1008조의

---

114) 1960년 영농가구의 수는 2,338,830으로, 비농가구인 2,036,864를 넘는다. 영농가 구의 구성원의 수가 비농가구보다 많을 가능성이 높다는 점에 비추면, 인구수 차 이는 더 클 것이다. 통계청 홈페이지-주제별통계-인구·가구-인구총조사-가 구부문-총조사가구(1960년) 참조. 유의할 점은, 1977년 우리의 입법은 19세기 말 일본민법을, 19세기말 일본민법은 19세기 초 프랑스민법을 참조하였는데, 그 당시의 가족관계는 더 전근대적이었다는 사실이다. Linker, Zur Neubestimmung der Ordnungsaufgaben im Erbrecht in rechtsvergleichender Sicht, 1999, S. 78 ff. Beckert(주 89), pp. 79 ff.은 그럼에도 각국 상속법이 오랫동안 개정되지 아니하고 그 제·개정을 둘러싼 담론이 큰 변화 없이 유지되어온 것을 상속의 기 능 내지 효과의 모호성과 문화에 터 잡은, '아날'학파적 '장기지속'으로 묘사한다.

3 참조)가 위 토지의 일부인 일도 많았다.

　　그러나 민법은 가산관념에 터 잡고 있지 아니하다. 가장뿐 아니라 모든 가족구성원이 권리능력과 (원칙적으로) 행위능력을 갖고 자기 재산을 보유하며, 부부재산도 각자 보유하고 행사함이 원칙(제830조)이다. 또한 상속개시 전 1년 또는 악의의 증여만 유류분에 산입(제1114조)함으로써 유류분법을 회피하기 위한 증여만 문제삼을 뿐 그 이외에는 피상속인의 자유로운 처분에 맡긴다.[115) 그리고 이러한 태도가 오늘날 가족관계와 사회의 변화방향과도 부합한다. 도시화와 산업화가 진행되어 인구의 다수가 도시로 이주하여 제조업이나 서비스업에 종사하고 가족 노동력을 활용하여 농·임업을 영위하는 일이 줄었을 뿐 아니라 핵가족화가 심화되었기 때문이다. 제정 민법이 시행된 1960년에는 전체 인구의 절반 가까이가, 유류분법이 시행된 1970년대 후반에는 전체 인구의 40% 가까이가 각 7인 이상 가구에 속하였으나, 2017년에는 전체 인구의 1% 미만만이 7인 이상 가구에 속한다. 1960년에는 전체 인구의 10% 미만, 1970년대 후반에는 전체 인구의 10% 남짓이 3인 이하 가구에 속하였으나 2017년에는 전체 인구의 절반 이상이 3인 이하 가구에 속한다.[116) 오늘날 분묘 등의 소유는 인근 토지 소유와 완전히 분리되는 것이 보통이고, 인근에 친족이 토지를 보유하고 있다 하더라도 그 명의인이 아닌 다른 친족의 노동력 등이 그 토지의 이용에 기여하는 일은 드물며, 그것이 그곳에 거주하지 아니하는 다른 가족의 공동재산이라는 의식도 희박하다. 대부분의 가족은, 필요한 경우 토지 등을 금전화하여, 이미 도시로 이주하였고, 그곳에서 확보한 주거와 직업도, 뒤에 보는 가족기업을 제외하면, 대

---

115) 가산관념에는, 프랑스민법처럼, 공동상속인에 대한 증여든 제3자에 대한 증여든 생전증여도 기간 제한 없이, 적어도 상당히 너그러운 조건 하에 유류분반환의 대상으로 삼는 것이 부합한다.

116) 통계청 홈페이지-주제별통계-인구·가구-인구총조사-가구부문-총조사가구 (1960년, 1975년, 2017년) 참조.

체로 대물림할 만한 것이 아닌 것이다. 가산관념은 더는 유류분법의 기초가 될 수 없다.117)

(2) 기여의 청산

오늘날 유류분법의 정당성 내지 기능의 첫 번째로 꼽을 만한 것은 오히려 기여의 청산이다. 여기에서는 문제를 다시 둘로 나누어볼 필요가 있다.

먼저, 배우자의 기여를 본다. 프랑스와 스위스에서는 배우자가 사망한 때에도 부부재산법에 의한 청산이 먼저 이루어진다. 부부공동재산 중 1/2이 일단 부부재산법에 의하여 청산된 뒤 나머지 재산에 대하여 배우자 상속이 일어난다. 반면, 미국 각 주 중 별산제를 취하는 주와 영국, 일본, 오스트리아 등에서는 배우자가 사망하면 이혼과 달리 부부재산법에 의한 청산은 인정하지 아니하고 전적으로 배우자 상속으로 처리하고 있다. 민법도 같다.

그 결과 피상속인이 생전증여나 특히 유증으로 배우자의 몫을 침해할 위험이 생긴다. 이는 재산분할청구권을 보전하기 위한 사해행위취소(제839조의3)를 인정하는 민법의 태도에 비추어보더라도 부당하다. 이러한 상황에서 유류분 중 배우자의 유류분에 관한 규정은, 거칠게나마 이혼시 재산분할에 준하는 혼인재산의 청산을 보장하는 기능을 한다. 부부재산제에 의한 청산과 배우자 상속을 결합하는 법제(미국 일부 주와 프랑스, 스위스)에서 후자는 유언에 의하여 배제될 수 있다는 의미에서 어느 정도 임의적이나 전자는 강행적이다(독일은 배우자 상속이 배제된 경우에 부부재산제가 개입한다). 혼인재산의 청산을 전적으로 배우자 상속에 맡기는 법제(미국 일부 주와 영국, 오스트리아, 일본)에서는 강행적이어야 할 부분의 강행성을 유류분법으로 확보한다.

---

117) Dauner-Lieb, "Das Pflichtteilsrecht-Ketzerische Fragen an ein altherwür-diges Institut", FF 2000, 110, 116 f.; dies, "Bedarf es einer Reform des Pflichtteilsrecht?", DNotZ 2001, 460, 465; A. Bauer(주 62), S. 228 ff.

헌법재판소가 유류분법의 기능과 관련하여 '상속재산형성에 대한 기여 보장'을 언급한 것도 그러한 취지로 이해하여야 한다.

주의할 점은 이때 배우자의 기여는 부부공동생활 자체를 가리킨다는 것이다. 민법이 별산제를 취하면서도 이혼시 재산분할청구권을 인정하는 것은 한편으로는 부부 간에는 혼인공동생활의 존속을 전제로 재산 혼융이 일어나는 일이 잦다는 측면을 고려한 것이지만, 다른 한편으로는 특히 전업주부 기타 가사에 더 많은 자원을 투입하는 일방(대개는 처)의 무형적 기여 내지 희생을 배려하기 위함이다.[118] 이러한 평가는 배우자의 유류분에도 이어져야 한다.[119] 배우자가 구체적으로 그 재산에 대하여 어느 정도의 기여를 하였는지가 아니라 사망시에도 이혼시와 같은 재산청산에의 기대를 가져야 한다는 점이 핵심인 것이다.

그렇다면 다른 가족 구성원의 기여는 어떠한가. 기여가 (묵시적) 근로계약이나 조합계약을 인정할 정도에 이른다거나, 부당이득반환청구권, 사무관리법상 비용상환청구권이 인정될 수 있는 정도에 이르면 채권법에 의하여 해결하면 되고, 상속법적 문제는 생기지 아니한다. 문제는 가족 간 노동력의 제공이나 요양 등은 대개 호의로 행해지는 것이어서 채권법적 청산대상이 되지 아니하는 일이 흔하다는 데 있다.[120] 그럼에도 가족 구성원으로서는 피상속인이 가령 상속에서 적절히 보답하리라는 기대를 할 수 있다. 이러한 기대는 다분히 윤리적 성격을 갖고 있어 보충적으로만 고려될 수 있으나, 또한 보충적으로는 고려함이 타당하다. 민법이 정하는 기여분(제1008조의2)이 그러하

---

118) 윤진수 편집대표 주해친족법[I], 2015, 377−378면(이동진 집필부분).

119) Foqué and Verbeke, "Towards an open and flexible imperative inheritance law", Castelien, Foqué and Verbeke (eds) Imperative Inheritance Law in a Late−Modern Society, 2009, p. 218.

120) 이동진(주 118), 196면; Gernhuber/Coester−Waltjen, Familienrecht, 6. Aufl., 2010, S. 179 f.

고, 비교법적으로도 이러한 해결이 보편적이다. 그러나 이처럼 이들의 기여의 고려가 피상속인의 의사에 반하지 아니하는 한에서만 이루어질 수 있다면, 피상속인의 의사를 거스르는 것을 그 본질로 하는 유류분의 기능이 되기는 어려울 것이다.

(3) 부양·생활보장

종래 유류분의 근거로 가장 많이 원용되어온 것은 부양·생활보장이다. 몇몇 견해가 언급한 사회정책도 결국 상속인들이 빈곤해지면 사회보장 등 국가부담이 증가하는데, 이는 이른바 공적 사회보장의 보충성에[121] 비추어 부당하거나 적어도 부적절하므로 피상속인의 사적 부양을 우선 관철하여야 한다는 의미를 포함하고, 결국은 피상속인의 부양·생활보장의무와 상속인들의 부양·생활보장의 필요성으로 되돌아간다. 헌법재판소도 유류분법의 첫 번째 목적으로 '유족의 생존권 보호'를 들고 있다.

그러나 이러한 설명이야말로 오늘날 그 타당성을 가장 의심받는 것이기도 하다.

첫째, 부양의무는 원칙적으로 부양의 필요를 요건으로 한다(제975조). 이를 판례와 학설처럼 이른바 생활유지적 부양과 생활부조적 부양으로 구분하여 전자에 대하여는 그 요건과 수준을 완화한다 하더라도,[122] 그 타당성은 동거부양을 받는 배우자와 미성년 자녀 정도에 국한된다. 이미 유류분을 도입할 당시인 1975년 내지 1977년 28세의 기대여명이 약 42년에 이르렀고, 2017년 28세의 기대여명은 56년에 이른다.[123]

---

121) 일반적으로는 정종섭, 헌법학원론 제11판, 2016, 240 – 241면 참조. 부양법과 관련하여서는 가령 이희배, "부양제도와 사적 부양법리의 재구성 — 사적 부양법리의 삼원론적 이원론을 중심으로 —", 민법전시행삼십주년기념 민법학의 회고와 전망, 1993 = 가족법학논집, 2001, 609면 이하.

122) 대법원 2012. 12. 27. 선고 2011다96932 판결. 상세한 것은 이희배(주 121), 606면 이하 참조.

123) 자료는 통계청 홈페이지 – 주제별통계 – 인구·가구 – 생명표 – 완전생명표(1세별)

평균 출산연령의 상승을 고려하더라도 오늘날 상속은 피상속인의 자녀들이 경제적으로 독립한 한참 뒤에 이루어지고, 다른 한편 피상속인은 과거와 달리 '은퇴' 후에도 약 30년을 더 생존하면서 이미 독립한 자녀와는 별거하여 (그동안 모은) 재산으로 생계를 유지하리라고 예상된다. '은퇴' 후 기간이 상당한 만큼 이미 독립한 피상속인의 자녀로서는 그 재산이 어느 범위에서 유지될지도 알 수 없다. 결국 피상속인 사망시 상속은 자녀에게 사후(死後)부양이라고 하기도 어렵다. 원래는 망외이나 사망이 임박해질수록 은근히 기대되는 이익에 가깝다.124)

둘째, 부양의무가 피상속인의 사후(死後)에도 그의 재산에 의하여 계속된다는 전제의 근거가 분명하지 아니할 뿐 아니라,125) 그것이 피상속인의 명시적 유증, 증여 및 특히 생전증여보다 우선할 근거도 찾기 어렵다. 부양청구권은 채권에 불과하여 피상속인의 증여로 높은 수준의 부양에 지장을 초래할 우려가 있다 하더라도 생전에 이를 막을 힘이 없다. 적어도 피상속인이 거액을 기부하여 자신의 생활수준을 변경하는 것은 그의 자유이다. 그러한 권리가 피상속인 사후에 이미 행해진 처분을 소급하여 실효시키는 힘을 갖는다는 것은 선뜻 납득하기 어렵다.

결국 부양·생활보장은 이미 이혼시 재산분할청구권의 연장선상에서 기여의 청산으로 설명한 배우자의 유류분을 정당화할 수 있을 뿐, 자녀 기타 친족의 유류분은 원칙적으로 정당화하기 어렵다.126) 나

참조.

124) A. Bauer(주 62), S. 232 ff.; Linker(주 114), S. 147 ff.
125) 이른바 추상적 부양청구권과 구체적 부양청구권의 구분에 터 잡아 부양의무의 상속성을 부정한 예로, 서울가정법원 2018. 1. 22.자 2016브30088 결정 참조. A. Bauer(주 62), S. 232 f.도 부양기능 논변에서 부양에 대한 배려는 법적 부양의무라기보다는 윤리(도덕)적 의무를 가리킨다고 한다.
126) 자녀의 유류분청구권의 기초가 배우자의 유류분청구권의 그것보다 약하고, 특히 피상속인의 재산이 상속받은 것이 아닌 스스로 일군 것일 때에는 더욱 그러하다는 지적으로, Foqué and Verbeke(주 119), pp. 218 f.

아가 현재와 장래, 특히 피상속인 사망 후에도, 공적 부조에 대한 사적 부양의 우위, 사회보장의 보충성이 강력하게 관철될 것인지에 대하여도 의문이 없지 아니하다.[127]

(4) 유언자유의 남용 통제

유류분의 근거 내지 기능에는 지금까지 검토한, 직접 상속재산의 일부를 파악할 만한 것 이외에 피상속인의 유언자유의 남용통제도 있다.

먼저 주목되는 것은 이른바 공동상속인 간 공평유지이다. 법정상속은 본래 피상속인의 추정적 의사에 터 잡고 있다. 오늘날 상속분이 균분으로 바뀐 것도 기본적으로는 그것이 피상속인의 추정적 의사에 부합하기 때문이다. 그러나 그러한 점만으로 정당화된다고 하기는 어렵다. 피상속인은 아마도 모든 공동상속인들을 고르게 배려할 것이지만, 다른 한편 그렇게 하여야 할 의무도 있다. 피상속인과 각 자녀 사이의 관계는 다를 수밖에 없으나 다소간의 양적·질적 차이에도 불구하고 피상속인이 자녀들을 차별하는 것은 바람직하거나 옳다고 할 수 없다. 피상속인이 명시하지 아니하는 한 재산을 가급적 균분하여 분산시키는 것이 사회정책적으로도 적절하다. 공동상속법이 균분상속으로 되어 있는 까닭이다.[128] 근래 유류분의 근거 내지 기능으로 꼽히고 있고 헌법재판소도 원용한 바 있는 '가족적 연대'도 비슷하다. 법정상속이 재산을 가까운 가족에게 우선 할당하는 것은, 그것이 피상속인의 추정적 의사에 부합하기도 하지만, 그와의 연속성의 재산적 확인이기도 하기 때문이다. 피상속인은 가족을 재산적으로 배려하게 마련이고, 다른 한편으로 그렇게 할 의무도 있다. 피상속인과 가족 사이의 연대관계에 비추어볼 때 그렇게 하지 아니하는 것은 비윤리적이

---

127) 사적 부양과 공적 부양의 병렬적, 일원적 관계에 대하여는 이희배(주 121), 610면 이하 참조.

128) Dutta, Warum Erbrecht?: Das Vermögensrecht des Generationenwechsels in funktionaler Betrachtung, 2014, S. 185 ff.; A. Bauer(주 62), S. 225 ff.

라고 여겨질 수 있다.

　물론, 이들은 기본적으로 윤리적 의무에 가깝다. 기본권에 속하는 피상속인의 유언(유증)의 자유를, 나아가 생전증여의 자유를 제한하면서까지 추구될 수 있는지에 대하여는 의문이 제기될 수 있다. 그러나 피상속인의 생존 중 재산처분의 자유와 사후 처분의 자유가 같은 정도로 보호될 수는 없다. 후자는 '아무 이유 없는' 무상 재산이전, 그것도 사후의 이전으로 처분자인 피상속인 자신에 대한 영향이 매우 작다. 윤리적 평가가 보다 적극적으로 개입될 수 있는[129] 까닭이다. 피상속인이 의무에 반하는 유언을 하였다면 그에 대하여 법적 제재를 가하는 것이 자연스럽다고 볼 수도 있다.

　다만 이러한 논거의 타당성이 제한적이라는 점 또한 간과할 수 없다. 가족적 연대는 오늘날 그러한 것을 기대할 수 있는 좁은 범위의 친족으로 제한된다. 부양도 직계혈족과 그 배우자를 제외하면 동거 중인 친족에 한하며(제974조), 오늘날 조부모와 손자녀 사이 등의 2대를 넘는 직계혈족 간 부양의무의 시대적합성도 논란이 되고 있다는 점을 고려하여야 한다. 공동상속인들 사이의 공평유지도 이 범위를 벗어나서는 설득력을 가지기 어렵다. 도대체 누군가에게 줄 의무가 있어야 그들에게 공평하게 줄 의무도 관념할 수 있다. 특히 여러 사정으로 피상속인과 상속인 사이의 가족적 연대가 깨어진 경우가 있고,

---

129) 같은 취지로, 박세민(주 53), 99-100면. 일본에서 감쇄청구의 소와 관련하여 권리남용항변이 제기되는 양상을 보더라도 이러한, 매우 윤리적인, 측면을 간취할 수 있다. 靑竹美佳, "遺留分制度の意義について－裁判例の分析による一考察", 水野紀子 編著 相續法の立法的課題, 2016, 213頁 以下. 이미 로마법과 전통법에서 '정신착란' 등의 의제적 구성을 통하여 윤리적 요소를 끌어들였다는 점도 참조. 전통법상 난명(亂命)은 거의 죽게 되어 정신이 혼미할 때에 하는 유언으로, 그 내용이 유언자의 진의로 볼 수 없다는 점에서 효력이 부인되었는데, 특히 자녀가 있는데도 다른 사람에게 유산의 대부분을 분여하는 경우 인정되었다. 신영호, 조선전기상속법제 — 조선왕조실록의 기사를 중심으로 —, 2002, 276-277면.

유류분이 문제되는 것도 주로 그러한 경우이다.[130] 이때 그의 배제가 당연히 비윤리적이거나 불공평하다고 하기는 어려울 것이다.[131]

다른 한편, 특히 가족적 연대가 완전히 깨어지지 아니한 상황에서 피상속인이 거액의 재산을 가족 중 1인 또는 제3자에게 남긴 경우에는 전형적으로 유언능력(과 공정증서에 의한 유언의 경우 구수)의 존부가 논란이 되곤 한다. 오늘날의 법 관념, 특히 새로운 성년후견법 하에서 의사능력 판단의 기능에 비추어볼 때 어느 정도의 판단 및 의사결정능력이 확인되는 한 함부로 유언을 무효로 할 수는 없을 것이다. 그럼에도 불구하고 사후의 일이라 더는 걱정할 필요가 없는 피상속인이 자신의 유언자유를 '과감하게', 혹은 '신중하지 아니하게' 행사할 가능성이 있다. 유류분법은 그로 인한 영향을 완화하는 기능을 할 수 있다.[132]

---

130) 이 점은 특히 피상속인이 공동상속인 아닌 제3자에게 유증을 한 경우에 두드러진다. 가령 서울고등법원 2006. 6. 14. 선고 2005나113562 판결에서는 아들 대신 손자에게 유증을 하였는데, 법정상속인인 아들은 1970년대 초 혼자 모로코로 가 해외에서 태권도 사범 등으로 활동하면서 생활해왔고, 2004. 9. 16. 선고 2004나9796 판결에서는 피상속인과 장기간 같은 주택에서 살아온 부부에게 유증을 하였는데, 법정상속인인 처는 결혼한 뒤 8개월만에 별거에 들어가 피상속인 사망시까지 이혼소송 중이었다. 서울지방법원 북부지원 1999. 1. 27. 선고 96가단37296, 46863 판결의 경우 피상속인과 불륜관계로 간병을 해온 제3자에게 거액의 재산을 유증하였는데, 법정상속인인 처와는 한 차례 이혼소송과 간통고소가 있었고 그로 인하여 피상속인이 복역하였다. 그러나 재혼가정에서도 종종 이러한 일이 생긴다. 피상속인이 전혼 자녀에게는 재산을 남기지 아니하고 후혼 자녀에게만 재산을 남기는 것이 전형적이다. 서울고등법원 2010. 11. 9. 선고 2009나104122 판결; 2010. 7. 21. 선고 2010나12489 판결; 서울지방법원 1999. 7. 21. 선고 97가합9067 판결 등. 그 밖에 피상속인이 혼중자인 딸들을 놓아두고 유일한 아들인 혼외자에게 증여 또는 유증을 한 예로, 서울남부지방법원 2005. 4. 28. 선고 2001가단21643 판결.

131) 가족적 연대가 유류분법에 의하여 달성될 수는 없고, 그것은 오히려 현실적인 가족관계의 산물일 뿐이라는, 매우 타당한, 지적으로 Beckert, "Familiäre Solidarität und die Pluralität moderner Lebensformen. Eine gesellschaftstheoretische Perspektive auf das Pflichtteilsrecht", Röthel (hrsg) Reformfragen des Pflichtteilsrechts, 2007, S. 6 ff.

132) 서울고등법원 2007. 7. 4. 선고 2006나21295, 21301 판결; A. Bauer(주 62), S.

앞서 본 바와 같이 이상의 기능 내지 복적은 이미 로마법에서부터 제시되어온, 그리고 우리 전통법도 인식하고 있던 유언자유의 제한의 기본논거이기도 하다.

2. 유류분법의 개선방안

(1) 일반·추상적 규율과 개별·구체적 규율의 결합

이상의 관점에 비추어볼 때 현행 유류분법의 구체적 모습이 그 제도목적 내지 정당성, 기능과 부합하는가 하는 점에는 의심이 있다. 이는 오늘날 변화한 가족생활과 사회에 비추어볼 때 더욱 두드러지지만 엄격한 가산관념을 벗어나는 한 이미 근대사회에서도 그러하였다.

그 이유와 그에 대한 대응의 관점에서 기본적인 문제 중 하나가 일반·추상적 규율과 개별·구체적 규율 사이의 선택이라고 보인다.

유류분법의 정당성의 기초와 기능 중 상당부분은 일응 개별·구체적 규율을 요구한다.[133)

가령 배우자의 기여의 청산의 경우 피상속인 명의의 재산 중에는 이혼시 재산분할의 대상이 되는 혼인공동재산과 그렇지 아니한 고유재산이 있고, 전자의 분할비율도 각자의 기여, 혼인생활의 기간, 별산제 하 부부 사이의 적극 및 소극재산의 분배 상태에 따라 달라질 수 있는데,[134) 배우자 상속과 유류분법은 혼인공동재산과 고유재산도 구분하지 아니한다.[135) 개별적으로는, 특히 재산이 매우 많은, 그리하여

---

227 ff. 참조.

133) Beckert(주 131), S. 17 f.(영국법과 같은 접근을 지지한다).

134) 이동진(주 118), 403-406면.

135) 이 점은 배우자 사망시 부부재산법에 의한 청산을 인정하지 아니하고 배우자 상속에 의하는 법제에 공통적인 것이나, 위와 같은 문제가 있다는 점 또한 부정할 수 없다. 미국의 개정 통일유언검인법(UPC)이 유류분비율을 혼인기간에 연동시키고 있는 것을 이러한 관점에서 이해할 수 있다. 일본 상속법 개정과정에서도 혼인공동재산과 고유재산을 나누는 방안이 검토된 바 있으나, 관철되지 못하였다. 우선 相續法制檢討ウーキングチーム報告書 [民法(相續關係)部會 參考資料

현행법상 재산분할비율이 상당히 낮은 사람의 경우 이혼시 재산분할과 배우자 유류분 사이에 큰 차이가 생길 수 있는데, 이는, 현행법상으로는, 유류분법의 일반·추상적 접근에서 비롯한다. 또한, 자녀들도 전혼의 경제적으로 독립한 성숙한 자녀와 후혼 또는 혼외의 미성숙의 자녀가 있고, 후자는 여전히 상당한 부양의 필요가 있는 경우가 있으며, 자녀들 중 일부가 중증 장애 등으로 인하여 특별한 부양의 필요를 갖고 있는 경우도 있다. 유류분법은 그러한 사정을 고려하지 아니할 뿐 아니라, 오히려 그러한 사정을 고려하여 이루어진 피상속인의 증여 또는 유증을 무력화시키기까지 한다.[136] 부양의 필요가 인정되는 경우에도, 이른바 생활유지적 부양의 관점에서도, 상속재산의 규모가 커지면 커질수록 그중 어느 정도가 상속인에게 유보되어야 부양이 이루어지고 생활이 유지될 수 있는지가 달라지게 마련인데, 유류분법은 그러한 사정도 무시한다.

　　피상속인이 생의 마지막 짧은 기간을 함께 한 불륜관계에 있는 애인에게 전 재산을 주는 것은 가족에 대한 배려를 결하였다는 점에서 비윤리적으로 보일 수 있을지 모르나, 거액의 재산을 갖고 있는 피상속인이 가족의 생활에 별 지장이 없을 정도의 재산만 가족에게 남기고 공익재단을 설립하여 공익을 추구하거나 기업승계를 위하여 적절한 가족 내 또는 외의 경영승계인을 찾고 그에게 주식 기타 지분 대부분을 넘겨주는 것은 오히려 장려할 만한 일이고 그다지 비윤리적이라고 보이지 아니한다. 유류분법은 그러한 사정도 고려하지 못한다.[137]

1], 2015, 7頁 以下.

136) 이러한 점에서 일률적인 유류분비율이 피상속인의 근친 부양에 대한 배려라는 윤리적 요청과 부합하지 아니한다는 지적으로, A. Bauer(주 62), S. 232 f.

137) Röthel, "Pflichtteilsrecht─anspruchsvolle Aufgaben für gute Gesetzgebung", Röthel (hrsg) Reformfragen des Pflichtteilsrechts, 2007, S. 295 ff.는 유류분법 개혁에 관한 비교법 및 학제적 논의를 종합하여 실제의 구체적 가족관계를 염두

　　이러한 관점에서 본다면 유류분법이 정당성 내지 기능에 부합하게 하기 위해서는 영국에서와 같이 전면적으로 개별·구체적 판단을 하게 하여야 하는 것 아닌가 생각할 수 있다.

　　그러나 전면적인 개별·구체적 규율에는 단점도 존재한다. 일일이 재판을 거쳐야 하므로 그 관리비용이 크게 증가한다. 이는 배우자 유류분의 경우에 상당한 문제가 될 수 있다. 나아가 무엇보다도 유언자유의 남용을 통제하는 기능이 크게 위축된다. 개별·구체적 규율을 취하는 경우 청구인, 즉 권리자가 유언자유의 남용을 주장·증명하여야 한다. 그 결과 대부분의 경우 부양의 필요가 있다는 점, 가족적 연대와 공동상속인 간의 공평에 대한 부당한 침해라는 점 등을 일일이 주장·증명하지 못하여 사실상 피상속인의 유언자유가 우선하는 결과를 낳는다.

　　이들 장·단점 중 어느 것을 더 중요하게 고려할 것인가 하는 점은 그 사회의 상속 및 유언 현실과 관련되어 있다. 다만, 민법이 유류분제도를 도입한 주된 (정치적) 동기에 남녀평등이 있고, 갈수록 증가하고 있는 유류분 분쟁[138] 중 압도적인 다수가 피상속인이 아들과 딸 사이에 차별을 하였거나, 농업이나 기업승계를 목적으로 하지 아니함에도[139] 장자를 압도적으로 우대한[140] 데 대한 대응이라는 점에서 유

에 두는 것과 함께 위 두 이익을 고려하는 것을 그 주된 방향 내지 흐름으로 파악하고 있다.

138) 2002년 전국 법원에 접수된 유류분반환청구사건의 수는 69건이었는데, 그로부터 14년 뒤인 2016년 전국 법원에 접수된 유류분반환청구사건은 1,091건으로 15배 늘었다. 주간동아 987호(2015) ＝ http://weekly.donga.com/List/3/all/11/99306/1 (최종방문일 2019. 1. 20.); 중앙SUNDAY 2017. 5. 28.자 ＝ https://news.joins.com/article/21613771(최종방문일 2019. 1. 20.). 사법연감은 유류분반환청구사건에 관한 통계를 따로 제공하지 아니한다.

139) 법고을LX 또는 대법원 종합법률정보에서 '유류분'으로 검색되는 2018. 12. 31.까지 선고 또는 고지된 재판 약 100건의 대부분에서 목적물은 부동산이었고, 주식 등이 문제된 예는 대법원 2002. 4. 26. 선고 2000다8878 판결 등 극소수에 그쳤다.

140) 중앙SUNDAY는 2017년 서울중앙지방법원 등 수도권 7개 법원과 5대 광역시 소

언자유의 남용에 대한 일반·추상적 규율을 포기하고 전면적인 개별·구체적 규율로 전환하는 것은 다소 성급해 보인다. 그렇다면 일응 일반·추상적 규율을 유지하되 개별·구체적 예외를 허용하는 등으로 그 부작용을 완화하는 것이 현실적인 개선방안이 될 것이다.[141]

이하에서는 이러한 관점에서 구체적인 개선방안을 다루기로 한다.

(2) 유류분권자의 범위축소와 유류분비율의 조정

먼저, 유류분권자를 축소할 필요가 있다. 배우자와 자녀의 유류분은 각각 기여청산과 유언자유남용의 견제라는 관점에서 유지함이 상당하나 손자녀를 포함한 자녀 이외의 직계비속과 기타 친족, 즉 직계존속, 형제자매의 유류분은 폐지하여야 한다. 기본적으로 대습상속의 문제이지만 사위나 며느리의 유류분도 같다.[142] 오늘날 가족생활과 사회현실에서 배우자와 자녀 이외에 피상속인의 의사에 반하여 일반적으로 상속재산을 받아야 할 사람은, 기여청산, 부양·생활보장, 가족적 연대의 유지·강화, 유언자유의 남용 어느 관점에서도, 존재하

재 법원에서 선고된 유류분반환청구사건 판결문 107건을 분석한 바 있는데, 총 피고 178명 중 아들, 딸, 손자, 형제 중 어디에도 해당하지 아니하는 사람은 31명으로 17%에 불과하고, 원고가 소송을 낸 이유도 불공평한 생전증여가 76%, 유증이 14%, 합계 90%에 이른다. 위 중앙SUNDAY 2017. 5. 28.자. 법고을LX 또는 대법원 종합법률정보에서 '유류분'으로 검색되는 2018. 12. 31.까지 선고 또는 고지된 재판 약 100건을 검토하여 보아도, 대부분의 사건의 당사자는 피상속인의 자녀들이고 혼중자와 혼외자, 전혼 자녀와 후혼 자녀가 다투는 일부 사건을 제외하면 대체로 아들들에게 더 많이 증여하여 딸들이 소를 제기하였거나 장남 등에게 대부분을 증여하여 다른 자녀들이 소를 제기한 사건이다. 한편, 중앙SUNDAY 조사결과에서는 피고가 부모로부터 받은 생전증여와 유증의 평균액이 약 20억7천만 원에 이르러, 원고가 받은 생전증여 및 유증의 평균액 약 2억4천만 원을 크게 초과하였다고 한다.

141) 헌법재판소가 유류분의 정당성 내지 기능과 관련하여 마지막으로 언급한 '법적안정성'을 이와 같은 취지에서 이해할 수 있을지 모른다. 기본적으로 비슷한 취지로, Foqué and Verbeke(주 119), pp. 217 ff.

142) 이는 보다 일반적으로 사위나 며느리에게 대습상속권을 인정한 것 자체가 의문스럽다는 점과 관계되어 있다.

지 아니한다. 그리고 바로 그러한 점이 오히려 분쟁을 위한 분쟁의 소지를 높인다. 비교법적으로도 — 자녀 이외의 직계비속의 유류분을 제외하면 — 이러한 접근이 지지를 받고 있다.[143]

다음, 유류분비율을 조정할 필요가 있다.

첫째, 배우자의 유류분이 상향되어야 한다. 혼인기간이 충분히 긴 경우 혼인공동재산의 50%에 이르곤 하는 이혼시 재산분할과 균형을 맞추어야 하기 때문이다. 다만, 몇몇 나라에서와 같이 이를 부부재산법에서 해결하는 경우 유류분법과는 무관해진다. 또한 배우자 상속분 자체를, 가령 상속재산의 1/2로 인상하는 경우, 그에 더하여 유류분비율을 올려야 하는지는 신중히 검토하여야 할 것이다.

둘째, 유류분비율 일반을 조정하는 것을 검토하여야 한다. 배우자와 자녀의 경우 법정상속분의 1/2로 되어 있는데, 종종 과도하므로 이를 완화할 길을 열어주는 것이 바람직하다. 크게 두 가지 방법을 생각할 수 있다. 하나는 공익 목적의 증여, 기업승계 등 정당한 동기가 있는 경우,[144] 나아가 부양의 필요가 없거나 유류분권리자의 책임으로 가족적 연대가 깨어진 경우에 일률적으로 또는 법원재량으로 유류분을 감액할 수 있게 해주는 것이고, 다른 하나는 법정상속분 내지 상속재산의 규모에 유류분비율을 연동시키는 것이다. 전자는 가족적 연대나 부양의 필요의 부존재 이외의 사유로 감액을 허용하는 이론적 근거가 분명하지 아니하고, 가족적 연대나 부양의 필요의 존부를 전

---

143) 다만, 유류분 분쟁은 대부분 공통의 부모 하 또는 혼인 중과 혼인 외의 자녀들 사이에 벌어진다는 점에서 이러한 개선의 현실적 영향은 크지 아니할 것이다.

144) 윤상현 의원이 대표발의한 민법 일부개정법률안(의안번호 398호)은 제1112조 제2항에 '제1항에도 불구하고 상속재산의 전부 또는 일부를 공익 목적으로 기부하는 경우 상속인의 유류분'을 직계비속과 배우자의 경우 1/3, 직계존속과 형제자매의 경우 1/4로 각 감축하는 것을 내용으로 한다. 이 법안은 현재 계속 중이다. 그러나 이처럼 공익 목적의 증여에 대한 특례를 인정하는 데 대하여 회의적인 것으로, 고상현, "유류분제도와 공익출연", 가족법연구 제24권 제3호(2010), 242면 이하(보다 일반적인 유류분 제한으로 해결하여야 한다고 한다).

면적으로 고려하거나 나아가 감액비율도 법원의 재량에 맡기는 경우
사실상 개별·구체적 판단 모델이 된다는 점에 문제가 있다. 그러한
사정은 감액사유가 아닌 유류분박탈사유로 삼아 피상속인의 의사에
맡기는 쪽이 바람직하다고 보인다. 후자는 법정상속분이 10억 원을
초과하면 그 초과분의 유류분비율은 1/4로 감축하는 것과 같은 접근
이다. 지금까지 논의된 바 없는 듯한데, 이혼시 재산분할과의 균형,
공익 목적의 증여나 기업승계를 어느 정도 배려하면서도 흔히 문제되
는 아들, 딸 차별이나 장자 우대에 대하여 현행법과 같은 견제기능을
유지할 수 있다는 점에서 다른 대안과 선택적 또는 중첩적으로 검토
해볼 만하다.

또한, 앞서 본 바와 같이 가족적 연대가 깨어진 경우 피상속인의
의사에 따른 유류분박탈의 도입을 고민하여야 한다. 이때에는 상속권
박탈로 구성하는 방법과 유류분 박탈로 구성하는 방법이 있는데, 유
언에 의한 상속인지정이 인정되지 아니하는 현행법상으로는 상속권
박탈로 구성함이 타당하다.[145] 가족적 연대가 없거나 깨어졌다면 그
책임이 누구에게 있는지 살펴야 하므로, 박탈은 재판에 의하여야 한
다. 오늘날에는 비교법적으로도 그러한 접근이 일반적이다.

끝으로, 독일민법과 같이 추정상속인 중 상속결격이나 상속권 박
탈, 상속포기 등으로 배제된 사람은 유류분 계산과 관련하여 존재하
는 것으로 간주하는 규정을 두는 것이 좋겠다. 가산관념 및 유류분/자
유분 관념을 부인하는 한 다른 추정상속인의 개인적 사정에 해당하는
상속결격, 상속권 박탈, 상속포기를 이유로 유류분을 증가시킬 근거

---

145) 윤진수, 친족상속법강의 제2판, 2018, 327면 이하. 한편 이언주 의원이 대표발의
한 민법 일부개정법률안(의안번호 14427호)은 제1112조 제2항으로 '피상속인의
재산의 형성 또는 유지에 기여가 없는 직계비속이 피상속인의 사망 전 10년 이상
피상속인과 연락을 단절하여 피상속인이 그 주소, 거소 및 연락처를 알 수 없는
경우에는 피상속인은 유언으로 제1항제1호의 유류분을 상실시킬 수 있다'는 규정
을 삽입할 것을 제안한다. 이 법안 또한 현재 계속 중이다.

가 없다. 그만큼은 피상속인의 처분자유를 확대함이 타당하다.

(3) 유류분의 계산과 절차

유류분의 계산과 관련하여서는 특별수익과 기여분이 문제가 된다.

먼저, 공동상속인에 대한 특별수익을 본다. 생전증여는 상속개시 전 1년 이내에 행해졌거나 당사자 쌍방이 악의인 때에 한하여 유류분 산정의 기초가 되는 재산에 산입된다(제1114조). 이는 유류분을 원칙적으로 유언자유에 대한 제한으로 파악하고, 생전증여는 그 권리자의 자유로 두되, 유류분법을 회피할 목적으로 하는 생전증여만을 통제하고자 함이다. 그 자체 합리적인 점이 있고, 로마법－독일법계 유류분법에서는 흔한 태도이기도 하다.146) 반면 판례·통설은 공동상속인에 대한 특별수익인 증여는 제한 없이 산입하여 반환대상으로 삼는다. 실정법상으로는 제1118조가 제1008조를 준용하고 있음을 든다. 그러나 해석상 특별수익에 제1114조를 중복 적용하는 것이 배제되지는 아니하고, 입법상으로는 더욱 그러하므로, 좀 더 중요한 것은 실질적 내지 초실정법적 근거이다. 이와 관련하여 헌법재판소는 제1114조의 기준을 특별수익에도 적용한다면 "유류분권리자의 지위를 매우 불안정하게 하고, 공동상속인 상호간의 공평에도 반할 뿐만 아니라 유류분제도 자체를 유명무실하게 만들 우려가" 크고, "유류분, 특별수익분은 모두 각 상속인의 구체적 상속분을 산정하기 위한 하나의 절차이"므로 양자의 기준이 같아야 한다고 한다. 학설도 대체로 공동상속인 간의 공평유지를 근거로 든다.

위 두 논거 중 뒤의 논거는 명백히 부당하다. 구체적 상속분은 현존하는 상속재산을 분할할 때 실제 적용되는 기준을 말하고, 특별수익은 그 과정에서 쓰이는 도구개념임에 틀림없으나, 유류분은 상속재

---

146) 그 결과 제3자에 대한 유류분반환청구사건에서는 거의 전적으로 유증과 사인증여가 문제되고 있고 생전증여는 거의 문제되지 아니하는 형편이다.

산분할과 무관한 별개의 권리로써 이미 준 것의 반환까지 허용할 뿐 아니라 반환된 재산도 상속재산이 아닌 고유재산이므로[147] 구체적 상속분과 무관하다. 제3자에 대한 증여를 유류분산정의 기초재산에 매우 제한적으로만 산입하는 제1114조를 둔 민법에서 상속재산에서 분할받을 재산과 유류분을 합쳐 일종의 실질적 의미의 구체적 상속분을 관념하는 것도 그다지 일관된다고 보이지 아니한다. 그것이야말로 우리 법이 받아들이지 아니하였을 뿐 아니라 점차 낡아가는 게르만－프랑스법적 접근이다. 그러나 앞의 논거에는 음미할 만한 점이 있다. 헌법재판소에서 지적한 바와 같이 제1114조를 공동상속인에 대한 증여에도 적용한다면 유류분법의 유언자유남용, 특히 자녀차별에 대한 견제기능은 유명무실해질 것이다.[148] 배우자 유류분을 제외하면 유류분의 현실적으로 가장 큰 기능이 이 부분에 있으므로, 유류분을 두는 한 차별견제기능도 유지하는 것이 일관된다. 생전증여의 산입범위의 불균형으로 인한 문제는 뒤에 보듯 공동상속인 수증자, 수유자를 제1차적 반환의무자로 함으로써, 거래안전은 반환방법을 가액반환으로 함으로써 해결할 수 있다.

그렇다면 특별수익인 생전증여는 어떠한 제한도 없이 산입하여야 하는가. 기본적으로 입법적 선택의 문제이나, 분쟁이 지나치게 복잡해지지 아니하도록 상속의 선급으로 해석되는 경우 이외에는[149] 상속

---

147) 윤진수(주 145), 587－588면. 또한 정구태(주 43), 66면 이하도 참조. 그러나 유류분반환청구권을 행사한 결과 반환된 재산이 상속재산이라거나 한정승인을 한 경우에는 상속재산이라는 견해도 있다.

148) 판례는 제1114조의 '악의'가 인정되려면 '증여 당시 증여재산의 가액이 증여하고 남은 재산의 가액을 초과한다는 점을 알았던 사정뿐만 아니라, 장래 상속개시일에 이르기까지 피상속인의 재산이 증가하지 않으리라는 점까지 예견하고 증여를 행'하였어야 한다고 한다. 대법원 2012. 5. 24. 선고 2010다50809 판결. 수긍할 수 있는 접근이나, 사망에서 멀어지면 멀어질수록 쌍방 악의가 인정되기 매우 어려워질 것임을 예상할 수 있다.

149) 이 글의 범위는 아니나, 상속재산분할에서 특별수익은 피상속인의 추정적 의사에 터 잡고 있으므로 상속의 선급으로 볼 수 없는 경우, 특히 피상속인이 조정을 면

개시시로부터 5년 또는 10년 이내의 증여로 제한하는 것이 바람직할 것이다. 나아가 특별수익의 가액산정의 시기를 증여시로 하여야 하는지는 의문이다. 과거와 달리 시가가 상승하기만 하는 것이 아니라 하락하기도 하므로, 제반 사정을 고려한 좀 더 섬세한 법리의 발전을 기대하고 판례·학설에 맡기는 쪽이 나을 것이다.

다음, 기여분을 본다. 제1118조는 제1008조의2를 준용하지 아니하고 있고, 절차법상으로도 유류분반환청구와 관련하여 기여분의 결정을 구할 방법이 없다는 이유로 판례와 일부 학설은 유류분에서 기여분의 고려를 전적으로 배제하고 있다. 일본민법상으로는 그것이 입법의도이기도 하다고 설명된다. 그러나 기여분권리자가 유류분반환청구를 당하는 경우 기여분으로 받은 것이거나 기여분의 범위에서는 더 받아야 하므로 반환할 수 없다는 항변을 할 수 있게 해줌이 타당하다. 실무적으로 유류분분쟁 중 상당한 비중을 차지하는 자녀 중 1인이 중요 재산 전부를 증여받은 사안에서는 종종 기여분 주장이 제기되고 있고, 이는 그 자녀 중 1인이 피상속인을 상당기간 동거부양하거나 피상속인의 사업에 장기간 참여해왔기 때문으로 보인다.150) 이 경우 기여분만큼 더 받는 것을 유류분법으로 막는다면 명백히 불공평하고

제한 경우에는 특별수익으로 산입하지 아니함이 바람직하고, 비교법적으로도 거의 일치된 태도이다. 현행법상으로도 그러한 해석이 불가능하지 아니하다고 보인다. 다만, 유류분법과 관련하여 이를 어떻게 고려할 것인가 하는 점은 별개의 문제이고, 비교법적으로도 다투어지는데, 적어도 기간제한 없는 산입은 조정의 대상이 되는 특별수익으로 제한하여야 할 것이다.

150) 이와 관련하여 부산지방법원 동부지원 1993. 6. 17. 선고 92가합4498 판결은 부(父)의 그릇장사와 국수공장 운영을 돕고, 그 사망 후 노인성치매와 혈관질환을 앓던 모(母)를 8년 간 동거부양 및 간병해온 장남을 상대로 모(母) 사망 후 이미 10년도 더 전에 행해진 증여를 들어 유류분반환청구를 하는 것은 신의칙에 반하여 허용될 수 없다고 한 바 있다. 그러나 위 판결 이외에는 신의칙을 들어 유류분반환청구를 기각한 예를 찾기 어려운데, 이는 대체로 동거부양과 요양간호에 터 잡은 기여분 주장이 없어서가 아니라 그러한 주장이 확립된 판례에 반하여 법률상 허용되지 아니한다는 이유로 배척되고 있기 때문이다.

불합리한 것이다. 실체법적으로는 유류분반환청구에서 기여분 공제의 항변을 허용하고, 이 맥락에서 기여분을 유증을 공제한 순상속재산(제1008조의2 제3항)이 아닌 그것에 당해 유류분권리자에 대한 특별수익을 가산한 범위에서 인정하며, 기여분은 유류분산정의 기초재산에서 제외하도록 함으로써 이러한 결과를 달성할 수 있다. 절차적으로는 기여분 결정을 별도의 부수적 가사비송사건으로 하는 대신 상속재산분할심판이나 유류분반환청구 등 재판의 전제로 당해 사건 관할법원이 정할 수 있게 함으로써 이를 뒷받침하는 것이 바람직하다. 이를 위하여 유류분반환사건을 가정법원의 전속관할로 할 필요가 있다. 하나 남는 문제는 기여분권리자가 유류분권자인 경우 그의 유류분에 기여분을 가산할 것인가 하는 점이다. 제1008조의2의 해석상 그와 같은 처리가 곤란하다는 데는 의문이 없으나,[151] 입법론은 별개이다. 기여분은 실질적으로 기여분권리자의 몫이지 진정한 의미의 상속재산이 아니므로 유류분산정의 기초재산에서 제외하여야 하고 그 결과 총 유류분이 감소하는 것도 당연하다고 할 수 있을지 모른다. 그러나 이는 기여분권리자가 그만큼 따로 더 받아가는 것을 전제한다. 그러므로 유류분에 의하여 그의 기여분이 무력화되지 아니하도록 기여분권리자인 유류분권자의 유류분액에 기여분을 가산하는 규정을 두는 것이 바람직하겠다.

(4) 반환방법

그리고 반환방법을 가액반환으로 전환하여야 한다. 무엇보다도 원물반환은 아직까지 유류분반환 사건의 다수를 점하고 있는 부동산 증여에서 이미 갈등관계에 있는 당사자 사이에 복잡한 공유관계를 발생시키기 때문이다. 재판실무상으로는 이를 피하기 위하여 조정 등으

---

151) 윤진수(주 145), 599면은 기여분 공제설을 따르되 기여상속인의 유류분에 기여분을 가산할 필요가 없다고 한다.

로 해결하는 예가 상당수 있다고 하나, 불필요한 거래비용(transaction costs)을 초래한다. 기업승계가 불안해지는 문제도 간과할 수 없다. 현행법상으로도 피상속인은 각 상속인이 취득할 재산을 증여나 유증으로 정해줌으로써 유류분 부족을 피할 수 있으므로 상속인의 상속재산 원물(지분)취득에의 기대 내지 이익은 보호가치가 높지 아니하다. 비교법적으로도 로마－독일법이나 영미법은 물론 게르만－프랑스법계 유류분법도 오늘날에는 가액반환을 전면에 내세우는 경향이 있다. 이와 같이 하는 경우 드물게 발생하는 목적물의 제3취득자의 거래안전을 해하는 문제도 자연스럽게 해결된다. 유증이나 사인증여가 유류분을 침해하는데 아직 이를 이행하지 아니한 경우에도 수유자나 수증자로 하여금 유류분침해액을 지급하는 대신 유증이나 사인증여의 이행을 구하는 것과 유류분침해액을 제외한 나머지 유증 또는 사인증여의 이행만을 구하는 것 중 하나를 선택할 수 있게 해줌이 상당하다. 이처럼 가액반환을 원칙으로 하는 한 이행거절권을 명문화할 필요는 없을 것이다.[152]

　　그런데 이처럼 가액반환을 원칙으로 하는 경우 수유자나 수증자가 유증이나 증여의 목적물을 금전화하여야 하므로, 가업(家業)의 영위, 경영권 유지, 주거의 안정 등에 문제가 생길 수 있다. 그러므로 독일과 오스트리아에서와 같이 재판으로, 필요하다면 담보를 제공하거나 설정하게 하고, 지급유예를 구할 수 있도록 보완할 필요가 있다.

　　반환순서는 어떠한가. 로마－독일법계처럼 공동상속인에 대한 증여든 제3자에 대한 증여든 제1114조의 한도 내에서, 즉 유류분법을 회피하려는 증여로 간주할 수 있는 경우에 한하여 반환의 대상으로

---

152) 원물반환을 원칙으로 하는 경우에도 명문 규정이 있어야만 이행거절권이 인정되는 것은 아니었다. 다만, 이행거절권을 규정하는 경우 유언의 집행은 공동상속인이 아닌 유언집행자가 하는 것이므로, 이행거절권에 터 잡은 유언집행에 대한 이의를 규정함이 바람직하다.

삼는다면 생전증여의 경우 시간의 역순으로 반환하게 함이 타당하고, 게르만 – 프랑스법계처럼 자유분 개념에 터 잡는 경우에도 뒤의 증여가 자유분을 초과하여 무효이므로 시간의 역순으로 반환하게 함이 타당하다. 비교법적으로 그러한 접근이 널리 보이는 까닭이 여기에 있다. 그러나 유류분법에 공동상속인들 사이의 공평을 유지하는 기능을 부여하고 특별수익을 제3자 증여보다 더 넓은 범위에서 산입한다면 적어도 공동상속인에 대한 증여는 가액에 비례하여 반환하게 하는 것이 체계정합적일 수 있다. 좀 더 중요한 점은 반환의무자이다. 로마 – 독일법계 및 영미법계에서와 같이 원칙적으로 상속인인 수증자, 수유자가 반환하게 하고 그것으로 부족한 경우에 한하여 보충적으로 제3자인 수증자, 수유자가 반환하게 함이 타당할 것이다.

현행법의 유류분반환청구권 행사기간은 유류분침해사실을 안 날로부터 1년, 상속개시시부터 10년으로, 비교법적으로 장기시효는 다소 긴 편에, 주로 문제되는 단기시효는 상당히 짧은 편에 속한다. 실제 분쟁 중에도 1년의 단기시효를 가까스로 넘겨 유류분반환청구가 기각된 예가 있는데,[153] 지나치다고 보인다. 판례는, 논리적으로는 선뜻 납득할 수 없는, 의사표시에 의한 시효중단을 인정함으로써[154] 이 문제를 다소 완화하고 있으나, 그 대신 의사표시 해석이라는 다툼의 여지가 많은 영역을 여기에 끌어들이는 결과가 된다. 청구권설 – 가액반환을 취하는 한 이러한 접근은 부자연스러운 것이기도 하다. 장단기시효를 5년, 2년 정도로 하는 것이 좋을 것이다.

(5) 기　　타

끝으로, 비교법적으로는 유류분권의 계약에 의한 사전포기를 인정하는 예가 많고, 우리나라에도 이를 도입하여야 한다는 주장이 있

---

153) 가령 대법원 2001. 9. 14. 선고 2000다66430, 66447 판결.
154) 대법원 1995. 6. 30. 선고 93다11715 판결 등.

다. 이를 도입하는 경우 우리의 공증현실과 유류분권 사전포기의 중
요성에 비추어볼 때 프랑스처럼 공증을 받게 하는 것보다는 일본처럼
가정법원의 허가심판을 받게 하는 쪽이 바람직할 것이다. 다만, 사전
포기는 약간의 예측가능성을 확보하는 정도의 기능밖에 하지 못한다
는 점에 주의하여야 한다. 유류분권자가 대가없이 유류분권을 사전포
기한다면 그것은 피상속인 등의 압박에 의한 것이기 쉽고, 그럼에도
불구하고 가정법원이 이를 허가한다면 이는 숨은 유류분박탈에 다름
아니기 때문이다. 그러므로 사전포기의 도입이 다른 개혁의 필요성을
감소시키는 것은 아니다.

V. 결　론

　　민법에 유류분을 도입한 1977년은 외국에서 유류분법이 현대 가
족관계와 사회에 맞지 아니한 것 아닌가 하는 의문이 제기되기 시작
한 시점과 가까웠다. 입법자는 유류분법을 법정상속에 있어서 남녀평
등의 관철과 연결지어 생각하였고, 이 점은 민법 제정 당시부터 유류
분법의 도입을 주장하던 여성계의 접근과도 일치하였으나, 정작 우리
가 도입한 유류분법 규정은 여러 모로 가(家) 관념의 영향 하에 있었
던 일본민법의 그것이었다. 1960년과 1970년대 후반 사이의 가족관계
의 변화도 상당하였지만, 통계상 확인되는 1970년대 후반과 현재 사
이의 가족관계의 변화 내지 차이야말로 엄청난 것이어서, 더는 가(家)
관념에 터 잡은 유류분법을 유지할 수 없는 것 아닌가 하는 의문이
제기된다. 그 밖에 우리 유류분법에는 입법적 과오로 인하여 해결하
기 어려워진, 그러나 명백히 부당한 부분도 있다. 그 사이 외국의 유
류분법도 지속적으로 개정되어왔고, 특히 근래 몇 년 사이 개정이 잦
았는데, 그 대체적인 방향은 유류분의 축소와 가족관계 실질의 고려,
금전채무로의 전환 등이었다. 이러한 점은 로마-독일법형 유류분제

도뿐 아니라 게르만─프랑스형 유류분제도에서도 두드러졌다. 유류분을 아예 폐지하거나 개별적인 사정에 따라 예외적으로만 인정하는 영미와 같은 근본적 개혁은, 아직까지도 아들과 딸을, 또는 장남과 다른 자녀들을 체계적으로 차별하는 증여나 유증이 상당수 있고, 유류분분쟁이 이를 견제하는 기능을 하고 있는 것으로 보인다는 점에서, 주저되는 바 있다. 상속법을 포함하여 가족법은 종종 한 사회의 가족질서와 양성평성에 관하여 일정한 모범을 제시하는 기능을 해왔고, 우리 유류분법은 정확히 그러한 점을 의도한 것이기도 한데, 아직 그 정치적 결단의 적실성을 잃었다고 할 정도는 아니기 때문이다. 그러한 개혁은 실현가능성도 높지 아니할 것이다. 그러나 적어도 여러 구체적 사정을 반영하여 유류분법을 축소하고 유연화하는 전면적 개혁은 가능하고 또 필요할 것이다.

▧ 참 고 문 헌

가사소년제도개혁위원회 자료집(Ⅱ) : 전체위원회, 제1 · 2 · 3 · 특별분과위
　　원회 회의결과 및 회의자료, 2005

고상현, "유류분제도와 공익출연", 가족법연구 제24권 제3호(2010)

곽동헌, "유류분제에 관한 몇 가지 문제", 경북대 법학논고 제12집(1996)

곽윤직, 상속법 개정판, 2004

김능환, "유류분반환청구", 재판자료 제78집, 1998

김민중, "유류분제도의 개정에 관한 검토 — 외국의 유류분제도와의 비교
　　를 중심으로 —", 동북아법연구 제4권 제2호(2010)

김상용, "변화하는 사회와 상속법 — 자녀의 유류분을 중심으로 —", 민사
　　판례연구[XXXVIII](2016)

김용한, "상속분의 조정과 유류분제도", 사법행정 제19권 제2호(1978)

＿＿＿, "현행상속법상의 특수문제" 건국대 학술원 학술지 제3집(1961)

＿＿＿, 한국 상속법초안의 비교법적 고찰 (초안수정을 위한 일시도) (서울
　　대학교 법학석사학위논문), 1957

김주수 · 김상용, 친족 · 상속법 제14판, 2017

김형석, "유류분 반환과 부당이득", 민사판례연구[XXIX](2007)

박세민, "유류분제도의 현대적 의의", 일감법학 제33호(2016)

변동열, "유류분 제도", 민사판례연구[XXV](2003)

소재선 · 김대경, "유럽국가들의 유류분권 회피수단에 관한 고찰", 단국대
　　법학논총 제37권 제3호(2013)

신영호, 조선전기상속법제 — 조선왕조실록의 기사를 중심으로 —, 2002

오병철, "기여분과 유류분의 관계에 관한 연구", 가족법연구 제31권 제1호
　　(2017)

윤진수, "상속법의 변화와 앞으로의 과제", 청헌 김증한 교수 30주기 추모
　　논문집 우리 법 70년 변화와 전망. 사법을 중심으로, 2018

＿＿＿, "상속제도의 헌법적 근거", 헌법논총 제10집(1999) = 민법논고 Ⅴ,

2011

_____, "유류분 침해액의 산정방법", 서울대 법학 제48권 제3호(2007) = 민법논고[Ⅶ], 2015

_____, "유류분반환청구권의 성질과 양수인에 대한 유류분반환청구", 전남대 법학논총 제36권 제2호(2016)

_____, 친족상속법강의 제2판, 2018

이경희, 유류분제도, 1995

이은영, "유류분의 개정에 관한 연구", 가족법연구 제18권 제1호(2004)

이은정, "공동상속인간의 유류분 반환청구에 관한 소고", 경북대 법학논고 제43집(2013)

이진만, "유류분의 산정", 민사판례연구[XIV](1997)

이희배, "부양제도와 사적 부양법리의 재구성 — 사적 부양법리의 삼원론적 이원론을 중심으로 —", 민법전시행삼십주년기념 민법학의 회고와 전망, 1993 = 가족법학논집, 2001

임채웅, "기여분 연구", 민사재판의 제문제 제19권(2010)

전경근, "유류분제도의 현황과 개선방안 — 유류분의 산정을 중심으로 —", 가족법연구 제32권 제2호(2018)

정광현, 한국가족법연구, 1967

정구태, "2015년 상속법 관련 주요 판례 회고", 사법 제35호(2016)

_____, "공동상속인 간에 있어서 유류분반환을 고려한 상속재산분할의 가부 — 종래의 통설에 대한 비판적 검토 —", 인하대 법학연구 제12권 제3호(2009)

_____, "공동상속인 간의 유류분 반환과 특별수익", 가족법연구 제24권 제3호(2010)

_____, "유류분반환에 관한 제문제", 이화여대 법학논집 제18권 제1호(2013)

_____, "유류분제도의 존재이유에 대한 현대적 조명 — 유류분제도 비판론에 대한 비판적 검토 —", 단국대 법학논총 제33권 제2호(2009)

_____, "한국 유류분제도의 법적 계보 — 로마법상 유류분제도와 게르만법

상 유류분세도에 대한 법사학적 고찰 —", 민사법연구 제20집(2012)

정종섭, 헌법학원론 제11판, 2016

최금숙, "가족법 개정에서의 몇 가지 고찰", 아세아여성법학 제19호(2016)

최준규, "유류분 제도는 존속되어야 하는가?", 윤진수·한상훈·안성조 대
　　표편집 법학에서의 위험한 생각들, 2018

____, "유류분과 기업승계— 우리 유류분 제도의 비판적 고찰—", 사법
　　제37호(2016)

____, "유류분과 기여분의 관계", 저스티스 통권 제162호(2017)

한민구, "민법 제1115조에 의한 유류분의 보전과 민법 제1008조의2 제2항
　　및 동법 제4항에 의한 기여분 청구관계", 서울가정법원 실무연구
　　[Ⅲ], 1997

현승종·조규창, 게르만법 제3판, 2001

____·____, 로마법, 1996

Anderson, Understanding Trusts and Estates, 4th ed., 2013

A. Bauer, Die innere Rechtsfertigung des Pflichtteilsrechts — Eine rechts-
　　geschichtliche, rechtsvergleichende und soziologische Betrachtung —,
　　2008

Beckert, "Familiäre Solidarität und die Pluralität moderner Lebensformen.
　　Eine gesellschaftstheoretische Perspektive auf das Pflichtteilsrecht",
　　Röthel (hrsg) Reformfragen des Pflichtteilsrechts, 2007

Beckert, "The Longue Durée of Inheritance Law. Discourses and In-
　　stitutional Development in France, Germany, and the United States
　　since 1800", Arch. europ. social., XLVIII, I (2007), 79

Blum, "Die Berechnung des Pflichtteilsanspruch", in Schlitt/Müller (hrsg)
　　Handbuch Pflichtteilsrecht, 2010

Borkowski and Peart, "Provision for Adult Children on Death — The
　　Lesson from New Zealand", CFLQ 12 (2000), 333

Cretney, Family Law in the Twentieth Century: A History, 2003

Dauner－Lieb, "Bedarf es einer Reform des Pflichtteilsrecht?", DNotZ
　　　2001, 460

dies, "Das Pflichtteilsrecht－Ketzerische Fragen an ein altherwürdiges
　　　Institut", FF 2000, 110

Defosse et Peniquel, La réform des successions, des libéralités, 2006

Druey, Grundriss des Erbrechts, 5. Aufl., 2002

Dutta, Warum Erbrecht?: Das Vermögensrecht des Generationenwechsels
　　　in funktionaler Betrachtung, 2014

Eccer, Erbrecht, 4. aktualisierte Aufl., 2010

Farge, "Masse active partagable en présence de libéralités", in Grimaldi
　　　(dr) Droit patrimonial de la famille, 4e éd., 2011

Foqué and Verbeke, "Towards an open and flexible imperative in－
　　　heritance law", Castelien, Foqué and Verbeke (eds) Imperative
　　　Inheritance Law in a Late－Modern Society, 2009

Gernhuber/Coester－Waltjen, Familienrecht, 6. Aufl., 2010

Hüttemann/Rawert, "Pflichtteil und Gemeinwohl - Privilegien für gute
　　　Zwecke?" in Röthel (hrsg) Reformfragen des Pflichtteilsrechts, 2007

Kaser, Das Römisches Privatrecht. 1. Abschnitt. Das Altrömische, das
　　　Vorklassische und klassische Recht, 2. Aufl., 1971

K－W. Lange, Erbrecht, 2. Aufl., 2017

Linker, Zur Neubestimmung der Ordnungsaufgaben im Erbrecht in
　　　rechtsvergleichender Sicht, 1999

Malaurie, Les successions. les libéralités, 5e éd., 2012

J. Mayer, "Anmerkung zu BVerfG, Beschl. v. 19.04.2005－1 BvR 1644/00
　　　und 1 BvR 188/03", FamRZ 2005, 1441

Röthel, "Pflichtteilsrecht－anspruchsvolle Aufgaben für gute Gesetzgebung",
　　　Röthel (hrsg) Reformfragen des Pflichtteilsrechts, 2007

K. Schmidt, "Pflichtteil und Unternehmensnachfolge－Rechtspolitische
　　　Überlegungen im Schnittfeld von Erbrecht und Unternehmensrecht－",

in Röthel (hrsg) Reformfragen des Pflichtteilsrechts, 2007

L. Wolff, Pflichtteilsrecht－Forced Heirship－Family Provision, 2011

鄭種休, 韓國民法典の比較法的研究, 1989

伊藤昌司, "遺留分", 星野英一 編集代表 民法講座 7 親族·相續, 1984

佐藤義彦, "寄與分と遺留分", 星野英一 編集代表 民法講座 7 親族·相續, 1984

潮見佳男, 相續法, 第3版, 2010

靑竹美佳, "遺留分制度の意義について－裁判例の分析による一考察", 水野紀子 編著 相續法の立法的課題, 2016

제 4 장

한정승인, 재산분리, 상속재산의 파산에 관한 입법론

— 비교법의 관점에서 —* **

최 준 규***

I. 들어가며

우리법상 상속에 의한 권리·의무 승계는 법정 당연승계 및 포괄 승계가 원칙이다(민법 제1005조. 이하 괄호 안에서는 법명 생략). 즉 권리·의무의 승계에 통상적으로 요구되는 별도의 법률요건(ex. 부동산의 경우 등기, 채권양도의 경우 채무자에 대한 통지, 채무인수의 경우 채권자의 동의)을 갖추지 않아도 상속에 의한 승계가 인정되고(법정 당연승계), 상속재산 일부만 승계하거나 권리만 승계하고 의무는 승계하지 않는 것은 허용되지 않는다(포괄승계).[1] 법정 당연승계 및 포괄승계

* 이 글은 2019. 2. 15. "상속법의 개정"을 주제로 한 서울대학교 법학연구소 공동 연구 학술대회에서 발표한 글을 수정·보완한 것이다. 학술대회 당시 토론자로 참석하여 논문내용 개선에 도움이 되는 귀중한 지적을 해 주신 장석준 판사님과 익명의 심사위원분들께 감사드린다. 이 글 각주에서 적시한 인터넷 사이트 최종방문일은 모두 2019. 2. 25.이다.

** 이 논문은 서울대학교 법학발전재단 출연 법학연구소 기금의 2018년도 학술연구비 지원(공동연구)을 받았다.

*** 서울대학교 법학전문대학원 부교수.

1) 윤진수, 친족상속법 강의, 2판(2018), 301.

원칙에 따르면 ① 상속재산은 상속인의 고유재산과 합쳐져 상속인의 단일한 책임재산을 구성하고, ② 상속인은 이 단일한 책임재산으로 상속채권자와 상속인의 채권자에 대해 책임을 부담하며, ③ 상속채권자와 상속인의 채권자는 일반채권자로서 동순위이다.

그런데 한정승인, 재산분리, 상속재산의 파산의 경우 이러한 법정 당연승계 및 포괄승계 원칙이 적용되지 않는다. 한정승인 제도(제1028조 내지 제1040조)에서는 '상속인이 상속채권자에 대하여 상속재산의 범위 내에서 물적 유한책임을 부담'하고, 재산분리 제도(제1045조 내지 제1052조)나 상속재산의 파산 제도{채무자회생 및 파산에 관한 법률(이하, 채무자회생법)에 관련 규정이 산재(散在)해 있다}에서는 상속재산과 상속인의 고유재산이 분리된다. 한정승인의 '해석론'에 관해서는 그간 많은 선행연구가 축적되었다.[2] 그런데 현행 한정승인 제도가 바람직한지, **입법론의 관점**(강조는 필자, 이하 같음)에서 개선의 여지가 없는지에 관해서는 충분한 논의가 없었다.[3] 재산분리나 상속재산 파산에 관해서는 — 이 제도들이 현실에서 자주 활용되지 않기 때문에 — 연구자체가 부족한 상황이다.[4]

---

2) 우선 송인권, "한정승인의 요건 및 효과에 관한 실무상 문제", 사법논집55(2012), 193이하; 김형석, "한정승인의 효과로서 발생하는 재산분리의 의미", 가족법연구22-3(2008), 495이하; 박광천, "상속의 한정승인", 재판자료78(1998), 569이하.

3) 한정승인의 입법론에 관한 선행연구는 다음과 같다.

① 박세민, "한정승인의 계수와 개선방향", 법사학연구57(2018), 107이하는 상속채권자를 보호하는 방향으로 한정승인 제도를 개선할 것을 촉구한다.

② 임영수, "한정승인의 심판절차와 상속채무의 배당변제에 관한 고찰", 가족법연구25-3(2011), 278-282는 (a) 한정승인 후 상속재산목록 확정을 위해 신청 또는 직권으로 가정법원이 재산조회를 할 수 있고, (b) 한정승인신고를 수리하면 가정법원이 직권으로 공고절차를 진행하며, (c) 상속재산 처분을 위해 경매를 신청하면 가정법원이 직권으로 배당변제를 하자는 입법론을 제시한다.

③ 윤진수(주 1) 471은 한정승인 제도를 폐지하고 상속재산 파산 제도를 보완하자고 주장한다.

4) 재산분리에 관한 선행연구로는 이성보, "상속재산의 분리", 재판자료78(1998) 129이하. 상속재산의 파산에 관한 선행연구로는 양형우, "상속재산의 파산에 관한 고

한정승인, 재산분리, 상속재산의 파산은 그 기능이 유사하거나 중복되고 서로 밀접하게 관련되어 있다. 따라서 위 제도들은 개별적으로 검토하기보다 한 세트로 묶어 함께 검토하는 것이 바람직하고 필요하다. 이 글에서는 한정승인, 재산분리, 상속재산의 파산에 관한 입법론을 고민해 본다. 글의 순서는 다음과 같다. 우선 현행 제도에 어떠한 문제점이 있는지, 그러한 문제가 발생하는 이유는 무엇인지 살펴본다(Ⅱ). 이어서 바람직한 입법방향과 관련하여 시사점을 얻기 위해 비교법적 고찰을 시도한다(Ⅲ). 검토의 대상은 — 우리법과 매우 비슷한 법제(일본)와 매우 다른 법제(영미법)를 제외한 — 독일, 프랑스, 스위스, 오스트리아, 캐나다 퀘벡주의 법률이다. 이러한 나라들에서 상속재산의 분리·청산이 어떻게 이루어지는지, 청산 과정에서 상속인·상속채권자·상속인의 채권자는 어떠한 법적 지위에 있는지, 우리법에서 문제되는 쟁점이 어떻게 해결되는지 살펴본다. 끝으로 비교법적 검토 결과를 참조하여 한정승인, 재산분리, 상속재산 파산 제도를 어떻게 설계하는 것이 바람직한지 필자 나름의 의견을 제시한다(Ⅳ).

Ⅱ. 생각의 출발점 : 현행 제도에 대한 문제제기

상속이 개시되면 상속재산과 상속인의 고유재산을 둘러싸고 세 가지 유형의 이해관계인(상속채권자[5]/상속인[6]/상속인의 채권자)이 등장한다. 상속여부 및 방법에 대한 선택권은 원칙적으로 상속인에게 있

찰", 비교사법13-1(2006), 451이하; 전병서, "상속과 파산 — 입법적 검토를 겸하여 —", 인권과 정의326(2003), 105이하; 김주미, "상속재산파산의 실무상 쟁점 연구", 법조733(2019), 307이하.

5) 특정수유자, 유류분채권자도 상속채권자와 비슷한 이해관계를 가질 수 있다. 그러나 본문에서는 논의의 편의상 이들을 제외하고 상속채권자만 염두에 두고 검토한다.

6) 상속인이 1명인 경우와 여러 명인 경우에도 법률관계가 달라질 수 있다. 본문에서는 논의의 편의상 상속인이 1명이라고 가정한다.

다. 그런데 상속여부 및 방법, 상속재산 청산방법에 관하여 상속인, 상속채권자, 상속인의 채권자는 서로 다른 이해관계를 가질 수 있다. 현행법에서 이처럼 충돌하는 이해관계의 조정이 공평하게 이루어지고 있는가?

1. 상속인의 선택권이 실질적으로 보장되고 있는지

상속인은 자신의 의사와 무관하게 상속재산(적극재산＋소극재산)을 포괄·당연승계하는 것이 원칙이다. 그러나 상속개시가 있음을 안 날로부터 3월 내에 상속을 포기하거나 한정승인을 함으로써 이러한 원칙에서 벗어날 수 있다(제1019조 제1항). 상속인이 상속을 포기하면 상속개시시점으로 소급하여 더 이상 상속인이 아니게 되고(제1042조), 한정승인을 하면 상속채무는 포괄승계하지만 상속채무에 대한 책임이 상속재산의 범위 내로 제한된다(제1028조). 즉 상속인이 상속으로 손해를 입지 않도록 그에게 상속여부 및 방법에 관한 선택권이 법상 보장되어 있다.

상속인이 선택권을 제대로 행사하려면 선택권 행사 전에 적극재산과 소극재산에 대하여 충분한 정보를 갖고 있어야 한다(이하 '제1명제'). 충분한 정보를 바탕으로 상속인이 한정승인 신청서나 상속재산 파산 신청서에 적극재산과 소극재산을 상세히 기재하면 청산절차의 신속한 진행에도 도움이 된다. 부동산, 예금, 상장주식과 같은 적극재산을 확인하는 것은 상속인에게 그리 어려운 일이 아니고 공공기관이 이에 관해 도움을 줄 수 있다(물론 개인에 대한 채권형태로 존재하는 상속적극재산은 상속인이 스스로 파악하는 수밖에 없다).[7] 그런데 피상속인의 소극재

---

7) 정부는 상속인(또는 후견인)이 금융내역(예금·보험·증권 등)·토지·자동차·세금(지방세·국세)·연금(국민·공무원·사학·군인)가입유무 등 사망자(또는 피후견인) 재산의 조회를 시·구, 읍·면·동에서 한 번에 통합 신청할 수 있는 안심상속원스톱서비스를 운영하고 있다. 이는 사망신고와 동시에 또는 사망일이 속한 달의 말일부터 6개월 이내에 신청할 수 있다. 또한 상속인은 사망신고 이전에도 금

산을 확인하는 것은 ─ 금융기관에 대한 채무나 조세채무를 제외하고
는 ─ 상속인 입장에서 어려운 작업이다. 민법 제1019조 제2항은 상속
인이 상속의 승인(단순승인과 한정승인을 뜻한다) 또는 포기를 하기 전에
상속재산을 조사할 수 있다고 규정하고 있지만, 구체적 절차나 방법에
대해서는 침묵하고 있다. 한편 상속인이 한정승인을 한 뒤에는 상속채
권자에 대한 공고 및 최고, 변제 절차, 신고하지 않은 채권자에 대한
책임 문제에 대하여 비교적 상세하게 규정하고 있다(제1032조 내지 제
1039조). 상속인의 선택권을 실질적으로 보장하려면, 상속인이 선택권
을 행사하기 '전'에 상속채권자에 대한 공고 및 최고 절차를 마련하여
상속인이 상속채무내역을 가늠할 수 있게 도와주어야 하지 않을까?

상속인이 상속재산에 관한 충분한 정보를 제공받았다면, **상속의
방법에 관해서는 ─ 상속채권자나 상속인의 채권자 등 제3자를 해하지
않는 한 ─ 상속인에게 가급적 다양한 선택지가 주어지는 것이 바람직하
다**(이하 '제2명제'). 상속의 방식과 관련하여 상속인은 다양한 선호를
가질 수 있는데, 그러한 선호는 ─ 다른 이해관계인들을 해(害)하거나
사회 전체적으로 부(負)의 외부효과를 가져오지 않는 한[8] ─ 존중되어
야 한다(상속에서의 사적자치). 우리법은 단순승인, 한정승인, 상속포기
라는 3가지 선택지를 인정한다. 이러한 선택지 이외에 다른 상속방법
을 추가하여 상속인의 선택권을 보장할 수 없을까? 가령 ① 단순승인
을 기초로 하되 상속채무에 관하여 금액유한책임을 부담하는 상속형
태, ② 특정 상속채권자에 대해서만 물적유한책임을 부담하는 상속형
태를 추가할 필요는 없을까?

융감독원의 '상속인 금융거래 조회 서비스'를 이용할 수 있다.

8) 상속에서 사적자치가 중요하더라도 ① 상속재산 중 일부 또는 일정 비율에 대해서
   만 승인하거나 적극재산만 포괄승계를 받는 등의 상속방법, ② 조건부 또는 기한
   부 상속승인은 허용할 수 없다. 윤진수(주 1) 451-452. 상속의 법률관계가 지나
   치게 복잡해지거나 불명확해지고, 상속채권자에게 일방적으로 불리할 수 있기 때
   문이다. 득(得)보다 실(失)이 큰 것이다.

2. 청산의 방법 및 재산분리의 형태가 바람직한지

상속재산이나 상속인의 고유재산이 채무초과인 경우 상속재산과 상속인의 고유재산은 가급적 분리되는 것이 바람직하고, 위 두 경우에 해당하지 않더라도 상속인이 원하면 상속재산과 상속인의 고유재산은 분리될 수 있어야 한다(이하 '제3명제'). **재산분리가 일어나면 상속재산에 대해서는 상속채권자가 상속인의 채권자보다 우선하고, 상속인의 고유재산에 대해서는 상속인의 채권자가 상속채권자보다 우선하는 것이 바람직하다**(이하 '제4명제').9) 또한 **상속재산의 청산은 신속하고 효율적으로, 공평하게 이루어져야 한다**(이하 '제5명제'). 청산절차 진행에 과도한 비용이 드는 것은 바람직하지 않다. 청산과정에서 상속채권자들의 이익이 최대한 보호되어야 하고 특정 상속채권자에게 부당하게 유리하거나 불리하게 청산이 이루어지면 안된다. 현행법에서 제3, 4명제는 상당부분 관철되지만 한계도 있다. 제5명제는 잘 관철되지 않는다.

가. 상속재산 파산

상속재산이 채무초과 상태인 경우 상속채권자, 유증을 받은 자, 상속인, 상속재산관리인, 유언집행자는 상속재산 파산을 신청할 수 있다(채무자회생법 제299조 제1항, 제307조). 상속재산관리인, 유언집행자, 한정승인이나 재산분리가 있은 후의 상속인은 상속재산 파산을 신청할 '의무'를 부담한다(채무자회생법 제299조 제2항). 상속인의 채권자는 상속재산 파산을 신청할 권한이 없고, 재산분리를 신청할 수 있을 뿐이다(제1045조).10) 상속재산 파산절차가 개시되면, 상속채권자는

---

9) 제4명제에서 "우선한다"는 말은, 특정 책임재산에 관하여 후순위 권리자가 선순위 권리자보다 순위가 밀리는 경우뿐만 아니라, 후순위 권리자가 그 재산을 아예 책임재산으로 파악할 수 없는 경우(물적 유한책임)까지 포함하는 뜻으로 사용한다.
10) 입법론으로 상속인의 채권자에게 상속재산 파산 신청권을 부여할 것인지에 관해서는 본문 Ⅳ. 4. 가. 참조.

상속재산(파산재단)에 대하여 파산채권자로서 권리를 행사할 수 있지
만 상속인의 채권자는 상속재산에 대하여 권리를 행사할 수 없다(채무
자회생법 제438조).[11] 상속재산에 대하여 파산선고가 있으면 원칙적으
로 상속인은 한정승인한 것으로 보기 때문에(채무자회생법 제389조 제3
항 본문),[12] 상속재산의 청산을 통해 변제받지 못한 부분이 있더라도
상속인은 자신의 고유재산으로 해당 상속채권에 대하여 책임을 부담
하지 않는다. '雙方向의 완전한 財産分離'가 이루어지고 제4명제가 관
철되는 것이다.[13] 그런데 상속재산의 파산이 한정승인으로서의 효력

11) 상속인의 채권자가 상속재산 파산선고 전에 상속재산에 강제집행을 개시한 경우
는 어떠한가? 상속재산에 대한 상속인의 채권자의 (가)압류는 상속재산 파산이 선
고되면 실효된다(채무자회생법 제348조 제1항, 제438조 참조). 상속재산에 대한
강제집행으로 매각절차가 완료되었어도 아직 배당절차가 종료되지 않았다면 파산
선고에 따라 그 배당절차는 중단되어야 하고, 매각대금은 파산재단에 귀속되어 상
속채권자들에게 분배되어야 한다. 그러나 파산선고 전에 이미 배당까지 완료되어
상속인의 채권자가 변제를 받았다면 이러한 변제의 효력을 부정할 수 없고 상속인
의 채권자가 상속채권자에게 부당이득반환의무를 부담한다고 볼 수도 없다. 변제
시점에서 해당 상속재산은 상속인의 채권자가 강제집행할 수 있는 상속인의 책임
재산이었기 때문이다. 상속재산 파산절차의 개시로 법정당연승계 · 포괄승계의 효
과가 '소급적'으로 복멸된다고 해서, 상속인의 채권자의 강제집행이 '소급적으로'
상속인의 책임재산이 아닌 재산에 대한 강제집행이 되는 것은 아니다. Kübler/
Prütting/Bork InsO(2017)/Holzer §321 Rn.8-11. 입법론으로는 상속개시 후 일
정기간 동안 상속인의 채권자의 강제집행을 금지하는 조항을 마련함이 타당하다.
본문 Ⅳ. 5. 참조.
12) 독일민법 제1975조는 이와 비슷한 조항을 두고 있는 반면, 일본 파산법은 이러한
조항을 두고 있지 않다. 상속재산이 채무초과임에도 불구하고 상속인이 자신의 고
유재산으로 잔존 상속채무를 변제할 의사를 갖는 경우는 드물다. 따라서 우리법의
태도가 타당하다.
13) 채무자회생법 제445조는 "상속재산 및 상속인에 대하여 파산선고가 있는 때에는
상속인의 채권자의 채권은 상속인의 파산재단에 대하여는 상속채권자 및 유증을
받은 자의 채권에 우선한다."고 규정하고 있는데, 상속재산에 대하여 파산선고가
있으면 원칙적으로 상속인은 한정승인한 것으로 보기 때문에 채무자회생법 제445
조는 아예 적용될 여지가 없다. 즉 상속재산 파산이 상속인의 한정승인으로서의
효력이 없는 경우(채무자회생법 제389조 제3항 단서)에 채무자회생법 제445조가
적용된다.
　로앤비 온주 채무자회생법/이동원 제445조 방주번호2는 상속인이 한정승인을

이 없고 상속인에 대하여 파산선고가 이루어지지 않은 경우에는, 상속인의 고유재산에 대하여 상속채권자와 상속인의 채권자가 동순위에 놓인다(채무자회생법 제445조의 반대해석). 이 경우에는 쌍방향의 완전한 재산분리가 관철되지 않는 것이다. 달리 말하면 **완전한 재산분리를 위해 상속인에 대한 파산선고가 추가로 요구**된다. 이처럼 상속인에 대한 파산선고를 추가로 요구하는 것이 타당한지, 상속재산의 분리처럼 (제1052조 제2항) 상속재산 파산이 이루어지면 — 상속인에 대한 파산선고 없이 — 상속인의 고유재산에 대한 상속채권자의 우선권을 관철시키는 것이 바람직하지 않은지 검토가 필요하다.

상속인의 고유재산이 채무초과인 경우 상속인 본인 또는 상속인의 채권자의 신청에 의해 상속인에 대한 파산절차가 개시될 수 있다(채무자회생법 제294조 제1항). 상속인에 대하여 파산선고가 이루어진 경우에도 '쌍방향의 완전한 재산분리'가 관철될 수 있다. 상속인에 대한 파산신청이 상속재산에 대한 파산신청 기간(채무자회생법 제300조에 규정된 기간) 내에 이루어진 경우14) 상속인의 고유재산에 대하여 상속인의 채권자가 우선하고, 상속재산에 대하여 상속채권자와 유증을 받은 자가 우선하기 때문이다(채무자회생법 제444조). 상속인의 고유재산이 채무초과인 경우 상속채권자는 상속인에 대하여 파산을 신청할 권한은 없고, 재산분리를 신청할 수 있다(제1045조).

하지 않은 경우에 한해 445조가 적용된다고 보는데, 상속인이 별도로 한정승인을 하지 않더라도 원칙적으로 상속재산 파산선고가 있으면 한정승인의 효력이 발생하므로 정확한 설명이 아니다. 상속재산 파산선고가 있으면 원칙적으로 상속인이 한정승인한 것으로 보는 채무자회생법 규정이 도입되기 전의 법상황을 전제로 한 해석론으로 보인다.

14) 그 기간이 지나서 신청이 이루어진 경우 — 재산분리나 한정승인이 없는 한 — 상속재산과 상속인의 고유재산은 혼합되어 단일한 책임재산이 되고, 그 결과 상속인의 고유채권자와 상속채권자는 이 단일한 책임재산으로부터 동순위로 변제받고, 그 후 수유자가 변제를 받는다는 견해로는 로앤비 온주 채무자회생법/이동원 제444조 방주번호4. 그러나 수유자도 동순위로 보아야 하는 것 아닌가?

나. 재산분리

상속재산이 채무초과임에도 불구하고 상속포기, 한정승인, 상속재산 파산이 이루어지지 않고 있는 경우, 상속인의 채권자는 재산분리 제도를 활용할 수밖에 없다. 또한 상속인이 채무초과임에도 불구하고 상속인에 대한 파산선고가 이루어지지 않고 있는 경우, 상속채권자는 재산분리 제도를 활용할 수밖에 없다. 재산분리 제도의 실익은 위 두 국면에 있다. 재산분리가 있으면 상속인의 채권자가 상속재산을 책임재산으로 파악하여 이에 대하여 강제집행을 할 수 없다(다만 상속재산이 부동산인 경우 재산분리 효과를 주장하려면 등기가 필요하다. 제1049조). 또한 상속채권자와 유증받은 자는 상속재산으로써 전액의 변제를 받을 수 없는 경우에 한하여 상속인의 고유재산으로부터 변제를 받을 수 있는데(제1052조 제1항), 이 경우 상속인의 채권자는 상속인의 고유재산으로부터 우선변제를 받을 권리가 있다(제1052조 제2항). 따라서 재산분리의 경우에도 제4명제는 일응 관철된다. 그러나 구체적으로 살펴보면 재산분리 제도에도 문제점이 있다. 신고기간 내에 신고하지 않은 상속채권자·유증채권자로서 상속인이 알지 못하는 상속채권자·유증채권자에 대해서는 민법 제1052조가 적용되지 않는다. 이들은 상속재산에 대하여 우선권이 없으므로, 상속인의 고유재산에 대해 상속인의 채권자와 동순위에 있다는 것이 학설의 입장이다.[15] 그런데 이렇게 보면 상속인의 채권자 입장에서 재산분리 제도의 효용이 떨어진다. 재산분리 후 상속인은 상속재산 파산신청을 할 의무를 부담하고(채무자회생법 제299조 제2항) 파산선고 후에는 상속인의 재산에 대한 상속인의 채권자의 우선권이 관철되므로, 상속인의 채권자는 평등변제로 자신이 입은 손실을 상속재산 파산을 신청하지 않은 상속

---

15) 이성보(주 4) 171. 우리와 비슷한 내용의 재산분리 제도를 갖고 있는 일본의 통설이다. 新版 注釈民法(27) 補訂版(2013)/塙陽子 660.

인으로부터 전보받을 수 있다. 그러나 상속인이 무자력일 수도 있고, 굳이 이렇게 우원(迂遠)한 권리구제방법을 취할 합리적 이유도 없다. 위 경우에도 제4명제를 관철시키는 방안, 즉 상속인의 채권자에게 상속재산 파산 신청권을 인정하거나, 재산분리 제도를 상속재산 파산 제도와 비슷하게 설계하는 방안을 고민할 필요가 있다.

다. 한정승인

상속재산의 채무초과 여부와 상관없이 상속인은 한정승인을 통해 상속채권자에 대한 물적유한책임을 주장할 수 있다(제3명제). 상속채권자의 책임재산은 상속재산으로 제한되고 상속인의 고유재산은 오로지 상속인의 채권자의 책임재산이다. 그런데 한정승인의 경우 상속재산에 대해서는 재산분리가 충분히 관철되지 못한다. 한정승인을 한 상속인의 고유채권자는 상속채권자가 상속재산으로부터 채권의 만족을 받지 못한 상태에서 상속재산을 고유채권에 대한 책임재산으로 삼아 이에 대하여 강제집행을 할 수 없고 따라서 상속채권자가 상속인의 채권자보다 우선하지만,[16] 한정승인을 한 상속인은 상속재산에 대하여 상속인의 채권자를 위해 — 상속인의 채권자가 한정승인 사실이나 자신의 근저당권이 상속채권자들에게 해가 된다는 사실을 알았더라도[17] — 유효하게 담보를 설정할 수 있기 때문이다.[18] 즉 상속인의 임의처분을 통해 상속재산에 대하여 상속인의 고유채권자가 상속채권자보다 우선할 수 있고, 따라서 **'쌍방향의 완전한 재산분리'는 일어나지**

---

16) 대법원 2016. 5. 24. 선고 2015다250574 판결.

17) 다만 근저당권을 설정받은 상속인의 채권자에 대해서 상속채권자가 사해행위 취소의 소를 제기할 수는 있다. 정구태, "상속채권자와 한정승인자의 근저당권자 간의 우열 문제", 고려법학64(2012), 85 – 88. 이 경우 사해행위 취소는 상속인의 책임재산 중 "상속재산"의 확충에만 기여하게 된다.

18) 대법원 2010. 3. 18. 선고 2007다77781 전원합의체 판결. 한정승인 후 상속인의 채권자에게 근저당권을 설정해 준 행위가 민법 제1026조 제3호의 '부정소비'에 해당하여 법정단순승인의 효과가 발생할 수는 있다.

않는다.[19][20] 현행법 해석론으로 이는 부득이하다. 한정승인 후 상속재산에 대한 상속인의 처분권이 제한된다는 규정도 없고, 한정승인

---

19) 상속재산 파산선고 후 상속인이 상속재산에 대하여 상속인의 채권자와 근저당권설정계약을 체결하고 근저당권설정등기를 경료해 준 경우, 이 등기는 상속채권자에 대하여 효력이 없다(채무자회생법 제329조 제1항). 다만, 파산선고 전에 근저당권설정계약이 체결되고 파산선고 후 근저당권설정등기가 경료된 경우에는, 상속인의 채권자가 파산선고 사실을 알지 못하였다면 그 등기가 파산절차에서도 유효하다(채무자회생법 제331조 제1항).

　상속인의 근저당권설정계약 체결행위는 민법 제1026조 제1호의 법정단순승인 사유에 해당할 수 있다. 이 경우에도 상속재산 파산신청은 가능하다. 파산선고가 있으면 상속인은 한정승인한 것으로 보므로, 상속채권자는 상속인의 고유재산을 책임재산으로 확보할 수 없다(채무자회생법 제389조 제3항 단서의 반대해석). 다만 상속채권자는 상속재산으로부터 충분히 변제받지 못한 부분에 관하여 — 임의처분한 **상속인의 고의 또는 과실이 인정되는 경우** — 상속인에게 불법행위로 인한 손해배상청구를 할 수 있다. 채무자회생법 제389조 제3항 단서가 민법 제1026조 제3호의 단순승인의 경우만 예외를 인정한 것은 제3호에 해당하는 행위의 비난 가능성이 크고, 따라서 제3호의 경우 상속채권자를 더 보호할 필요가 있다고 보았기 때문으로 추측된다. 그러나 **1호를 3호와 달리 취급할 합리적 이유가 있는지 의문**은 있다.

　채무자회생법 제389조 제3항 단서가 적용되면 상속채권자는 — 상속재산으로부터 상속인의 채권자보다 우선변제받을 수 있을 뿐만 아니라 — 상속인의 고유재산도 책임재산으로 파악할 수 있다. 이 경우 상속인에 대해서도 파산선고가 이루어지면 상속인의 채권자가 상속채권자보다 우선하나(채무자회생법 제445조), 상속인에 대하여 파산선고가 이루어지지 않으면 상속인의 채권자와 상속채권자는 동순위이다(채무자회생법 제445조의 반대해석). 참고로 한정승인 후 민법 제1026조 제3호에 따라 법정단순승인이 이루어진 경우, 상속재산에 대한 상속채권자의 우선권은 여전히 관철되고[반대 박종훈, "한정승인과 상속채권자의 우선변제", 판례연구22(2011), 775] 상속인의 고유재산에 대하여는 상속채권자와 상속인의 채권자는 동순위에 있다(상속인의 채권자와 동순위에 놓이는 상속채권자의 채권은 상속재산으로부터 변제를 받은 후 잔존채권에 국한됨은 물론이다). 상속인의 고유재산에 대하여 상속인의 채권자가 우선권을 주장하려면 별도로 재산분리 신청을 해야 한다. 김형석(주 2) 529-532.

20) 재산분리의 경우 상속재산인 부동산에 대하여 등기를 통해 재산분리 사실이 공시되지 않으면 근저당권을 설정받은 상속인의 채권자에게 대항할 수 없다(제1049조). 파산선고 사실이 등기부를 통해 공시되기 전이더라도 상속인의 처분은 무권리자의 처분으로서 무효인 상속재산 파산과 달리, 재산분리의 경우 등기 전에는 쌍방향의 완전한 재산분리가 일어나지 않는다.

사실이 상속재산인 부동산 등기부를 통해 공시되지도 않기 때문이다. 한정승인자의 상속재산 양도는 유효인데, 상속재산에 대한 근저당권 설정은 무효라고 보는 것은 균형이 맞지 않는다.

그러나 입법론의 관점에서 이러한 결론은 바람직하지 않다. 상속채권자에게 일방적으로 불리하고 상속채권자와 상속인의 채권자를 공평하게 취급하지 않기 때문이다. 한정승인으로 물적 책임제한을 누릴 권리를 상속인에게 부여하였음에도 불구하고, 상속인이 상속재산을 임의 처분할 위험으로부터 상속채권자를 보호하지 못하는 현 제도는 문제가 있다.

우리 현실에서 한정승인 절차에 따른 배당변제가 이루어지는 경우는 드물고 한정승인 절차는 상속인의 책임제한 절차로 주로 활용되고 있다.[21] 민법 제1037조는 한정승인 절차에서 상속인이 상속재산을 금전화할 경우 민사집행법에 따른 경매절차를 거치도록 요구하는데[22] 이 경우 임의매각보다 비용이 더 들 수 있다. 또한 한정승인 절차 진행 중 상속채권자가 상속재산에 대해 개별집행을 할 수 있으므로,[23]

---

21) 한정승인자는 채권자에 대한 공고, 최고 등을 해야 한다(제1032조). 임영수(주 3) 280-281은 실제로 이러한 공고 등이 이루어지는 경우는 드물다고 비판하면서, 공고절차를 한정승인의 수리절차와 연계하여 가정법원이 직권으로 진행함이 바람직하다고 한다.

22) "민법 제1037조는 상속채권자 등에게 배당변제를 하기 위해 상속재산의 전부나 일부를 매각할 필요가 있는 때에는 민사집행법에 의하여 경매하여야 한다고 규정하고 있다. 이 조항에 근거하여 이루어지는 경매는 민사집행법 제274조에 따라 행하여지는 상속재산에 대한 형식적 경매이고, 한정승인자가 상속재산을 한도로 상속채권자나 유증받은 자에 대하여 일괄하여 변제하기 위하여 청산을 목적으로 당해 재산을 현금화하는 절차이므로, 제도의 취지와 목적, 관련 민법 규정의 내용, 한정승인자와 상속채권자 등 관련자들의 이해관계 등을 고려할 때 일반채권자인 상속채권자로서는 민사집행법이 아닌 민법 제1034조, 제1035조, 제1036조 등의 규정에 따라 변제받아야 한다고 볼 것이고, 따라서 그 경매에서는 일반채권자의 배당요구가 허용되지 아니한다." 대법원 2013. 9. 12. 선고 2012다33709 판결.

23) 참고로 대법원 2010. 6. 24. 선고 2010다14599 판결은, "상속부동산에 관하여 민

상속채권자들 사이의 공평한 변제가 보장되는 것도 아니다.[24] 민법 제1038조(부당변제 등으로 인한 책임)에 따라 상속인이 상속채권자에게 손해배상책임을 부담한다고 해서 불공평한 변제결과가 사후적으로 교정된다고 단정할 수 없다. 손해배상채권자에게 과실상계 사유가 존재할 수 있고, 상속인 고유의 책임재산이 충분하지 않을 수 있기 때문이다.[25] 근본적으로 청산업무를 상속인에게 맡기는 것이 타당한지 의문이다. 한정승인자의 전문성, 공정성, 경험 등을 고려할 때 그가 적법하게 청산절차를 완수하는 것을 기대하기 어렵고, 그럴 유인도 부족하다. 배당변제 후 잔여 상속재산이 있을 가능성이 낮기 때문이다. 한정승인을 공시하는 제도도 마련되어 있지 않고, 등기부에 이를 표시할 수도 없다. 따라서 해당 재산이 상속재산임을 알지 못한 제3자는 불측의 손해를 입을 수 있다. 도산절차와 달리 한정승인 절차를 염두에 둔 부인권이나 상계제한 제도는 존재하지 않는다. 즉 **한정승인 제도는 효율 및 공평의 측면에서 모두 불완전한 청산제도이다.** 공평한 청산이라는 점에서 상속재산 파산이 한정승인보다 우월하다. 그러나 우리 현실에서 상속재산 파산 제도는 잘 활용되지 않는다. 한정승인 후 상속인은 상속재산 파산을 신청할 의무를 부담하는데(채무자회생법 제299조 제2항), 실제로 이 의무의 이행이 제대로 이루어지지 않는 것이다.[26]

사집행법 제274조 제1항에 따른 형식적 경매절차가 진행된 것이 아니라 담보권 실행을 위한 경매절차가 진행된 경우에는 비록 한정승인 절차에서 상속채권자로 신고한 자라고 하더라도 집행권원을 얻어 그 경매절차에서 배당요구를 함으로써 일반채권자로서 배당받을 수 있다."고 한다.

24) 한정승인에 따른 청산절차와 상속채권자들의 개별집행 절차가 병존한다면, 두 절차 사이의 '조정'이라는 복잡한 문제가 생긴다. 가령 한정승인자에 의한 형식적 경매 진행 중 담보권 실행을 위한 경매 또는 강제경매가 신청된 경우, 어느 절차를 우선하는지에 따라 배당순서가 달라질 수 있다.

25) 다른 각도에서 말하면 한정승인을 한 상속인 입장에서 적극적으로 민법 제1033조를 근거삼아 상속채권자의 개별집행을 저지할 유인은 크지 않다. 한정상속인이 상속채권자의 지위도 겸유하고 있는 경우라면 더욱 그럴 것이다.

26) 다만 서울가정법원은 2017. 7경부터 한정승인신고에 대한 심판을 하는 경우 상속

3. 소   결

한정승인, 재산분리, 상속재산 파산 제도의 바람직한 입법론을 모색하려면 ① 상속인의 선택권 보장을 위해 미리 상속채무에 관한 정보를 취득할 수 있게 도와주는 제도를 마련할 것인지(제1명제), ② 상속인에게 단순승인, 한정승인, 상속포기 이외에 다른 선택지를 줄 것인지(제2명제), ③ 쌍방향의 완전한 재산분리를 어떻게 달성할 것인지(제3, 4명제), ④ 효율적이고 공평한 상속재산 청산제도를 어떻게 설계할 것인지(제5명제)에 대한 고민이 필요하다. 다른 나라들은 이러한 문제를 어떻게 해결하고 있을까? 아래에서는 항을 바꾸어 제1 내지 5명제와 관련된 외국의 법상황을 검토한다.

Ⅲ. 비교법적 고찰

아래에서는 독일, 프랑스, 스위스, 오스트리아, 캐나다 퀘벡주의 입법례를 검토한다. 일본의 입법례는— 세부적으로 다른 부분도 있지만— 우리법과 매우 비슷하므로 독립 목차로 별도 검토하지 않는다. 다만 필요할 때마다 본문 또는 각주에서 개별적으로 언급하기로 한다. 영미법의 경우 상속이 개시되면 상속재산이 신탁이나 환가를 목적으로 인격대표자(personal representative)에게 이전하고 그가 검인절차(probate proceeding)에서 청산을 한 후 잔여재산이 상속인에게 이전되는 구조를 취하고 있으므로 당연승계·포괄승계 원칙이 적용되지 않는다. 이러한 영미법의 특징은 입법론에 일부 참조가 되기는 하나,

---

인들에게 상속재산파산 제도에 대한 안내문을 발송하고 있고, 서울회생법원은 법원 홈페이지 및 뉴스타트 상담센터에서 상속재산파산신청에 대한 안내를 하고 있다. 이후 서울회생법원의 상속재산파산 신청 접수건수는 상당히 증가하였다고 한다. 김주미(주 4) 310.

우리법이 당연승계·포괄승계 원칙을 버리지 않는 한 직접 도움이 되기 어렵다. 따라서 이 글에서 영미법은 검토의 대상에서 제외하고 그 대신 영미법과 비슷한 태도를 취하면서도 대륙법 전통과도 친화적인 캐나다 퀘벡주의 입법례를 살펴본다.

1. 독   일

독일의 경우 상속인의 선택지는 상속의 승인, 포기 2가지밖에 없다. 상속재산의 청산방법으로 상속재산 도산과 상속재산 관리가 있는데, 전자는 상속승인 후에도 신청할 수 있고 후자는 상속승인 후에만 신청할 수 있다. 또한 상속인은 공시최고 절차를 활용해 '특정' 상속채권에 대해 물적 책임제한의 효과를 누릴 수 있고, 궁핍의 항변권을 행사하여 물적 책임제한의 효과를 누릴 수 있다.

가. 공시최고 절차 및 재산목록 작성제도
(1) 공시최고 절차 등

상속인은 상속채무를 파악하기 위해 상속채권자(우선권 있는 상속채권자, 유류분채권자, 유증채권자 제외. 독민 제1971조, 제1972조)에 대한 공시최고 절차[27]를 활용할 수 있다. 이 제도는 상속인의 고유재산이 상속인이 알지 못하는 상속채권자의 공취(攻取, Zugriff) 대상이 되는 것을 방지한다.[28] 공시최고 기간 도과 후 제권판결을 받은 상속채권자는 채권을 상실하지는 않지만,[29] 상속인은 상속재산이 더 이상 남

---

27) 구체적 절차는 독일 가사사건 및 비송사건 절차법(FamFG) 제433조 이하, 특히 제454조 이하에서 규율한다.

28) Staudinger §§1967-2013 (Rechtsstellung des Erben) (2016)/Anatol Dutta Vorbemerkungen zu §§1970-1974 Rn.1.

29) 이러한 상속채권자도 상속재산관리나 상속재산도산을 신청할 수 있고, 본문과 같은 책임제한이 있다고 해서 상속채권의 소멸시효 진행이 중단되지 않는다. Staudinger §§1967-2013 (Rechtsstellung des Erben) (2016)/Anatol Dutta §1973 Rn.7-8.

아있지 않다는 점을 늘어 이러한 상속채권자의 권리행사를 거설할 수
있다(독민 제1973조 제1항 제1호). 다만 상속인에 대한 소송에서 상속인
이 거절권을 행사하지 않아 상속인에 대한 책임제한 유보가 없는 판
결이 확정되었다면, 상속인은 책임제한을 주장할 수 없다(독일민소법
제780조 제1항).[30] 또한 상속개시 후 5년간 상속인에 대하여 권리행사
를 하지 않은 상속채권자(우선권 있는 상속채권자 제외)는 상속인이 기
간도과 전에 그 채권을 알고 있거나 공시최고 절차에서 신고된 경우
가 아닌 한, 제권판결을 받은 채권자와 마찬가지로 취급한다(독민 제
1974조 제1, 3항). 유의할 점은 상속인은 상속을 승인한 후 비로소 공
시최고를 신청할 수 있다는 것이다{독일 가사사건 및 비송사건 절차법
(이하 "FamFG") 제455조 제3항)}. 즉 **공시최고 제도는 상속인이 상속승
인 또는 포기를 결정하는데 도움을 주기 위한 제도가 아니고, 이미 이루어
진 상속승인을 전제로 상속인의 책임을 제한하기 위해 마련된 제도**이다.

상속채무에 대하여 무한책임을 부담하지 않는 한, 상속인은 공시
최고를 신청할 수 있고(FamFG 제455조 제1항), 별도의 신청기간 제한
은 없다.[31] **공동상속인 중 1인의 상속인만 공시최고를 신청할 수 있고**
(FamFG 제460조 제1항), 무한책임을 부담하는 상속인이더라도 다른 공
동상속인이 있으면 공시최고 신청이 가능하다.[32] 공동상속인들(무한
책임을 부담하는 공동상속인 포함)은 ① 채권신고를 하지 않아 제권판결
을 받은 상속채권이나 ② 5년간 권리행사를 하지 않아 제권판결을 받
은 상속채권과 마찬가지로 취급되는 상속채권에 대하여, 상속재산 분
할 완료 후에는 각자의 상속분에 비례하여 분할책임을 부담한다(독민

---

30) Staudinger §§1967－2013 (Rechtsstellung des Erben) (2016)/Anatol Dutta §1973
   Rn.29.
31) 다만 상속재산 도산절차가 개시되면, 공시최고를 신청할 수 없고 기존 공시최고
   절차도 종료한다(FamFG 제457조 제1, 2항).
32) Staudinger §§1967－2013 (Rechtsstellung des Erben) (2016)/Katrin Dobler
   §2013 Rn.3.

제2060조 제1, 2호). 공동상속인들은 상속채무에 대하여 상속재산 분할
완료 후에도 연대채무를 부담하는 것이 원칙이지만, 위와 같은 상속
채권에 대해서는 예외적으로 공동상속인들에게 유리하게 분할채무를
인정한 것이다.[33] **공동상속인들**(무한책임을 부담하는 공동상속인 포함)**은
이 분할채무액에 대하여 공시최고에 따른 책임제한을 주장**할 수 있다.

(2) 재산목록 작성 제도

상속인은 재산목록을 상속법원에 제출할 권리가 있다(독민 제1993
조). 재산목록에는 상속개시 시점의 모든 적극재산과 소극재산이 기재
되어야 한다(독민 제2001조 제1항). 재산목록을 작성하는 방법으로는
① 상속인이 사적으로 작성하는 방법(그러나 이 경우에도 관할관청, 공
무원, 공증인을 관여시켜야 한다. 독민 제2002조), ② 상속인의 신청으로
상속법원의 위임을 받은 공증인이 작성하는 방법(독민 제2003조) 등이
있다. **재산목록 작성은 상속재산의 분리나 상속인의 책임제한과 아무 관
련이 없다.** 재산목록이 적시에 제출되면 상속인과 상속채권자 사이에
상속개시 시점에서 목록에 기재된 적극재산 이외에 다른 적극재산이
없다는 사실이 추정될 뿐이다(독민 제2009조). 또한 상속채권자는 상속
법원으로 하여금 상속인에게 재산목록 제출 기한을 지정할 것을 신청
할 수 있고, 상속인이 이 기한을 지키지 못하면 상속채무에 대해 무한
책임을 지는 '제재'가 따른다(독민 제1994조 제1항). 상속인이 의도적으
로 현저히 불완전한 재산목록을 작성하거나 상속채권자를 해할 의도
로 존재하지 않는 상속채무를 기재한 경우, 목록을 작성하는 공증인
에게 정보를 제공하지 않거나 의도적으로 현저히 정보제공을 지연한
경우(독민 제2005조), 상속채권자가 상속인에게 재산목록의 완전성에
대하여 선서에 갈음하는 보증을 요구하였는데 이를 거절한 경우(독민

---

33) Staudinger §§1967－2013 (Rechtsstellung des Erben) (2016)/Wolfgang Marotzke
§2058 Rn.6. §2060 Rn.16－18(그러나 입법론의 관점에서 위 조항에 의문을 제기
한다).

세2006조 제3항)에도 상속인은 무한책임을 진다. **즉 재산목록 제도는 상속인의 선택권을 보장하는 기능이 아니라 상속채권자의 권리행사를 도와주는 기능을 한다.**

나. 상속개시 후 초기 단계에서 강제집행 제한

독일법은 — 우리법과 달리 — 상속개시 후 초기 단계에서 **임시적이나마 강제집행을 원천적으로 금지하거나 보전처분만 할 수 있도록** 규정하고 있다.

상속인의 상속승인 전까지[34] 상속채권자는 상속인에게 소를 제기할 수 없다(독민 제1958조). 이 조항은 상속을 포기할 수 있는 상속인에게 응소부담을 지우지 않고(상속인 보호), 상속포기로 소송절차가 무위로 돌아가는 상황을 막기 위해(공익 보호) 마련된 것이다.[35] 상속인에 대한 보전처분 신청, 피상속인에 대한 확정판결에 따른 집행권원의 피고를 상속인으로 변경하는 신청도 금지된다.[36] 다만 상속채권자는 상속법원에 상속재산(임시)관리인(Nachlasspfleger: '상속승인 전'까지 상속재산을 보존·관리하는 자를 말한다. 독민 제1960조 제1항) 선임을 청구하여 관리인이 선임되면 상속승인 전에 그 관리인에게 소를 제기할 수는 있다(독민 제1961조). 또한 상속채권자는 상속인이 상속승인을 하기 전까지 상속재산에 대해서만 강제집행을 할 수 있다(독일민소법 제778조 제1항). 상속승인 전에 상속재산에 대한 강제집행이 가능한 경우로는 ① 상속개시 전에 이미 피상속인에 대한 집행권원에 기초하여 강제집행이 개시된 경우(독일민소법 제779조 제1항), ② 상속개시 후 상속재산(임시)관리인에 대하여 집행권원을 취득한 경우가 있다.[37] 결

---

34) 상속인은 자신이 상속인임을 안 날로부터 6개월 내에 상속을 포기할 수 있고(독민 제1944조), 이 기간이 지나면 상속을 승인한 것으로 본다(독민 제1943조).

35) Münchener Kommentar zum BGB 7.Aufl. (2017)/Leipold §1958 Rn.1.

36) Münchener Kommentar zum BGB 7.Aufl. (2017)/Leipold §1958 Rn.5, 7.

37) Münchener Kommentar zur ZPO 5.Aufl. (2016)/Schmidt·Brinkmann §778

과적으로 **상속채권자가 상속승인 전에 상속인의 고유재산에 대하여 강제집행을 개시하는 것은 불가능하다. 또한 상속승인 전에 상속인의 채권자에 의한 상속재산에 대한 강제집행도 허용되지 않는다**(독일민소법 제778조 제2항).

　또한 상속인은 상속개시 시점부터 상속승인 후 재산목록을 상속법원에 제출하기 전까지 최대 3개월 동안 상속채권자에 대한 변제를 거절할 수 있다(독민 제2014조).[38] 이 조항은 독일민법 제1958조와 달리 '실체법적 효과'를 규정하고 있다. 따라서 이 기간 동안 상속인은 상속채무에 대한 이행지체 책임을 부담하지 않는다.[39] 상속인은 이러한 거절권을 근거로 상속채권자의 모든 강제집행을 배제할 수 있는 것이 아니고, 상속채권자의 강제집행이 보전처분에 국한되어야 한다고 주장할 수 있을 뿐이다(독일민소법 제782조). 상속인은 청구이의의 소(Vollstreckungsabwehrklage)를 통해 이러한 주장을 할 수 있다(독일민소법 제785조).[40] 결국 상속채권자는 — 집행권원에 이러한 거절권이 유보된 경우에 한하여[41] — ① 상속재산에 대해서는 상속개시 시점부터, ② 상속인의 고유재산에 대해서는 상속승인 후부터, 각 상속승인 후 최대 3개월이 지날 때까지 보전조치(Arrestmassnahmen)[42]만 할 수

Rn.8.

38) 우선권이 있는 상속채권자나 상속채무에 대하여 무한책임을 지는 상속인에 대해서는 위 규정이 적용되지 않는다(독민 제2016조 제1, 2항).

39) Staudinger §§1967−2013 (Rechtsstellung des Erben) (2016)/Katrin Dobler §2014 Rn.8.

40) Münchener Kommentar zur ZPO 5.Aufl. (2016)/Schmidt·Brinkmann §782 Rn.9. 책임제한의 취지가 유보된 판결이 선고되었음에도 불구하고 상속채권자가 상속인의 고유재산에 대하여 강제집행을 하는 경우 상속인의 저지수단인 청구이의의 소는 그 실질에 있어서는 제3자이의의 성격을 갖는 것이다. Münchener Kommentar zur ZPO 5.Aufl. (2016)/Schmidt·Brinkmann §785 Rn.1, 7.

41) 독일민소법 제780조 제1항.

42) 허용되는 보전조치의 범위에 대해서는 견해대립이 있다. Münchener Kommentar zur ZPO 5.Aufl. (2016)/Schmidt·Brinkmann §782 Rn.7−8 참조.

있다. 또한 상속인의 채권자의 상속재산에 대한 강제집행도 제한될
수 있다. 상속인은 상속승인 후 재산목록이 상속법원에 제출되기 전
까지 최대 3개월 동안 상속인의 채권자의 상속재산에 대한 강제집행
은 가압류와 같은 보전조치에 국한되어야 한다고 주장할 수 있다(독일
민소법 제783조). 상속인은 이러한 주장을 청구이의의 소를 통해 할 수
있다(독일민소법 제785조).[43]

상속개시 후 1년 내에 상속인이 공시최고절차를 신청한 경우에도
상속인은 공시최고절차 종료시까지 상속채무의 변제를 거절할 수 있
다(독민 제2015조). 거절권의 실체법적 효과 및 절차법·집행법적 행사
방법은 앞에서 살펴 본 독일민법 제2014조와 동일하다(독일민소법 제
782조, 제783조).

다. 상속재산관리(Nachlassverwaltung)

상속인이 상속재산관리를 신청하면 상속법원은 상속재산관리를
명해야 한다(독민 제1981조 제1항). 상속채권자는 상속인의 행동이나
재산상태로 인해 상속재산으로부터 상속채권의 만족을 얻는 것이 위
험한 경우에만 상속재산관리를 신청할 수 있다(독민 제1981조 제2항).
상속인의 신청기간은 제한이 없지만, 상속채권자는 상속승인시부터 2
년 내에 신청해야 한다(독민 제1981조 제2항).[44] 법원의 상속재산관리

---

43) 이 경우 — 상속채권자의 경우와 달리 — 상속인의 채권자가 갖고 있는 집행권원에
   거절권이 유보될 필요가 없다. 상속인의 채권자가 제기한 소에서 상속인이 거절권
   을 행사하지 않았다고 해서 상속인이 청구이의의 소를 제기할 수 없는 것도 아니
   다. Münchener Kommentar zur ZPO 5.Aufl. (2016)/Schmidt·Brinkmann §782
   Rn.3－4(상속재산에 대한 본집행이 허용되지 않는 기간 동안 상속인의 채권자가
   상속재산으로부터 만족을 얻은 경우, '비본지 변제'로서 부인권 행사의 대상이 될
   수 있다).

44) 상속인의 채무초과로 상속채권자가 변제받지 못할 위험이 있다면, 유증채권자도
   신청권이 있다. 그러나 상속채권자가 아니라 유증채권자가 변제받지 못할 위험이
   있는 경우 유증채권자는 신청권이 없다. Staudinger §§1967－2013 (Rechts－
   stellung des Erben) (2016)/Katrin Dobler §1981 Rn.18.

명령은 상속인 등에게 고지되면 그 효력이 발생하고,[45] 이에 따라 상속채권에 대한 상속인의 책임은 상속재산으로 제한된다(물적유한책임, 독민 제1975조). 또한 상속인은 상속재산에 대한 관리·처분권을 상실한다(독민 제1984조 제1항). 상속재산관리의 효력이 발생하면 상속인의 채권자는 상속재산에 대하여 강제집행 등을 할 수 없다(독민 제1984조 제2항). 상속재산관리인은 상속인의 채권자의 강제집행을 저지할 수 있다(독일민소법 제784조 제2항. 상속채권자가 직접 이를 저지할 방법은 없다). 상속재산관리는 상속채권자의 채권만족을 위한 절차로서, 상속재산이 채무초과 상태가 아니라는 점[46]을 제외하면 상속재산 도산의 법률관계와 비슷하다.

그러나 ① 상속인이 재산목록 제출기간을 어기거나 재산목록을 거짓으로 작성하여 이미 무한책임을 부담하는 경우 상속재산관리를 신청할 수 없는 점(독민 제2013조 제1항, 이 경우 상속재산 도산신청은 가능하다. 독일도산법 제316조 제1항), ② 공동상속인 전체가 공동으로 상속재산관리를 신청해야 하고,[47] 상속재산분할이 완료되면 상속재산관리를 신청할 수 없는 점[48](독민 제2062조. 공동상속 중 1인이 상속재산 도산을 신청할 수 있고, 상속재산분할 후에도 상속재산 도산을 신청할 수 있

---

45) Staudinger §§1967–2013 (Rechtsstellung des Erben) (2016)/Katrin Dobler §1983 Rn.3.

46) 상속재산이 채무초과 상태라고 해서 상속재산관리 신청을 기각할 수는 없지만, 관리인은 지체없이 상속재산도산을 신청해야 한다. Staudinger §§1967–2013 (Rechtsstellung des Erben) (2016)/Katrin Dobler §1981 Rn.8.

47) 이는 공동상속인들이 상속재산을 합유하기 때문이다. Staudinger §§1967–2013 (Rechtsstellung des Erben) (2016)/Wolfgang Marotzke §2062 Rn.1.

48) 즉 상속재산이 분할되면 상속인들은 더 이상 상속재산관리를 통한 물적책임제한을 누릴 수 없다. 이는 **상속재산 분할과정에서 먼저 상속채무를 변제하도록 유도**하려는 입법자의 의도가 담긴 것이다. Staudinger §§1967–2013 (Rechtsstellung des Erben) (2016)/Wolfgang Marotzke §2062 Rn.16. 법문언상 분할 후에는 상속채권자도 상속재산관리를 신청할 수 없으나(다수설), 목적론적 축소를 통해 상속채권자의 신청권은 인정해야 한다는 반론도 있다. Staudinger §§1967–2013 (Rechtsstellung des Erben) (2016)/Wolfgang Marotzke §2062 Rn.18.

다. 독일도산법 제316조 세2, 3항, 제317조 제1항),[49] ③ 상속승인 선에
상속인이 상속재산관리를 신청할 수 없는 점[50]에서 상속재산도산과
다르다. 즉 **상속재산관리는 상속재산도산보다 엄격한 요건 하에서만 개
시된다.**

공동상속인 전원이 동의하지 않으면 상속재산관리가 개시될 수
없고, 상속인은 물적책임제한 효력을 누릴 수 없다. 상속재산 전체는
채무초과가 아니지만 공동상속인 중 1인의 상속분이 상속채무를 부담
하기에 충분하지 않은 경우[51] 그 1인은 상속재산도산 신청을 할 수도
없다. 이러한 경우 개별 상속인을 보호할 필요가 있다. 이에 대비한
조항이 독일민법 제2059조 제1항이다. 모든 공동상속인은 ― 그가 무
한책임을 지는 경우가 아닌 한 ― 상속재산에 대한 지분권 이외의 재
산으로부터 상속채무를 변제하는 것을 거절할 수 있다(독민 제2059조
제1항). 따라서 위 사안의 개별 상속인은 이 조항에 따라 보호된다.[52]

상속재산관리인은 알려진 상속채무가 변제되면 상속인에게 상속
재산을 인도해야 한다(독민 제1986조 제1항). 상속재산도산절차가 개시

---

49) 다수설은 공동상속인 중 일부가 무한책임을 부담하게 되면 더 이상 상속재산관리
를 신청할 수 없다고 한다. Staudinger §§1967－2013 (Rechtsstellung des Erben)
(2016)/Katrin Dobler §1981 Rn.4. 그러나 이에 대해서는 반론도 있다. 독일민법
제206조 제1항의 규범목적은 공동상속인들에게 상속재산관리를 반대할 거부권을
주는 것에 그칠 뿐이고, 일부 상속인들이 무한책임을 부담한다고 해서 공동상속인
들 공동의 신청에 의해 상속재산관리신청을 거부할 이유가 없다는 것이다.
Staudinger §§1967－2013 (Rechtsstellung des Erben) (2016)/Wolfgang Marotzke
§2062 Rn.12.

50) Staudinger §§1967－2013 (Rechtsstellung des Erben) (2016)/Katrin Dobler
§1981 Rn.11(상속승인 전의 상속인은 자신의 고유재산으로 상속채권자에 대하여
책임을 지지 않고 상속인을 상대로 상속채권자가 소를 제기할 수도 없으므로, 신
청권을 인정할 필요가 없다).

51) 독일의 경우 공동상속인들은 상속채무 전체에 대해 연대채무를 부담하므로(독민
제2058조), 이러한 상황은 종종 발생할 수 있다.

52) Staudinger §§1967－2013 (Rechtsstellung des Erben) (2016)/Wolfgang Marotzke
§2059 Rn.2.

되면 상속재산관리절차는 종료하고(독민 제1988조 제1항), 절차비용이 상속재산보다 큰 경우 관리신청이 기각되거나(독민 제1982조), 관리절차가 폐지된다(독민 제1988조 제2항). 상속재산관리절차가 배당완료 및 잔여재산의 상속인에 대한 인도로 종결된 후 비로소 상속채권자가 나타나 권리를 주장하는 경우, 상속인은 여전히 재산분리 및 물적책임제한을 주장할 수 있는가? 다수설[53] 및 판례[54]는 ─ 아래에서 살펴볼 궁핍의 항변권(독민 제1990조, 제1991조)을 유추하여 ─ **상속재산관리의 재신청 없이도 물적책임제한효가 계속**된다고 본다.

라. 상속재산도산

독일 도산법은 제10장 제1절에서 상속재산도산절차(Nachlassinsolvenzverfahren)에 관한 세부 규정(제315조 내지 제331조)을 두고 있다.[55]

(1) 신청원인 및 신청권자

상속재산이 채무초과(소극재산[56]이 적극재산보다 많은 경우)이거나

---

53) Münchener zum BGB 7.Aufl. (2017)/Küpper §1975 Rn.6. 물적책임제한의 효력은 상속재산관리절차의 종료로 소멸한다는 반대견해로는 Philipp S. Fischinger, Haftungsbeschränkung im Bürgerlichen Recht(2015), 150-152.

54) BGH NJW 1954, 635.

55) 프랑스, 스위스, 오스트리아 도산법의 경우 상속재산 파산을 염두에 둔 특별규정이 없거나 있더라도 몇 개 되지 않는다. 이에 반해 일본 파산법은 제10장에서 상속재산의 파산 등에 관한 특칙이라는 표제 하에 상속재산의 파산, 상속인의 파산, 수유자의 파산에 관하여 규율하고 있다(제222조 내지 제244조). 우리 채무자회생법은 독일, 일본처럼 상속재산 파산 등에 관하여 세부 규정을 두고 있으나 조문이 여기저기 흩어져 있어 체계적 파악이 어렵다. 개별 조문을 독립된 장에 통합시키는 것이 바람직하다.

56) 여기서 말하는 소극재산 즉 상속채무(Nachlassverbindlichkeiten)는 ① 피상속인이 부담하였던 채무(Erblasserschulden), ② 상속을 계기로 발생하는 상속상황채무(Erbfallschulden: 유류분 채무나 유증 채무), ③ 상속개시 후 발생하는 채무로서 상속과 관련된 비용채무(Nachlasskostenschulden: 매장비용, 채권자에 대한 공시최고 및 목록작성 비용 등. 독일도산법 제324조 제1항 제2 내지 4호)와 상속재산 관리 과정에서 발생하는 채무(Nachlassverwaltungsschulden)를 포함한다.

지급불능[57] 상태에 놓인 경우 상속재산 도산을 신청할 수 있다(독일도산법 제320조 제1문). 신청권자는 상속채권자,[58] 상속인, 상속재산관리인, 유언집행자이다(독일도산법 제317조 제1항). 공동상속의 경우 **상속인 1인에 의한 신청도 가능하고 다른 상속인이 단순승인을 하여도 전체 상속재산에 대한 도산신청이 가능**하지만, 이 경우 법원은 다른 상속인들의 의견을 조회해야 한다(독일도산법 제317조 제2항 제1, 2문). 채무자가 도산신청을 하는 경우 신청원인에 대해 소명할 필요가 없지만(독일도산법 제13조),[59] 공동상속인 중 일부만 도산을 신청한 경우에는 신청원인에 대한 소명이 요구된다(독일도산법 제317조 제2항 제1문). 또한 상속채권자 이외의 나머지 신청권자, 즉 상속인, 상속재산관리인, 유언집행자가 도산을 신청하는 경우에는 **임박한 지급불능**(die drohende Zahlungsunfähigkeit)도 도산절차 개시 원인에 포함된다(독일도산법 제320조 제2항).

상속채권자는 상속승인 후 2년이 지나면 도산을 신청할 수 없지

Kübler/Prütting/Bork InsO(2017)/Holzer §325 Rn.3−6 및 독일민법 제1967조 제2항. 상속재산도산 상황에서 상속채무 또는 상속채권자의 정의는 모두 이와 같다. 즉 상속채권자에는 피상속인에 대한 채권자뿐만 아니라 유증채권자와 유류분채권자, (관리)비용 채권자 등이 포함된다.

57) 상속적극재산으로 변제기가 도래한 상속채무를 변제할 수 없는 상황을 뜻한다(독일도산법 제17조 제1문). 상속적극재산으로부터 상속채무를 지급하는 것이 정지된 경우 지급불능을 인정할 수 있다(독일도산법 제17조 제2문).

58) 상속재산이 유증채무로 인해 비로소 채무초과가 된 경우 상속재산 파산절차가 진행되는 것은 유언을 한 **피상속인의 통상의 묵시적 의사**와 부합하지 않는다는 점을 들어, 유증채권자의 신청권은 상속인에 대해서도 파산원인이 존재하는 경우에 한해 인정되는 것이 입법론상 바람직하다는 견해도 있다. Staudinger §§1967−2013 (Rechtsstellung des Erben) (2016)/Katrin Dobler §1975 Rn.38.

59) 이는 우리 채무자회생법과 다른 점이다. 통상의 파산절차와 달리 상속재산 파산의 경우 상속인 본인이 파산선고에 따른 **자격박탈과 같은 개인적 불이익**을 입지 않으므로 신청남용의 위험이 있고, 따라서 채무자 신청의 경우에도 파산원인 소명을 요구하는 것이 합리적이라는 지적으로는 山本和彦, "相續財産破産に関する立法論的檢討", 大阪市立大學法學雜誌45−3(1999), 163.

만(독일도산법 제319조),[60] 상속인 등 그 밖의 신청권자의 경우 **신청기간 제한이 없다**.[61] 상속인은 상속재산 도산원인(채무초과[62]나 지급불능에 한정된다)[63]을 알았거나 알 수 있었을 경우[64] 상속재산 도산을 신청할 의무가 있다(독민 제1980조 제1, 2항). 상속인이 이 의무를 위반하면 채권자에 대하여 손해배상책임을 진다(독민 제1980조 제1항 제2문). 다만, 상속인이 상속을 포기할 수 있는 동안에는 도산신청의무를 부담하지 않는다.[65] 즉 **상속인은 상속을 승인한 경우 비로소 신청의무를 부담한다**. 상속재산관리인(Nachlassverwalter)도 도산신청의무를 부담하고(독민 제1985조 제2항), 유언집행자(Testamentsvollstrecker)의 경우 명시적 법률규정은 없지만, 통상적인 업무수행의 절차로서 요구되는 도산신청을 게을리 한 경우 독일민법 제2219조에 따라 '상속인'에게 손해배상책임을 부담할 수 있다.[66] 또한 공동상속인들 사이에 상속재산 분할절차가 끝난 뒤에도 전체 상속재산에 대하여 도산절차가 개시될 수 있다(독일도산법 제316조 제2, 3항).[67]

---

60) 상속승인 후 일정 기간이 지나면 상속재산과 상속인의 고유재산이 혼합되어 이들을 다시 분리시키기 어렵다는 사정을 고려한 규정이다. Kübler/Prütting/Bork InsO(2017)/Holzer §319 Rn.1.

61) 위 기간이 지나 상속인에 의해 상속재산 도산절차가 개시된 경우, 상속채권자가 도산절차에 참가할 수 있음은 물론이다. Kübler/Prütting/Bork InsO(2017)/Holzer §319 Rn.1.

62) 도산신청의무를 부담하는 채무초과 요건 판단 시에는 유증채무 등은 원칙적으로 고려하지 않는다. 즉 상속채무 등으로 채무초과인 경우에 한해 도산신청의무를 부담한다. 독민 제1980조 제1항 제3문.

63) 임박한 지급불능의 경우 상속인은 도산신청 의무를 부담하지 않는다.

64) 알려지지 않은 상속채무가 존재한다고 상속인이 생각할만한 근거가 있음에도 불구하고 상속인이 채권자에 대한 공시최고 절차를 신청하지 않았다면, 상속인은 도산절차 개시원인을 알지 못한데 과실이 있는 것이다. 그러나 공시최고 절차 비용이 상속적극재산에 비해 지나치게 많이 드는 경우에는 그렇지 않다(독민 제1980조 제2항 제2, 3문).

65) Kübler/Prütting/Bork InsO(2017)/Holzer §317 Rn.8.

66) Kübler/Prütting/Bork InsO(2017)/Holzer §317 Rn.12.

67) 상속재산 분할이 완료되었다면 특별재산으로서의 상속재산은 법적으로나 사실적

녹일 도산법은 우리 채무자회생법에 비해 **상속재산 파산을 신청할 수 있는 기간이나 상황의 폭이 넓고, 상속인에게 무거운 도산 신청의무를 부과하고 있다.**

(2) 재산분리 및 청산 방법

상속재산 도산절차 개시로 상속채무에 대한 상속인의 책임은 상속재산으로 한정된다(독민 제1975조: 물적 유한책임). 상속인의 고유재산을 대상으로 한 상속채권자의 강제집행에 대해 상속인은 — 그 상속채권자에 대하여 무한책임을 부담하는 경우를 제외하고 — 청구이의의 소를 제기하여 강제집행을 배제할 수 있다(독일민소법 제784조 제1항, 제785조).[68] 상속재산의 관리·처분권은 관리인에게 전속하므로 상속인이 상속재산을 임의 처분해도 효력이 없고, 도산절차 개시 후 상속인의 채권자의 상속재산에 대한 강제집행도 무효이다.[69] 또한 상

으로 더 이상 존재하지 않는다. 그러나 상속재산 분할이 완료될 때까지 상속채무 변제를 하지 않았다는 것은 독일민법 입법자들이 바람직하다고 생각한 상속재산 분할 방법(분할 완료 전 상속채무 변제. 독민 제2046조, 제2047조 참조)에서 크게 벗어난 것이다. 이러한 사정을 고려해 상속재산 분할 후에도 상속채권자 보호를 위해 상속재산도산을 신청할 수 있게 한 것이다. 개별 상속인에게 분할·귀속된 상속재산은 관리인에게 반환되어 도산재단에 포함되어야 한다. Kübler/Prütting/Bork InsO(2017)/Holzer §316 Rn.12–13.

68) 이 조문은 상속채권자의 '강제집행 개시 후' 비로소 상속인의 책임제한 및 재산분리가 이루어진 경우를 전제로 한다. 상속채권자의 '강제집행 개시 전'에 상속인의 책임제한 및 재산분리가 이루어졌다면, 상속채권자의 상속인에 대한 집행권원에 상속인의 책임제한이 유보된 경우에 한해 책임제한 효과가 있다(독일민소법 제781조, 제780조). Münchener Kommentar zur ZPO 5.Aufl. (2016)/Schmidt·Brinkmann §781 Rn.2, 3. 집행권원에 책임제한이 유보되었음에도 불구하고 상속채권자가 상속인의 고유재산에 대하여 강제집행을 개시하였다면, 상속인은 청구이의의 소를 제기하여 강제집행을 배제할 수 있다(독일민소법 제781조, 제785조).

69) 명문 규정은 없지만 도산절차 진행 중 상속채권자의 개별집행이 금지되고(독일도산법 제89조 제1항), 상속재산 도산절차에서는 상속채권자만 상속재산에 대하여 권리를 행사할 수 있으므로(독일도산법 제325조), 위 결론에 이견이 없다. Staudinger §§1967–2013 (Rechtsstellung des Erben) (2016)/Katrin Dobler §1975 Rn.6.

속개시 후 도산절차 개시 전에 상속재산에 대해 이루어진 상속인의 채권자의 강제집행은 상속재산 도산절차가 개시되면 (잠정적으로)[70] 효력을 잃고, 상속인의 채권자는 상속재산 도산절차에 참가할 수 없다(독일도산법 제321조).[71] 상속인이 상속재산 도산절차의 관리인으로 임명될 수도 있는데(자기관리: Eigenverwaltung, 독일도산법 제270조 이하) 이 경우 도산재단의 관리·처분권이 상속인에게 귀속된다는 점을 제외하고는 재산분리의 효력이 그대로 유지된다.[72]

상속인이 상속채권자에 대해서 자신의 고유재산으로도 책임을 지는 경우, 만약 상속채권자가 상속재산 도산절차에서 채권을 행사하지 않는다면 상속인이 대신 상속채권을 행사할 수 있다(독일도산법 제326조 제3항). 이는 상속채권은 가급적 상속재산으로부터 먼저 만족을 얻게 하고, 상속인은 잔존 상속채권에 한하여 자신의 고유재산으로 책임을 지도록 하기 위한 규정이다.[73] 상속채권자는 — 마치 별제권의 목적물의 가액으로부터 우선변제를 받지 못한 범위 내에서만 도산채권자로서 권리를 행사할 수 있는 별제권자처럼(독일도산법 제52조) — 상속재산 도산절차에서 만족을 얻지 못한 부분에 한해 상속인의 고유재산에 대한 도산절차에서 도산채권자로서 권리를 행사할 수 있다(독일도산법 제331조 제1항). 즉 **상속인이 상속채권자에 대하여 무한책임을 지는 경우, 상속인의 고유재산에 대하여 상속채권자와 상속인의 채권자는 동순위이다. 이는 상속인에 대해서도 파산절차가 개시된 경우 상속인의 채권자가 상속채권자보다 우선하는 우리 채무자회생법과 다른 지점**이다. 결국 독일법에서는 상속재산 도산절차가 개시된 경우에도 완전

---

70) 도산절차가 폐지되면 종전 강제집행의 효력은 부활한다.

71) Kübler/Prütting/Bork InsO(2017)/Holzer §321 Rn.16.

72) Staudinger §§1967 – 2013 (Rechtsstellung des Erben) (2016)/Katrin Dobler §1975 Rn.10.

73) Münchener Kommentar zur Insolvenzordnung, 3.Aufl. (2014)/Siegmann §326 Rn.7.

한 재산분리는 일어나지 않을 수 있고, **상속인은 상속인의 채권자에게 불리한 결정을 할 수 있으며, 상속인의 채권자가 이를 막을 방법은 없 다.** 이러한 독일법의 태도는 ① 상속인의 채권자는 일반채권자로서 원칙적으로 상속인의 책임재산 변동으로 인한 위험을 수인해야 하는 점, ② 독일법은 상속포기는 상속인의 인적 결단으로서 상속인의 채 권자가 채권자취소권을 행사할 수 없다고 보고 있으므로[74] 상속인이 상속승인으로 무한책임을 부담하게 되었다고 해서 상속인의 채권자가 채권자취소권을 행사할 여지는 더더욱 없는 점을 고려할 때, 그 자체 로는 내적 일관성을 갖추고 있다고 사료된다.

도산절차 개시 전까지 상속인이 상속재산 관리를 위해 지출한 비 용, 피상속인의 매장비용, 피상속인의 사인처분을 개시(eröffnen)하는 데 든 비용, 채권자에 대한 공시최고 및 목록작성 비용, 유언집행자가 지출한 비용 등은 재단채권으로 우선변제를 받는다(독일도산법 제324 조 제1항). 피상속인에 대한 채권자가 도산채권자로서 그 다음 순위로 배당을 받고, 독일도산법 제39조에 규정된 후순위 도산채권자들이 그 다음 순위로 배당을 받는다. 그 다음 유류분채권자, 유증채권자 순으 로 배당을 받는다(독일도산법 제327조 제1항). 공시최고절차를 통해 배 제된 채권자는 독일도산법 제39조의 후순위 도산채권자 다음, 유류분 채권자보다 먼저 배당을 받는다(독일도산법 제327조 제3항).

(3) 부인권 행사

도산절차 개시 전에 이루어진 도산채권자들을 해하는 행위에 대 해서는 도산법상 일반규정에 따라 부인권 행사가 가능하다.[75] 상속인

---

74) Staudinger §§1967 – 2013 (Rechtsstellung des Erben) (2016)/Katrin Dobler §1990 Rn.20. 독일도산법 83조 1항은 파산에도 불구하고 파산관재인이 아닌 채무 자가 상속의 승인, 포기 여부를 결정하게 하고 있다. 이 조항은 파산절차 개시 전 상속승인이나 포기가 부인의 대상이 되지 않는 중요한 실정법상 근거이다. Kübler/Prütting/Bork InsO(2017)/Lüke §83 Rn.10.

75) Kübler/Prütting/Bork InsO(2017)/Holzer §322 Rn.7.

이 상속재산 도산절차 개시 전에 유류분반환의무나 유증채무를 이행
한 경우 이를 무상행위로 보아 무상행위 부인 규정을 적용한다(독일도
산법 제322조). 부인권 행사의 결과 원상회복이 이루어졌고 그 결과 도
산채권자들이 모두 만족을 얻었다고 해서 잉여금이 유류분권자나 유
증채권자의 채권만족을 위해 사용되어서는 안된다(독일도산법 제328조
제1항). 이 경우 잉여금은 수익자에게 반환되어야 한다.[76]

(4) 배당완료 후 책임제한 효과 유지

채권자들에 대한 배당절차가 완료되어 상속재산도산절차가 종료
된 경우 상속인은 잔존 상속채권자들에 대하여 계속 물적책임제한 효
과를 누린다(독민 제1989조). 따라서 **도산절차 완료 후 새로운 상속재산
이 발견되었다면 상속인의 상속채권자들에 대한 책임은 위 상속재산에
한정**된다. 종전 도산절차에서 변제받을 수 있었던 채권자들이 먼저
위 상속재산에서 변제를 받고 채권신고를 하지 않은 등의 이유로 종
전 도산절차에서 변제받을 수 없었던 채권자들은 후순위로 변제를 받
는다.[77]

마. 궁핍의 항변권(Dürftigkeitseinrede)

상속재산이 절차비용을 충당하기 부족하여 상속재산관리나 상속
재산도산절차가 개시될 수 없거나 도중에 폐지된 경우, 상속인은 상
속재산의 범위를 벗어나는 상속채권의 변제를 거절할 수 있다. 이 경
우 상속인은 상속채권자들의 채권만족을 위해 강제집행의 방법으로
상속재산을 반환할 의무가 있다(독민 제1990조 제1항). 이는 상속인이
상속채권자의 강제집행을 인용할 의무가 있다는 뜻이고, 현실적으로
상속재산을 인도해야 한다는 뜻은 아니다.[78] 유증채무로 인해 비로소

---

76) Kübler/Prütting/Bork InsO(2017)/Holzer §328 Rn.2.
77) Staudinger §§1967－2013 (Rechtsstellung des Erben) (2016)/Katrin Dobler
§1989 Rn.10.
78) Staudinger §§1967－2013 (Rechtsstellung des Erben) (2016)/Katrin Dobler

상속재산이 채무초과인 경우에도 궁핍의 항변권에 관한 규정이 적용
된다(독민 제1992조). 이러한 항변권을 행사함으로써 상속인은 상속채
권자에 대한 책임이 상속재산으로 제한되는 효력을 누린다(물적유한책
임). 궁핍의 항변권을 행사하면 상속인은 상속재산관리 절차가 개시된
경우에 준해 상속재산 관리에 대한 책임을 부담하고(독민 제1991조 제1
항), 상속인의 피상속인에 대한 권리와 의무는 소멸하지 않는다(독민
제1991조 제2항). 상속채권자들 사이에서는 — 상속재산도산절차와 달
리 — 우선주의가 적용되고, 유류분권자와 유증채권자는 상속채권자
보다 후순위에 놓인다(독민 제1991조 제4항). 상속인에 대하여 상속채
권지급의 판결이 확정된 경우 다른 상속채권자들에 대해서는 변제로
서의 효력이 있다(독민 제1991조). 판결이 확정된 채무를 이행하면 상
속재산이 소진되는 경우 상속인은 이를 근거로 다른 상속채권자에 대
한 변제를 거절할 수 있다. 다수설은 이 규정을 근거로 상속인은 판결
이 확정된 상속채권자에게 그렇지 않은 상속채권자보다 먼저 변제할
의무가 있다고 본다.[79]

궁핍의 항변권을 행사하면 상속인의 채권자의 상속재산에 대한
강제집행도 저지할 수 있는지에 대해서는 학설이 나뉜다. ① 상속인을
상속재산에 대한 자기관리인처럼 보아 독일민소법 제784조 제2항을
유추하는 견해, ② 상속인의 채권자의 상속재산에 대한 강제집행으로
상속인의 채권자가 만족을 얻은 만큼 상속채권자는 상속인에 대하여
부당이득반환채권을 가질 뿐이라는 견해, ③ 상속인이 상속채권자에
게 손해배상의무를 부담할 뿐이라는 견해, ④ 상속채권자 스스로 독일
민소법 제784조 제2항에 따른 권리를 행사할 수 있다는 견해가 있다.[80]

---

§1990 Rn.29.

79) Staudinger §§1967−2013 (Rechtsstellung des Erben) (2016)/Katrin Dobler
§1991 Rn.17.

80) 각 견해의 소개는 Staudinger §§1967−2013 (Rechtsstellung des Erben) (2016)/
Katrin Dobler §1990 Rn.28; Philipp S. Fischinger, "Die asymmetrisch−

2. 프 랑 스

가. 상속인의 선택권 행사 전 법률관계

상속인은 단순승인, 포기, 한정승인 중 하나를 선택할 수 있다(프민 제768조 제1항). 상속인이 한정승인을 하였더라도 이를 철회하고 단순승인을 할 가능성이 열려 있고(프민 제801조 제1항), 상속을 포기한 자도 단순승인을 할 가능성이 열려 있다(프민 제807조).[81] 또한 미성년자나 요보호 성년자의 후견인은 원칙적으로 한정승인만 할 수 있고, 다만 친족회나 법관은 적극재산이 명백히 소극재산을 초과하는 경우 단순승인을 허가할 수 있다(프민 제507-1조 제1항). 후견인은 친족회나 법관의 허가 없이 상속을 포기하지 못한다(프민 제507-1조 제2항).

선택권의 행사기간은 상속개시시부터 10년으로(프민 제780조 제1항), 다른 나라에 비해 상당히 길다. 10년 동안 선택권을 행사하지 않으면 상속을 포기한 것으로 간주한다(프민 제780조 제2항). 다만 상속개시 후 4개월이 지난 때부터 상속채권자, 공동상속인, 후순위상속인, 국가는 상속인에게 선택권 행사를 최고할 수 있고(프민 제771조 제2항), 최고 후 2개월 또는 부여된 보충기간 내에 상속인이 선택권을 행사하지 않으면 단순승인 한 것으로 간주한다(프민 제772조 제2항). 선택권 행사 전에 상속인이 상속채무 등을 확인하기 위한 공적 절차는

---

semipermeable Haftungsstruktur des §1990 BGB und ihre Uberwindung de lege lata und de lege ferenda", Jahrbuch für Erbrecht und Schenkungsrecht (2015), 214-215.

81) 이는 우리법과 다른 점이다. 우리법의 경우 상속인이 상속을 한정승인하거나 포기한 후 상속재산을 은닉하거나 부정소비하거나 고의로 재산목록에 기입하지 아니하여 단순승인이 의제될 수는 있지만(제1026조 제3호), 상속인이 임의로 종전 의사표시를 번복하고 단순승인을 할 수는 없다.

한편 상속포기 후 국가에 의한 청산이 이루어진 경우 상속인은 상속포기를 철회할 수 없으므로(프민 제807조 제1항 참조), 청산 후 잉여금이 있더라도 이 잉여금이 포기한 상속인에게 귀속될 여지는 없다.

마련되어 있지 않다.

상속인은 상속개시 후 4개월까지 선택권 행사를 강요당하지 않는다 (프민 제771조 제1항). 이는 상속인에게 숙고할 시간을 부여하여 선택권의 실질적 행사를 돕기 위한 취지로서, 이 기간 동안 **상속인은 상속재산에 대한 상속채권자나 상속인의 채권자의 강제집행을 막을 수 있다.**[82][83]

나. 한정승인(l'acceptation de la succession à concurrence de l'actif net)

(1) 한정승인의 신청 및 재산목록의 작성 · 제출

상속인은 한정승인의 의사표시를 상속개시지를 관할하는 대심법원 서기과에 또는 공증인에게 해야 한다(프민 제787조, 제788조 제1항). 한정승인 신고는 등록되고 전국적으로 공시되는데 공시는 전자적 방법으로 이루어질 수 있다(프민 제788조 제2항). 이러한 공시는 압류의 효력(une saisie directe en ligne)을 갖는다.[84] 한정승인 신고 당시 재산목록이 첨부되거나 신고 후 재산목록 작성이 이루어질 수 있다(프민 제789조 제1항). 재산목록은 사법경매인(commissaire - priseur judiciaire), 집행관(huissier), 또는 공증인이 작성한다(프민 제789조). 한정승인을 한 상속인은 원칙적으로 신고 후 2개월 내에 재산목록을 법원에 제출

---

82) Raymond Le Guidec/Gérard Chabot, "Succession: transmission", Répertoire de droit civil 2011, n° 88. 최고 후 2개월 동안도 채권자의 강제집행에 대항할 수 있으므로 결국 상속개시 후 적어도 6개월 동안은 강제집행을 저지할 수 있다. Claude Brenner, Juris Classeur Civil Code, Art. 870 à 877, fasc. 20. 2018, n° 24.

83) 그러나 **피상속인에 대하여 이미 진행 중이던 강제집행 절차가 중단될 수는 없다**. Alain Sériaux, Juris Classeur Civil Code, Art. 768 à 781, fasc. unique. 2014, n° 16.

84) Vincent ÉGÉA, "Succession", Répertoire de procédure civile 2011, n° 114. 공시 비용은 신청을 한 상속인이 선납하고 종국적으로는 상속재산의 부담으로 한다(프랑스민소법 제1338조 제1, 2항). 한정승인 신고, 재산목록, 재산분리 신고의 공시 방법에 관해서는 프랑스민소법 제1334조 내지 제1338조에서 규율하고 있다.

해야 하고(프민 제790조 제1항), 재산목록 제출은 한정승인과 마찬가지로 공시되며(프민 제790조 제3항), 정해진 기간 내에 재산목록을 제출하지 않으면 단순승인한 것으로 간주된다(프민 제790조 제4항).[85] 재산목록에 기재된 채권액수는 설령 목록작성이 종결되고 상속인이 유보 없이 목록에 서명하였어도 채권액에 관한 유력한 서증일 뿐이고 상속인은 그 액수를 다툴 수 있다.[86]

(2) 한정승인의 효과

한정승인으로 상속재산과 상속인의 고유재산이 분리되고, 상속인의 피상속인(또는 피상속인 소유 재산)에 대한 권리는 소멸되지 않으며,[87] 상속채무에 대하여 상속인은 물적유한책임[88]을 부담한다(프민 제791조). 한정승인을 한 상속인이 상속재산에 대해 갖고 있는 권리의 소멸시효는 중단된다(프민 제2237조). 한정승인에 의한 재산분리는—뒤에서 살펴 볼—채권자의 신청에 의한 재산분리와 달리 등기부를 통한 공시를 요하지 않는다. 한정승인에 따라 상속채권자가 누리는 우선적 지위는 추급권(droit de suite)이 없으므로, 상속인이 상속재산을 제3자에게 양도하면 그 우선적 지위는 소멸한다.[89] 그러나 개별

---

85) 2006년 법개정 전에는 목록작성 기간이 경과하더라도 상속인은 여전히 한정승인을 할 수 있었고, 다만 아직 선택권을 행사하지 않은 상속인은 상속재산을 압류한 채권자에 대하여 단순승인을 한 것으로 취급될 뿐이었다. Guidec/Chabot(주 82) n° 287; Civ. 1re, 11 mai 1966, Bull civ. Ⅰ. n° 284.

86) Guidec/Chabot(주 82) n° 296.

87) 한정승인을 한 상속인은 소멸되지 않은 종전 권리에 대한 소를 다른 상속인들을 상대로 제기해야 하고, 다른 상속인들이 없거나 공동상속인들 모두가 소를 제기한 경우에는 상속인 부재시 상속재산관리인 선임규정에 따라 선임된 관리인을 상대로 소를 제기해야 한다. 프랑스민소법 제1336조.

88) 법문언만 보면 금액유한책임으로 해석될 여지도 있으나 물적유한책임으로 새기는 것이 통설이다. Raymond Le Guidec/Gérard Chabot, "Succession: liquidation et règlement du passif héréditaire", Répertoire de droit civil 2010, n° 159－161.

89) 김형석(주 2) 507. 상속인이 상속재산의 소유권을 이전하지 않고 상속인의 채권자를 위해 저당권을 설정해 주었다면, 재산분리의 효력은 여전히 유지될 것이다.

상속채권자는 부동산인 상속재산에 대하여 상속개시 후 4개월 이내에 자신의 우선권을 등기함으로써 추급권을 취득할 수 있다.[90]

또한 한정승인이 공시된 때부터 15개월 동안 상속재산에 대한 상속채권자의 강제집행과 담보설정은 중단 또는 금지된다(프민 제792-1조 제1항).[91][92] 다만 이미 상속재산을 압류한 상속채권자는 다른 채권자에 대하여 우선권을 갖는다(프민 제792-1조 제2항).

(3) 청산절차

상속채권자는 한정상속인이 정한 주소지에 채권을 신고해야 한다(프민 제792조 제1항 제1문). 청산절차가 개시된다는 공적인 결정을 하거나 이를 공시하는 제도는 별도로 존재하지 않는다.[93] 15개월의 한정승인 공시기간 동안 채권신고를 하지 않은 일반채권은 소멸하고, 소멸의 효력은 보증채무, 연대채무, 독립적 보증채무에도 미친다(프민 제792조 제2항). 변제순위는 봉인비용, 목록작성 비용 등이 우선 변제되고(프민 제803조), 상속채권 중에서는 담보채권자가 먼저 변제받고, 일반채권들은 신고한 순서대로 변제받으며 그 다음으로 유증채권자가 변제받는다. 15개월 내에 신고한 일반채권자로서 신고 당시 이미 적극재산이 고갈되었다면 그보다 먼저 변제를 받은 유증채권자에게 상환을 청구할 수 있다(프민 제796조, 제799조). 즉 **상속재산 청산시 일반채권자들 사이에서 채권자평등주의가 아니라 우선주의가 관철**된다.

상속재산 청산은 상속인에 의해 이루어진다. **상속인은 상속재산을 소유자의 자격으로 관리**할 뿐, 상속채권자의 수임자(le mandataire), 재

---

90) 본문 Ⅲ. 2. 다.의 프랑스의 재산분리 제도 참조.

91) 상속채권자의 소제기는 영향을 받지 않는다. Guidec/Chabot(주 88) n° 215.

92) 15개월이 지나면 상속인의 채권자도 강제집행이 가능하나 여전히 상속채권자나 유증채권자보다 후순위이다. Guidec/Chabot(주 88) n° 230.

93) 이는 사적 이익을 집단적으로 청산하는 절차를 복잡하게 만들지 않으려는 고려가 있는 것이라고 한다. Guidec/Chabot(주 88) n° 208.

산관리인(l'administrateur), 사무관리자(le sydic)의 지위에서 관리하는 것이 아니다.[94] 상속인은 상속재산을 분리·매각하여 상속채권자와 유증채권자에게 변제할 수 있고(프민 제793조 제2항 참조), 상속재산을 자신이 보존하는 대신[95] 그 가액만큼 보충하여 이를 재원으로 상속채권자와 유증채권자에게 변제할 수 있다(프민 제793조 제1항).[96] 이러한 매각 및 보존의 절차, 채권자들에 대한 변제순위에 관해 민법에서 규정하고 있는데(프민 제794조,[97] 795조,[98] 796조), 상속인은 법원에 보존의 의사표시를 한 날 또는 매각대금을 받은 날부터 2개월 내에 채권자들에게 변제해야 하고(프민 제797조 제1항), 채권의 순서나 성질에 관하여 이의가 있는 등의 이유로 위 기간 내에 변제하기 어려운 경우 금원을 공탁해야 한다(프민 제797조 제2항). 한정승인 공시 후 15개월 지났고 상속인이 법이 정한 절차에 따라 매각 또는 보존하지 않은 상

---

94) 김미경, "프랑스민법상 상속의 승인과 포기", 민사법학59(2012), 536.

95) 보존이 공시되면 해당 상속재산이 상속인의 고유재산에 편입된다. Guidec/Chabot (주 88) n°190.

96) 이 조항은 특정 가족재산에 대한 한정승인자의 소유권을 보장하고 상속채권자의 채권만족도 함께 보장하기 위한 조항이다. Guidec/Chabot(주 88) n°186. 상속재산을 대가를 받고 양도하는 것이 아니라 증여하는 경우에도 보존에 준하여 취급한다. Guidec/Chabot(주 88) n°194.

97) 보존 또는 매각을 위한 분리의 의사표시는 보존의 결정이 있거나 매각을 한 날부터 15일 내에 공시를 담당하는 법원에 해야 하고(프민 제794조 제1항), 보존의 의사표시가 공시되지 않으면 채권자에게 대항할 수 없다(프민 제795조 제1항). 즉 채권자는 상속인이 그 가액을 보충하였어도 해당 물건에 대하여 개별적으로 강제집행을 할 수 있다(**매각의 경우 상속채권자의 '추급권'이 인정되지 않으므로 이러한 규정을 두지 않은 것으로 보인다**). 채권자들은 공시 후 3개월 동안 가치평가액이나 양도금액을 법원에서 다툴 수 있다(프민 제794조 제2항). 채권자의 주장이 이유 있으면 상속인은 자기 고유재산으로 그 가액을 보충할 의무를 부담한다(프민 제794조 제3항).

　　보존의 경우 위 15일의 기산점에 관하여 보존의 결정 그 자체는 법률적 행위가 아니므로 이를 기산점으로 삼는 것이 무의미하다는 견해로는 Guidec/Chabot (주 88) n°189.

98) 매각을 공시하지 않으면 상속인은 고유재산으로 매각대금 가액을 상속재산에 반환할 의무를 부담한다(프민 제795조 제2항).

속재산에 대해서는 상속채권자와 유증채권자가 개별적으로 강세집행을 할 수 있다(프민 제798조 제1항). 위 15개월이 지나고 상속채권자와 유증채권자의 채권이 모두 변제된 후에야 상속인의 채권자가 상속재산으로부터 강제집행 등의 방법으로 만족을 얻을 수 있다(프민 제798조 제2항). 상속인이 한정승인을 철회하거나[99] 한정승인 실격 사유가 발생하여 단순승인을 한 것으로 간주되는 경우에도(프민 제790조 제4항, 제801조, 제800조 제4항), 상속재산에 대한 상속채권자 및 유증채권자의 우선권은 유지된다(프민 제802조). 이 경우 상속인의 고유재산에 대하여 상속인의 채권자는 상속채권자[100]에게 우선권(프민 제878조 제2항)을 주장할 수 있다.

15개월이 경과하였거나 신고한 모든 채권자들에게 변제하였거나 상속재산이 소진되고 채권자들에게 변제한 경우에는, 상속인 등은 계산의 결과를 등록해야 하고(프랑스민소법 제1337조 제1항), 이 결과는 공시된다(프랑스민소법 제1337조 제2항).

(4) 공동상속의 경우

공동상속인들 중 일부는 단순승인을 하였으나 다른 상속인은 한정승인을 한 경우 모든 상속인들에 대하여 상속재산 분할 완료시까지 한정승인에 관한 규정이 적용된다(프민 제792-2조 제1항).[101] 이 경우 **상속**

---

99) 상속인이 상속을 승인할 수 있는 시효기간이 완성되지 않았다면, 상속인은 한정승인을 철회하고 단순승인을 할 수 있다. 이 경우 상속개시시로 소급하여 단순승인의 효력이 발생한다(프민 제801조 제1항). 그러나 한정승인을 한 상속인은 상속포기를 할 수 없다(프민 제801조 제2항). 프랑스 학설은 한정승인도 어디까지나 상속승인의 일종이기 때문에 한정승인 후 상속포기를 할 수 없는 것이라고 설명한다. Guidec/Chabot(주 88) n° 136.

100) 참고로 상속채권자가 이미 피상속인에 대하여 집행권원(le titre exécutoire)을 갖고 있으면, 이를 상속인게 통지한 후 8일이 경과하면 상속인에 대해서 강제집행을 할 수 있다(프민 제877조).

101) 일부 상속인이 단순승인을 하였더라도 목록작성비용은 — 상속재산분할비용과 마찬가지로 — 상속재산 전체로부터 우선적으로 변제된다. 프민 제803조 참조. ÉGÉA(주 84) n° 45. 청산을 위한 분리·매각 권한은 한정승인을 한 상속인에게만

채권자는 한정승인을 한 상속인이 부담하는 부분에 대하여 채권추심
이 어려움을 증명하면 **상속재산분할을 청구할 수 있다**(프민 제792-2조
제2항. 상속채권자는 분할 후 비로소 단순승인 상속인의 고유재산에 집행할
수 있는 점을 고려한 조문으로 보인다). 한정승인을 한 상속인은 한정승
인에 따른 이익을 포기하지 않은 상태에서 상속재산분할 절차를 진행
할 수 있다.102) 프랑스 민법에서는 공동상속인들 사이에 우리의 공유
에 상응하는 불분할(indivision)의 관계가 성립하고,103) 피상속인이 가
지고 있던 채무는 그것이 가분적인 한 상속개시와 더불어 공동상속인
들 사이에 상속분에 따라 분할되나, 상속채권자는 불분할의 상태의
상속재산으로부터 만족을 얻을 수 있다(프민 제815-17조 제1항). 그러
나 상속인의 채권자는 불분할 상태의 상속재산을 압류할 수 없고, 분
할을 청구할 수 있을 뿐이다(프민 제815-17조 제2, 3항).104) 즉 **상속재**

있다. Nathalie Levillain, Juris Classeur Civil Code, Art. 787 à 803, fasc.
unique. 2017, n° 55. 분할 후에는 단순승인한 상속인의 상속재산에 대해서는 재
산분리효과가 미치지 않으므로 상속채권자는 별도로 재산분리 신청을 해야 한다.
Yves Lequette/Vincent Brémond, Juris Classeur Civil Code, Art. 878 à 881,
fasc. unique. 2014, n° 60.

102) Guidec/Chabot(주 88) n° 263. 다만 상속인이 상속재산분할 청구를 하면 상속을
단순승인하는 묵시적 의사가 있다고 보는 것이 대체적 견해라는 점을 유의할 필
요가 있다. Guidec/Chabot(주 82) n° 192-195.

103) 다만 (가분채무인) 상속채무는 불분할 관계에 있지 않고 상속분에 따라 법률상
당연히 분할된다. 한정승인의 경우에도 상속채무가 분할되는데 아무런 문제가 없
다. Guidec/Chabot(주 82) n° 393-394. 분할기준이 되는 상속분은 상속인이 포
괄승계인으로서 취득하는 적극재산을 뜻한다{조정대상(rapport)인 특별수익도
상속인 지위에서 취득하는 것(émolument)이므로 결과적으로 우리법상 법정상속
분에 가까운 개념이다}. Guidec/Chabot(주 88) n° 43; Brenner(주 82) n° 71. 프
랑스의 경우 — 우리법과 달리 — 초과특별수익자가 특별수익을 '반환'해야 한다.
Nathalie Peterka, Juris Classeur Civil Code, Art. 858 à 863, fasc. unique.
2015, n° 15.

104) 결과적으로 **분할 전에는 상속재산에 대한 상속채권자의 우선권이 관철되고 상속채
무가 피상속인 사망시점에서 당연분할되는 것은 분할 후에야 실질적 의미를 갖게 된
다.** Brenner(주 82) n° 122.

산 분할 전까지 재산분리가 관철된다.[105]

(5) 총   평

프랑스의 한정승인 절차는 **채권자의 개별집행이 원칙적으로 금지되는 점에서 도산절차와 비슷하지만, 우선주의가 적용되고 보충적으로 채권자의 개별집행이 허용된다는 점에서 평시 강제집행절차와 유사**하다. 관리인을 별도로 선임하지 않고 상속인에 의해 절차가 진행되는 점,[106] **상속인은 관리인이 아니라 상속재산에 대한 소유자이고**(재산은 분리되지만 한정승인도 단순승인의 일종이기 때문에 여전히 상속인이 상속재산의 소유자이다) **상속인이 상속재산을 제3자에게 양도하여도 그 처분이 무효가 되지 않으며, 양도된 상속재산에 대한 상속채권자의 우선권은 원칙적으로 상실**되는 점(한정상속인은 배신적 매각에 대한 제재로서, 자신의 고유재산으로 상속채무를 부담하거나 해당 가치만큼 원상회복시킬 의무를 부담한다)도 주목할 필요가 있다. 가령 상속재산 분리·매각 사실을 상속인이 공시하지 않으면 해당 가액을 상속재산에 회복시킬 의무를 자신의 고유재산으로 부담할 뿐이고, 그 매각 자체는 유효하다. 다만 **개별 상속채권자는 부동산 형태의 상속재산에 대하여 상속개시 후 4개월 이내에 우선권을 등기함으로써 상속재산 양도로 인한 우선권 상실을 막을 수 있다**(추급권). **이를 통해 개별 상속재산에 대한 완전한 재산분리가 가능하다.**[107]

---

105) Lequette/Brémond(주 101) n° 67; Cass. req., 24 déc. 1912: S.1914, 1, p.201(1re esp.)(Frécon 판결). 즉 상속재산분할 전 공동상속인은 상속채무와 관련하여 '**개별 채무자**' 지위에 있다기보다 '**상속재산의 잠정적 점유자(détenteur)**' 지위에 있다고 할 수 있다. Brenner(주 82) n° 122.

106) 그러나 한정상속인은 언제나 판사에게 상속재산의 관리 및 청산을 담당할 상속재산관리인의 선임을 청구할 수 있다(프민 제814－1조). 신청인은 신청의 이유(상속재산 관리의 어려움, 무능력, 부주의)를 밝히거나 증명할 필요가 없다. Guidec/Chabot(주 88) n° 176.

107) 이 점에서 한정승인 후 상속채권자의 재산분리 청구는 별도의 효용이 있다. Lequette/Brémond(주 101) n° 69.

다. 재산분리

(1) 의의, 신청권자, 행사방법

상속채권자[108]와 유증채권자는 상속재산에 관하여 상속인의 채권자에 대해 우선권을 주장할 수 있고(프민 제878조 제1항), 상속인의 채권자(발생시기가 상속개시 전인지 후인지를 불문)[109]는 상속인의 고유재산에 관하여 상속채권자에 대해 우선권을 주장할 수 있다(프민 제878조 제2항).[110] 이 권리는 '특정 물건'에 대하여 자신이 다른 채권자에 대해 우선권을 갖는다는 의사표시를 그 다른 채권자에게[111] 하는 방법으로 행사한다(프민 제879조).[112] 채권자는 자기 채권 만족을 위해 필요한 부분에 한해 우선권을 주장할 수 있다.[113] 이러한 우선권은 이를 행사한 채권자만 누리고[114] 상속채권자가 우선권을 행사하였다고 해서 그가 상속인의 고유재산에 강제집행할 수 없는 것은 아니다.[115] 즉 **프랑스의 재산분리 절차는 집단적 청산절차가 아니고 쌍방향의 재산분리도 일어나지 않는다.**[116]

---

108) **상속비용 관련 채권자는 포함되지만, 공동상속인들의 분할 전 상속재산의 보존·관리와 관련된 채권자는 포함되지 않는다. 후자와 같은 유형의 채권자는 상속인의 채권자로서 우선권을 행사할 수 있다.** Lequette/Brémond(주 101) n° 16 – 20, 24.

109) Lequette/Brémond(주 101) n° 23.

110) 참고로 상속인이 상속인의 채권자를 해하기 위해 상속승인을 거절하거나 상속을 포기한 경우 상속인의 채권자는 상속인을 대신해서 상속을 승인할 것을 법원에 청구할 수 있다(프민 제779조 제1항). 이러한 승인은 상속인에게 효과가 없고 소를 제기한 채권자를 위해서만 효력이 있다(프민 제779조 제2항).

111) Guidec/Chabot(주 88) n° 110. 다른 채권자가 알려지지 않은 경우 상속인에게 할 수 있다. Lequette/Brémond(주 101) n° 53.

112) 즉 재산분리를 위해 법원의 판결이 필요한 것은 아니다.

113) Guidec/Chabot(주 88) n° 86, 98.

114) Guidec/Chabot(주 88) n° 90.

115) Lequette/Brémond(주 101) n° 1.

116) Guidec/Chabot(주 88) n° 86. 따라서 재산분리(séparation des patrimoines)라는 표현은 부적절하고 프랑스 민법도 우선권(droit de préférence)이라는 표현을 사용하고 있다. 그러나 이 글에서는 다른 나라 제도와 비교의 편의상 재산분리라

우선권이 있는 상속채권자도 상속인의 채권자가 일반우선특권을 갖는 경우에는 재산분리에 따른 우선권을 주장할 수 있다.[117] 우선권을 주장하기 위해 채권자가 집행권원을 갖고 있을 필요는 없고,[118] 채권액이 확정되지 않거나 조건부이거나 변제기가 도래하지 않아도 무방하다.[119]

채권자는 이러한 우선권을 미리 포기할 수 있다(프민 제880조). 피상속인은 유증채권자의 의사와 무관하게 유언을 통해 유증채권자의 우선권을 박탈할 수 있다.[120]

(2) 재산분리의 효과

부동산인 경우 재산분리에 따라 채권자가 누리는 특별선취특권은 상속개시일로부터 4개월 이내에 등기하지 않으면 그 순위를 대항할 수 없다(프민 제878조 제3항, 제2374조 제6호, 제2383조). 가령, 상속채권자가 4개월 이내에 등기하면 상속개시시로 소급하여 상속인의 채권자에 대하여 우선권을 누리고, 그 후 등기가 이루어지면 등기시점을 기준으로 상속인의 채권자에 대하여 우선권을 누린다.[121] 또한 부동산의 경우 그 부동산이 대외적으로 상속인 소유인 한(entre les mains de

---

는 단어를 사용한다.

117) Guidec/Chabot(주 88) n° 92. 또한 추급권 행사가 가능해지는 것도 우선권 행사의 실익이다. Lequette/Brémond(주 101) n° 12.

118) Guidec/Chabot(주 88) n° 93.

119) Guidec/Chabot(주 88) n° 94.

120) Guidec/Chabot(주 88) n° 91.

121) Lequette/Brémond(주 101) n° 42, 77(저당권 등기를 마친 상속인의 채권자와의 경합상황을 염두에 둔 설명이다. 일반채권자인 상속인의 채권자에게 대항하기 위해 등기가 요구되는 것은 아니다); Guidec/Chabot(주 88) n° 119. 상속재산에 대하여 상속채권자가 기간 내에 등기를 하였고(A) 상속인의 채권자가 저당권 등기를 하였으며(B), 다른 상속채권자는 기간 내에 등기를 하지 못한 경우(C), A>B, B>C, A=C라는 관계에 놓이고 이들 사이의 배당을 어떻게 할 것인지가 문제된다. 이에 관한—우리법과는 사뭇 다른—프랑스 논의로는 Guidec/Chabot(주 88) n° 121－124; Lequette/Brémond(주 101) n° 80.

l'héritier) 우선권을 주장할 수 있다(프민 제881조 제2항). 따라서 상속
채권자가 등기하기 전에 상속인이 상속재산을 임의양도하여 양수인이
등기를 마친 경우, 상속채권자는 더 이상 우선권을 주장할 수 없
다.[122) 상속채권자가 등기를 먼저 마쳤다면 해당 목적물이 양도되더
라도 상속채권자의 우선권은 존속한다(추급권: droit de suite).[123)

동산인 경우 상속개시 후 2년 이내 ― 제척기간이 아니라 소멸시
효 기간이다 ―[124)에 우선권을 주장해야 한다(프민 제881조 제1항). 동
산의 경우 우선권을 누리기 위해 공시가 요구되지 않는다.[125) 그러나
상속재산이 상속인의 재산과 혼화되면 상속채권자는 더 이상 우선권
을 행사할 수 없다.[126)

상속채권자와 유증채권자는 우선권을 보존하기 위한 조치를 취할
수도 있다.[127) 공동상속의 경우 각 상속인들이 개별적으로 부담하는
상속채무의 범위에서 상속채권자가 우선권을 행사할 수 있다.[128) 상
속채권자의 우선권은 상속인의 채권자에 대한 우선권일 뿐이다. 따라
서 부동산에 적시(適時)에 공시를 하였다고 해서 그러한 상속채권자가
다른 상속채권자보다 우선하는 것은 아니다.[129)

---

122) Lequette/Brémond(주 101) n° 44, 34.
123) 상속인의 채권자도 등기를 먼저 마치면 상속인의 고유재산이 양도되더라도 우선
    권을 유지하게 된다. 그러나 '상속인의 채권자'는 상속인의 책임재산의 변동을 수
    인해야 하므로 '상속인의 채권자'에게까지 추급권을 인정하는 현행법의 태도는
    타당하지 않다는 비판이 있다. Lequette/Brémond(주 101) n° 86.
124) Guidec/Chabot(주 88) n° 106.
125) 상속인이 동산을 임의로 양도한 경우 우선권이 유지되는지, 즉 추급권이 인정되
    는지 명확하지 않다. 추급권을 인정하는 견해로는 Guidec/Chabot(주 88) n° 115,
    116. 그러나 양수인이 선의로 동산을 취득하면 우선권이 소멸할 것이다. Lequette/
    Brémond(주 101) n° 88. 이 경우에도 채권자는 대위물인 매각대금에 대하여 우
    선권 행사를 할 수 있다. Lequette/Brémond(주 101) n° 56.
126) Lequette/Brémond(주 101) n° 35.
127) Guidec/Chabot(주 88) n° 117.
128) Guidec/Chabot(주 88) n° 118.
129) Guidec/Chabot(주 88) n° 126.

라. 상속재산의 파산?

프랑스는 사업자 등(상인, 농업인, 수공업자, 사법인 등)에 국한하여 그들에 대한 도산절차를 상법전 제6권에 마련하고 있을 뿐, 자연인 일반을 대상으로 하는 도산법을 갖고 있지 않다. 따라서 종래 상인이 아닌 자연인에 대해서는 도산절차가 개시될 수 없었고, 채권자들의 개별 집행이 가능할 뿐이었다(즉 자연인의 경우 상인도산주의가 관철되었다). 그러나 프랑스에서도 1989년 이후 상인이 아닌 자연인에 대한 도산절차가 입법화되기 시작하였고, 현재 상인이 아닌 자연인에 대한 도산절차는 프랑스 소비자법전 제7권 L711-1조 이하에서 규율하고 있다. 하지만 상법전과 소비자법전 모두 상속재산의 도산에 관하여 별도의 규율을 두고 있지 않다. 다만 프랑스 상법전 L631-3조 제2항과 L640-3조 제2항은 상인 등이 지급정지 상황에서 사망한 경우 사망일로부터 1년 내에 채권자나 검찰관의 신청에 의해 회생 또는 파산절차가 개시될 수 있고, 채무자의 상속인의 신청에 의해서는 기한 제한 없이 회생 또는 파산절차가 개시될 수 있다고 규정하고 있다. 따라서 프랑스에서도 상인 등의 경우 상속재산 도산이 가능하고[130] 이 경우 쌍방향의 재산분리가 일어난다.[131]

그런데 상속재산 도산에 따른 법률관계에 관하여 구체적 규정은 마련되어 있지 않고, **상속인에게 도산신청의무가 법률로 부과되어 있지도 않다.** 프랑스의 경우 상속재산 청산은 **상속재산이 채무초과인지를 불문하고 민법 규정을 중심으로 논의가 전개**되고 있고, 실제로 채무초과 상인이 사망한 경우 상속인은 한정승인절차를 밟는 경우가 많다고 한다.[132] 그러나 한정승인에 따른 청산절차에서는 '채권자평등주의'

---

130) 참고로 피상속인이 상인인 경우 한정승인을 한 상속인도 — 단순승인을 한 상속인과 마찬가지로 — 상사법원의 관할에 속한다. Guidec/Chabot(주 88) n° 138.
131) Lequette/Brémond(주 101) n° 63-64.
132) Lequette/Brémond(주 101) n° 65.

가 아니라 '우선주의'가 관철되므로 채무초과 상속재산의 청산절차로
는 부적절한 면이 있다.

3. 스 위 스

가. 포괄승계 및 당연승계 원칙

상속인들은 피상속인의 사망시 전체로서의 상속권을 법상 당연취
득한다(스민 제560조 제1항). 채권, 소유권, 제한물권, 점유는 바로 상
속인에게 이전되고, 피상속인의 채무도 상속인 개인의 채무가 된다(스
민 제560조 제2항). 그러나 아래에서 살펴 볼 공적목록 작성부 승인에
따른 책임제한(스민 제590조 내지 제592조), 관청에 의한 청산(스민 제
593조 이하)이 이루어지면 포괄승계 및 당연승계 원칙이 적용되지 않
는다. 법정상속인이나 지정상속인이 없는 경우 최종적으로 공공주체
(Gemeinwesen)가 상속인이 된다(스민 제466조). 공공주체는 최종적인
법정상속인이다. 즉 스위스법은 상속인이 없는 상황을 예정하고 있지
않다.[133] 공공주체가 상속인이 되는 경우 직권으로 목록작성 절차가
개시되고, 공공주체는 상속재산 가액 범위 내에서만 상속채무자들에
게 책임을 부담하며(스민 제592조), 이는 물적 유한책임이다.[134] 목록
작성 절차를 거쳐야 책임제한 효과가 발생하는지, 목록에 없는 상속
채권자에 대한 책임이 배제되는지에 대해서는 견해가 대립한다.[135]

---

133) S. Wolf/S. Hrubesch－Millauer, Grundriss der schweizerischen Erbrechts,
(2017), Rn.59－60{스위스 민법 제573조 제1항에 의해 상속포기에 따른 상속재
산 파산 절차가 진행되면 형식적으로는 상속인이 없는 상태가 되지만, 이 경우에
도 실질적으로 상속인이 존재한다. 왜냐하면 청산 후 잉여금은 상속포기가 없었
더라면 상속인이었을 자에게 귀속되기 때문이다(스민 제573조 제2항)}.

134) S. Wolf/S. Hrubesch－Millauer(주 133) Rn.194; Basler Kommentar ZGB Ⅱ
5.Aufl.(2011)/Kurt Wissmann · Nedim Peter Vogt · Daniel Leu Art.592 Rn.1.

135) Basler Kommentar ZGB Ⅱ 5.Aufl.(2015)/Kurt Wissmann · Nedim Peter Vogt ·
Daniel Leu Art.592 Rn.3－4.

나. 상속포기

상속포기는 법정상속인의 경우 피상속인의 사망사실을 안 때부터 또는 그가 상속인이라는 사실을 안 때부터, 지정상속인의 경우 사인처분이 지정상속인에게 공적으로 통지된 때부터 3개월 내에 행사해야 한다(스민 제567조 제1, 2항). **공공주체도 상속인이기 때문에 상속을 포기할 수 있다.**[136] 피상속인 사망 당시 피상속인의 지급불능이 공적으로 확인되었거나[137] 채무초과임이 공연한(offenkundig) 경우, 상속인은 상속을 포기한 것으로 추정한다(스민 제566조 제2항). 상속인이 지급불능이나 채무초과 사실을 알고 있었는지 여부는 관련이 없다.[138] 상속포기 의사는 관할관청에 구두 또는 서면으로 표시되어야 하지만(스민 제570조 제1항), 위 추정규정이 적용되는 경우 상속포기 의사를 표시하지 않아도 상속을 포기한 것으로 추정된다.[139] 위 추정규정에 따라 상속인이 상속을 포기한 경우 — 즉 상속인이 승인의 의사를 표시하지 않은 경우 — 칸톤법에 따른 관할관청이 파산법원(Konkursgericht)에 신고해야 한다.[140] 이 경우 스위스 채권추심 및 파산에 관한 연방법(Bundesgesetz über Schuldbetreibung und Konkurs. 이하 "스위스 파산법")에 따른 상속재산 청산이 이루어진다. 상속인이 상속재산을 자신의 고유재산 등과 섞거나(스민 제571조 제2항), 공적목록

---

136) S. Wolf/S. Hrubesch – Millauer(주 133) Rn.1397.

137) 파산절차의 개시, 추심불능증서(Verlustschein)의 존재 등이 이에 해당한다. S. Wolf/S. Hrubesch – Millauer(주 133) Rn.1399.

138) Basler Kommentar ZGB II 5.Aufl.(2015)/Ivo Schwander Art.566 Rn.8.

139) Basler Kommentar ZGB II 5.Aufl.(2015)/Ivo Schwander Art.566 Rn.8. 이 경우 상속인이 상속승인의 의사를 명시적으로 표시해야 상속권을 취득한다. 명시적 승인의 의사표시를 누구에게 해야 하는지에 관해서는 학설이 대립한다. S. Wolf/S. Hrubesch – Millauer(주 133) Rn.1402.

140) Basler Kommentar ZGB II 5.Aufl.(2015)/Ivo Schwander Art.566 Rn.9. 이 경우 상속인이나 상속채권자도 상속재산 파산을 신청할 수 있다(스위스 파산법 제193조 참조).

작성 또는 관청에 의한 청산을 신청한 경우 상속포기 추정규정이 적용되지 않는다.[141] 상속포기에 대하여 상속인의 채권자는 채권자취소권을 행사할 수 있다(스민 제578조). 채권자취소권 행사 후 그 효력이 발생하면, 상속재산은 관청에 의한 청산절차에 들어간다(스민 제578조 제2항). 공동상속의 경우 **상속포기자의 상속분뿐만 아니라 공동상속인들의 전체 상속분이 청산절차에 들어간다**.[142] 청산 후 잉여금은 우선 채권자취소권을 행사한 채권자에게, 그리고 상속인의 다른 채권자, 마지막으로 상속포기로 인해 이득을 얻었을 상속인에게 귀속된다(스민 제578조 제3항). 피상속인이 사망하기 전 5년 동안 상속인에게 상속분의 선급(先給)으로 지급한 것으로서 상속재산 분할시 고려의 대상이 되는 재산이 있으면, 상속인이 채무초과인 상속재산을 포기하더라도 피상속인의 채권자에게 그 재산가치만큼 책임을 부담한다(스민 제579조 제1항). 이러한 책임은 상속재산에 대하여 파산법에 의한 청산절차가 이루어지더라도 여전히 존속한다.[143] 선의의 상속포기자는 상속개시 당시 현존이익의 범위에서 책임을 부담한다(스민 제579조 제3항). 상속포기자가 악의인지 여부는— 법문언과 달리— 그가 선급을 받을 때 피상속인의 채권자를 해한다는 점을 알았거나 알 수 있었는지에 따라 결정한다.[144]

다. 공적목록(öffentliches Inventar) 작성 제도

공적목록 작성 제도는 **상속인이 선택권을 행사하기 전에 상속재산**

---

141) S. Wolf/S. Hrubesch－Millauer(주 133) Rn.1404(사려 깊은 상속인은 명시적으로 상속포기 의사를 밝히거나 공적목록 작성 또는 관청에 의한 청산을 신청할 것이므로 추정규정이 실제 적용되는 경우는 많지 않다).

142) S. Wolf/S. Hrubesch－Millauer(주 133) Rn.1468; Basler Kommentar ZGB II 5.Aufl.(2015)/Ivo Schwander Art.578 Rn.10－11(포기한 상속인의 상속분만 청산절차에 들어간다는 반대견해도 있다).

143) S. Wolf/S. Hrubesch－Millauer(주 133) Rn.1470.

144) S. Wolf/S. Hrubesch－Millauer(주 133) Rn.1472.

의 상태를 확인할 수 있게 하는 제도이다. 이 제도는 상속채무에 대한 책임을 제한하는 역할도 할 수 있다(다음 목차에서 살펴 볼 공적목록부 승인 참조). 공적목록 작성 제도는 상속재산과 상속인의 고유재산의 분리를 전제로 하지 않는다. 단지 목록작성 이후 상속인이 공적목록부 승인을 하면 금액유한책임의 효과가 발생할 수 있다.

상속을 포기할 수 있는 상속인은 공적목록 작성을 신청할 수 있다(스민 제580조 제1항). 상속포기 권한을 상실하였거나 상속을 스스로 승인 또는 포기하였거나 관청에 의한 청산을 신청한 상속인은 공적목록 작성을 신청할 수 없다.[145] 상속인은 구두 또는 서면으로 칸톤법에 따른 관할 관청에 공적목록 작성을 신청할 수 있다. 신청기간의 기산점은 상속포기의 경우와 같고, 신청기간은 그 기산점으로부터 1개월이다(스민 제580조 제2항). **공동상속인 중 1인만 공적목록 작성을 신청하더라도 전체 상속재산에 대하여 공적목록이 작성된다**(스민 제580조 제3항). **다른 공동상속인이 단순승인을 하였더라도 무관하다.** 그러나 이러한 공적목록은 아직 상속포기에 관하여 결정을 내리지 않은 공동상속인들에게만 실질적 의미가 있다.

(1) 목록의 작성

관할 관청이 공적목록을 작성한다(스민 제581조 제1항). 상속인은 자기가 알고 있는 피상속인의 채무자를 관청에 알릴 의무가 있다(스민 제581조 제3항). 제3자(은행, 보험사, 재산관리기구, 후견인)[146]도 관청에 정보제공의무를 부담할 수 있다(스민 제581조 제2항). 공적으로 확인되는 채권·채무는 직권으로 목록에 포함된다(스민 제583조).

---

145) S. Wolf/S. Hrubesch-Millauer(주 133) Rn.1480.
146) S. Wolf/S. Hrubesch-Millauer(주 133) Rn.1491(비밀유지의무보다 민법상 정보제공의무가 우선한다).

(2) 채권·채무 신고에 관한 공고

관할관청은 피상속인에 대한 채권자(보증채권자 포함), 채무자에 대하여 지정기간에 채권과 채무를 신고할 것을 공고한다(스민 제582조 제1항). 신고기간은 공고시점부터 최소 1개월이다(스민 제582조 제3항).

(3) 목록작성 기간 동안의 법률관계

상속인은 목록작성 기간 동안 필요한 관리행위만 할 수 있고(스민 제585조 제1항), 이를 넘어서는 행위를 하면 상속포기권한이 실효되고(스민 제571조 제2항 참조), 확정적으로 상속분을 취득한다.[147] 영업이 상속분에 포함된 경우 영업을 계속하는 것은 원칙적으로 관리행위에 포함되지 않으므로, 상속인은 관청의 허가를 얻어야 '관리행위로서의' 영업을 계속할 수 있다(스민 제585조 제2항 참조). 상속인 중 일부만 영업을 계속하는 경우 나머지 상속인들은 담보제공을 요구할 수 있다(스민 제585조 제2항).

피상속인이 사망하면 일단 2주 동안 그리고 상속의 승인·포기에 대한 숙고기간 동안 상속채권자의 강제집행은 중단된다(스위스 파산법 제59조 제1항). 따라서 위 기간 동안 상속채권자가 상속인에 대하여 강제집행을 하는 것은 원칙적으로 허용되지 않는다.[148] 상속을 포기할 수 있는 시점부터 1개월 내에 공적목록 작성을 신청하면 목록작성 완료 후 관청의 통지를 받고 나서부터 1개월 동안 상속의 승인, 포기 등

---

147) S. Wolf/S. Hrubesch–Millauer(주 133) Rn.1503.

148) 다만 피상속인에 대하여 이미 진행 중이던 강제집행은 일정한 요건을 갖춘 경우 '상속권'에 대한 강제집행으로서 계속될 수 있고(스위스 파산법 제59조 제2항), 상속채권자가 상속인에 대하여 강제집행을 계속할 수 있는 경우도 있다(스위스 파산법 제59조 제3항. 상속채권자가 담보물을 환가하는 경우, 피상속인의 상속재산에 대한 강제집행 절차에서 배당에 참가할 수 있는 기간이 도과하여 배당을 받을 채권자들이 이미 확정된 경우). Basler Kommentar Bundesgesetz über Schuldbetreibung und Konkurs I 2.Aufl.(2010)/Thomas Bauer Art.59 Rn.7–8.

을 선택할 수 있으므로, 결국 위 기간까지 상속채권사의 강세집행은
금지된다.[149] 또한 **목록작성 기간 동안 상속채권자의 강제집행은 금지
된다**(스민 제586조 제1항). **그 기간 동안 상속채권의 소멸시효도 중단되
고**(스민 제586조 제2항), **상속채권자의 소송절차도 원칙적으로 중단된다**
(스민 제586조 제3항). 상속채권자가 목록작성 명령이 있은 뒤 비로소
상속인에 대한 채무자가 되었다면 목록작성 기간 동안 상계가 금지된
다.[150]

(4) 목록의 종결

신고기간 경과 후 목록작성은 종결되고 이해관계자들은 최소 1개
월의 열람기간을 부여받는다(스민 제584조 제1항). 이해관계자들로는
상속인, 피상속인의 채권자와 채무자(상속인의 채권자와 채무자는 열람
권을 갖는 이해관계자가 아니다), 유증채권자, 그 밖에 보호가치 있는 이
익을 갖는 제3자, 유언집행자, 상속재산관리인 등이 있다.[151]

(5) 상속인의 선택권 행사

목록종결 이후 관청으로부터 촉구 통지를 받은 때로부터 1개월
내에 상속인은 상속분 취득 여부에 관하여 의사표시를 해야 한다(스민
제587조 제1항). **상속인들은 4가지 선택지를 갖는다**(상속포기, 관청에 의
한 청산, 공적목록부 승인, 단순승인)[152](스민 제588조 제1항). 상속인이
의사표시를 하지 않으면 공적목록부 승인을 한 것으로 본다(스민 제
588조 제2항).[153] 공적목록부 승인을 할 수 있다는 것이 공적목록 작

---

149) Basler Kommentar Bundesgesetz über Schuldbetreibung und Konkurs I
    2.Aufl.(2010)/Thomas Bauer Art.59 Rn.6.
150) S. Wolf/S. Hrubesch−Millauer(주 133) Rn.1512.
151) S. Wolf/S. Hrubesch−Millauer(주 133) Rn.1501.
152) S. Wolf/S. Hrubesch−Millauer(주 133) Rn.1514.
153) 공적목록이 작성되면 상속재산이 채무초과인 경우에도 위 간주규정이 적용된다.
    즉 상속포기 추정규정(스민 제566조 제2항)은 적용되지 않는다. S. Wolf/S.
    Hrubesch−Millauer(주 133) Rn.1520.

성 제도의 실익이다. 상속인이 유보없는 승인을 하거나 공적목록부 승인을 하면 더 이상 관청에 의한 청산을 신청할 수 없다(스민 제593조 제2항). 공적목록이 작성되지 않았고 상속인이 상속을 포기할 수 있는 기간이 경과되었다면 단순승인한 것으로 본다(스민 제571조 제1항).

라. 공적목록부 승인

상속인이 공적목록부 승인을 선택하면 적극재산은 목록기재 여부를 불문하고 포괄승계된다(스민 제589조 제1항). 소극재산은 목록에 기재된 채무만 포괄승계하고(스민 제589조 제1항), 이 채무는 상속재산뿐만 아니라 상속인의 고유재산으로도 책임을 진다(스민 제589조 제3항). 상속인은 포괄승계하는 부분에 관해서는 상속개시 시점으로 소급하여 당연승계를 하는 것이다(스민 제589조 제2항). 신고를 하지 않아 목록에 작성되지 않은 상속채권에 대해서는 신고를 하지 않은 데 채권자의 과실이 있다면, 상속인은 채무를 부담하지 않고 상속재산의 범위 내에서 책임을 부담하지도 않는다(스민 제590조 제1항). 즉 해당 상속채무는 실체법적으로 소멸하고, 자연채무로 존재하는 것이 아니다.[154] 과실없이 신고를 하지 않아 목록에 기재되지 않았거나 신고를 하였음에도 불구하고 목록에 기재되지 않은 경우 상속인은 상속분으로 이익을 얻은 만큼 상속채무에 대하여 책임을 부담한다(스민 제590조 제2항. 금액유한책임[155]). 직권으로 목록에 기재되어야 하는데 관청의 과실로 목록에 기재되지 않은 경우도 마찬가지이다.[156] 담보부 채권은 신고하지 않더라도 우선변제권의 범위 내에서 만족을 얻을 수 있다(스민 제590조 제3항). 쌍방미이행쌍무계약상 상속채권은 신고하지 않더라도

---

154) S. Wolf/S. Hrubesch−Millauer(주 133) Rn.1523. 상속인이 미신고채권을 알고 있더라도 마찬가지이다. 그러나 알면서도 신고하지 않은 상속인은 손해배상책임을 질 수 있다. Paul Piotet, Schweizerisches Privatrecht Ⅳ/2(1981), 813.

155) S. Wolf/S. Hrubesch−Millauer(주 133) Rn.1528.

156) S. Wolf/S. Hrubesch−Millauer(주 133) Rn.1524.

행시할 수 있다.[157] 조세채권은 원칙적으로 신고대상 채권에 포함되지 않는다.[158] 유증채권도 신고할 필요가 없다. 왜냐하면 유증의무자는 상속분 중 남는 것이 있는 경우에 한해 유증의무를 이행해야 하기 때문이다(스민 제486조 제1항도 참조).[159] **즉 공적목록 작성제도는 상속인이 유증의무의 존부 및 범위를 확인하는데 도움을 주려고 마련된 절차가 아니다.** 보증채무의 경우 특별규정이 있다. 보증채무는 목록에 별도로 표시되어야 하고,[160] 상속인이 단순승인을 하더라도 파산적 청산에 따라 변제되었을 액수에 국한하여 상속인에게 행사할 수 있다(스민 제591조). 이는 보증채무를 부담할지 여부가 불확실한 상황에서 상속인이 가급적 관청에 의한 청산을 택하지 않고 상속을 승인하도록 유도하기 위해 만들어진 규정이다.[161] 그런데 실무상 상속인이 공적목록부 승인을 하는 경우는 드물다고 한다.[162]

---

157) S. Wolf/S. Hrubesch−Millauer(주 133) Rn.1530.

158) S. Wolf/S. Hrubesch−Millauer(주 133) Rn.1531.

159) S. Wolf/S. Hrubesch−Millauer(주 133) Rn.1532. 단순승인이나 공적목록부 승인을 한 경우 책임재산 분리는 이루어지지 않지만, 상속채권자의 유증채권자에 대한 우위는 여전히 관철된다(스민 제564조 제1항). 또한 분할 전 상속재산에 대하여 유증채권자의 상속인의 고유채권자에 대한 우위도 관철된다. Basler Kommentar ZGB Ⅱ 5.Aufl.(2015)/Peter Bretischmid Art.564 Rn.6. 상속재산과 상속인의 고유재산이 혼화된 경우 **유증채권자와 상속인의 고유채권자 사이의 순위**는 어떻게 되는가? 동순위라는 견해도 있고{S. Wolf/S. Hrubesch−Millauer(주 133) Rn.609}, 유증채권자가 앞선다는 견해도 있으며 유증채권자가 후순위라는 견해도 있다{견해소개는 Basler Kommentar ZGB Ⅱ 5.Aufl.(2015)/Peter Bretischmid Art.564 Rn.7−8}.

160) 목록표시가 되어야만 591조에 따른 금액제한이 적용되는 것은 아니다. Piotet(주 154) 811.

161) S. Wolf/S. Hrubesch−Millauer(주 133) Rn.1533. 이렇게 보더라도 보증채권자가 특별히 손해를 입는다고 할 수 없다. 그러나 다른 상속채권자가 그 변제비율을 초과하여 변제받는다면, 이는 단순승인이나 공적목록부 승인을 한 상속인이 청산을 선택하지 않음으로 인해 추가로 부담하는 부분이다.

162) Basler Kommentar ZGB Ⅱ 5.Aufl.(2015)/Kurt Wissmann · Nedim Peter Vogt · Daniel Leu vor Art.580−592 Rn.9(상속인들 입장에서 관청이 사적 재산관계에 개입하는 것을 꺼려하고, 절차비용이 많이 들며, 관청에 의한 공시가 있기 때문에

마. 관청에 의한 청산(amtliche Liquidation. 민법에 의한 청산)

(1) 신청권자 및 신청요건

상속을 포기할 권한이 있는 모든 상속인은 관청에 의한 청산을 신청할 수 있다(스민 제593조 제1항). (공적목록작성부) 승인을 한 상속인은 관청에 의한 청산을 신청할 수 없다. 또한 **공동상속인 중 1인이 상속을 승인한 경우 다른 공동상속인은 관청에 의한 청산을 신청할 수 없다**(스민 제593조 제2항). 공동상속인 중 1인이 공적목록부 승인을 한 경우에도 다른 공동상속인은 관청에 의한 청산을 신청할 수 없다.[163] 따라서 상속재산이 채무초과인 경우에도 공동상속인 중 1인이 단순승인을 하였다면 다른 공동상속인은 상속재산 청산을 신청할 수 없다.[164] 이 경우 해당 공동상속인은 (공적목록부) 승인과 포기 중에서 선택해야 한다. 상속인이 관청에 의한 청산을 신청하는 경우 상속재산이 채무초과라거나 상속인의 재산이 채무초과라는 것 등은 요건이 아니다.[165] 신청 방식과 내용에 대해서는 상속포기 관련 규정(스민 제570조, 제580조 제2항)이 유추된다.[166] 따라서 구두 또는 문서로 할 수 있고 조건을 붙일 수 없다.

일반인들 입장에서 파산절차와 큰 차이를 느끼지 못하고, 공적목록은 피상속인에 대한 불신, 경건하지 못함, 차별, 신용훼손의 징표로 인식될 수 있기 때문이라고 한다).

163) S. Wolf/S. Hrubesch‒Millauer(주 133) Rn.1545. 청산명령 후 다른 공동상속인이 상속승인한 경우도 마찬가지이다. 따라서 관청은 다른 공동상속인들의 선택권 행사기간까지 기다려야 한다. Piotet(주 154) 822. 청산명령 후 비로소 나타난 상속인이 단순승인한 경우 청산절차의 효력에 관해서는 논란이 있다. Basler Kommentar ZGB II 5.Aufl.(2015)/Martin Karrer · Nedim Peter Vogt · Daniel Leu Art.593 Rn.5.

164) Basler Kommentar ZGB II 5.Aufl.(2015)/Kurt Wissmann · Nedim Peter Vogt · Daniel Leu Art.588 Rn.5.

165) S. Wolf/S. Hrubesch‒Millauer(주 133) Rn.1546.

166) S. Wolf/S. Hrubesch‒Millauer(주 133) Rn.1546.

상속채권자도 자신의 채권이 변제되지 못할 위험이 있다는 것을
증명하면 피상속인 사망시점 또는 사인처분 개시 시점부터 3개월 내
에 관청에 의한 청산을 신청할 수 있다(스민 제594조 제1항). 상속인이
단순승인한 경우에도 상속채권자가 위 요건을 갖추면 관청에 의한 청
산을 신청할 수 있다.167) 상속인의 채권자는 신청권이 없다.168) 유증
채권자도 신청권이 없지만 자신의 권리를 보호하기 위해 상속재산 보
전조치를 신청할 수 있다(스민 제594조 제2항).169)

상속포기가 상속인의 채권자에 의해 취소된 경우에도 관청에 의
한 청산이 직권으로 이루어진다(스민 제578조).

(2) 관청에 의한 청산의 절차 및 효과

관청에 의한 청산은 관할관청이나 관청이 임명한 청산인에 의해
진행된다(스민 제595조 제1항). 우선 목록작성 및 채권신고 절차가 이
루어진다(스민 제595조 제2항). 이에 관해서는 공적목록 작성에 관한
규정이 유추된다.170) 그러나 관청에 의한 청산의 경우 과실로 신고하
지 않은 채권자에 대해서도 상속재산으로 변제해야 한다.171) 적극재
산이 더 많은 한 통상의 청산절차로 진행된다(스민 제596조). 그러나
절차진행 도중 채무초과 사실이 발견되면 관리인은 관청에 즉시 알려야
하고, 관청은 파산법원에 신고하여 파산법원이 파산관청에 의한 파산법
에 따른 청산을 명한다(스민 제597조, 파산법 제193조). 상속재산이 채무

---

167) S. Wolf/S. Hrubesch – Millauer(주 133) Rn.1549.

168) S. Wolf/S. Hrubesch – Millauer(주 133) Rn.1548. 유증채권자가 피상속인에게
부담하는 존중의무를 고려해 유증채권자의 신청권을 부정했다고 한다. Piotet(주
154) 819.

169) 이러한 조치로는 양도 금지, 관청에 의한 관리 등이 있다. S. Wolf/S. Hrubesch –
Millauer(주 133) Rn.1541.

170) S. Wolf/S. Hrubesch – Millauer(주 133) Rn.1556.

171) S. Wolf/S. Hrubesch – Millauer(주 133) Rn.1557. 상속인은 잔존 상속재산 한도
에서 물적유한책임을 부담하거나 그 가액 한도에서 금액유한책임을 부담한다.
Piotet(주 154) 830.

초과인지 여부를 고려할 때 유증채무는 고려되지 않는다.[172)

　청산인에게 상속재산에 대한 관리·처분권이 전속하며 청산인은 자신의 이름으로 법률행위를 한다. 또한 청산인은 상속채권자들을 평등하게 취급해야 한다.[173) 청산인은 상속채무 – 유증채무 순으로 변제하고 남는 것이 있으면 상속인에게 인도해야 한다. 상속인은 청산기간 중 청산인에게 청산에 필요하지 않은 상속재산을 자신에게 인도할 것을 청구할 수 있다(스민 제596조 제3항). **상속재산분할은 청산인의 임무가 아니며 이는 상속인에게 전속한다.**[174)

　관청에 의한 청산절차가 개시되면 상속재산과 상속인의 고유재산이 분리된다. 또한 상속인은 상속채무에 대하여 책임을 부담하지 않는다(스민 제593조 3항). **상속재산이 특별재산으로서 상속채무에 대해 책임을 부담할 뿐이다.** 청산절차의 개시는 관청의 명령에 의해 효력이 발생하고 명령의 도달 내지 공시 시점부터 효력이 발생하는 것이 아니다.[175) 청산을 신청한 상속인뿐만 아니라 모든 상속인에게 그 효력이 발생한다.[176) 청산기간 동안 상속채권의 소멸시효는 중단되지 않는다.[177)

　바. 파산관청에 의한 청산(konkursamtliche Liquidation. 파산법에
　　　의한 청산)
　파산법에 의한 상속재산 청산이 이루어지는 경우로는 다음 세 가

---

172) S. Wolf/S. Hrubesch – Millauer(주 133) Rn.1565.

173) S. Wolf/S. Hrubesch – Millauer(주 133) Rn.1561.

174) S. Wolf/S. Hrubesch – Millauer(주 133) Rn.1564. 그러나 청산기간 중 상속재산 분할은 이루어질 수 없다. Piotet(주 154) 816.

175) Basler Kommentar ZGB Ⅱ 5.Aufl.(2015)/Martin Karrer · Nedim Vogt · Daniel Leu Art.595 Rn.11.

176) S. Wolf/S. Hrubesch – Millauer(주 133) Rn.1566.

177) Basler Kommentar ZGB Ⅱ 5.Aufl.(2015)/Martin Karrer · Nedim Vogt · Daniel Leu Art.596 Rn.16.

지가 있다.

첫째, 상속채권자나 상속인은 파산관청에 의한 청산을 신청할 수 있다(파산법 제193조 제3항). 상속채권자는 — 상속채권자가 관청에 의한 청산을 신청할 수 있는 기간 내에[178] — 파산관청에 의한 청산을 신청할 수 있다. 상속인의 파산신청 기간에 대하여 파산법에 명문의 규정은 없다. 그러나 상속재산이 채무초과인 상태에서 공동상속인 중 1인이 상속을 승인하면 다른 공동상속인이 파산법에 의한 청산을 단독으로 신청할 수는 없다. 다른 공동상속인은 상속을 (공적목록부) 승인하거나 포기해야 한다.

둘째, 관청에 의한 청산절차 진행 도중 상속재산이 채무초과인 것이 발견되었다면, 관청은 이를 파산법원에 신고해야 하고 이에 따라 파산법에 의한 청산이 이루어진다(파산법 제193조 제1항 제2호, 제2항).

셋째, 모든 지정상속인과 가장 가까운 법정상속인(배우자와 직계비속)이 상속을 포기하였거나(스민 제573조 제1항)[179] 상속포기가 추정되면, 관할관청이 이를 파산법원에 신고해야 하고, 이에 따라 파산법에 의한 청산이 이루어진다(파산법 제193조 제1항 제1호, 제2항).[180]

파산관청에 의한 청산의 경우 파산법 제194조, 제197조 내지 제200조의 규정이 적용된다. 스위스 파산법은 상속재산 파산에 관하여 별도로 상세한 규정을 마련하고 있지 않다.

모든 지정상속인과 가장 가까운 법정상속인이 상속을 포기하여 파산절차가 개시된 경우 청산 후 잉여금은 상속포기가 없었더라면 잉

---

178) 파산법에 명문의 규정은 없지만 스위스 민법 제594조를 유추한 결과이다. Basler Kommentar Bundesgesetz über Schuldbetreibung und Konkurs II 2.Aufl. (2010)/Alexander Brunner · Felix H. Boller Art.193 Rn.8.

179) 이 경우 다음 순위 상속인들이 상속포기 여부를 결정하는 과정을 거치지 않고 상속재산 청산절차가 개시되는 것이다. 이는 위와 같은 경우 통상 상속재산이 채무초과라는 사정을 고려한 것이다. S. Wolf/S. Hrubesch—Millauer(주 133) Rn.1449.

180) S. Wolf/S. Hrubesch—Millauer(주 131) Rn.1448.

여금이 귀속되었을 자[181)에게 돌아간다(제573조 제2항). 상속포기를
이유로 상속재산 파산절차가 개시되었는데 재단부족으로 파산절차가
중단된 경우, 파산법 제230a조 제1항은 상속인이 상속적극재산 전
체[182)를 자신에게 양도할 것을 관할관청에 청구할 수 있다고 — 절차
비용과 파산채권도 상속인이 개인적으로 부담한다는 조건 하에 — 규
정한다. 위와 같은 양도가 이루어지지 않으면 국가(관할 칸톤의 관청)
가 최종적으로 적극재산(및 그 적극재산에 대한 부담)을 — 비용을 공제
한 채로, 또한 채무인수 없이 — 인수한다(파산법 제230a조 제3항). 그
러나 국가(관할 칸톤의 관청)는 인수를 거절할 수 있고, 국가가 거절하
면 파산관청이 적극재산을 환가한다(파산법 제230a조 제4항). **결국 상속
포기로 인해 상속재산 파산절차가 개시된 경우 절차비용이 부족하더라
도 파산관청에 의한 환가가 진행될 가능성이 크다.**

4. 오스트리아

가. 상속권 취득의 기본구조

　오스트리아 민법에서 상속인이 상속권을 취득하는 방법은 우리법
과 많이 다르다. 오스트리아에서 상속권(Verlassenschaft, Erbschaft: 오
민 제532조)은 상속가능한 개별 법적 지위의 단순합계일 뿐만 아니라
그 자체가 무형의 독자적 물건으로서, 후자의 상속권을 취득하려면
물건의 소유권 취득에 관한 규정을 따라야 한다. 즉 상속권에 대하
여 권원(titulus)[183)이 있는 자라고 하더라도(오민 제533조), 공시방법
(modus)을 갖추지 않으면 즉 점유를 이전받지 않으면 후자와 같은 의

---

181) 이러한 자의 결정방법에 관해서는 Basler Kommentar ZGB II 5.Aufl.(2015)/Ivo
　　Schwander Art.573 Rn.6. 이들은 상속인이 아니므로 잉여금 반환의무는 채권법
　　적 의무에 불과하다. S. Wolf/S. Hrubesch–Millauer(주 133) Rn.1452.
182) Basler Kommentar Bundesgesetz über Schuldbetreibung und Konkurs
　　Ergänzungsband zur 2.Aufl.(2017)/Thomas Bauer Art.230a Rn.7b.
183) 법정상속, 유언상속, 상속계약 등이 권원이 될 수 있다.

미의 상속권을 취득할 수 없다.[184] 누가 권원이 있는지를 정하고 점유이전을 통해 상속권을 취득하는 방법에 관하여 규정하는 법을 주관적 상속법(subjektives Erbrecht)이라 한다.[185] 점유이전 전의 상속인을 호명된 상속인(berufener Erbe)이라고 하며, 점유이전을 받으면 그는 절대권인 상속권(Erbrecht)을 갖는 상속인(Erbe)이 된다(오민 제532조). 호명된 상속인은 자력(自力)으로 상속권에 대한 점유를 이전받을 수 없고(오민 제797조), 법원에 자신의 권원을 증명하고 상속권을 승인하겠다는 의사를 명시적으로 밝혀야 한다{Erbantrittserklärung(상속승인의 의사표시), 오민 제799조}. 법원에 대한 상속승인 의사표시를 통해 비로소 상속권에 대한 점유가 호명된 상속인에게 이전되는데, 이를 법원의 재판에 의한 점유이전(Einantwortung)이라 한다(오민 제797조). **법원의 재판에 의한 점유이전 절차에 따라 상속권에 대한 점유를 취득한 사람이 상속권에 대한 유효한 권원을 갖고 있을 때에만 권리의 포괄승계가 일어난다.**[186] 피상속인 사망 후 상속인이 위와 같은 절차에 따라 상속권을 취득하기 전까지 **상속권은 그 자체가 법인으로서 피상속인의 법적 지위를 계속 보유하는 독립된 권리의무의 주체**이고(오민 제546조), 이를 휴지기간의 상속권(ruhende Verlassenschaft)이라고 부른다.[187] 따라서 오스트리아의 경우—뒤에서 살펴볼 퀘벡 주와 마찬가지로—**상속개시 후 일정기간 동안 상속재산과 상속인의 고유재산의 분리가 자동적으로 일어난다.** 상속채권자는 법원의 재판에 의한 점유이전이 있기 전까지 피상속인 대신 '상속권'에 대해서 강제집행을 할 수 있고, 상속인

---

184) Bernhard Eccher, Erbrecht, 6Aufl. (2016), Rn.1/2.
185) Eccher(주 184) Rn.2/1(주관적 상속법은 물권법이 아니다. 점유이전까지 마쳐서 상속권을 취득한 경우에 비로소 절대권인 물권을 취득하기 때문이다).
186) Eccher(주 184) Rn.6/1, 6/20. 실체법상 정당한 상속인이 아닌 자가 상속권 취득 절차에서 상속인으로 결정되었다고 해서 그가 상속인이 되는 것은 아니다. 이러한 상황에서 정당한 상속인은 상속권회복청구(Erbschaftsklage)를 통해 상속권을 취득할 수 있다.
187) Eccher(주 184) Rn.1/5.

의 채권자는 법원의 재판에 의한 점유이전이 있기 전까지 상속재산에 대하여 강제집행을 할 수 없다(부동산인 상속재산에 대해서는 법원의 재판에 의한 점유이전 후 등기가 이루어지기 전까지 강제집행을 할 수 없다).[188] 다만 상속인의 채권자는 상속재산에 대하여 보전처분을 할 수 있다{오스트리아 민사집행법(Exekutionsordnung) 제379조 제5항}.

상속인이 법원의 재판으로 점유를 이전받기 전에 사망하면, 상속인의 상속권은 그의 상속인에게 이전된다(오민 제537조).[189] 이 경우 최종상속인은 상속인의 상속인이지 피상속인으로부터 직접 상속을 받은 것이 아니다. 최종상속인은 피상속인의 상속재산은 포기하고 상속인의 상속재산은 승인할 수 있지만, 그 반대는 할 수 없다.[190] 오스트리아 판례는 상속인이 자신의 상속인을 남기지 않은 채 상속권 취득 전에 사망한 경우 국가가 피상속인의 상속재산을 취득한다고 보지 않는다(이 경우 국가가 상속인 부존재에 따라 상속인이 남긴 상속재산을 취득하는 것은 당연하다). 오스트리아 민법상 국가가 상속인 부존재시 최종적으로 상속재산에 대하여 권리를 취득하는 것은(오민 제750조), 국가가 '상속인'으로서 취득하는 것이 아니라 법률규정에 근거한 수용권을 기초로 상속재산을 포괄승계하는 것이기 때문이다. 이 경우 피상속인의 2순위 상속인이 피상속인의 상속재산을 취득한다.[191] 오스트리아 법에서 상속권의 양수(오민 제1278조 이하)는 피상속인 사망 후 법원의

---

188) Eccher(주 184) Rn.8/18.

189) 이를 상속권의 상속(Vererbung des Erbrechts)이라 한다. Wolfgang Zankl, Erbrecht, 8Aufl. (2017), Rn.110.

190) Zankl(주 189) Rn.110.

191) Zankl(주 189) Rn.59(오민 제750조는 상속인 부존재시 국가가 수용하는 것을 국가의 권리로 규정하고 있다. 따라서 **국가는 수용할 의무가 없으며 국가가 신청을 하지 않으면 수용은 일어나지 않는다**. 이 경우 상속재산에 대하여 청산절차가 진행되고 잉여금은 공탁되며 공탁금을 찾아가는 사람이 없는 경우 최종적으로 국가에 귀속된다). 국가가 수용하면 재산목록이 직권으로 작성된다(오스트리아 비송사건절차법 제165조 제1항 제5호).

재판에 의한 섬유이전 전까지 상속권을 유상양도 받는 것을 뜻한다.[192]

나. 상속권 절차(Verlassenschaftsverfahren)

법원의 재판에 의한 점유이전 절차를 상속권 절차(Verlassenschaft-sverfahren)라고 부른다. 이에 관해서는 오스트리아 비송사건절차법(Außerstreitgesetz, 이하 "AußStrG")에서 규율하고 있다. 상속권 절차는 사망사실이 알려지면 즉시 직권으로 개시되고(AußStrG 제143조 제1항), 구법원(Bezirksgericht) 관할이며 법원이 임명한 공증인(Gerichts-kommissär)에 의해 절차가 진행된다. 이 절차는 위 공증인이 조사를 개시(Todesfallaufnahme)함으로써 시작한다(AußStrG 제145조). 조사의 목적은 주 절차(Verlassenschaftsabhandlung) 진행을 위해 필요한 정보의 확인이다(AußStrG 제145조 제1항). 확인대상에는 사망일자, 상속재산의 범위 및 가치, 장례비용, 유언장, 법정상속인, 피상속인의 법정대리인에 대한 인적 사항 등이 포함된다(AußStrG 제145조 2항, 제145a조). 공증인은 그 밖에 상속재산 관리나 보존을 위한 조치 등을 취할 수 있다(AußStrG 제146조, 제147조). 여기까지를 사전절차(Vorverfahren)라 하고, 이후에는 주 절차가 진행된다.[193] **상속재산이 소액이거나 채무초과인 경우 주 절차를 생략하고 간이하게 상속재산을 청산할 수 있는 절차가 마련**되어 있다.

(1) 간이한 청산절차

(가) 주절차의 생략(Unterbleiben der Abhandlung)

적극재산의 가치가 5,000유로 이하이거나 권리의 승계취득이 법률규정에 따라 발생하고 공적 장부에 등록할 필요가 없는 경우(가령 부동산이 없는 경우[194]), 상속권 절차의 속행신청이 없으면 주 절차가

---

192) Zankl(주 189) Rn.111.

193) Eccher(주 184) Rn.6/6.

194) 부동산의 경우 상속인은 법원의 재판에 의한 점유이전(Einantwortung)에 따라

생략된다(AußStrG 제153조 제1항). 이 경우— 권리의 승계취득에 관하여 오스트리아법이 적용된다는 것을 전제로— 자신의 권리를 증명한 자의 신청이 있으면 법원은 그에게 ① 상속재산 전부 또는 일부의 인수, ② 상속재산에 속한 권리의 행사나 포기, ③ 수령한 급부와 관련하여 수취증명를 발급하고 말소의 의사표시를 하는 것에 관한 권한을 부여해야 한다(AußStrG 제153조 제2항). 상속재산을 인수하라는 법원의 결정이 그 개별재산에 대한 권원이 된다(오민 제798조). 권리자는 법원의 수권을 근거로 이전받은 개별재산에 대하여 소유권을 취득한다.[195] 이는 **개별적 승계취득**이고 전체로서의 상속권(잔존 개별상속재산의 총합)은 개별적 승계취득과 무관하게 휴지기간의 상속권(ruhende Verlassenschaft)으로서— 상속가능한 적극재산이나 소극재산이 남아있는 한— 별도의 법인으로서 존속한다.[196] 이 절차에 따라 상속채권자는 공고 및 채권신고 등의 절차를 거치지 않고 **개별적으로** (대물)**변제**를 받을 수 있게 된다.

(나) 지급에 갈음하는 적극재산의 이전(Überlassung an Zahlungs statt)
상속재산이 채무초과이고[197] 무조건의 상속승인이 이루어지기 전이라면— 상속재산파산절차가 개시되지 않았다는 것을 전제로— 법원은 채권자의 신청으로 그에게 적극재산을 이전할 수 있다(AußStrG

취득한 소유권을 공적 장부에 등록할 의무가 있다(오민 제819조 제2문). 이 경우 상속인은 법원의 재판에 의한 점유이전에 따라 부동산 소유권을 취득하고 소유권 이전등기는 확인적 의미를 가질 뿐이다. Schwimann ABGB Kommentar Band3 3.Aufl. (2006)/Eccher §819 Rn.13.

195) Zankl(주 189) Rn.130.

196) Schwimann ABGB Kommentar Band3 3.Aufl. (2006)/Eccher §798 Rn.3.

197) 상속재산이 지급불능인 경우 상속재산 파산절차를 신청할 수 있지만(오스트리아 도산법 제67조 제1항), 지급에 갈음하는 적극재산 이전은 활용할 수 없다. Hubertus Schuhmacher, "Die Überlassung überschuldeter Verlassenschaften an Zahlungs statt", Festschrift für Walter H. Rechberger zum 60. Geburtstag (2005), 553.

제154조 제1항). 이는 **간이한 상속재산파산 질차**이다.[198] 직극재산이 아무리 많더라도[199] 상속채권자는 위 요건만 충족되면 지급에 갈음하는 적극재산 이전 절차를 활용할 수 있다. 다만 적극재산 액수가 커지면 추가 요구되는 사항이 있다. 적극재산이 5,000유로를 초과할 것으로 예상되면, 공증인은 지급에 갈음하는 이전을 하기 전에 서면으로 증명된 채권자, 상속인이나 유류분권자가 될 수 있는 자로서 서면으로 증명된 자들에게 — 그들의 주거가 알려져 있는 한 — 이를 알리고 의견표명 기회를 부여해야 한다(AußStrG 제155조 제1항). 적극재산이 25,000유로를 초과할 것으로 예상되면, 채권자들에 대하여 AußStrG 제174조에 따른 최고절차가 필요하다(AußStrG 제155조 제2항). 이러한 최고를 통해 채권자들은 상속권절차 개시 사실을 알 수 있고, 채권신고를 할 수 있으며, 파산신청을 할 수도 있다.[200] 법원의 지급에 갈음하는 이전명령에 따른 권리취득도 — 주절차가 생략된 경우 법원의 수권에 의한 권리취득과 마찬가지로 — 상속법에 의한 권리의 취득이고 (오민 제798조), 법원의 명령(권원; titulus)과 점유이전(공시방법; modus)이 갖추어지면 상속채권자는 '개별재산'에 대하여 대물변제 명목으로 소유권을 취득한다.[201] 상속채권자가 이 절차에 따라 개별 상속재산

---

198) AußStrG 제154조 제2항은 지급에 갈음하는 이전을 할 채권자들의 순위에 관하여 규율하고 있다. 오스트리아 도산법상 재단채권(오스트리아 도산법 제46, 47조)이 우선 변제되고, 피상속인에 대하여 법원이 지명한 성년자 대리인의 피상속인 사망 전 1년간 기여분이 2순위이며, 마지막으로 경합하는 일반채권자들이 동순위로 변제를 받는다. 환취권자나 별제권자의 권리가 도산절차에서와 마찬가지로 보장됨은 물론이다. Schuhmacher(주 197) 558-559.

199) 구법은 상속재산 규모가 일정 액 이하인 경우에만 간이절차를 인정하고 있었으나, **파산절차를 통한 청산이 비용이 많이 든다는 점을 고려하여 2003년 법개정을 통해 간이절차의 적용범위를 확대**하였다. Schuhmacher(주 197) 552.

200) 상속적극재산의 규모가 25,000유로 이하인 경우에도 상속채무액이 불확실한 경우에는 채권신고 절차를 활용하는 것이 실무상 유용하다. 신고절차를 통해 확인된 상속채무가 적극재산을 초과하지 않는 경우 채권자들은 지급에 갈음하는 적극재산 이전절차를 신청할 수 없기 때문이다. Schuhmacher(주 197) 563.

201) Zankl(주 189) Rn.130.

을 이전받았더라도, 나중에 상속재산 파산절차가 개시되면 해당 대물
변제가 부인의 대상이 될 수 있다{가령, 상속인(상속재산관리인)과 해당
상속채권자가 다른 상속채권자들을 해할 의사를 갖고 공모하여 적극재산을
이전받은 경우, 상속인(상속재산관리인)과 해당 상속채권자가 최고절차를 회
피할 목적으로 공모하여 적극재산 가액을 낮게 신고한 경우}.[202]

상속채권자들이 지급에 갈음하는 적극재산 이전절차를 통해 상속
재산 전부를 이전받은 것으로 알았는데 나중에 추가로 상속적극재산이
발견되었다면, **위 적극재산은 휴지기간의 상속권**(ruhende Verlassenschaft)
으로서 독자적 법인으로 존재한다. 따라서 상속채권자들은 추가로 지
급에 갈음하는 적극재산의 이전을 신청하거나 파산절차를 신청할 수
있다. 그러나 추가 발견된 적극재산은 통상 가치가 미미한 경우가 많
으므로 — 절차비용 선납이 없는 한 — 절차비용 부족으로 도산절차가
개시되지 못하는 경우가 많다.[203]

(2) 상속권절차에서 주 절차(Verlassenschaftsabhandlung)

(가) 상속의 무조건부 승인과 조건부 승인

공증인은 상속인에게 상속의 승인, 포기여부를 밝힐 것을 요구해
야 한다(AußStrG 제157조 제1항). 이 기간은 최소 4주가 부여되고 1년을
초과하지 않는 범위에서 연장될 수 있다(AußStrG 제157조 제2항). 상속인
의 의사표시에 따라 법원은 상속권절차 내에서 누가 상속권을 취득하는
지 결정한다(AußStrG 제161 내지 164조). 상속승인에는 조건부 승인과 무
조건부 승인이 있다(오민 제800조). 무조건부 승인의 경우 재산목록을 만
들 필요가 없고 따라서 절차비용도 절감된다. 피상속인의 채무 및 유증
채무에 대하여 상속재산이 부족하더라도 상속인은 자신의 고유재산으로
책임을 부담한다(오민 제801조). 조건부 승인, 즉 재산목록의 법률상태에

---

202) Schuhmacher(주 197) 565.
203) Schuhmacher(주 197) 564–565.

따른 유보부 승인을 히면 상속인은 '금액유한책임'을 부담힌다(오민 제
802조, 제821조).204) 상속채무, 상속상황채무(Erbfallsschluden, 다만 유류
분채무는 제외), 상속과정채무(Erbgangsschulden) 모두 금액유한책임의
대상이다.205)

공동상속인 중 1인만 조건부 승인을 한 경우에도 상속재산 전체
에 대하여 재산목록이 작성되고, **무조건부 승인을 한 다른 공동상속인
들도 금액유한책임을 누리게 된다**(오민 제807조). **상속인이 미성년자이거
나 다른 이유로 법정대리인이 필요한 경우 재산목록은 직권으로 작성되
고 이 경우에도 상속인들은 금액유한책임을 누린다**.206)

상속인은 목록작성이 완료되기 전까지 조건부 승인을 무조건부
승인으로 바꿀 수 있다. 그러나 그 역은 불가능하다.207)

(나) 조건부 승인 이후의 법률관계

상속인이 조건부 승인을 하면 직권으로 재산목록이 작성되며 채
권자에 대한 채권신고 최고절차(신고기간 동안 채권자에 대한 변제가 중
단된다는 내용도 최고에 포함된다)가 직권으로 이루어진다(오민 제813조,
AußStrG 제165조 제2항). 상속인이 알았거나 알 수 있었던 채권은208)
신고하지 않더라도 신고된 채권과 동일한 법적 지위를 갖는다. 담보
부 채권은 신고할 필요가 없다. 신고기간이 지난 후 상속인이 아는 채
권과 신고된 채권을 변제하였다면 미신고채권자는 나머지 상속재산에
대해서만 권리를 주장할 수 있다(오민 제814조). **아직 상속인의 변제가
이루어지지 않았다면 미신고채권자도 신고채권자와 동등한 지위에 있다.**

---

204) 금액유한책임의 기준이 되는 상속적극재산의 가치가 변동한 경우 법원의 재판에
    의한 점유이전(Einantwortung) 시점을 기준으로 해야 한다는 견해로는 Eccher
    (주 184) Rn.8/5.
205) Eccher(주 184) Rn.8/5 – 8/8.
206) Schwimann ABGB Kommentar Band3 3.Aufl. (2006)/Eccher §807 Rn.2.
207) Zankl(주 189) Rn.135.
208) Schwimann ABGB Kommentar Band3 3.Aufl. (2006)/Eccher §815 Rn.8.

따라서 신고된 채권자 중 일부만 변제를 받은 경우 나머지 신고채권자와 미신고채권자는 잔존 상속재산에 관하여 동등한 지위에 있다. 그러나 **나머지 신고채권자는 신고 및 미신고채권자 전체에 대하여 동시에 변제하였을 경우 변제액은 보장받아야 한다. 따라서 미리 변제받았던 신고채권자의 초과분만큼에 대해서는 미신고채권자가 변제받지 못하게 된다.** 신고를 하지 않았더라도 상계권 행사에 지장은 없다.[209] 신고기간 만료전이라도 상속재산에 대한 상속채권자의 강제집행은 가능하지만 상속인은 이를 중단시킬 수 있다.[210]

채권자에 대한 최고절차를 거치지 않았거나 다른 채권자의 권리를 고려하지 않고 일방채권자에 대해서만 변제하여 ─ 상속재산 채무 초과로 인해 ─ 다른 채권자가 충분히 변제받지 못한 경우, 조건부 승인을 한 상속인이라 할지라도 최고나 변제가 제대로 이루어졌다면 다른 채권자가 만족을 얻을 수 있었던 부분에 대해서는 자신의 고유재산으로 책임을 진다(오민 제815조).[211]

조건부 승인을 한 상속인은 물적유한책임이 아니라 금액유한책임을 부담하고 상속권절차가 끝나기 전까지 상속인은 상속재산을 취득하지 못하므로, 조건부 상속 후 상속권절차 도중 이루어지는 변제는 ─ 상속재산 파산과 달리 ─ **상속적극재산의 청산절차가 아니고 상속채무의 '평등'변제절차**로서의 성격만 갖는다.

다. 재산분리

상속채권자(부양채권자), 유증채권자, 유류분권자는 재산의 혼합으로 자신의 권리가 위험해지는 상황이라면, 법원의 재판에 의한 점유이전(Einantwortung) 전에 상속재산 분리를 신청할 수 있다(오민 제

---

209) 이상의 내용은 Schwimann ABGB Kommentar Band3 3.Aufl. (2006)/Eccher §815 Rn.7 참조.

210) Eccher(주 184) Rn.8/10.

211) Schwimann ABGB Kommentar Band3 3.Aufl. (2006)/Eccher §815 Rn.9.

812조 제1항).[212] **상속인의 채권자는 재산분리 신청권이 없다. 따라서 상속인이 무조건 승인을 함으로써 그의 책임재산이 결과적으로 감소하더라도 상속인의 채권자는 이를 감수해야 한다.**[213] 이 점은 우리 민법이나 프랑스 민법의 재산분리 제도와 다르다. 한편 신청권자는 **자신의 채권액에 상응하는 상속재산에 대해서만** 재산분리를 신청할 수 있다(오민 제812조 제1항). 이 점은 프랑스 민법의 재산분리 제도와 유사하다.

상속채권자 등이 자신의 채권을 지체없이 집행하지 않거나, 신청요건이 충족되지 못하는 경우 재산분리는 직권으로 취소된다(오민 제812조 제3항). 상속인은 담보를 제공하고 상속재산 분리를 막을 수 있다(오민 제812조 제3항). 그러나 재산분리시 상속인에게 의견조회를 할 필요는 없다.[214] 상속재산이 분리되면 무조건부 승인을 한 상속인도 **재산분리를 신청한 상속채권자에 대해서는** 상속재산에 국한하여 책임을 부담하고(물적유한책임), **그 밖의 상속채권자에 대해서는** 조건부 승인을 한 상속인처럼 금액유한책임[215]을 부담한다(오민 제812조 제2항).

재산분리 제도가 모든 상속채권자를 위한 제도가 아니고 재산분리를 신청한 특정 채권자를 위한 제도이기 때문에, 재산분리가 있더라도 상속재산 파산을 신청할 실익이 있다. 판례는 재산분리 후 법원의 재판에 의한 점유이전이 이루어진 경우에도, 분리된 상속재산에 대하여 상속재산파산절차를 신청할 수 있다고 한다. 법원의 재판에 의한 점유이전 절차의 종결로 상속인은 상속재산의 소유자가 되고 상속재산의 독자적 법인격은 사라지지만, 상속재산의 '특별재산'으로서

---

212) Zankl(주 189) Rn.142.

213) Eccher(주 184) Rn.8/17.

214) Eccher(주 184) Rn.8/15.

215) 분리된 재산에 대해서는 재산분리를 신청한 상속채권자만 강제집행할 수 있다. Eccher(주 184) Rn.8/13. 상속재산분리가 이루어지면 재산목록은 직권으로 작성되지만, 채권자에 대한 최고절차는 직권으로 이루어지지 않는다. AußStrG 제165조 참조.

의 성격은 유지되기 때문이다.[216]

라. 상속재산의 파산

상속재산이 채무초과이거나 지급불능인 경우 상속재산 파산절차가 진행될 수 있다(오스트리아 도산법 제67조 제1항, 제66조 제1항). 모든 상속인이 동의하면 상속재산에 대하여 회생절차가 진행될 수도 있다(오스트리아 도산법 제164조 제1항). **그런데 비용문제로 인해 상속재산 파산보다는 오스트리아 비송사건절차법에 규정된 지급에 갈음하는 적극재산 이전이 주로 활용된다고 한다.**[217]

도산절차가 개시되었다고 해서 상속권 절차가 자동으로 종료되지는 않는다. 왜냐하면 상속재산 관리인은 도산재단에 속한 재산뿐만 아니라 자유재산에 대해서도 권한을 갖고 있기 때문이다.[218] 파산신청권은 파산채권자인 상속채권자,[219] 상속재산관리인, 상속인에게 있다. **상속인은 상속재산이 채무초과라고 해서 꼭 상속재산 파산신청을 해야 하는 것은 아니지만, 상속재산 관리인은 파산신청 의무가 있다.**[220] 상속인은 상속권절차에 따른 점유이전을 받기 전에 위 절차 내에서 채권액 비율에 따라 변제를 할 수도 있다. 조건부 상속승인을 한 상속인이 상속채무초과임에도 불구하고 상속채권자들에게 공평하게 변제하지 않았다면 법원의 재판에 의한 점유이전 이후에도 특정 상속채권자의 부족부분에 대해서 자신의 고유재산으로 책임을 부담한다(오민 제815조). 즉 파산절차가 진행되었더라면 달성되었을 공평한 변제는

---

216) OGH 8 Ob 244/02v.

217) Ferrari/Likar-Peer, Erbrecht(2007), 487.

218) Eccher(주 184) Rn. 6/10; Schwimann ABGB Kommentar Band3 3.Aufl. (2006)/Eccher §798 Rn.11.

219) 유증채권자는 포함되지 않는다. Ferrari/Likar-Peer(주 217) 486. 오스트리아 도산법 제58조 제3호는 유증채권자는 파산채권자에 포함되지 않는다고 규정한다.

220) Schuhmacher(주 197) 559-561(지급에 갈음하는 적극재산 이전절차를 활용할 수 있더라도 상속재산 관리인은 파산신청 의무를 부담한다고 주장한다).

상속권절차 내부에서 이루어지는 변제절차에서도 마찬가지로 달성되어야 한다. 상속인은 조건부 상속승인 후에도 파산신청을 할 수 있다.[221] 법원의 재판에 의한 점유이전이 이루어진 후에는 원칙적으로 상속재산 파산신청을 할 수 없지만, 오스트리아 민법 제812조에 따라 재산분리가 이루어진 경우에는 점유이전 후에도 파산신청을 할 수 있다.[222]

5. 캐나다 퀘벡주

가. 한정승인이 원칙

퀘벡주 민법에 따르면 상속인은 원칙적으로 상속재산의 가액 범위 내[223]에서만 상속채무를 부담한다(퀘민 제625조 제2항). 상속인은 예외적으로 상속재산의 가액 범위를 넘어 상속채무를 부담할 수 있지만(ex. 단순승인 등[224]), **미성년자·성년의 요보호자·부재자 상속인의 경우 이러한 예외는 인정되지 않는다**(퀘민 제638조 제2항). 상속인이 없어 국가가 상속재산을 취득하는 경우에도 — 그러나 이 경우에도 국가는 상속인이 아니다(퀘민 제697조 제1항) — 상속재산 가액 범위 내에서 상속채무를 부담한다(퀘민 제697조 제2항).[225]

퀘벡주의 경우 피상속인 사망시 **재산분리가 자동적으로 일어나고,**

---

221) Ferrari/Likar−Peer(주 217) 486(무조건 승인의 의사표시 후에도 파산신청을 할 수 있는지에 대해서는 견해가 대립한다).

222) Schwimann ABGB Kommentar Band3 3.Aufl. (2006)/Eccher §798 Rn.13.

223) 법문언만 보면 금액유한책임으로 해석할 수도 있으나, 다른 조문들까지 함께 고려하면 물적 유한책임을 뜻하는 것으로 보인다.

224) 단순승인의 경우에도 먼저 상속재산 청산을 거쳐야 한다는 점은 변함이 없다.

225) 국가가 상속재산을 청산하는 경우 조세부(le ministre du Revenu)가 청산인 역할을 수행한다. 청산 후 남는 것이 있으면 재무부(le ministre des Finances)에 귀속되고 이 시점에서 비로소 국가의 재산이 된다(퀘민 제701조 제1항). 상속인은 상속개시 후 또는 자신의 권리발생 후 10년 이내에 청산완료 후 국가가 취득한 재산에 대하여 반환을 청구할 수 있다(퀘민 제701조 제2항). 국가의 청산절차 진행 중에도 상속인은 그 재산을 현 상태대로 반환받을 수 있다(퀘민 제702조).

청산인에 의한 청산절차를 원칙적으로 거쳐야 한다.[226] 상속재산과
상속인의 고유재산은 상속재산 청산이 완료되기 전까지 분리되고(퀘
민 제780조 제1항), 재산분리 효과는 상속채권자뿐만 아니라 상속인의
채권자나 유증채권자에게도 미친다(퀘민 제780조 제2항). 상속재산은
상속채권자, 유증채권자, 상속인의 채권자 순으로 변제되고(퀘민 제
781조), 상속인의 고유재산은 '상속인이 상속재산보다 큰 액수의 상속
채무에 대하여 책임을 부담하고 상속재산이 불충분한 경우에 한해'
상속채권자들에 대한 변제를 위해 사용된다(퀘민 제782조 제1항, 제834
조). **상속인의 고유재산과 관련하여 상속채권자는 상속개시 전 상속인의
채권자보다 후순위이고, 상속개시 후 상속인의 채권자와 동순위**이다(퀘
민 제782조 제2항). 상속재산의 청산이 종료된 뒤에도 변제하지 못한
상속채무에 대하여 상속인은 '상속받은 재산의 가액 범위 내[227]'에서
(상속인이 여러 명인 경우 각 가액의 비율에 따른 분담액의 범위 내에서) 책
임을 지는데, 이 경우 상속채권자와 유증채권자로서 청산인에 의한
통상적인 변제가 이루어질 때까지 신고하지 않은 자들은 상속인의 채
권자에 대하여 우선권을 갖지 않는다(퀘민 제823조 제1항, 제2항). 이
조문은 상속재산 청산절차에서 미처 발견되지 못하는 등의 이유로 **청
산대상에서 누락된 상속재산에 대해서도 재산분리 효과가 유지되고**, 종
전 청산절차에서 배당받을 자격이 없던 상속채권자는 상속인의 채권
자와 동순위로 잔존 상속재산으로부터 변제받는다는 취지이다.

---

226) 무유언 상속의 경우 피상속인 사망시 상속재산에 대한 점유(seisin)가 법정상속인
에게 이전된다. 법원이 청산인(liquidator)을 임명하면 청산인은 상속개시시점으
로 ─ 소급하여 ─ 청산에 필요한 기간 동안 상속인의 점유권(seinsin)을 행사한다
(퀘민 제777조 제1항). 청산인의 점유권은 상속인의 점유권보다 앞서므로 청산인
은 상속인에게 상속재산의 반환을 청구할 수 있다(퀘민 제777조 제2항).
International Encyclopedia Laws: Family and Succession Law, Canada Part
Ⅳ. Succession Law ch.4. Acquisition and Administration of the Estate 참조
(westlaw.com에서 검색).
227) 제625조 제2항과 마찬가지로 물적유한책임을 뜻하는 것으로 보인다.

결국 퀘벡주 민법에 따르면 **쌍방향의 완전한 재산분리가 일어나고 제4명제는 충실히 관철된다. 상속인이 채무초과인 상속재산을 단순승인한 경우에도 상속인의 고유재산에 대하여 상속개시 전 상속인의 채권자는 — 상속인에 대한 별도의 파산신청이나 재산분리 신청 없이도 — 상속채권자보다 우선한다.**

나. 상속의 승인과 포기, 선택권 행사기간 동안의 법률관계

상속인은 그의 권리가 발생한 날부터 6개월 내에 상속승인 또는 포기를 할 수 있다(퀘민 제632조 제1항). **상속재산 목록 작성이 이루어지면 숙고기간은 목록작성 종결 후 60일까지 연장되므로**(퀘민 제632조 제1항), **상속인은 충분한 정보를 확보한 상태에서 선택권을 행사할 수 있다. 숙고기간 동안 — 상속인이 이미 상속을 승인한 경우는 제외 — 상속인에 대하여 상속권원을 인정하는 판결이 선고될 수 없다**(퀘민 제632조 제2항). 상속인이 위 숙고기간 내에 상속을 포기하면 그 기간 동안 적법하게 발생한 비용은 상속재산의 부담으로 한다(퀘민 제634조). 자신이 상속인이라는 사실을 알고 있는 상속인이 숙고기간 내에 상속포기를 하지 않은 경우, 숙고기간이 법원에 의해 연장된 경우를 제외하고는 그가 상속을 승인한 것으로 추정한다(퀘민 제633조 제1항). 자신이 상속인이라는 사실을 모르는 상속인은 법원이 정한 기간 내에 승인 또는 포기 여부를 결정해야 한다(퀘민 제633조 제1항). 법원이 정한 가간 동안 선택을 하지 않은 경우 상속을 포기한 것으로 추정한다(퀘민 제633조 제2항).

단순승인으로 의제 또는 추정되는 사유는 다음과 같다. ① 상속인이 청산인으로 하여금 재산목록을 작성하지 않도록 하거나, 상속개시 후 상속재산과 자신의 고유재산을 섞은 경우 상속을 승인한 것으로 본다(퀘민 제639조). 이 경우 상속인은 상속재산을 초과하는 상속채무에 대해서도 책임을 부담한다(퀘민 제799조, 제801조 제1항). 다만 재산목록 작성 후 청산 전에 재산을 섞은 경우 상속인은 섞인 재산의 가치 상당의 채무액에 한하여 개인적으로 책임을 부담한다(퀘민 제801조 제2항). ② 청산인이 재산목록 작성을 거부하거나 게을리 한다는 사실을 알면서, 상속인 본인도 목록작성을 게을리 하거나 6개월의 숙고기간 종료 후 60일 이내에 법원에 청산인 교체 또는 자신에게 목록작성을 명할 것을 신청하지 않은 경우, 상속인이 상속을 승인한 것으로 추정한다(퀘민 제640조). 이 경우에도 상속인은 상속재산을 초과하는 상속채무에 대해서도 책임을 부담한다(퀘민 제800조). ③ 상속인이 상속권을 무상으로 양도하면 상속을 승인한 것으로 본다(퀘민 제641조 제1항). 또한 다른 상속인을 위해 상속을 포기한 경우에도 상속을 승인한 것으로 본다(퀘민 제641조 제2항).

상속인이 상속을 승인한 것으로 간주되는 행위를 하지 않고, 그를 상속인으로 하는 확정판결이 이루어지지 않은 경우 상속인은 상속을 포기할 수 있다(퀘민 제648조). 상속인의 채권자는 상속포기 후 1년 이내에 상속포기는 채권자에게 대항불가능하다는 확인을 구하는 소를 제기할 수 있고, 채무자인 상속인을 대신해서 상속을 승인할 수 있다(퀘민 제652조 제1항). 이 경우 상속승인의 효력은 오직 그 채권자 및 채권액에 한하여 미치고, 상속을 포기한 채무자에게는 효력이 없다(퀘민 제652조 제2항).

다. 상속재산 청산 절차

퀘벡주 민법은 제5편에서 상속재산의 청산에 대하여 상세히 규율하고 있다.[228)]

제5편 제1장은 청산의 목적 및 재산의 분리에 관하여 규정한다.

---

228) 청산절차의 실무적 내용은 퀘벡주 정부 홈페이지(https://www.quebec.ca/en/services-quebec/que-faire-lors-dun-deces/)와 퀘벡주 조세부 홈페이지(https://www.revenuquebec.ca/en/citizens/your-situation/dealing-with-a-death/)에서 확인할 수 있다.

상속재산 정산의 복적은 상속인을 특정하고 소환하며, 상속재산의 내용을 확정하고, 채권을 추심하고, 상속채무(부양채무 포함)를 변제하고, 유증채권자에게 변제하며, 결산서를 작성하고, 물건을 인도하는 것이다(퀘민 제776조).

제5편 제2장은 청산인에 관해 규정한다. 유언으로 청산인을 정하지 않는 한(퀘민 제786조), **상속인이 청산인이 되는 것이 원칙**이다(퀘민 제785조). 어느 누구도 청산인이 되는 것을 승낙할 의무는 없지만 **단독상속인은 청산인이 되는 것을 승낙해야 한다**(퀘민 제784조). 공동상속인들은 다수결에 의해 청산인을 지정할 수 있고(퀘민 제785조), 이들 사이에 청산인 지정에 관하여 합의가 이루어지지 않거나 청산인 지정이 불가능한 경우 법원은 이해관계인의 신청에 따라 청산인을 지정할 수 있다(퀘민 제788조). 칭산인이 상속재산에 대하어 소를 제기하는 경우 조세부(le ministre du Revenu)에 통지해야 하고, 이 경우— 이익충돌 문제를 고려해 — 상속인이나 법원이 다른 사람을 청산인으로 지정하지 않는 한 조세부(le ministre du Revenu)가 특별청산인이 된다(퀘민 제805조). 청산인은 상속재산 목록을 작성한다(퀘민 제794조). **재산목록 작성의 종결은 동산 및 채권등기부**(RDPRM : Registre des droits personnels et réels mobiliers)**와 지역신문에 공시**된다(퀘민 제795조). 이 공시는 이해관계인들에게 재산목록을 열람할 수 있는 장소를 알려주기 위함이다(퀘민 제795조 참조). 청산인은 상속인으로 확정된 자, 아직 선택권을 행사하지 않은 상속인, 유증채권자, 자신이 알고 있는 채권자에게 동산 및 채권등기부에 '등록'하였다는 것과 '목록을 열람할 수 있는 장소'를 알려주어야 하고, 재산목록 사본을 그들에게 쉽게 전해 줄 수 있는 경우에는 전해 주어야 한다(퀘민 제796조). 상속채권자들, 상속인으로 확정된 자, 아직 선택권을 행사하지 않은 상속인, 유증채권자는 재산목록의 내용에 대하여 이의를 제기할 수 있다(퀘민 제797조). 청산인은 모든 상속인으로 확정된 자 및 선택권을 행사하지 않은 상속인

의 동의가 있는 경우 재산목록 작성의무가 면제되는데, 이 경우 상속
인들은(선택권을 행사하지 않은 상속인도 이러한 동의를 함으로써 상속을
승인한 것이다) 상속재산을 초과하는 상속채무에 대하여 책임을 부담
한다(퀘민 제799조). 상속적극재산이 상속소극재산보다 많은 것이 명
백하면, 상속인 전원 합의에 의해 법상 청산절차에 따르지 않고 상속
인들의 합의에 따라 청산할 수 있다. 다만 이 경우 상속인들은 상속채
무가 상속적극재산보다 많더라도 상속채권자들에 대하여 자신들의 고
유재산으로 책임을 진다(퀘민 제779조). 청산인은 상속인 및 유증채권
자의 상속재산에 대한 점유권을 행사하고(퀘민 제777조 제1항), 상속인
및 유증채권자에게 물건의 반환을 청구할 수 있다(퀘민 제777조 제2
항). **청산인 지정과 교체는 동산 및 채권 등기부에 그리고 가능한 경우
토지등기부에 공시**된다.

　　제5편 제3장은 상속채무 및 유증채무의 변제방법에 관하여 규정
한다. 상속재산이 채무(특정유증 포함)를 변제하기에 충분한 경우 청산
인은 청구한 순서대로 채무를 변제하면 되므로 별문제가 없다(퀘민 제
808조 제1항).[229] 그러나 상속재산이 채무를 변제하기 충분한지 명백
하지 않은 경우 청산인은 ― 통상의 공공요금이나 긴급히 변제할 필요
가 있는 채무를 제외하고는 ― 목록작성 종결의 공시로부터 60일까지
또는 목록작성의무 면제일로부터 60일까지 상속채무나 유증채무를
변제하면 안된다(퀘민 제810조 제1항, 제2항). **상속재산이 불충분한 경우
청산인은 법원으로부터 변제계획의 승인을 받은 후에 변제**해야 한다(퀘
민 제811조). 이 경우 변제순서는 우선권 있는 채권자, 일반채권자, 부
양채권자, 유증채권자 순이다(퀘민 제812조 제1항, 제2항). 알고 있는

---

[229] 실무상 채무초과 여부를 불문하고 청산인은 상속재산 분배 전에 퀘벡주 조세부로
　　부터 승인을 얻어야 한다. 승인없이 분배하면 ― 12,000CAD$ 한도 내의 긴급비용
　　등을 제외하고 ― 청산인도 개인적으로 상속재산 가액 범위 내에서 책임을 진다.
　　https://www.revenuquebec.ca/en/citizens/your-situation/dealing-with-
　　a-death/certificate-authorizing-the-distribution-of-property/ 참조.

상속채권자나 유증채권자가 청산인으로부터 정당하게 변제를 받지 못한 경우, — 청산인에 대한 책임추궁 이외에 — 그로 인해 이익을 얻은 상속인과 유증채권자에 대하여 소를 제기할 수 있다(퀘민 제815조 제1항). 2차적으로 상속채권자들은 더 많이 변제를 받은 다른 상속채권자들에 대해서도 소를 제기할 수 있다(퀘민 제815조 제2항). 알지 못한 상속채권자나 유증채권자로서 청산인에 의해 변제가 이루어질 때까지 신고를 하지 않은 자들은, 제때 신고를 하지 못한 것에 중대한 이유가 있다는 점을 증명하지 못하는 한, 상속인이나 유증채권자에게 소를 제기할 수 없다(퀘민 제816조 제1항).[230] 이러한 상속채권자나 유증채권자가 청산인이 의무에서 면제된 뒤[231] 3년이 지나서 신고를 하였다면, 이들은 항상 상속인이나 유증채권자에게 소를 제기할 수 없다(퀘민 제816조 제2항).

　　제5편 제4장은 청산절차의 종료에 관하여 규정한다. 청산인의 최종결산서의 목적은 상속재산의 순 자산과 결손을 확정하는데 있고(퀘민 제820조 제1항), 최종결산서에는 미변제 상속채무 및 유증채무, 담보되거나 상속인이나 유증채권자가 인수한 채무, 다른 방식으로 지급하기로 합의된 채무에 관하여 그 지급방법과 함께 기재해야 한다(퀘민 제820조 제2항). 잠정 판결에 기초한 채무변제를 위해 필요한 유보금에 대해서도 필요한 경우 기재한다(퀘민 제820조 제2항). 최종결산서가 승인된 후 청산인은 관리의무를 면하고 상속재산을 상속인에게 인도한다(퀘민 제822조 제1항).[232] **결산서 작성 종결은 동산 및 채권 등기부**

---

230) 이러한 상속채권자가 변제를 받은 상속채권자에게 소를 제기할 수 없음은 물론이다.

231) 청산절차는 청산인의 의무 면제(la décharge du liquidateur)로 종료된다(퀘민 제819조 제2항).

232) 부동산이나 동산 및 채권 등기부의 대상인 동산·채권은 등기까지 마쳐야 상속인에게 권리가 이전된다. http://www4.gouv.qc.ca/EN/Portail/Citoyens/Evenements/deces/Pages/registre−droits−personnels−mobiliers.aspx 및 http://www4.gouv.qc.ca/EN/Portail/Citoyens/Evenements/deces/Pages/registre−droits−

에 공시된다(퀘민 제822조 제2항).

퀘벡주의 상속재산 청산은 '**상속인**'**이 원칙적으로 청산인인 점, 청산에 관련된 사실**(청산인 지정·변경, 재산목록 작성 종결, 결산서 작성 종결)**이 등기부를 통해 공시되는 점**이 주목된다.

6. 소 결 론

독일의 논의는 정교하지만 지나치게 복잡하다. 프랑스는 우리와 법상황이 비슷하여 참고가 되나 파산법 고유의 법리가 발달하지 않았다는 점에서 우리와 다르다. 오스트리아는 금액유한책임을 인정하는 점에서 우리와 큰 차이가 있다. 필자는 **프랑스, 스위스, 캐나다 퀘벡주의 입법례로부터 유용한 시사점**을 얻었다. 비교법적 검토결과 필자가 얻은 시사점을 정리하면 다음과 같다.

첫째, 상속인이 선택권을 행사하기 전에 상속채무를 파악할 수 있는 제도를 마련한 나라로는 스위스, 캐나다 퀘벡주가 있다. 독일도 비슷한 제도가 있지만 이는 '단순승인'을 한 상속인이 상속채무를 확인하기 위한 제도이다. 프랑스와 오스트리아는 이러한 제도가 없다. (제1명제 관련)

둘째, 상속형태는 나라마다 다양하다. 프랑스는 우리처럼 세 가지 상속형태(단순승인, 한정승인, 상속포기)를 인정한다. 오스트리아도 단순승인, 조건부 승인, 상속포기의 세 가지 선택지를 인정하나, 당연승계 원칙을 채택하지 않고 상속재산의 독립된 법인성을 인정하며 조건부 승인은 금액유한책임의 효과를 갖는 점에서 우리법과 다르다. 독일은 단순승인, 상속포기 두 가지 선택지만 인정하고 상속재산 청산제도(상속재산 관리, 상속재산 도산)는 위 선택지와 별개이다. 스위스는 네 가지 선택지를 갖고 있다(단순승인, 공적목록부 승인, 관청에 의한

---

personnels – mobiliers.aspx 참조.

청산, 상속포기). 당연승계 원칙을 채택하지 않고 상속재산의 선(先)청
산에 중점을 두는 퀘벡주는 단순승인(선청산 후 승계), 상속포기라는
두 가지 선택지가 있다. (제2명제 관련)

　셋째, 상속에 따른 상속인의 책임재산의 변동에 대하여 상속인의
채권자에게 어느 정도의 보호수단을 부여할 것인지도 나라마다 다르
다. 독일, 오스트리아, 스위스는 상속인이 채무초과 상속재산을 단순
승인으로 취득하더라도 상속인의 채권자가 마땅히 취할 수 있는 방법
이 없다. 그러나 프랑스는 상속인의 채권자가 개별적으로 자기 채권
액 범위에 한하여 우선권을 주장할 수 있다. 퀘벡주의 경우에도 상속
인의 고유재산에 대한 상속인의 채권자(상속개시 전 채권자에 한한다)의
우선권이 관철된다. (제3명제 관련)

　넷째, 공동상속의 경우 — 우리와 달리 — 단순승인 후에도 재산
분리가 관철될 수 있다. 프랑스는 우리처럼 상속채무(금전채무)가 법
정상속분에 따라 당연분할되지만, 공동상속재산이 분할되기 전까지
상속재산과 상속인의 고유재산이 분리되고 상속채권자의 상속재산에
대한 우선권이 관철된다. 독일은 상속인들이 상속재산을 합유하므로
상속인들 중 1인에 대한 채권자가 합유재산 자체를 강제집행하는 것
은 애초부터 어렵다. (제3명제 관련)

　다섯째, 자동적이고 완전한 재산분리는 퀘벡주를 제외하면 충분
히 관철되지 않는다. 독일, 프랑스는 상속재산의 분리청산이 이루어
진 상태에서 상속인에게 단순승인 사유가 발생한 경우 상속인의 고유
재산에 대하여 상속인의 채권자와 상속채권자는 동순위이다. 독일은
상속인에 대한 파산절차가 개시되어도 양자는 동순위이며, 프랑스의
경우 상속인의 채권자가 개별적으로 우선권을 '행사'하면 우선권이
관철된다. 이에 반해 퀘벡주는 상속인의 채권자(상속개시 전 채권자에
한한다)의 우선권이 '법률규정'에 의해 관철된다. 금액유한책임만 인
정하는 오스트리아의 경우 상속채권자와 상속인의 채권자는 상속인의

고유재산에 대하여 당연히 동순위이다. (제4명제 관련)

　여섯째, 재산분리와 관련하여 대부분의 나라는 공시제도를 두고 있다. 그러나 우리 재산분리 제도처럼 부동산인 상속재산의 경우 등기시점을 기준으로 재산분리 효과를 판단하는 입법례는 드물다. 프랑스는 등기를 요구하지만 상속개시일로부터 4개월 이내에 등기가 이루어지면 '상속인의 채권자'에 대하여 **등기시점과 무관하게** 우선권을 누린다(그러나 '양수인'에 대해서는 등기시점의 선후를 기준으로 우열관계를 판단하고 이는 우리 재산분리 제도와 비슷하다). 상속재산 파산의 경우 파산선고 시점에 재산분리 효과가 발생하는 것이지, 파산선고 사실이 등기부에 공시된 때 재산분리 효과가 발생하는 것이 아니다. 파산선고 후 상속재산에 대하여 상속인과 새롭게 이해관계를 맺은 제3자의 신뢰는 원칙적으로 보호되지 않는다. 이는 우리 채무자회생법도 마찬가지이다. (제5명제 관련)

　일곱째, 스위스와 독일은 채무초과 상속재산의 청산은 파산절차에 의해야 한다는 생각에 기초하고 있고 특히 독일은 상속인에게 무거운 파산신청 의무를 부과하고 있다. 그러나 프랑스, 오스트리아, 퀘벡주는 채무초과 여부를 불문하고 동일절차에 의한 청산을 예정하고 있다. 청산의 주체가 상속인인 나라(프랑스, 단독상속인 경우 퀘벡 주)도 있고, 제3자(스위스, 독일, 오스트리아)인 나라도 있다. 또한 대부분의 나라는 상속인이 선택권을 행사할 수 있는 기간이나 상속재산 청산기간 동안 상속채권자나 상속인의 채권자의 강제집행을 금지 또는 제한하고 있다. (제5명제 관련)

　아래에서는 이러한 시사점을 토대로 우리법상 입법론을 고민해 본다.

IV. 입법론의 제시

1. 한정승인 본칙론?

학설 중에는 상속인의 한정승인 신고, 상속채권자나 상속인의 채권자의 재산분리 청구가 없어도, 일단 상속이 개시되면 한정승인을 원칙으로 삼는 것이 바람직하다는 주장이 있다(한정승인 본칙론).[233] 상속인이 미성년자인 경우 특히 한정승인을 원칙으로 하는 입법이 필요하다는 주장도 있다.[234] 참고로 대만민법은 2009년 개정을 통해 한정승인을 원칙적 상속형태로 인정하고 있는데(대만민법 제1148조 제2항), 미성년 상속인이 한정승인이나 상속포기를 하지 못해 다액의 상속채무를 부담하는 상황이 다수 발생하여 이를 개선하기 위해 법개정이 이루어졌다고 한다.[235]

그러나 적극재산과 소극재산의 조사, 책임재산의 분리·청산 등이 수반되는 한정승인 절차는 단순승인과 달리 시간과 비용이 든다. 압도적 다수의 상속상황에서 상속인이 단순승인을 함에도 불구하고, 모든 상속사건에 일률적으로 한정승인 절차를 거치도록 하면 불필요한 거래비용이 발생한다.[236] 따라서 단순승인을 원칙적 상속형태로 보는 현행법의 태도를 변경할 필요는 없다. 다만 미성년 상속인 등의

---

233) 우선 곽윤직, 상속법(2001), 183-185; 박동섭, 친족상속법(2013), 606-607.

234) 송효진, "상속에 있어서 미성년자 보호", 가족법연구24-3(2010), 180-186.

235) 商事法務研究会, 各国の相続法制に関する調査研究業務報告書, 234(한정승인을 위해서는 상속인이 일정 기간 내에 상속재산 목록을 작성하여 법원에 제출하고 한정승인의 취지를 진술해야 하는데, 개정법률에 따르면 이러한 절차가 필요없고, 따라서 상속적극재산과 상속채무의 범위에 관하여 분쟁이 발생하기 쉬워졌다. 대만 학계는 이러한 이유를 들어 개정법에 대해 비판적이라고 한다)(http://www.moj.go.jp/content/001146513.pdf에서 검색 가능).

236) 상속인뿐만 아니라 국가의 부담도 늘어난다. Karlheinz Muscheler, "Erbrecht 2005-2015 — Rückblick und Ausblick", Jahrbuch für Erbrecht und Schenkungsrecht(2015), 321-322.

보호는 필요하다. ① 법정대리인이 단순승인과 관련해 동의 또는 대리를 하기 전에 가정법원의 허가를 얻게 하거나, ② 법정대리인은 원칙적으로 한정승인만 할 수 있도록 법규정(프민 제507-1조 제1항, 퀘민 제638조 제2항)을 마련함이 타당하다고 사료된다.

한정승인을 원칙적 상속형태로 볼 수 없더라도 상속재산에 대해서는 상속채권자 및 유증채권자가 먼저 변제받고, 상속인의 고유재산에 대해서는 상속인의 채권자가 먼저 변제받는 것이 공평한 청산방법임은 분명하다(제4명제). 따라서 이러한 청산방법을 선호하는 자가 있고 그 선호에 합리적 이유가 있다면 단순승인이라는 원칙으로부터의 이탈 즉 각 재산별 분리청산은 가급적 너그럽게 허용함이 타당하다(제3명제).[237]

2. 한정승인 제도를 상속재산목록 작성 제도로

상속인은 상속에 대한 선택권을 행사하기 전에, 즉 상속포기 여부를 결정하기 전에 상속채무의 규모를 확인할 수 있어야 한다(제1명제). 이러한 주장에 대해서는 상속채무의 규모를 정확히 알지 못하는 상속인은 한정승인을 하면 되므로, 현 제도하에서도 상속인의 선택권이 침해되지 않는다는 반론이 가능하다. 그런데 이 반론에 따르면 위와 같은 상황에 있는 상속인은 상속포기 권한을 행사할 기회를 박탈당하는 것이다. 한정승인 절차를 진행하는 과정에서 상속채무가 적극재산을 초과한다는 사실이 밝혀졌더라도, 상속인은 이미 한정승인을 결정하였으므로 더 이상 상속포기를 할 수 없기 때문이다.[238] 다른

---

237) 필자의 이러한 생각은 ① 상속인의 채권자에게도 상속재산 파산 신청권을 부여하자는 제안(본문 Ⅳ. 4. 가), ② 상속재산 파산선고가 있으면 상속인의 파산이 없더라도 완전한 재산분리 효과를 인정하자는 제안(Ⅳ. 4. 다), ③ 공동상속재산 분할 전에는 재산분리 효과를 인정하자는 제안(각주 257)과 연결된다.

238) 물론 한정승인을 할 수 있는 이상 상속포기를 할 수 없게 되었다고 해서 상속인이 불이익을 입을 가능성은 낮다. 그러나 판례는 한정승인을 한 자도 상속받은 부

나라의 입법례에서 확인할 수 있는 것처럼(독일, 프랑스), 상속채권자를 확인하는 제도를 상속포기 권한을 행사하는 시점보다 앞선 시점에 마련할 논리필연적 이유는 없다. 그러나 통상의 상속인들은 상속채무에 관한 정보를 나중에 확인하는 것보다 미리 확인하는 것을 선호할 것이다. 따라서 상속인의 선택권 행사 전에 상속재산목록을 작성할 수 있게 함이 바람직하다고 사료된다(제1명제). 현행 한정승인 제도가 갖고 있는 재산분리 기능은 재산분리 제도와 통합시키고, 한정승인 제도를 상속재산목록 작성제도로 변경할 것을 제안한다.

이에 관해서는 스위스의 공적목록 작성제도가 참고가 된다. 상속인이 상속포기를 할 수 있는 시점부터 일정 기간 동안 목록작성을 청구할 수 있게 하고, 목록작성 과정에서 확인된 정보를 기초로 상속인이 단순승인, 상속포기, 공적목록부 승인, 상속재산 청산(상속재산 파산 포함) 중 하나를 선택할 수 있게 하는 것이다.[239] 상속인에게 공적목록부 승인이라는 선택지를 추가로 부여하는 것이다(제2명제). 목록작성 신청기간을 짧게 잡으면(스위스의 경우 상속포기를 할 수 있었던 시점부터 1개월 내이다), 유동적 법률상태가 오래 방치되는 문제점을 피할 수 있다.

목록작성 제도를 만든다면 채권신고를 하지 않은 상속채권자를 어떻게 취급할지, 즉 공적목록부 승인의 법률효과를 어떻게 구성할

동산에 대해서는 취득세 납부의무를 부담한다는 입장이므로(대법원 2007. 4. 12. 선고 2005두9491 판결), 적극재산이 소극재산을 초과할 것으로 예상하고 취득세도 그 범위에서 충분히 해결할 수 있다고 생각해서 한정승인을 하였는데 거액의 상속채무가 나중에 밝혀진 경우 상속인으로서는 상속포기를 하지 못함에 따라 ─ 상속을 포기한 경우와 비교해 ─ 손해를 입을 위험이 있다. 보다 근본적으로는 한정승인을 한 상속인에게 취득세 납부의무를 부담시키는 것 자체가 문제이다. 同旨 김주미(주 4) 345.

239) 상속이 개시되었다고 해서 목록작성을 의무적으로 해야 하는 것은 아니고, 목록작성 절차를 거치지 않은 채 상속인이 단순승인, 상속포기, 상속재산 청산(상속재산 파산 포함) 중 어느 하나를 선택할 수 있음은 물론이다.

것인지 추가검토가 필요하다. 일응 두 가지 방법을 생각할 수 있다. ① 신고하지 않은 상속채권자에 대해 상속재산의 한도에서 물적유한 책임을 부담하는 방법(1안, 독일), ② 신고하지 않은데 과실이 있는 상 속채권자의 권리는 실체법적으로 소멸시키고, 과실이 없는 상속채권 자에 대해서는 상속인이 상속재산으로 이익을 얻은 한도에서 금액유 한책임을 부담하는 방법(2안, 스위스).

2안은 과실이 있는 상속채권자에게 가혹하고 상속채권자의 과실 유무를 둘러싸고 법적 분쟁이 빈발할 수 있다. 또한 금액유한책임 구 성은 법률관계를 복잡하게 만들 위험이 있다. 과실없이 신고하지 않 은 상속채권자가 여러 명이고 상속적극재산이 이들 상속채권액의 합 계에 미치지 못하는 경우, 상속인에 대한 강제집행절차에서 상속채권 자들의 배당액을 산정하는 문제가 복잡해질 수 있다. 배당과정에서 상속채권자들의 채권액뿐만 아니라 개별 상속채권자에 대한 상속 인의 책임한도액도 고려해야 하고, 채권액뿐만 아니라 책임한도 액도 종전 변제 등을 통해 감소할 수 있기 때문이다.[240] 다른 각도에 서 말하면, 상속인의 채무부담액이 책임한도액을 초과하는 상황에서 는 상속채권자들 사이의 공평한 청산이 중요한데, 상속재산과 상속인 의 고유재산이 혼합된 상태에서 산발적으로 이루어질 수 있는 개별집 행 절차는 이러한 공평한 청산과 잘 어울리지 않는다.[241]

---

[240] 책임한도액을 소송절차에서 확정해야 한다면, 그 소송절차가 복잡해진다.

[241] 참고로 국세기본법 제24조 제1항은, "상속이 개시된 때에 그 상속인[「민법」제 1000조, 제1001조, 제1003조 및 제1004조에 따른 상속인을 말하고, 「상속세 및 증여세법」제2조 제5호에 따른 수유자를 포함한다. 이하 이 조에서 같다] 또는 「민법」제1053조에 규정된 상속재산관리인은 피상속인에게 부과되거나 그 피상 속인이 납부할 국세 및 체납처분비를 상속으로 받은 재산의 한도에서 납부할 의 무를 진다."고 규정하고 있는데 판례는 이 규정의 취지를, "상속인이 피상속인의 국세 등 납세의무를 상속재산의 한도에서 승계한다는 뜻이고 상속인은 피상속인 의 국세 등 납세의무 전액을 승계하나 다만 과세관청이 상속재산을 한도로 하여 상속인으로부터 징수할 수 있음에 그친다는 뜻은 아니"라고 한다. 대법원 1991. 4. 23. 선고 90누7395 판결. 이 판결에 따르면 상속인이 한정승인을 하였든, 단순

따라서 1안이 타당하다고 사료된다. 1안은 단순승인과 한정승인이 혼합된 형태, 즉 특정채권자에 대해서만 제한적으로 한정승인의 효과를 부여하는 방법이다. 상속인은 상속재산 일체를 포괄승계하고 신고된 상속채권에 대해서는 상속재산뿐만 아니라 자신의 고유재산으로도 책임을 지지만, 신고되지 않은 상속채권에 대해서는 상속재산의 한도에서 물적유한책임을 부담한다. 단순승인의 효력이 발생하므로 상속재산에 대해서는 상속인의 일반채권자가 자유롭게 강제집행을 할 수 있고, 신고하지 않은 상속채권자와 상속인의 일반채권자는 상속재산에 대하여 동순위에 놓인다.[242] 이 경우 쌍방향의 완전한 재산분리가 일어나지 않는다고 해서 문제될 것은 없다(제3, 4명제 관련). 신고하지 않은 상속채권자를 불리하게 취급하는 것은 형평에 반하지 않기 때문이다.[243]

3. 한정승인 제도와 재산분리 제도의 통합, 평시 상속재산 청산제도의 신설

가. 상속재산 파산절차 중심의 청산

상속재산으로 상속채권자 및 유증을 받은 자에 대한 채무를 완제할 수 없는 경우[244] 상속재산 파산신청을 할 수 있다(채무자회생법 제

승인을 하였든 상속인은 금액유한책임을 부담하게 된다. 그러나 한정승인을 한 상속인이, **통상의 상속채권에 대해서는 물적유한책임을 부담하고, 조세채권에 대해서는 금액유한책임을 부담하는 상황은 상속재산이 채무초과인 상황이라면 법률관계를 필요이상으로 복잡하게 만들고 채권자들 사이의 공평한 청산을 저해할 가능성이 크다.**

242) 상속재산과 상속인의 고유재산이 혼화된 경우는 어떠한가? 금액유한책임을 인정할 수밖에 없다고 사료된다. 이 경우 금액 산정은 복잡해질 수 있다. 혼화 직전 상속재산으로부터 상속채권자와 상속인의 채권자가 평등변제받는 비율을 계산해야 하기 때문이다.

243) 同旨 Fischinger(주 53) 158.

244) 학설은 이를 상속소극재산이 상속적극재산을 초과한다는 의미 즉 '채무초과'로 이해하면서, 보통의 파산원인인 '지급불능'(채무자회생법 제305조)과 구별한다.

307조). 파산신청권자는 상속채권자, 유증채권자, 상속인, 상속재산관리인, 유언집행자이고(채무자회생법 제299조 제1항), 상속재산관리인, 유언집행자, 한정승인이나 재산분리가 있는 경우 상속인은 파산신청 의무를 부담한다(채무자회생법 제299조 제2항). 상속채권자나 유증채권자가 상속재산 파산을 신청하는 경우에는 파산원인 사실을 소명할 필요가 없고, 상속인, 상속재산관리인, 유언집행자가 파산신청을 하는 때에는 파산원인 사실을 소명해야 한다(채무자회생법 제299조 제3항). 상속개시 후 3개월 내에 상속재산 파산을 신청할 수 있고, 3개월이 지났더라도 상속인이 아직 상속의 승인이나 포기를 하지 않는 동안에는 상속재산 파산신청이 가능하다(채무자회생법 제300조 제1문, 민법 제1045조).245) 위 신청기간 내에 한정승인이나 재산분리가 있는 경우에는 위 신청기간 후라도 상속채권자 및 유증채권자에 대한 변제가 아직 끝나지 않은 경우에는 상속재산 파산을 신청할 수 있다(채무자회생법 제300조 제2문). 상속 승인여부를 아직 결정하지 않은 상속인도 상속재산파산을 신청할 수 있다. 상속승인이 이미 이루어진 경우에도 상속개시 후 3개월 내라면 상속재산 파산신청을 할 수 있음은 물론이다. 결국 현행법에 따르면 상속재산이 채무초과라고 해서 반드시 상속재산 파산절차를 거쳐야 하는 것은 아니지만, 한정승인이나 재산분리 절차가 개시되었다면 채무초과 상속재산은 한정승인이나 재산분리

양형우(주 4) 454-455. 여기서 지급불능이라 함은 "채무자가 변제능력이 부족하여 즉시 변제하여야 할 채무를 일반적·계속적으로 변제할 수 없는 객관적 상태를 말한다." 대법원 1999. 8. 16.자 99마2084 결정 등.

245) 민법 제1026조 제2호에 의하면 상속인이 민법 제1019조 제1항의 기간(상속개시 있음을 안 날로부터 3개월) 내에 한정승인 또는 포기를 하지 아니한 때에는 단순승인을 한 것으로 간주하므로, '상속인이 상속의 승인이나 포기를 하지 아니한 동안'은 결국 상속인이 상속개시 있음을 안 날로부터 3개월이 된다. 정리하면 **상속재산파산 신청기간은 민법 제1045조 제1항에 의해 상속개시일부터 3개월이지만, 민법 제1045조 제2항에 의해 상속인이 상속개시 있음을 안 날부터 3개월로 연장**된다. 김주미(주 4) 315.

절차가 아니라 상속재산 파산절차를 거쳐야 한다.246)

상속재산파산 신청의무를 부과하는 채무자회생법 조항에 대해 한
정승인 절차를 통해 상속채권자와의 관계를 처리할 수 있으므로 삭제
함이 타당하다는 주장이 있다.247) 일본 구 파산법은 우리와 마찬가지
로 상속재산관리인 등에게 파산신청의무를 부과하고 있었으나, ① 상
속재산 파산사건의 경우 적극재산이나 소극재산의 규모가 크지 않고
권리관계도 복잡하지 않은 경우가 많아 한정승인이나 재산분리 제도
를 통해 충분히 공평한 청산이 이루어질 수 있고, ② 상속채권자에게
도 파산신청권이 인정되는 점을 고려해 2004년 개정 파산법은 파산신
청의무를 부과하는 조항을 삭제하였다. 그러나 위 Ⅱ. 2. 다.에서 살
펴본 것처럼 한정승인 절차에서는 쌍방향의 완전한 재산분리가 일어
나지 않고, 현행 한정승인 제도는 효율이나 공평의 측면에서 불완전
한 청산절차이다. 간이하고 비용이 적게 드는 청산절차가 필요하다는
점에 공감하지만, 프랑스와 달리 우리법은 상속재산 파산절차를 이미
별도로 상세하게 마련해 두고 있으므로 간이절차는 파산절차 내부에
둠이 타당하다. 따라서 필자는 상속인 등에게 파산신청의무를 부과하
는 현 채무자회생법의 태도에 찬성한다. **상속재산이 채무초과인 경우
상속재산 청산은 상속재산 파산절차로 일원화되어야 하고, 절차비용을
충당하기에도 적극재산이 부족하여 청산절차를 진행하기 어려운 경우에
는 파산선고와 동시에 파산절차 폐지를 함으로써 상속인이 책임제한 효**

---

246) 민법 제1019조 제3항에 따라 상속인이 특별한정승인을 하였다면 상속인은 지체
 없이 상속재산파산 신청을 해야 한다. 채무자회생법 제300조를 근거로 이 경우
 파산신청 기간이 도과하였다고 보는 것이 타당한지는 의문이다. 그러나 김주미
 (주 4) 317은 해석론으로는 부득이하고 입법적 보완이 필요하다고 한다. 한편 민
 법 제1030조 제2항, 제1034조 제2항, 제1038조는 상속재산이 채무초과인 경우
 상속재산 파산절차가 아니라 한정승인 절차가 진행되는 것을 전제로 한 규정이
 다. 이러한 규정들이 상속인의 파산신청의무를 규정한 채무자회생법 제299조 제2
 항과 어울리는지 의문이다.

247) 전병서, 도산법(2017), 52.

과를 누릴 수 있게 하는 것이 정도(正道)이다.

한편 독일 도산법처럼 단순승인을 한 상속인에 대해서도 파산신청의무를 지우는 것은 상속채권자 보호를 위해 상속인의 의사결정의 자유를 지나치게 제한하는 것이므로 타당하지 않다. 생전에 채무초과였던 피상속인이 파산신청의무를 부담하지 않는다면, 상속의 단순승인을 통해 피상속인의 법적 지위를 포괄승계한 상속인도 채무초과 상태인 상속재산에 관하여 파산신청의무를 부담하지 않는다고 봄이 수미일관하다. 이 경우 상속채권자 보호는 상속채권자에게 파산신청권을 부여하는 것으로 충분하다.

나. 상속재산 파산원인이 존재하지 않는 경우 상속재산 청산

상속재산이 채무초과가 아니어서 상속재산 파산신청을 할 수 없는 경우에도 상속인, 상속채권자, 상속인의 채권자는 상속재산과 상속인의 고유재산을 분리해서 청산하는 것을 원할 수 있다. 따라서 현행 한정승인 제도와 재산분리 제도를 통합해 평시 상속재산 청산제도를 마련하고 이를 상속인의 선택지에 포함시킬 것을 제안한다(스위스의 관청에 의한 청산제도 참조). 아래에서는 평시 청산제도의 모습을 살펴본다.

(1) 신청권자 및 신청원인

상속인[248]과 상속채권자(유증채권자 포함)는 평시 상속재산 청산

---

248) 상속개시 후 상속인에 대한 파산선고가 있는 경우 상속인이 상속을 단순승인하거나 포기하더라도 상속재산 청산신청을 한 것으로 봄이 타당하다(채무자회생법 385, 386조 참조. 공동상속인 중 1인에 대한 파산선고가 있다면 결과적으로 상속재산 전체에 대한 청산이 이루어진다). 따라서 이 경우 파산관재인에게 별도로 청산 신청권을 인정할 실익이 없다. 그러나 **상속인의 파산관재인은 상속재산 파산신청권을 갖고 신청의무도 부담**한다. 상속인에게도 파산신청권과 파산신청의무를 인정할 것인가? 상속재산에 대한 관리·처분권이 없는 상속인에게 신청의무를 부과하는 것은 지나치다. 그러나 상속인의 신청권은 인정할 수 있지 않을까? 이에 대해 관리·처분권이 없는 이상 신청권도 없다는 반대견해로는 Philipp S. Fischinger,

을 신청할 정당한 이익이 있다. 상속인으로서는 자신의 고유재산과
분리해 상속재산만으로 상속채무를 변제하기를 원할 수 있고, 상속채
권자는 상속인이 채무초과인 경우 상속재산만 별도로 분리·청산하는
것을 원할 수 있기 때문이다. 상속인이 상속재산의 분리청산을 원한
다면 그 자체로 신청원인이 있다고 볼 수 있다. 즉 상속인은 일단 평
시 청산을 신청하였다가 절차진행 중 상속재산이 채무초과인 점이 밝
혀지면 파산절차로 진행되는 방법을 선택할 수 있다. 상속채권자의
신청은 상속인이 채무초과라는 사정이 있는 경우에 인정해야 한다.
상속재산에 대한 상속인의 처분권을 상속채권자가 합리적 이유없이
박탈할 수 없기 때문이다. 또한 상속인이 단순승인이나 상속포기를
하였다면 더 이상 평시 상속재산 청산을 신청할 수 없지만, 상속인이
단순승인을 하였다는 이유만으로 상속채권자의 청산신청권을 부정할
수 없다. 상속재산 분할 후에도 상속채권자의 신청기간이 도과하지
않았고 재산분리가 가능하다면 상속채권자의 청산신청권은 인정해야
한다.

　　공동상속의 경우 상속인 1인의 단독 신청권을 인정할 것인가? 논
란이 있을 수 있지만 불허함이 타당하다. 공동상속인들의 공유인 상
속재산의 청산은 '공유지분'이 아니라 '공유물 자체'의 청산을 예정하
고 있다.[249] 즉 청산절차가 개시되면 공유물 전체에 대한 관리·처분
권이 관리인에게 이전되어야 한다. 공유물 자체의 처분은 공유자 전
원의 동의가 있어야 가능한 것이 원칙이다(제264조). 상속재산이 채무
초과라서 파산절차를 통해 청산되어야 하는 상황이라면, 상속채권자

　　Die Beschränkung der Erbenhaftung in der Insolvenz(2012), 40.
[249] 물론 이론적으로는 상속재산 분할 전 상속인 1인의 공유지분에 국한한 청산도 상
　　정해볼 수 있다. 그러나 지분만 청산하면 통상 상속채권자에게 불리하고, 상속재
　　산을 둘러싼 법률관계도 복잡해진다. 또한 상속재산을 분할하기 전에는 상속인 1
　　인의 구체적 상속분을 아는 것이 쉽지 않기 때문에 상속인이 유한책임을 부담하
　　는 범위를 특정하기 어렵다. 따라서 굳이 이러한 청산제도를 만들 이유는 없다.

보호를 위해 공유물 처분에 관한 개별 공유자의 동의권을 제한하는 것이 정당화될 수 있다.250) 그러나 이러한 이유가 없음에도 불구하고 상속인 1인이 평시 공동상속재산 청산을 신청할 수 있다고 하면, 상속인 1인의 일방적 의사에 따라 다른 상속인들의 공유물에 대한 처분권이 침해된다.251) 자신이 취득하는 적극재산 한도에서 상속채무를 부담하고자 하는 상속인은— 다른 공동상속인들이 전체 상속재산 청산에 동의하지 않는다면— 그 뜻을 이룰 수 없다. 먼저 상속재산분할을 한 뒤 자신이 취득하는 '개별' 상속재산에 한하여 평시 청산을 하는 것도 허용될 수 없다. 상속채무가 법정상속분에 따라 분할승계되었다면 상속인들은 자신의 고유재산으로도 책임을 부담하는 것이 공평하기 때문이다.252)253) 공동상속인 전원이 청산에 동의하여 평시 상속재산 청산이 이루어지면, 청산 종료 후 남은 재산이 상속재산분할

---

250) 공동상속인 1인이 단순승인하면 다른 공동상속인은 상속재산파산을 신청할 수 없는 나라도 있다(스위스). 그러나 상속재산이 채무초과인 상황에서는 상속채권자 보호를 위해 공동상속인 1인에게 신청권을 부여함이 타당하다(독일).

251) 공동상속인 중 1인에 대하여 법정단순승인 사유가 있더라도, 공동상속인 전원이 동의하면 평시 상속재산 청산은 가능하다고 사료된다. **공유재산에 대한 공유자 전원의 합치된 의사를 우선적으로 존중**할 필요가 있기 때문이다. 상속채권자는 청산 후 미변제 부분에 관하여 법정단순승인 사유가 발생한 공동상속인 1인의 고유재산에 대하여 강제집행을 할 수 있다. 공동상속의 경우 상속인 전원이 공동으로 한정승인을 신청해야 한다는 명문규정을 두고 있는 일본민법 제923조의 해석론과 관련하여 필자와 같은 결론을 취하는 문헌으로 松原正明, 判例先例 相續法 Ⅲ (2008), 180.

252) 협의분할은 상속재산 처분으로서 법정단순승인 사유에 해당하므로(제1026조 제1호) 협의분할 후 상속인들은 더 이상 평시 분리청산을 신청할 수 없다. 재판상 분할의 경우 법정단순승인 사유에 해당하지 않으므로 공동상속인 전원의 신청에 따라 평시 분리청산이 가능하다. 다만 재판상 분할이 완료되기까지 시간이 오래 걸린다면 선택권 행사기한이 이미 도과할 수 있다. 따라서 분할이 완료되기 전에 미리 분리청산을 신청할 필요가 있을 수 있다. 재판상 분할절차 진행 중 평시 분리청산이 신청되었다면 청산을 먼저 거친 후 분할을 진행하는 것이 바람직하다.

253) 상속재산분할이 이루어졌다고 해서 당연히 상속재산 파산을 신청할 수 없는 것은 아니고, 신청기간 등의 요건이 충족되면 신청이 가능하다. 이 경우 '전체' 상속재산을 대상으로 분리청산이 이루어져야 한다. 同旨 양형우(주 4) 457.

의 대상이 된다. **청산절차 진행 도중 협의분할은 물론 재판상 분할도 가능하지 않다. 분할대상 상속재산에 대한 관리·처분권은 관리인에게 전속하기 때문이다.** 공동상속인 전원이 청산에 동의하지 않더라도 상속인들의 고유재산이 채무초과인 경우, 상속채권자의 청산신청권을 인정할 수 있음은 물론이다.[254]

　　한편 공동상속의 경우에도 예외적으로 상속인 1인의 단독 신청권을 인정할 필요가 있을 수 있다. 우선 상속개시 후 공동상속인 중 1인에 대해 파산선고가 있는 경우 그 상속인의 단독신청권을 인정할 필요가 있다.[255] 또한 상속재산 전체로는 채무초과 상태가 아니어서 상속재산 파산절차가 개시될 수 없지만, 특정 상속인 1인에 대해서만 상속소극재산이 상속적극재산을 초과할 수 있다. 가령 공동상속인 중 1인이 피상속인 생전에 특별수익을 많이 받았기 때문에 상속재산분할 후 적극재산을 전혀 취득하지 못할 것이 예상되지만(즉 구체적 상속분은 0이지만), 상속채무는 법정상속분에 따라 분할하여 부담[256]하는 상황이 발생할 수 있다. 이 경우 해당 상속인의 청산신청권을 인정할 필요가 있다.[257]

---

254) **공동상속인 중 1인이 채무초과인 경우에도 상속채권자 보호를 위해 상속채권자의 신청권을 인정**할 필요가 있다.

255) 이 경우 전체 상속재산 청산절차가 종료될 때까지 상속인 1인에 대한 파산절차는 중단하는 것이 바람직하다.

256) "금전채무와 같이 급부의 내용이 가분인 채무가 공동상속된 경우, 이는 상속 개시와 동시에 당연히 법정상속분에 따라 공동상속인에게 분할되어 귀속되는 것이므로, 상속재산 분할의 대상이 될 여지가 없다." 대법원 1997. 6. 24. 선고 97다8809 판결.

257) 이 경우 해당 상속인의 채권자가 상속재산 '전체'에 대한 청산을 신청하는 것도 허용할 필요가 있고, 상속채권자도 — 상속인들의 고유재산이 채무초과가 아니더라도 — 위와 같은 사유를 들어 청산신청을 할 수 있다고 봄이 타당하다. 그러나 현실적으로 상속채권자나 상속인의 채권자가 이러한 사정을 알기는 어렵다. 조심스럽지만 프랑스처럼 공동상속의 경우 상속재산분할 전까지 일률적으로 쌍방향의 재산분리를 관철시키는 입법론(프민 제815 – 17조)을 고민할 필요가 있다. **이 방법이 공동상속에서 상속채권자와 상속인의 채권자를 빈틈없이 보호하는데 가**

상속인 1인의 신청에 의한 청산절차와 상속재산분할절차는 병존하여 진행될 수 없다. 분할대상 상속재산에 대한 관리·처분권은 관리인에게 전속하기 때문이다. 한정승인처럼 **'채무자' 중심의 청산절차가 아니라, '관리인' 중심의 청산절차**(채무자가 관리인인 경우 포함)**를 설계하면 선 청산, 후 분할이라는 바람직한 결론에 자연스럽게 도달할 수 있다.**[258)259)]

장 적합하다. 프랑스 문헌도 위와 같은 문제상황에서 상속채권자는 상속재산분할 전에 권리행사를 할 필요가 있음을 지적하고 있다. Lequette/Brémond(주 104) n°74.

258) 참고로 판례는 "우리 민법이 한정승인 절차가 상속재산분할 절차보다 선행하여야 한다는 명문의 규정을 두고 있지 않고, 공동상속인들 중 일부가 한정승인을 하였다고 하여 상속재산분할이 불가능하다거나 분할로 인하여 공동상속인들 사이에 불공평이 발생한다고 보기 어려우며, 상속재산분할의 대상이 되는 상속재산의 범위에 관하여 공동상속인들 사이에 분쟁이 있을 경우에는 한정승인에 따른 청산절차가 제대로 이루어지지 못할 우려가 있는데 그럴 때에는 상속재산분할청구 절차를 통하여 분할의 대상이 되는 상속재산의 범위를 한꺼번에 확정하는 것이 상속채권자의 보호나 청산절차의 신속한 진행을 위하여 필요하다는 점 등을 고려하면, 한정승인에 따른 청산절차가 종료되지 않은 경우에도 상속재산분할청구가 가능하다."는 입장이다. 대법원 2014. 7. 25.자 2011스226 결정. 참고로 우리나라처럼 채무자가 주도하는 청산절차인 한정승인 제도를 두고 있는 프랑스는, 공동상속인 1인에 의한 한정승인을 인정하고 이 경우 단순승인을 한 상속인을 포함하여 전체 상속인에게 한정승인의 효력이 미친다고 보면서, 한정승인절차와 상속재산분할절차의 병존 가능성을 명문으로 긍정한다(프민 제792-2조 제1, 2항).

　이 판례에 반대하는 견해로는 윤진수(주 1) 344-345["한정승인을 한 상속인은 상속채무를 변제하기 위한 것이 아니면 원칙적으로 상속재산에 대하여 처분할 권한이 없다고 보아야 할 뿐만 아니라, 청산이 완료되기 전에도 상속재산분할이 이루어지면 단순승인이 의제되어 한정승인의 효과가 소멸하는데(제1026조 제3호), 이는 한정승인의 효과를 한정승인을 하지 않은 다른 상속인들이 뒤집는 것을 허용하는 것이 되어, 일부 상속인만이 한정승인을 할 수 있도록 한 민법의 취지에 어긋난다."]

　한정승인과 같은 '채무자' 주도의 청산절차가 아니라 '관리인' 주도의 청산절차가 도입되면, 위와 같은 복잡한 논의의 필요성은 사라지고 문제는 간명하게 해결된다.

259) 민법이 한정승인 절차 진행 도중 상속재산관리에 관하여 **상속인 고유재산에 대한 것과 동일한 주의의무**를 지우는 것(제1040조 제3항, 제1022조. 일본민법 제918조 제1항도 마찬가지임)도 한정승인이 '채무자 중심'의 청산절차인 것과 관련이 있

(2) 청산명령의 효력

청산신청이 이유 있어 법원이 상속재산 청산명령을 발령한 후의 법률관계는 기본적으로 파산선고 후 법률관계와 동일하다. 청산명령 발령 후 상속재산과 상속인의 고유재산은 완전히 분리된다('쌍방향의 완전한 재산분리'). 파산선고시부터 파산의 효력 — 파산재단에 대한 채무자의 관리처분권 상실, 파산재단에 속한 재산에 대한 강제집행 및 보전처분의 실효(채무자회생법 제348조) 등 — 이 발생하는 것처럼(채무자회생법 제311조), 청산명령도 발령시에 효력이 발생한다. 현행 재산분리 제도하에서는 상속재산이 부동산인 경우 재산분리 등기를 해야만 재산분리의 효과가 발생한다(제1049조). 그러나 파산절차의 경우 파산재단에 속한 부동산에 대하여 파산선고 사실이 등기되지 않아도 파산선고 후 채무자는 처분권을 상실하고, 파산선고 후 등기부를 믿고 채무자로부터 부동산을 매수한 자의 신뢰는 보호되지 않는다(채무자회생법 제329조). 채무자회생법 제331조 제1항 단서에 해당하는 경우 예외적으로 선의의 거래상대방의 신뢰가 보호될 수 있다. 법원의 청산명령에 의해 평시 상속재산 청산이 이루어지는 경우도 마찬가지이다. 법원은 청산명령 발령과 동시에 관리인을 선임해야 하고(채무자회생법 제312조 제1항 참조), 관리인은 상속재산에 대한 관리·처분권을 가지며,[260] 상속재산의 공평한 청산을 수행할 의무가 있다. 절차진행

다. 참고로 프랑스 민법은 한정승인을 한 상속인은 상속재산 관리에 관하여 중대한 과책(des fautes graves)이 있는 경우 책임을 부담한다고 규정한다(프민 제800조 제2항). 이러한 주의의무는 파산관재인이 부담하는 선관주의 의무(채무자회생법 제361조 제1항)보다 낮은 수준의 것이다. 그러나 이러한 규율태도가 바람직한지는 의문이다.

[260] 법원의 명령에 의해 관리인이 선임되면 종전 상속재산관리인(제1023조 제2항)의 권한도 관리인에게 전속한다고 봄이 타당하다. 유언집행자의 경우 그의 임무가 상속재산의 관리처분에 국한된 것은 아니고(가령 친생부인의 소 제기. 민법 제850조), 자유재산의 관리·처분권을 유언집행자가 가질 수도 있으므로 관리인과 유언집행자는 병존할 수 있다. 同旨 양형우(주 4) 469; Stefan Lissner, "Am

도중 상속재산이 채무초과인 것이 밝혀졌다면 관리인은 지체없이 파산신청을 해야 한다(민법 제93조 제1항, 채무자회생법 제299조 제2항 참조). 청산명령 발령 전에 상속재산에 관하여 법원에 계속되어 있는 소송의 수계문제는 채무자회생법 제347조(파산재단에 속하는 재산에 관한 소송수계)를 참고하여 정하면 된다.

청산명령 효력발생 후 상속인의 채권자가 상속재산에 대하여 강제집행을 개시한다면 그 강제집행은 효력이 없다. 이는 상속재산 파산의 경우에도 마찬가지이다.[261]

청산절차가 개시되었더라도 상속채무의 이행지체 책임이 중단 또는 면제될 수 없다(그러나 파산절차의 경우 다르게 볼 여지가 있다). 즉, 이미 발생한 이행지체 책임은 계속되고, 청산절차 개시 후 비로소 변제기가 도래하였다면 그 다음날부터 이행지체 책임이 발생한다.

(3) 청산절차와 방법

채권자에 대한 공고 및 최고 절차, 배당변제 절차, 변제의 순서 등은 현행 한정승인 제도와 그 해석론, 채무자회생법상 관련조문을 참고하여 설계할 수 있다. 상속채권자는 유증채권자보다 우선권이 있고, 신고하지 않아 배당절차에서 제외된 채권자는 상속재산이 남아 있는 한도에서 변제받을 수 있다(제1039조 본문).[262] 청산절차가 종료

Ende blieben nur die Schulden", ZinsO43(2017), 2260. 변희찬, "유언집행자", 재판자료78(1998), 427-428은 상속재산에 관하여 파산이 선고되면 유증목적물을 포함한 상속재산 전부에 관한 관리처분권한이 파산관재인에게 전속하므로 유언집행자의 권한은 정지된다고 하는데, 항상 그렇지는 않을 것이다.

261) 상속채권자가 상속인의 고유재산에 대하여 강제집행을 시도하는 경우는 어떠한가? 청산명령 발령 전이더라도 상속인이 선택권을 행사할 수 있는 기간 동안에는 상속채권자가 상속인에 대한 집행권원을 취득하지 못하게 함이 바람직하다(본문 Ⅳ. 5. 참조). 청산명령 발령 후에는 상속인에 대한 소송절차를 관리인이 수계하므로 청산명령 이후 상속채권자가 '상속인'에 대한 집행권원을 가지고 상속인의 고유재산에 대하여 강제집행을 개시하는 상황은 상정하기 어렵다.

262) 입법론으로는 미신고 채권을 면책시켜 자연채권으로 만드는 방법도 생각해 볼 수 있다. 그러나 **상속재산이 남아있음에도 불구하고 미신고를 이유로 채권만족을 얻지**

하지 않은 상황이라면 재산분리 효과가 유지되므로 남은 상속재산에 대해 상속인의 채권자가 강제집행을 할 수 없고, 따라서 신고하지 않은 상속채권자도 상속인의 채권자보다 우선한다.[263)

청산절차 종료 후 관리인이 잔존 상속재산을 상속인에게 인도한 뒤 신고하지 않은 채권자가 비로소 권리를 주장하는 경우는 어떻게 처리해야 하는가? 상속재산에 대해서는 신고하지 않은 상속채권자와 상속인의 채권자가 동순위에 놓이고, 상속인의 고유재산에 대해서는 신고하지 않은 상속채권자가 이를 책임재산으로 삼을 수 없다. 상속재산과 상속인의 고유재산이 이미 혼화된 뒤에 비로소 나타난 상속채권자는 더 이상 권리를 행사할 수 없다고 봄이 간명하다.[264)

청산절차 종료 후 비로소 새로운 상속재산이 발견된 경우는 어떠한가? 일단 청산절차가 종료하였으므로 재산분리의 효력은 유지될 수 없고, 상속재산과 상속인의 고유재산에 대하여 상속채권자와 상속인의 채권자가 동순위에 놓이며, 상속재산 분리를 원하는 상속인이나 상속채권자 등은 새롭게 평시 상속재산의 청산을 신청해야 한다는 견

못하는 것은 가혹하지 않을까?

263) 평시 상속재산 청산절차에서 상속인의 채권자가 후순위로 배당절차에 참여할 수는 없다. 상속인의 채권자는 "잉여금에 대한 상속인의 권리"에 대하여 강제집행을 할 수 있을 뿐이다. 그러나 한정승인 제도 하에서 상속채권자에게 배당하고 남은 잉여금은 해당 절차에서 한정승인자에게 교부하면 안되고, 상속인의 고유채권자에게 배당해야 한다는 견해로는 민동근, "한정승인의 민사집행절차에 미치는 영향", 민사집행법연구13(2017), 356(상속인의 고유채권자의 후순위 배당참가를 허용하는 취지이다).

264) 한정승인 절차에서 비슷한 취지의 견해로는 박광천(주 2) 61. 이에 대하여 신고하지 않은 상속채권자의 권리행사를 막는 것은 타당하지 않다는 반론으로는 임영수(주 3) 277. 현행법 해석론으로는 후자의 견해도 일리가 있다. 그러나 입법론으로는 이러한 상황에서까지 미신고 상속채권자를 보호할 필요는 없다고 생각한다(미신고 상속채권자의 권리행사를 인정한다면 어떠한 한도에서 그 권리를 인정할 것인지도 쉽지 않은 문제이다. 가령 금액유한책임을 인정할 것인가? 금액유한책임을 인정한다면 그 금액은 어떻게 산정할 것인가?). 입법으로 이 경우 미신고 상속채권자의 권리를 자연채권으로 만드는 것이 타당하다.

해가 있을 수 있다(1설). 이에 반해 종전 재산분리의 효력이 그대로 유지되므로 종전 절차에서 적법하게 신고하여 배당받을 수 있었던 상속채권자는 해당 상속재산에 대하여 — 별도의 상속재산 청산절차가 개시되지 않더라도 — 상속인의 채권자보다 우선하여 변제받을 수 있다는 견해도 생각할 수 있다(2설). 청산절차가 적법하게 종료한 이상 1설이 일응 타당해 보인다. 그러나 필자는 청산절차가 종료하더라도 상속인의 고유재산에 관한 상속인의 채권자의 우선권이 유지되어야 한다는 입장이므로('쌍방향의 완전한 재산분리'), 상속재산에 대한 상속채권자의 우선권도 계속 유지되는 것이 균형이 맞다고 생각한다.[265] 2설에 찬동하고 이 또한 명문 규정을 둘 필요가 있다.

4. 현행 상속재산 파산제도의 보완

가. 상속인의 채권자에게 신청권을 인정할 것인지

상속인의 채권자에게 상속재산 파산 신청권을 부여하는 입법례는 찾기 어렵다. 그런데 우리 민법은 특이하게도[266] 상속인의 채권자에게 재산분리 신청권을 인정한다. 이는 상속인이 단순승인을 함으로써 상속인의 책임재산이 채무초과 상태가 되거나 채무초과 상태가 심화되는 것을 막기 위한 수단을 상속인의 채권자에게 부여한 것이다. 이러한 입법태도는 수긍할 수 있다. 단순승인을 원칙적 상속형태로 보더라도 상속재산이나 상속인의 고유재산이 채무초과 상태인 경우 두 재산이 가급적 용이하게 분리·청산될 수 있도록 제도를 설계함이 타당하다(제3명제). 이러한 견해에 대해서는 채무자인 상속인의 자유로

---

265) 상속재산관리에 관한 독일의 통설이기도 하다. 본문 Ⅲ. 1. 다. 참조.

266) 상속인의 채권자에게 재산분리 신청을 허용하는 나라는 일본(일민 제950조), 프랑스(프민 제878조 제2항)가 있다. 그러나 프랑스는 상속재산과 상속인의 재산 전체의 분리를 청구할 권리는 인정하지 않고, 개별 재산에 대해 특정 채권자의 이익 보호를 위해 필요한 한도에서 '우선권'을 인정하는 방식을 취한다. 본문 Ⅲ. 2. 다. 참조.

운 의사결정으로 인해 그의 책임재산에 변동이 생기는 것은 상속인의 일반채권자가 감수해야 할 위험에 해당한다는 반론이 가능하다. 그러나 채무자의 법률행위의 자유가 무제한 인정될 수는 없고, 일반채권자의 이익보호를 위해 제한될 수도 있다(가령, 채권자취소권). 비슷한 맥락에서 필자는 상속인의 상속포기도 채권자취소의 대상이 될 수 있어야 한다고 생각한다.267) 상속인의 채권자에게 재산분리 신청권을 인정한 현행법의 타당성을 긍정한다면, 한정승인과 재산분리 제도를 통합하여 평시 상속재산 청산제도를 마련함과 동시에, **상속인의 채권자에게도 상속재산 파산 신청권을 인정**함이 타당하다.268) 상속재산이 채무초과 상태인 경우 상속인의 채권자가 재산분리 효과를 누릴 기회를 부여해야 한다. 학설 중에는 채무자회생법 제444조에 따라 상속인에 대하여 파산선고가 있으면 재산분리의 효력이 달성되므로, 상속인의 채권자에게 민법상 재산분리 신청권을 추가로 인정할 실익이 낮다는 견해도 있다.269) 그런데 상속인에 대하여 파산선고가 이루어지려면, 상속인은 '파산선고 시점'에서 채무초과 상태 등에 놓여 있어야 한다. 아직 상속인이 채무초과 상태에 빠지지 않았다면, 채무초과 상태가 심각한 상속재산에 관해 장차 단순승인을 함으로써 비로소 상속인이 채무초과 상태에 빠질 위험이 있다고 해서 상속인에 대한 파산선고가 이루어질 수는 없다. 이 경우 상속인의 채권자가 상속인에 대하여 파산신청을 하더라도 그 신청은 기각될 것이다. 이러한 공백을 메운다는 점에서 상속인의 채권자에게 상속재산 파산신청권을 부여할 실익이 있다.

　　다만 상속인의 채권자에게 상속인의 책임재산에 간섭할 수 있는

---

267) 그러나 판례는 이를 부정한다. 대법원 2011. 6. 9. 선고 2011다29307 판결.

268) 현행 재산분리 제도 하에서 공동상속인 중 1인에 대한 채권자도 재산분리를 청구할 수 있으므로, 이러한 채권자는 상속재산 전체에 대해 파산신청을 할 수 있다고 보아야 한다.

269) 이성보(주 4) 147.

권한을 부여하는 대신, 상속인에게 자신의 고유재산을 통한 변제나 담보제공 등으로 재산분리 청구를 저지할 권한을 부여함이 균형에 맞다.270)

나. 간이한 절차의 필요성

채무초과 상속재산의 청산을 상속재산 파산절차로 일원화할 경우, 상속재산 파산사건 대다수를 차지할 것으로 예상되는 소액사건(적극재산 가액이 크지 않고, 권리관계가 복잡하지 않은 사건)을 신속·간편하고 저렴하게 처리할 수 있는 파산절차를 마련할 필요가 있다(제5명제). 현행 채무자회생법은 파산재단에 속하는 재산액이 5억 원 미만인 경우 간이파산 제도를 마련하고 있지만(채무자회생법 제549조 내지 제555조), 간이파산 제도는 상속재산 파산을 위한 맞춤형 제도가 아니다. 다른 절차비용도 마찬가지이지만 특히 상속재산 파산절차에서 소요되는 비용은 국가가 이를 최소화하기 위해 노력할 필요성이 크다. 그 이유는 다음과 같다. ① 상속재산 청산은 상속인이 부존재하는 경우에도 이루어지고(제1056조) 청산 후 잔존 상속재산은 국가에 귀속되므로(제1058조) 청산절차 비용을 최소화하는 것이 국가에게도 도움이 된다.271) ② 파산신청시 파산절차비용의 예납이 필요하고, 만약 이 비용이 과도하면 고유재산으로 비용을 예납한 상속인은 상속재산 파산절차 진행과정에서 이 비용조차 환수하지 못할 수 있다. 이런 상황에 놓인 대부분의 상속인은 상속재산 파산을 신청하기보다 상속을 포

---

270) 일본민법 제949조는 "상속인은 그 고유재산을 가지고 상속채권자 또는 수증자에 변제를 하거나 이에 상당한 담보를 제공하고, 재산분리의 청구를 방지하거나 그 효력을 소멸하게 할 수 있다. 그러나 상속인의 채권자가 이에 의하여 손해를 입을 것을 증명하고 이의를 진술한 때에는 그러하지 아니하다."고 규정하고 있다.

271) 1인 가구 증가에 따라 상속인 부존재로 상속재산이 국고로 들어오는 사례는 점차 증가할 것으로 예상된다. 일본의 경우 상속인부존재로 인해 국고로 귀속된 상속재산 가액이 2017년 500억 엔(5,424억 원)에 이른다고 한다. http://news.donga.com/Main/3/all/20190108/93600666/1.

기할 것이고, 모든 상속인이 상속을 포기하면 해당 상속재산은 상속인부존재로 인해 국가에 의해 청산될 수밖에 없다. 그런데 **민법**(제1053조 내지 제1059조)**은 상속적극재산으로 절차비용을 충당할 수 없다는 이유로 국가가 청산절차 진행을 생략할 수 있는 예외를 마련하고 있지 않다.**[272] 따라서 국가는 저비용·고효율의 상속재산 청산절차를 마련해야 한다.

간이한 절차는 어떤 모습을 띠는 것이 바람직한가? 우선 상속인 자신을 파산관재인으로 선임하는 방법을 생각해 볼 수 있다(퀘벡주 민법). 현행법 하에서도 이러한 파산관재인 선임이 불가능하지 않다. 그러나 상속인이 상속채권자의 이익을 위해 열심히 활동할 인센티브는 크지 않다. 개인 또는 법인 파산절차에서 채무자 본인을 파산관재인으로 선임하는 것이 부적절한 것처럼, 상속재산 파산절차에서도 상속인을 파산관재인으로 선임하는 것은 부적절하다. 인터넷 또는 전자소송 제도 등을 활용해 절차진행에 드는 비용과 시간을 줄이고, 상속재산 매각 및 배당절차를 간이화하는 방안을 모색함이 타당하다.[273]

상속적극재산으로 파산절차 비용도 충당하기 어려운 경우 독일처럼 궁핍의 항변권을 인정하여 상속인이 재산분리의 효력을 누리게 할 것인가? 그러나 궁핍의 항변권은 공시가 전혀 없는 상태에서 책임재산 분리효를 인정하는 것으로서 굳이 이러한 제도를 우리법에 도입할 필요는 없다. **궁핍의 항변권을 인정하면 문제가 있어 폐지한 한정승인**

---

272) 상속인 부존재시 국가가 '상속인'이 된다고 보면(가령 독민 제1936조, 제1964조, 스민 제466조), 국가도 채무자회생법 규정에 따라 파산신청을 할 수 있고 파산재단으로 절차비용을 충당하기에 부족한 경우 파산선고와 동시에 파산폐지 결정이 이루어질 수 있다(채무자회생법 제317조 제1항). 독일의 상속재산 파산신청은 일반적으로 최종상속인인 국가에 의해 이루어진다는 지적으로는 Lissner(주 260) 2256. 그러나 우리 민법상 국가는 상속인 지위에서 상속재산을 청산하는 것이 아니다.

273) 간이한 상속재산 파산절차의 구체적 내용에 관한 연구는 다음을 기약하기로 한다.

제도를 뒷문으로 슬그머니 들여놓는 것과 다를 바 없다. 간이파산절차를 마련해 절차비용을 최소화하고, 파산신청인이 채권자가 아닌 경우 파산절차 비용을 국고에서 가지급할 수 있다는 채무자회생법 제304조의 파산절차비용 가지급 제도를 적극 활용하며,274) 파산선고와 동시에 하는 파산폐지(채무자회생법 제317조)를 활용함이 타당하다.

비용부족으로 동시폐지(채무자회생법 제317조) 또는 이시폐지(채무자회생법 제545조)가 이루어진 경우 파산선고에 따른 재산분리의 효력은 어떻게 되는가? 명문의 규정은 없지만 **비용부족으로 상속재산 파산절차가 폐지된 경우에도 재산분리의 효력은 유지된다**고 봄이 타당하다.275) 즉 이 경우에도 상속채권자와 유증채권자는 상속재산에 대해서만 강제집행을 할 수 있고, 상속인의 채권자는 상속재산에 대해서 강제집행을 할 수 없다.276) 이 경우 상속채권자는 '상속인'에 대한 확정판결을 받아 상속재산에 강제집행을 해야 한다. 상속인이 상속을 포기하지 않았으므로 상속인이 상속채무자인 것 자체는 부정할 수 없고 따라서 상속인에 대한 소제기 자체를 막을 수는 없다. 이처럼 상속채권자의 상속인에 대한 소제기를 허용한다면, 그 소송절차에서 상속인은 굳이 파산선고 사실을 밝힐 필요가 없고, 판결주문에 책임유보가 명시될 필요도 없으며, 상속인에 대한 확정판결을 근거로 상속채권자는 오로지 상속재산에 대해서만 강제집행을 할 수 있다고 봄이

---

274) 어차피 이러한 상속재산은 상속인 부존재로 인해 국가가 청산할 수 있었던 재산이므로 국가가 절차비용 가지급에 인색할 이유가 없다.

275) 이에 관해 명문의 규정을 두고, 파산선고에 따른 공시가 계속 유지되도록 입법조치를 취하는 것이 바람직함은 물론이다.

276) 통상의 파산절차와 달리 상속재산 파산의 경우 파산폐지 후 면책절차로 나아갈 이유가 없음은 물론이다. 그러나 이미 피상속인에 대하여 파산절차가 진행되어 면책결정까지 확정된 상태에서 피상속인이 사망하였다면, 상속채권자들은 자연채권자가 되므로 더 이상 강제집행을 할 수 없다. 면책절차 진행 중 피상속인이 사망하였다면 면책절차는 종료된다고 보아야 한다.

타당하다.[277)278)] 상속재산 파산절차가 이미 종료하였음에도 불구하고 상속인에게 응소부담을 지운다면 상속인에게 지나치게 가혹할 수 있고, 상속채권자 입장에서도 상속재산이 새롭게 발견되지 않는 한 집행권원을 취득할 실익이 많지 않다. 그러나 상속재산이 추가로 발견되는 상황에 대비하여 시효중단의 목적으로 상속채권자가 소를 제기하는 것을 막는 것도 타당하다고 볼 수 없다. 따라서 **상속재산 파산절차 종료 후 상속채권자에 대한 상속인의 채무를 면책시키는 것, 즉 상속채권자의 소제기 자체를 금지하는 견해[279)]는 타당하지 않다**고 사료된다.[280)] 다만 전부 승소한 상속채권자에게 소송비용을 부담시키는 방

---

277) 다만 이 부분에 관해서는 — 한정승인의 절차법 또는 집행법적 효력에 관한 복잡다단한 논란과 마찬가지로 — 여러 견해가 대립할 수 있다. 우선 송인권(주 2) 193 이하 참조.

278) 상속채권자가 확정판결을 근거로 상속인의 고유재산에 대하여 강제집행을 한다면 상속인은 제3자이의의 소를 제기하여 이를 저지할 수 있다고 봄이 타당하다. 상속재산에 대한 파산선고가 이루어졌음에도 불구하고, — 또한 파산선고에 따른 공시가 이루어졌음에도 불구하고 — 상속인에게 소송절차에서 항변권을 행사할 의무를 부과하고 상속인이 항변을 하지 않아 무유보부 이행판결이 선고되었다고 해서 상속인의 고유재산에 대한 강제집행을 허용하는 것은 지나치다.

　비슷한 맥락에서 공적목록부 승인 후 특정 상속채권자에 대하여 물적책임제한을 누리고자 하는 상속인의 경우에도, 그 상속채권자가 상속인에 대하여 이행청구의 소를 제기하였다고 해서 상속인에게 항변할 의무를 부과하는 것은 타당하지 않다고 생각한다.

279) 김주미(주 4) 351 – 352.

280) 이와 별도로 생각해 볼 문제는 파산절차에서 미신고한 채권자의 권리를 자연채권으로 만들거나 실체법상 소멸(프민 제792조 제2항, 스민 제590조 제1항)시킬 것인지 여부이다. 채무자회생법 제537조는 미신고 채권자도 배당완료 후 잔여재산에 대하여 권리를 행사할 수 있다고 규정한다. 일본 구 파산법 제289조는 이와 비슷한 내용을 규정하고 있었는데, 일반 파산절차에서 미신고채권자는 잔여재산에 대하여 권리를 행사할 수 없는 점을 고려하여 위 조항은 삭제되었다. 条解破産法 2版(2016), 1476 – 1477. 절차의 안정성을 강조하면 이러한 입장도 충분히 생각해 볼 수 있다. 그러나 상속재산이 남아있음에도 불구하고 상속채권자가 그로부터 만족을 얻지 못하는 것은 가혹하지 않은가? 미신고 상속채권자에게는 신고 상속채권자보다 후순위라는 불이익만 주면 충분하지 않을까? 상속재산이 상속인의 고유재산과 혼화된 뒤 비로소 나타난 미신고 상속채권자의 권리행사만 금지하면 충분하지 않을까?

법은 생각해 볼 수 있다.

상속재산 파산절차가 배당절차까지 마치고 종료한 뒤 새로운 상속 재산이 발견된 경우, 해당 상속재산에 대해 — 별도의 파산선고 없이도 — 여전히 책임재산 분리의 효력이 유지된다고 봄이 타당하다(독민 제1989조, 퀘민 제823조 제1, 2항). 따라서 종전 파산절차에서 신고한 채권자의 잔존채권이 미신고채권보다 먼저 변제받는다.

다. 상속인이 상속채권자에 대하여 무한책임을 부담하는 경우

상속인에게 (법정)단순승인 사유가 발생한 경우 법률관계는 어떠한가? 상속인은 상속채권자에게 무한책임을 부담하지만 상속재산에 대한 상속채권자의 우선권, 즉 책임재산 분리효는 유지된다고 봄이 타당하다.

문제는 상속인의 고유재산에 대한 상속채권자와 상속인의 채권자 사이의 관계이다. 현행법 해석론으로는 상속인에 대하여 파산선고가 있는 경우에만 상속인의 고유재산에 대해서 상속인의 채권자가 앞서게 되고(채무자회생법 제445조), 그렇지 않으면 상속채권자와 상속인의 채권자는 동순위에 놓인다. 그러나 상속인에 대한 파산선고가 없더라도 **상속재산 파산이 선고되어 그에 따라 청산절차가 진행되었다는 이유만으로 상속인의 고유재산에 대한 상속인의 채권자의 우선권은 관철된다**고 구성함이 간명하다(제4명제, 퀘민 제782조 제2항[281])). 상속인이 단순승인하였다고 해서 그로 인한 불이익을 상속인의 채권자가 입을 이유는 없다. 채무자회생법 제385조는 파산선고 전에 채무자를

---

281) 다만 퀘벡주 민법은 상속인의 고유재산에 대한 우선순위에 관하여 상속개시 전 상속인의 채권자(A)는 상속채권자(B)보다 앞서고 상속개시 후 상속인의 채권자(C)는 상속채권자와 동순위라고 규정하고 있다. 그러나 우리법상 A와 C는 일반 채권자로서 동순위이고 책임재산의 범위에 관하여 이들 사이에 차등을 둘 합리적 이유가 없다. 현행 재산분리 제도의 해석론으로도 상속재산분리를 신청할 수 있는 상속인의 채권자에는 상속개시 전 채권자뿐만 아니라 상속개시 후 새로 채권을 취득한 자가 포함된다. 이성보(주 4) 147.

위하여 상속개시가 있는 경우 채무자가 파산선고 후에 한 단순승인은 파산재단에 대하여 한정승인의 효력을 가진다고 한다. 이는 상속인의 고유채권자의 이익을 위해 — '상속재산 파산절차'가 별도로 개시되지 않더라도 — '자동적으로 재산분리 효력'을 인정하는 것이다. 상속인에 대한 파산선고의 경우 이처럼 자동적으로 재산분리의 효력을 관철시킨다면, 상속재산 파산의 경우에도 마찬가지로 봄이 균형에 맞다.

라. 기타 개선이 필요한 사항들

(1) 신청사유 확대

채무자회생법상 보통의 파산원인은 지급불능이고(채무자회생법 제305조 제1항), 법인은 채무초과의 경우에도 파산신청을 할 수 있다(채무자회생법 제306조 제1항). 그런데 우리 채무자회생법은 일본 파산법과 마찬가지로 채무초과만 상속재산 파산신청 원인이다. 그러나 상속재산 파산의 경우 채무초과와 지급불능 모두 파산신청 사유로 보아야 한다. 상속재산 전체가 하나의 영업을 구성하는 경우 지급불능 상황을 충분히 상정할 수 있기 때문이다. 이 점에 관하여 채무자회생법에 명확히 규정할 필요가 있다(독일도산법 제320조 제1문, 오스트리아 도산법 제66조 제1항, 제67조 제1항 참조).[282]

(2) 신청기간 연장

현행 채무자회생법에 따르면 "상속재산에 대하여는 민법 제1045

---

[282] 同旨 양형우(주 4) 482{독일 도산법처럼 지급불능 우려(die drohende Zahlungs-unfähigkeit)의 경우에도 신청원인에 포함시키는 것을 검토할 필요가 있다고 한다. 그런데 도산절차 일반에 관하여 채무자가 신청하는 경우 지급불능 우려가 신청원인에 해당하는 독일도산법 제18조와 달리 우리 채무자회생법의 경우 지급불능 우려는 파산신청 원인에 해당하지 않는다. 이러한 차이를 고려한 신중한 검토가 필요하다고 사료된다}; 山本和彦(주 59) 170. 나아가 상속재산의 '회생절차'도 입법론으로 검토할 필요가 있다.

조(상속재산의 분리청구권)의 규정에 의하여 재산의 분리를 청구할 수 있는 기간에 한하여 파산신청을 할 수 있다."(채무자회생법 제300조 본문). 민법 제1045조 제2항까지 아울러 참작하면 결과적으로 파산신청 기간은 상속인이 상속개시를 안 날로부터 3개월이다.[283]

　① 독일의 경우 상속채권자는 상속승인 후 2년까지 상속재산 도산을 신청할 수 있고(독일도산법 제319조),[284] 상속인 등 그 밖의 신청권자는 신청기간의 제한이 없다.[285] ② 일본의 경우 상속인의 채권자는 상속인이 한정승인을 할 수 있는 기간 또는 상속재산과 상속인의 고유재산이 혼합되지 않은 기간 동안 재산분리를 신청할 수 있고(일민 제950조 제1항), 상속채권자나 수유자는 상속개시시점부터 3개월 이내 또는 그 이후라도 상속재산과 상속인의 고유재산이 혼합되지 않은 기간 동안 재산분리를 신청할 수 있다(일민 제941조 제1항). 그러나 우리 민법상 재산분리 기간은 이보다 짧다(제1045조). ③ 프랑스의 경우 상속재산이 동산인 경우 상속개시 후 2년 내에 우선권을 주장할 수 있지만(프민 제881조 제1항), 상속재산이 부동산인 경우 그 부동산이 상속인 소유인 한(entre les mains de l'héritier) 우선권을 주장할 수 있다(프민 제881조 제2항). 다만 상속개시일부터 4개월 이내에 우선권이 등기되지 않으면 그 등기시점을 기준으로 우선권을 누리고, 4개월 이내에 우선권이 등기되면 상속개시시로 소급하여 우선권을 누린다. ④ 오스트리아의 경우 법원의 재판에 의한 점유이전(Einantwortung) 전이라면, 상속재산 분리를 신청할 수 있고(오민 제812조 제1항) 상속재산

---

283) 본문 Ⅳ. 3. 가. 참조.
284) 상속승인 후 일정기간이 지나면 상속재산과 상속인의 고유재산이 혼합되어 이들을 다시 분리시키기 어렵다는 점을 고려한 규정이다. Kübler/Prütting/Bork InsO(2017)/Holzer §319 Rn.1.
285) 위 기간이 지나 상속인에 의해 상속재산 도산절차가 개시된 경우, 상속채권자가 도산절차에 참가할 수 있음은 물론이다. Kübler/Prütting/Bork InsO(2017)/Holzer §319 Rn.1.

파산도 신청할 수 있다.[286] ⑤ 스위스의 경우 상속채권자는 상속개시 시점부터 3개월 이내에 파산관청에 의한 청산을 신청할 수 있고, 상속인의 경우— 다른 공동상속인 1인이 상속을 승인하지 않는 한— 파산신청 기간에 제한이 없다.

외국 입법례에 비추어 우리나라는 상속재산파산을 신청할 수 있는 기간이 지나치게 짧다고 사료된다. 상속인, 상속채권자, 상속인의 채권자 모두에 대하여 그 기간을 연장하는 방안(ex. 상속인의 경우 상속재산과 상속인의 고유재산이 혼합되기 전까지, 상속채권자나 상속인의 채권자의 경우 상속인이 상속개시를 안 날부터 3개월까지 또는 상속재산과 상속인의 고유재산이 혼합되기 전까지)을 고민해 볼 필요가 있다.

(3) 상속인에 대한 파산선고가 이루어진 경우

(가) 상속인에 대한 파산절차 개시 후 피상속인이 사망한 경우 상속채권자는 상속인의 파산절차에서 파산채권자로서 권리를 행사할 수 있는가? 상속적극재산은 신득(新得)재산이어서 파산재단에 속하지 않는다(고정주의). 상속채권도 상속인에 대한 파산절차에서 파산채권에 해당한다고 볼 수 없다. 이 경우 자동적으로 재산분리의 효과가 발생하고, 상속채권자들은 상속재산에 대해서만 강제집행을 할 수 있게 된다. 그런데 상속인에 대한 개인회생절차 개시 후 피상속인이 사망하면, 개인회생절차 진행 중에 채무자가 취득한 재산은 개인회생재단에 포함되므로(채무자회생법 제580조 제1항 제2호) 상속재산은 개인회생재단에 속한다(팽창주의). 그렇다면 상속채무도 — **비록 개인회생채무자가 개인회생절차 개시 후에 취득한 것이지만** — 개인회생채무로 보고 변제계획을 새로 짜는 것이 균형에 맞다. 이에 관해서는 채무자회생법에 명문규정을 둘 필요가 있다.[287][288] 이 경우 상속채권자는 평시

---

286) 본문 Ⅲ. 4. 라. 참조.
287) Fischinger(주 248) 46–65, 165–166.
288) 개인회생계획에 따른 변제가 완료되고 상속인에 대한 면책절차 진행 중 상속이

상속재산 청산을 신청할 수 있을 것이다. 나아가 변제계획을 새로 짜면서 상속채권자를 상속인의 채권자보다 우대하는 방안도 고민해 볼 필요가 있다.

   (나) 상속인에 대한 파산선고가 이루어진 경우, 상속채권자와 상속인의 채권자는 모두 상속인의 파산재단에 대한 파산채권자이다. 다만 상속재산 파산신청기간 내의 신청에 의해 상속인에게 파산선고가 이루어진 경우에는, 두 파산채권자 사이에 상속인의 채권자가 우선하고, 상속재산에 대해서는 상속채권자가 우선한다(채무자회생법 제444조). **유언집행자가 있는 경우** 유언집행자의 관리·처분권이 미치는 상속재산에 대해서는 상속채권자가 앞서고, 상속인의 재산에 대해서는 상속채권자와 상속인의 채권자를 동순위로 보아야 한다(상속재산 파산 신청 기간이 지난 경우).[289] 상속인에 대한 파산절차 진행 중 상속재산 파산(또는 평시 상속재산 청산)절차가 진행되어 상속채권자가 일부 변제를 받았더라도, 이 변제액수를 고려하지 않고 상속채권자는 상속인에 대한 파산선고 시점 채권액 전액으로 상속인에 대한 파산절차에 ── **그러나 상속인의 채권자보다 후순위로** ── 참가할 수 있다(현존액주의.

   일어났다면, 상속채권자는 파산채권자로 볼 수 없고 상속재산과 상속인의 재산은 분리되며 상속채권자는 상속재산으로부터만 변제받을 수 있다고 봄이 타당하다. Fischinger(주 248) 65-71 참조.

289) 독일의 법상황도 대체로 비슷하다. A. Joannidis/C. Weiß, "Das Nachlass-insolvenzverfahren: Erbrecht für Insolvenzverwalter?", ZinsO38(2016), 1889-1890; Fischinger(주 248) 124-125(다만 상속채권자는 상속재산으로 우선권을 누리는 범위를 초과한 부분에 대해서만 파산채권자로서 권리를 행사할 수 있다). 이 경우 파산관재인이 아니라 유언집행자가 상속재산을 환가할 수 있다는 것이 독일의 다수설, 판례이다. 이러한 결론은 독일민법 제2214조가 상속인의 채권자는 유언집행자의 관리·처분권이 미치는 상속재산에 강제집행을 할 수 없다고 명시적으로 규정하고 있기 때문에 자연스럽게 도출될 수 있다. 비록 우리 민법에 이러한 규정은 없지만 마찬가지로 보아야 한다.

일본 파산법 제241조 제1항).[290][291] 이에 관해서는 채무자회생법에 명문규정을 둠이 바람직하다.

5. 소송법적·집행법적 문제

(1) 집행권원 취득·강제집행 금지

평시 또는 파산절차에서 상속재산 청산이 이루어지는 경우, 상속채권자나 상속인의 채권자의 상속재산에 대한 개별집행이 허용되지 않음은 물론이다. 상속재산의 공평하고 효율적 청산을 위해서는 **상속인이 선택권을 행사할 수 있는 기간 동안**에도 ① 상속채권자의 상속인에 대한 집행권원 취득 제한, ② 상속인의 채권자의 상속재산에 대한 강제집행의 제한 등을 고민할 필요가 있다.

현행 민법에도 이와 비슷한 취지의 제도가 있다. 민법 제1051조 제1항에 따르면 상속채권자나 상속인의 채권자가 재산분리를 신청할 수 있는 기간 동안 상속인은 상속채권자와 유증채권자에 대하여 변제

---

290) 상속재산 파산절차가 개시되면 원칙적으로 상속인이 한정승인을 한 것으로 보므로(채무자회생법 제389조 제3항 본문), 위 상황은 상속인이 상속채권자에게 무한책임을 지는 예외적인 경우에 문제된다.

291) 참고로 채무자회생법 제434조는 "상속인이 파산선고를 받은 경우에는 재산의 분리가 있는 때에도 상속채권자 및 유증을 받은 자는 그 채권의 전액에 관하여 파산재단에 대하여 파산채권자로서 그 권리를 행사할 수 있다."고 규정하고 있다. 위 조항은 상속채권자도 파산채권자로서 권리를 행사할 수 있다는 취지일 뿐이고, 민법 제1052조 제2항에 따른 상속인의 채권자의 우선권은 상속인에 대한 파산선고 후에도 계속 유지된다고 보아야 한다. 로앤비 온주 채무자회생법/김정만 제434조 방주번호1 참조.

　　또한 채무자회생법 제435조는 "상속재산 및 상속인에 대하여 파산선고가 있는 때에는 상속채권자 및 유증을 받은 자는 그 채권의 전액에 관하여 각 파산재단에 대하여 파산채권자로서 그 권리를 행사할 수 있다."고 규정하고 있는데, 상속재산 파산 선고는 한정승인의 효력이 있으므로 상속채권자는 원칙적으로 상속인의 고유재산에 대하여 파산채권자로서 권리를 행사할 수 없다. 위 조항은 예외적으로 상속인이 자신의 고유재산으로도 상속채권자에게 책임을 지는 경우에 관한 규정이라고 해석해야 한다.

　　입법론으로 위 두 조문은 삭제함이 옳다.

를 거절할 수 있다.[292] 그러나 위 조항은 상속인이 적극적으로 거절
권을 행사하지 않으면 상속채권자의 강제집행을 막을 수 없다는 한계
가 있다. 상속인에게 변제거절권을 부여하는 방식보다 상속인이 선택
권을 행사할 수 있는 기간 동안 ① 상속채권자가 상속인에 대한 집행
권원을 취득(확정판결 또는 피상속인에 대한 확정판결에 관한 승계집행문)
하는 것을 금지하고(퀘민 제632조 제2항),[293] ② 상속인의 채권자의 상
속재산에 대한 강제집행을 금지(단 보전처분은 허용)하는 규정을 마련
함이 타당하다.

(2) 집행권원 취득 금지 규정이 갖는 실익

판례에 따르면 상속채권자가 상속인에 대하여 확정판결을 얻는
것에 아무런 제한이 없고, 소송진행 중 상속인이 한정승인 항변을 하
였다면 수소법원은 이를 반영해 물적책임을 제한하는 이행판결을 선
고하며, 그럼에도 불구하고 상속채권자가 상속인의 고유재산에 대하
여 강제집행을 하는 경우 상속인은 제3자이의의 소를 제기하여 그 집
행을 배제할 수 있다.[294] 또한 한정승인의 효력이 발생하였음에도 불
구하고 상속인이 소송절차에서 이를 주장하지 않아 무유보부 이행판결
이 선고되어 상속채권자가 상속인의 고유재산에 대하여 강제집행을 하
는 경우, 상속인은 청구이의의 소를 제기할 수 있다(이른바 이원설).[295]
그런데 판례는 "피상속인에 대한 채권에 관하여 채권자와 상속인 사
이의 전소에서 상속인의 한정승인이 인정되어 상속재산의 한도에서
지급을 명하는 판결이 확정된 때에는 그 채권자가 상속인에 대하여

---

292) 윤진수(주 1) 462는 위 조항을 언급하고 있지 않지만, "상속인이 승인이나 포기
　　를 하기 전에 상속채권자로부터 이행청구를 받은 경우에는 상속인이 이를 거절할
　　수 있다."고 한다.
293) 집행권원 취득이 제한될 뿐이므로, 상속채권자는 상속재산이나 상속인의 고유재
　　산에 대하여 자유롭게 보전조치를 취할 수 있다.
294) 대법원 2005. 12. 19.자 2005그128 결정.
295) 대법원 2006. 10. 13. 선고 2006다23138 판결.

새로운 소에 의해 위 판결의 기초가 된 전소 사실심의 변론종결시 이전에 존재한 법정단순승인 등 한정승인과 양립할 수 없는 사실을 주장하여 위 채권에 대해 책임의 범위에 관한 유보가 없는 판결을 구하는 것은 허용되지 아니한다. 왜냐하면 전소의 소송물은 직접적으로는 채권(상속채무)의 존재 및 그 범위이지만 한정승인의 존재 및 효력도 이에 준하는 것으로서 심리·판단되었을 뿐만 아니라 한정승인이 인정된 때에는 주문에 책임의 범위에 관한 유보가 명시되므로 한정승인의 존재 및 효력에 대한 전소의 판단에 기판력에 준하는 효력이 있다고 해야 하기 때문이다."라고 한다.296) 이 판례가 상속인이 한정승인 항변을 하지 않은 채 무유보부 판결이 확정되었더라도 상속인은 판결 확정 후 청구이의의 소를 제기할 수 있다는 판례와 조화될 수 있는지 의문이다.

이처럼 혼란스럽고 서로 모순·저촉되는 듯한 판례의 입장에 대해 다양한 학설이 존재한다. ① 물적책임제한은 집행단계에서 해결하면 족하므로 굳이 판결 주문에 책임을 제한한다는 유보를 둘 필요가 없고, 소송절차에서 한정승인 항변을 하지 않았다고 해서 기판력에 따른 차단효가 미치는 것도 아니며, 한정승인이 있으면 상속인이 일률적으로 제3자이의의 소에 의해 상속채권자의 상속인의 고유재산에 대한 강제집행을 배제할 수 있다는 견해(집행절차에 무게를 두는 견해)가 있고,297) ② 이와 반대로 상속인이 소송절차에서 한정승인 항변을 할 수 있었음에도 불구하고 이를 하지 않아 무유보부판결이 선고되었다면 상속인이 더 이상 물적책임제한을 주장하지 못한다는 견해(소송절차에 무게를 두는 견해)도 있다.298) 또한 무유보확정판결을 받은 상속

---

296) 대법원 2012. 5. 9. 선고 2012다3197 판결.

297) 송인권(주 2) 193 이하.

298) 윤진수(주 1) 474; 이시윤, 신민사집행법(2016), 95; 오창수, "한정승인과 소송절차", 법학논총(2017), 263-264.

채권자가 상속인의 고유재산에 강제집행시 확정판결의 기판력이 작동
하지 않는다는 판례 입장에 찬동하는 학설들 사이에서도, 상속인이
어떠한 방법으로 그 강제집행을 저지할 수 있는지에 대해 견해가 대
립한다.[299)]

  집행절차에 무게를 두는 견해에 따르면 무유보 판결이 확정되어
도 집행단계에서 책임제한이 가능하므로, 무유보 집행권원을 근거로
상속인에게 자유롭게 강제집행할 수 있다고 믿은 법을 잘 모르는 일
반인의 신뢰가 깨어진다. 이러한 신뢰가 보호가치 있는 신뢰인지 여
부를 떠나 일반인 입장에서 오해의 소지가 있는 무유보 집행권원의
양산(量産)을 굳이 허용할 이유는 없다. 소송절차에 무게를 두는 견해
에 따르면 집행권원의 권위(權威)와 법적 안정성은 확보되지만, 상속
인에게 가혹할 수 있다. 상속개시 후 상속인이 선택권을 행사할 수 있
는 기간 동안 상속채권자의 상속인에 대한 집행권원 취득 자체를 차
단하면 이러한 복잡한 논란은 상당부분 해결된다. 수소법원 입장에서
당해 소송물이 피상속인에 대한 채권이라는 점을 파악하는 것은 어려
운 일이 아니므로 이러한 규정을 둔다고 해서 수소법원에 과중한 부

---

299) 판례처럼 청구이의의 소를 제기할 수 있다는 견해로는 김건호, "한정승인과 민사
  집행절차", 법학연구27(2017), 320. 청구이의의 소나 제3자이의의 소 모두 가능
  하다는 견해로는 박종훈(주 19) 759－761. 집행에 관한 이의신청을 할 수 있다
  는 견해로는 오수원, "한정승인항변의 기판력과 집행에 관한 이의", 서울법학
  19－2(2011), 355이하.
    이러한 논란이 생기는 핵심 원인은 ① 청구이의의 소만으로는 원칙적으로 특
  정 고유재산에 대한 구체적 집행행위의 배제를 구할 수 없고, 해당 재산이 상속
  인의 고유재산인지에 관하여 기판력이 미치는 판단을 할 수 없으며, ② 집행권원
  에 채무자로 기재된 한정승인자에게 곧바로 제3자 이의의 소의 원고적격을 인정
  하는 것도 이론상 난점이 있기 때문이다. 이론적 정합성에 맞게 구제수단을 구성
  하려면, 먼저 집행권원의 내용을 유보부 판결로 변경하고 이를 전제로 특정 목적
  물에 대한 강제집행의 배제를 구하는 즉, **청구이의의 소와 제3자 이의의 소가 혼합
  된 형태의 소**가 필요하다. 조대현, "한정승인의 항변", 민사소송1(1998), 166－
  167; 민동근(주 263) 335－342.

덤이 되는 것은 아니나. 이러한 규정을 두면 상속채권자가 확정판결을 취득하여 신속하게 권리를 행사하는 것이 어려워지지만, 상속인의 채권자도 상속재산에 대한 강제집행을 할 수 없는 이상 일시적으로 상속채권자의 권리를 제한한다고 해서 큰 문제는 아니라고 사료된다. 선택권 행사기간 동안 상속인의 고유재산에 대하여 상속인의 채권자는 자유롭게 강제집행을 할 수 있지만 상속채권자는 그렇지 못하므로 — 상속인이 단순승인을 하였다면 — 상속채권자가 결과적으로 불리하다고 생각할 수도 있다. 그러나 **상속채권자가 상속인의 고유재산을 가압류하는 것은 허용되므로** 상속채권자와 상속인의 채권자 사이의 차별취급이 상속채권자에게 부당하게 불리하다고 볼 수 없다. 오히려 상속채권자의 상속인에 대한 집행권원 취득을 잠정적으로 금지함으로써 상속재산을 둘러싸고 복잡하게 대립하는 이해관계를 공평하고 간명하게 조정할 수 있다.

V. 결론에 갈음하여

이 글에서 필자는 한정승인, 재산분리, 상속재산 파산 제도와 관련한 입법론으로 ① 공적목록 작성 제도 마련, ② 한정승인 제도와 재산분리 제도의 통합, 평시 상속재산 청산제도의 신설, ③ 채무초과 상속재산 청산절차를 상속재산 파산절차로 일원화, ④ 현행 상속재산 파산절차의 미비점 보완, ⑤ 상속인이 선택권을 행사할 수 있는 기간 동안 상속채권자의 집행권원 취득 금지, 상속인의 채권자의 강제집행 금지를 제안하였다. 실질적으로 크게 바뀌는 부분은 상속인의 선택지가 늘어나는 부분(단순승인, 공적목록부 승인, 평시 상속재산 청산, 상속포기), 평시 상속재산 청산을 상속인이 아니라 제3자에게 맡기는 부분, 채권자의 강제집행을 제한하는 부분이다. 바람직한 입법의 모습에 관하여 하나의 정답이 있는 것은 아니다. 필자의 제안이 지나치게 이론적인 면에 치중한 것일 수 있고, 우리 현실에서 법개정 필요성이 절실하지 않을 수도 있다. 한정승인이나 상속재산 파산이 문제되는 상황은 통상 상속재산의 규모가 크지 않기 때문에 이해당사자들에게 돌아갈 몫 자체가 작다. 따라서 법이 개정되더라도 이해당사자들에게 돌아갈 몫은 크게 변하지 않을 수 있다. 그러나 **분쟁의 크기가 아무리 작더라도 부당한 결과가 방치되는 것은 바람직하지 않다.** 작은 부정의(不正義)든 큰 부정의든 부정의한 것은 마찬가지이다. 지금 당장 법개정에 나아가지 않더라도 현행 제도가 갖는 문제점에 대하여 활발한 논의가 이루어질 필요성은 충분하다. 입법론을 염두에 둔 거시적이고 비판적 접근은 현행법의 창의적 해석론에도 도움이 될 수 있다. 이 글이 위와 같은 측면에서 작은 기여가 되기를 바라며 졸고(拙稿)를 마친다.

추기(追記)

이 글의 작성 후 우리 한정승인 제도의 입법론에 관하여 아래와 같은 연구들을 확인하였다.

① 이은정, "상속채무의 청산 — 한정승인, 재산분리, 상속재산 파산을 중심으로 —", 법학논총 25권 3호, (2018)

② 현소혜, "한정승인 제도의 개선방안에 관하여 — 특히 상속채권자 보호의 관점에서 —", 국제법무 11권 1호, (2019)

위 두 연구는 모두 한정승인에 따른 청산업무는 상속인이 아니라 상속재산관리인이 수행함이 타당하다고 본다. 필자도 이러한 견해에 공감한다. 다만 위 두 연구는 모두 한정승인 제도의 존치를 전제로 개선안을 제시하고 있다. 이는 한정승인 제도와 재산분리 제도를 통합하여 평시 상속재산 청산제도를 마련하자는 이 글의 입장과 다른 점이다.

⊠ 참 고 문 헌

국내문헌

윤진수, 친족상속법 강의, 2판(2018).

이시윤, 신민사집행법, (2016).

전병서, 도산법, (2017).

로앤비 온주 채무자회생법.

김건호, "한정승인과 민사집행절차", 법학연구27(2017).

김미경, "프랑스민법상 상속의 승인과 포기", 민사법학59(2012).

김주미, "상속재산파산의 실무상 쟁점 연구", 법조733(2019).

김형석, "한정승인의 효과로서 발생하는 재산분리의 의미", 가족법연구
22 − 3(2008).

민동근, "한정승인의 민사집행절차에 미치는 영향", 민사집행법연구13
(2017).

박광천, "상속의 한정승인", 재판자료78(1998).

박세민, "한정승인의 계수와 개선방향", 법사학연구57(2018).

박종훈, "한정승인과 상속채권자의 우선변제권", 판례연구22(2011).

변희찬, "유언집행자", 재판자료78(1998).

송인권, "한정승인의 요건 및 효과에 관한 실무상 문제", 사법논집55
(2012).

양형우, "상속재산의 파산에 관한 고찰", 비교사법13 − 1(2006).

오수원, "한정승인항변의 기판력과 집행에 관한 이의", 서울법학19 − 2
(2011).

오창수, "한정승인과 소송절차", 법학논총(2017).

이성보, "상속재산의 분리", 재판자료78(1998).

임영수, "한정승인의 심판절차와 상속채무의 배당변제에 관한 고찰", 가족
법연구25 − 3(2011).

전병서, "상속과 파산 — 입법적 검토를 겸하여 —", 인권과 정의326 (2003).

정구태, "상속채권자와 한정승인자의 근저당권자 간의 우열 문제", 고려법학64(2012).

조대현, "한정승인의 항변", 민사소송1(1998).

독일, 스위스, 오스트리아 문헌

Kübler/Prütting/Bork InsO(2017).

Staudinger §§1967 – 2013 (Rechtsstellung des Erben) (2016).

Münchener Kommentar zum BGB 7.Aufl. (2017).

Münchener Kommentar zur Insolvenzordnung, 3.Aufl. (2014).

Basler Kommentar ZGB II 5.Aufl. (2015).

Basler Kommentar Bundesgesetz über Schuldbetreibung und Konkurs I, II 2.Aufl. (2010).

Basler Kommentar Bundesgesetz über Schuldbetreibung und Konkurs Ergänzungsband zur 2.Aufl. (2017).

Paul Piotet, Schweizerisches Privatrecht IV/2, (1981).

Schwimann ABGB Kommentar Band3 3.Aufl. (2006).

Philipp S. Fischinger, Haftungsbeschränkung im Bürgerlichen Recht, (2015).

Philipp S. Fischinger, Die Beschränkung der Erbenhaftung in der Insolvenz, (2012).

S. Wolf/S. Hrubesch – Millauer, Grundriss der schweizerischen Erbrechts, (2017).

Ferrari/Likar – Peer, Erbercht, (2007).

Bernhard Eccher, Erbrecht, 6Aufl. (2016).

Wolfgang Zankl, Erbrecht, 8Aufl. (2017).

A. Joannidis/C. Weiß, "Das Nachlassinsolvenzverfahren: Erbrecht für Insolvenzverwalter?", ZinsO38(2016).

Karlheinz Muscheler, "Erbrecht 2005－2015 － Rückblick und Ausblick", Jahrbuch für Erbrecht und Schenkungsrecht, (2015).

Stefan Lissner, "Am Ende blieben nur die Schulden", ZinsO43(2017).

Philipp S. Fischinger, "Die asymmetrisch－semipermeable Haftungs－ struktur des §1990 BGB und ihre Uberwindung de lege lata und de lege ferenda", Jahrbuch für Erbrecht und Schenkungsrecht, (2015).

Hubertus Schuhmacher, "Die Überlassung überschuldeter Verlassen－ schaften an Zahlungs statt", Festschrift für Walter H. Rechberger zum 60. Geburtstag, (2005).

프랑스 문헌

Raymond Le Guidec/Gérard Chabot, "Succession: transmission", Répertoire de droit civil 2011.

Vincent ÉGÉA, "Succession", Répertoire de procédure civile 2011.

Raymond Le Guidec/Gérard Chabot, "Succession: liquidation et règlement du passif héréditaire", Répertoire de droit civil 2010.

Alain Sériaux, Juris Classeur Civil Code, Art. 768 à 781, fasc. unique. 2014.

Nathalie Levillain, Juris Classeur Civil Code, Art. 787 à 803, fasc. unique. 2017.

Nathalie Peterka, Juris Classeur Civil Code, Art. 858 à 863, fasc. unique. 2015.

Claude Brenner, Juris Classeur Civil Code, Art. 870 à 877, fasc. 20. 2018.

Yves Lequette/Vincent Brémond, Juris Classeur Civil Code, Art. 878 à 881, fasc. unique 2014.

일본 문헌

条解破産法 2版, (2016).

新版 注釈民法(27) 補訂版, (2013).

松原正明, 判例先例 相続法 Ⅲ, (2008).

山本和彦, "相続財産破産に関する立法論的検討", 大阪市立大學法學雜誌 45-3(1999).

판례색인

사항색인

공저자 소개

윤진수

서울대학교 법과대학 졸업(1977)
서울대학교 법학박사(1993)
대법원 재판연구관, 수원지방법원 부장판사 역임
현 서울대학교 명예교수

민법논고 1-7(2007-2015), 민법기본판례(2016), 친족상속법강의(제3판, 2020), "법의 해석과 적용에서 경제적 효율의 고려는 가능한가?", "위헌인 대통령의 긴급조치 발령이 불법행위를 구성하는지 여부", "판례의 무게" 등 100여 편

김형석

서울대학교 법과대학 졸업(법학사, 1996)
서울대학교 대학원 법학과 졸업(법학석사, 1998)
독일 트리어 대학교(법학박사, 2004)
현재 서울대학교 법학전문대학원 교수

Zessionsregreß bei nicht akzessorischen Sicherhiten(Berlin: Duncker &Humblot, 2004), 김용담 편집대표, 주석민법 물권(1)(제4판, 2011)(공저), 양창수 · 김형석, 민법 Ⅲ: 권리의 보전과 담보(제3판, 2018)(공저), 사용자책임의 연구(2013), "법에서의 사실적 지배", "저당권자의 물상대위와 부당이득" 등 다수

이동진

서울대학교 법과대학 졸업(2000)
서울대학교 법학박사(2011)
서울중앙지방법원 판사 등 역임
현 서울대학교 법학전문대학원 교수

주석민법 총칙(2)(제4판, 2010), 주해친족법 제1권(2015), 개인정보 보호의 법과 정책(개정판, 2016), 그 외 논문 다수

최준규

서울대학교 법과대학 졸업(2003)
서울대학교 법학박사(2012)
서울중앙지방법원 판사, 한양대학교 법학전문대학원 교수 등 역임
현 서울대학교 법학전문대학원 부교수

주해상속법 2권(2019), 상속법의 관점에서 본 생명보험(2018), 주석민법 채권각칙 (3)(4판, 2016), 주해친족법 1, 2권(2015), 그 외 논문 다수

상속법 개정론

초판발행	2020년 5월 30일
지은이	윤진수 · 김형석 · 이동진 · 최준규
펴낸이	안종만 · 안상준
편 집	김선민
기획/마케팅	조성호
표지디자인	박현정
제 작	우인도 · 고철민 · 조영환
펴낸곳	(주) **박영사**
	서울특별시 종로구 새문안로3길 36, 1601
	등록 1959. 3. 11. 제300-1959-1호(倫)
전 화	02)733-6771
f a x	02)736-4818
e-mail	pys@pybook.co.kr
homepage	www.pybook.co.kr
ISBN	979-11-303-3543-8 94360
	979-11-303-2631-3 (세트)

정 가   25,000원